Einheitlicher europäischer Werkbegriff und Herabsenkung der Anforderungen an die Gestaltungshöhe bei Werken der angewandten Kunst

SCHRIFTENREIHE ZUM
URHEBER- UND KUNSTRECHT

Herausgegeben von Thomas Hoeren

BAND 13

PL ACADEMIC RESEARCH

Kathrin-Lena Kriesel

Einheitlicher europäischer Werkbegriff und Herabsenkung der Anforderungen an die Gestaltungshöhe bei Werken der angewandten Kunst

PL ACADEMIC RESEARCH

Bibliografische Information der Deutschen Nationalbibliothek
Die Deutsche Nationalbibliothek verzeichnet diese Publikation in der Deutschen Nationalbibliografie; detaillierte bibliografische Daten sind im Internet über http://dnb.d-nb.de abrufbar.

Zugl.: Münster (Westf.), Univ., Diss., 2014
(WWU Münster; Rechtswissenschaftliche Fakultät)

D 6
ISSN 1860-076X
ISBN 978-3-631-65348-7 (Print)
E-ISBN 978-3-653-04541-3 (E-Book)
DOI 10.3726/978-3-653-04541-3

PL Academic Research ist ein Imprint der Peter Lang GmbH.

Peter Lang – Frankfurt am Main · Bern · Bruxelles · New York · Oxford · Warszawa · Wien

Diese Publikation wurde begutachtet.

www.peterlang.com

Meinen Eltern

Vorwort

Die vorliegende Arbeit wurde von der Rechtswissenschaftlichen Fakultät der Westfälischen Wilhelms-Universität Münster am 4. November 2013 als Dissertation angenommen. Die danach ergangene „Geburtstagszug"-Entscheidung des BGH vom 13. November 2013 wurde im Nachgang noch in der Schlussbetrachtung gewürdigt.

Meinem Doktorvater, Herrn Prof. Dr. Thomas Hoeren, danke ich sehr für die gute Betreuung, die stets hilfreichen Anregungen und die äußerst rasche Anfertigung des Erstgutachtens. Ich freue mich überdies sehr über die Aufnahme in diese Schriftenreihe.

Herrn Prof. Dr. Artur-Axel Wandtke gilt mein Dank für die ebenfalls sehr zügige Erstellung des Zweitgutachtens.

Zudem danke ich ganz herzlich meiner Familie für die tolle Unterstützung und den Zuspruch, den sie mir immer wieder gegeben hat. Mein ganz besonderer Dank gilt meinem Mann Peer Kriesel, der mich immerfort motiviert hat und der mir eine große Hilfe gewesen ist.

Berlin, im März 2014
Kathrin-Lena Kriesel

Literaturverzeichnis

Ahlberg**, Hartwig*/Götting**, Horst-Peter* (Hrsg.): Beck'scher Online-Kommentar Urheberrecht (begründet von *Möhring/Nicolini*), Edition: 2, München, Stand: 1.3.2013 (zitiert als: *Bearbeiter*, in: BeckOK UrhG)

***Aschenbrenner**, Jo Beatrix*: Leitlinien aus Europa für die Umsetzung der Privatkopierschranke im Zweiten Korb der Urheberrechtsnovelle, ZUM 2005, S. 145-154 (zitiert als: *Aschenbrenner*, ZUM 2005)

v. Bassewitz**, Katharina*/Kramer**, Birgit*/***Prinz zu Waldeck und Pyrmont**, Wolrad*: Zusammenfassung des Vortrags „Innovationsschutz und Investitionsschutz für immaterielle Güter" von Prof. Dr. Reto M. Hilty, GRUR Int. 2004, S. 607-609 (zitiert als: *v. Bassewitz/Kramer/Prinz zu Waldeck und Pyrmont*, GRUR Int. 2004)

***Bechtold**, Stefan*: Zur rechtsökonomischen Analyse im Immaterialgüterrecht, GRUR Int. 2008, S. 484-488 (zitiert als: *Bechtold*, GRUR Int. 2008)

Berger, Christian: Aktuelle Entwicklungen im Urheberrecht - Der EuGH bestimmt die Richtung, ZUM 2012, S. 353-361 (zitiert als: *Berger*, ZUM 2012)

***Bergmann**, Jan* (Hrsg.): Handlexikon der Europäischen Union, 4. Auflage, Stuttgart 2012 (zitiert als: *Bearbeiter*, in: Bergmann (Hrsg.))

***Berlit**, Wolfgang*: Das neue Geschmackmusterrecht, GRUR 2004, S. 635-642 (zitiert als: *Berlit*, GRUR 2004)

Bieber**, Roland*/Epiney**, Astrid*/***Haag**, Marcel*: Die Europäische Union. Europarecht und Politik, 10. Auflage, Baden-Baden 2013 (zitiert als: *Bieber/Epiney/Haag*)

Binder**, Anja*/Kosterhon**, Frank*: Urheberrecht für Architekten und Ingenieure, München 2003 (zitiert als: *Binder/Kosterhon*)

***Bleckmann**, Albert*: Zur Funktion des Gewohnheitsrechts im Europäischen Gemeinschaftsrecht, EuR 1981, S. 101-123 (zitiert als: *Bleckmann*, EuR 1981)

***Braams**, Beate*: Die Kompetenzordnung im Vertrag von Lissabon, in: *Pernice, Ingolf* (Hrsg.): Der Vertrag von Lissabon: Reform der EU ohne Verfassung? Kolloquium zum 10. Geburtstag des WHI, Baden-Baden 2008, S. 115-134 (zitiert als: *Braams*, in: Pernice (Hrsg.))

***Bröcker**, Klaus Tim/**Czychowski**, Christian/**Schäfer**, Detmar*: Praxishandbuch Geistiges Eigentum im Internet. Gewerblicher Rechtsschutz – Urheberrecht – Angrenzende Rechtsgebiete, München 2003 (zitiert als: *Bearbeiter*, in: Bröcker/Czychowski/Schäfer)

***Broy**, Manfred/**Lehmann**, Michael*: Die Schutzfähigkeit von Computerprogrammen nach dem neuen europäischen und deutschen Urheberrecht – eine interdisziplinäre Stellungnahme –, GRUR 1992, S. 419-423 (zitiert als: *Broy/Lehmann*, GRUR 1992)

***Buck**, Carsten*: Über die Auslegungsmethoden des Gerichtshofs der Europäischen Gemeinschaft, Frankfurt am Main, Berlin, Bern u.a. 1998 (zitiert als: *Buck*, 1998)

***Büscher**, Wolfgang/**Dittmer**, Stefan/**Schiwy**, Peter* (Hrsg.): Gewerblicher Rechtsschutz. Urheberrecht. Medienrecht. Kommentar, 2. Auflage, Köln 2011 (zitiert als: *Bearbeiter*, in: Büscher/Dittmer/Schiwy)

***Bullinger**, Winfried*: BGH: Bloßes Ausnutzen eines handwerklich-konstruktiven Gestaltungsspielraums genügt nicht für Werk der angewandten Kunst – „Seilzirkus" – Anmerkung, GRUR-Prax 2011, S. 536 (zitiert als: Anm. *Bullinger*, GRUR-Prax 2011)

***Bullinger**, Winfried/**Garbers-von Boehm**, Katharina*: Der Blick ist frei – Nachgestellte Fotos aus urheberrechtlicher Sicht, GRUR 2008, S. 24-30 (zitiert als: *Bullinger/Garbers-von Boehm*, GRUR 2008)

***Burgi**, Martin*: Verwaltungsprozeß und Europarecht. Eine systematische Darstellung, München 1996 (zitiert als: *Burgi*, 1996)

***Calliess**, Christian/**Ruffert**, Matthias*: EUV/AEUV. Das Verfassungsrecht der Europäischen Union mit Europäischer Grundrechtecharta. Kommentar, 4. Auflage, München 2011 (zitiert als: *Bearbeiter*, in: Calliess/Ruffert)

***Classen**, Claus Dieter*: Anmerkung zu BVerfG, Beschluss vom 7.6.2000 – 2 BvL 1/97, JZ 2000, S. 1157-1159 (zitiert als: Anm. *Classen*, JZ 2000)

***Cremer**, Hans- Joachim*: Europäische Hoheitsgewalt und deutsche Grundrechte, Der Staat 34 (1995), S. 268-286 (zitiert als: *Cremer*, Der Staat 34 (1995))

***Dänzer-Vanotti**, Wolfgang*: Der Europäische Gerichtshof zwischen Rechtsprechung und Rechtssetzung, in: *Due, Ole/Lutter, Marcus/Schwarze, Jürgen* (Hrsg.), Festschrift für Ulrich Everling, Band I, Baden-Baden 1995, S. 205-221 (zitiert als: *Dänzer-Vanotti*, in: FS Everling, 1995)

***Dallmann**, Michael*: Nachahmungsschutz für Werbeschlagwörter und Werbeslogans, Baden-Baden 2005 (zitiert als: *Dallmann*, 2005)

***von Danwitz**, Thomas*: Europäisches Verwaltungsrecht, Berlin, Heidelberg 2008 (zitiert als: *v. Danwitz*, 2008)

***Dauses**, Manfred A.* (Hrsg.): Handbuch des EU-Wirtschaftsrechts, Band 1, Stand: September 2013 (33. Ergänzungslieferung), München 2013 (zitiert als: *Bearbeiter*, in: Dauses, Bd. 1)

***Deringer**, Arved*: Wandlungen des Urheberrechts unter dem Einfluss des Europäischen Gemeinschaftsrechts, NJW 1985, S. 513-517 (zitiert als: *Deringer*, NJW 1985)

***Dietz**, Adolf*: Das Urheberrecht in der Europäischen Gemeinschaft. Studie im Auftrag der Generaldirektion „Forschung, Wissenschaft und Bildung" der Kommission der Europäischen Gemeinschaften, Baden-Baden 1978 (zitiert als: *Dietz*, 1978)

***Dietz**, Adolf*: Harmonisierung des europäischen Urheberrechts, in: *Ress, Georg* (Hrsg.), Entwicklung des Europäischen Urheberrechts. Intellectual Property Rights and EC-Law. Droits intellectuels et droit communautaire. Wissenschaftliches Kolloquium anlässlich des 70. Geburtstags von Gerhard Reischl, Baden-Baden 1989, S. 57-67 (zitiert als: *Dietz*, in: Ress (Hrsg.), 1989)

***Dietz**, Adolf*: Das Urheberrecht in der Europäischen Gemeinschaft, in: *Beier, Friedrich-Karl/Kraft, Alfons/Schricker, Gerhard/Wadle, Elmar* (Hrsg.), Gewerblicher Rechtsschutz und Urheberrecht in Deutschland, Festschrift zum hundertjährigen Bestehen der Deutschen Vereinigung für gewerblichen Rechtschutz und Urheberrecht und ihrer Zeitschrift, Band II, Weinheim 1991, S. 1445-1484 (zitiert als: *Dietz*, in: FS 100 Jahre GRUR, 1991)

***Dietz**, Adolf*: Die Schutzdauer-Richtlinie der EU, GRUR Int. 1995, S. 670-686 (zitiert als: *Dietz*, GRUR Int. 1995)

***Dietz**, Adolf*: Der „design approach“ als Entlastung des Urheberrechts, in: *Straus, Joseph* (Hrsg.), Aktuelle Herausforderungen des geistigen Eigentums, Festgabe von Freunden und Mitarbeitern für Friedrich-Karl Beier zum 70. Geburtstag, Köln, Berlin, Bonn, München 1996, S. 355-364 (zitiert als: *Dietz*, in: FS Beier, 1996)

***Dietz**, Adolf*: Die EU-Richtlinie zum Urheberrecht und zu den Leistungsschutzrechten in der Informationsgesellschaft, ZUM 1998, S. 438-451 (zitiert als: *Dietz*, ZUM 1998)

***Dörr**, Oliver/**Mager**, Ute*: Rechtswahrung und Rechtsschutz nach Amsterdam – Zu den neuen Zuständigkeiten des EuGH, Archiv des öffentlichen Rechts, Band 125 (2000), S. 386-427 (zitiert als: *Dörr/Mager*, AöR 125 (2000))

***Donle**, Christian*: Keine Umgehung der geistigen Schutzrechte durch „Eigenimport-Modell“, GRUR-Prax 2013, S. 16 (zitiert als: *Donle*, GRUR-Prax 2013)

***Donle**, Christian/**Held**, Hanna Karin/**Nordemann-Schiffel**, Anke/**Nordemann**, Jan Bernd*: Internationale Vereinigung für den Schutz des Geistigen Eigentums (AIPPI) – Berichte der Deutschen Landesgruppe für die Sitzung des Geschäftsführenden Ausschusses der AIPPI vom 20. bis 24. Oktober 2012 in Seoul, Korea, GRUR Int. 2012, S. 995-1003 (zitiert als: *Donle/Held/Nordemann-Schiffel/Nordemann*, GRUR Int. 2012)

***Dreier**, Thomas*: Rechtsschutz von Computerprogrammen – Die Richtlinie des Rates der EG vom 14.5.1991, CR 1991, S. 577-584 (zitiert als: *Dreier*, CR 1991)

***Dreier**, Thomas*: Verletzung urheberrechtlich geschützter Software nach der Umsetzung der EG-Richtlinie, GRUR 1993, S. 781-793 (zitiert als: *Dreier*, GRUR 1993)

***Dreier**, Thomas*: Erste Arbeitssitzung: „Geschützte Werke“, in: *Schricker, Gerhard/Bastian, Eva-Marina /Dietz, Adolf* (Hrsg.), Konturen eines europäischen Urheberrechts, 8. Ringberg-Symposium des Max-Planck-Instituts für ausländisches und internationales Patent-, Urheber- und Wettbewerbsrecht. 25. bis 30. September 1994 Schloß Ringberg, Tegernsee, Baden-Baden 1996, S. 17-25 (zitiert als: *Dreier*, in: Schricker/Bastian/Dietz (Hrsg.))

***Dreier**, Thomas*: Das Internationale Urheberrecht als Grundlage und Bestandteil des Gemeinschaftsrechts, in: *Riesenhuber, Karl* (Hrsg.), Systembildung im Europäischen Urheberrecht. INTERGU-Tagung 2006, Berlin 2007, S. 39-76 (zitiert als: *Dreier*, in: Riesenhuber, 2007)

***Dreier**, Thomas*: Anmerkung zu BVerfG, Beschluss vom 30.8.2010 – 1 BvR 1631/08 – Drucker und Plotter, GRUR 2010, S. 1002-1004 (zitiert als: Anm. *Dreier*, GRUR 2010)

***Dreier**, Thomas*: Das WITTEM-Projekt eines „European Copyright Code", ZEuP 2011, S. 831-850 (zitiert als: näher dazu *Dreier*, ZEuP 2011)

***Dreier**, Thomas/**Hugenholtz**, P. Bernt*: Concise European Copyright Law, Alphen aan den Rijn 2006 (zitiert als: *Bearbeiter*, in: Dreier/Hugenholtz)

***Dreier**, Thomas/**Schulze**, Gernot*: Urheberrechtsgesetz – Urheberrechtswahrnehmungsgesetz, Kunsturhebergesetz, Kommentar, 4. Auflage, München 2013 (zitiert als: *Bearbeiter*, in: Dreier/Schulze)

***Drexl**, Josef*: Nach „GATT und WIPO": Das TRIPs-Abkommen und seine Anwendung in der Europäischen Gemeinschaft, GRUR Int. 1994, S. 777-788 (zitiert als: *Drexl*, GRUR Int. 1994)

***Dreyer**, Gunda/**Kotthoff**, Jost/**Meckel**, Astrid*: Urheberrecht. Urheberrechtsgesetz, Urheberrechtswahrnehmungsgesetz, Kunsturhebergesetz, 3. Auflage, Heidelberg, München, Landsberg, Frechen, Hamburg 2013 (zitiert als: *Bearbeiter*, in: Dreyer/Kotthoff/Meckel)

***Eck**, Matthias*: Neue Wege zum Schutz der Formgebung, Köln, Berlin, Bonn, München 1993 (zitiert als: *Eck*, 1993)

***van Eechoud**, Mireille*: Along the Road to Uniformity – Diverse Readings of the Court of Justice Judgments on Copyright Work, 3 (2012) JIPITEC, S. 60-80 (zitiert als: *van Eechoud*, 3 (2012) JIPITEC, 60)

***Eichmann**, Helmut*: Mode und Recht, in: *Straus, Joseph* (Hrsg.), Aktuelle Herausforderungen des geistigen Eigentums, Festgabe von Freunden und Mitarbeitern für Friedrich-Karl Beier zum 70. Geburtstag, Köln, Berlin, Bonn, München 1996, S. 459-478 (zitiert als: *Eichmann*, in: FS Beier, 1996)

***Eichmann**, Helmut*: Neues aus dem Geschmacksmusterrecht, GRUR-Prax 2010, S. 279-282 (zitiert als: *Eichmann*, GRUR-Prax 2010)

***Eichmann**, Helmut/**von Falckenstein**, Roland Vogel*: Geschmacksmustergesetz. Gesetz über den rechtlichen Schutz von Mustern und Modellen, 4. Auflage, München 2010 (zitiert als: *Bearbeiter*, in: Eichmann/von Falckenstein)

***Eichmann**, Helmut/**Kur**, Annette* (Hrsg.): Designrecht. Praxishandbuch, Baden-Baden 2009 (zitiert als: *Bearbeiter*, in: Eichmann/Kur)

***Ellins**, Julia*: Copyright Law, Urheberrecht und ihre Harmonisierung in der Europäischen Gemeinschaft. Von den Anfängen bis ins Informationszeitalter, Berlin 1997 (zitiert als: *Ellins*, 1997)

***Elster**, Alexander*: Gewerblicher Rechtsschutz umfassend Urheber- und Verlagsrecht, Patent- und Musterschutzrecht, Warenzeichenrecht und Wettbewerbsrecht, Berlin, Leipzig 1921 (zitiert als: *Elster*, 1921)

***Engisch**, Irmgard*: Zur Relativität des Werkbegriffs, in: *Erdmann, Willi/Mees, Hans-Kurt/Piper, Henning/Teplitzky, Otto/Hefermehl, Wolfgang/Ulmer, Peter* (Hrsg.), Festschrift für Otto-Friedrich Frhr. v. Gamm, Köln 1990, S. 369-387 (zitiert als: *Engisch*, in: FS v. Gamm, 1990)

***Erdmann**, Willi*: Möglichkeiten und Grenzen des Urheberrechts, CR 1986, S. 249-259 (zitiert als: *Erdmann*, CR 1986)

***Erdmann**, Willi*: Schutz der Kunst im Urheberrecht in: *Erdmann, Willi/Mees, Hans-Kurt/Piper, Henning/Teplitzky, Otto/Hefermehl, Wolfgang/Ulmer, Peter* (Hrsg.), Festschrift für Otto-Friedrich Frhr. v. Gamm, Köln 1990, S. 389-404 (zitiert als: *Erdmann*, in: FS v. Gamm, 1990)

***Erdmann**, Willi*: Schutz von Werbeslogans, GRUR 1996, S. 550-558 (zitiert als: *Erdmann*, GRUR 1996)

***Erdmann**, Willi*: Die Relativität des Werkbegriffs, in: *Erdmann, Willi/Leistner, Matthias/Rüffer, Wilfried/Schulte-Beckhausen, Thomas* (Hrsg.), Festschrift für Michael Loschelder zum 65. Geburtstag, Köln 2010, S. 61-73 (zitiert als: *Erdmann*, in: FS Loschelder, 2010)

***Erdmann**, Willi/**Bornkamm**, Joachim*: Schutz von Computerprogrammen – Rechtslage nach der EG-Richtlinie, GRUR 1991, S. 877-880 (zitiert als: *Erdmann/Bornkamm*, GRUR 1991)

***Flechsig**, Norbert P.*: Der rechtliche Rahmen der europäischen Richtlinie zum Schutz von Datenbanken, ZUM 1997, S. 577-592 (zitiert als: *Flechsig*, ZUM 1997)

***Frenz**, Walter*: Handbuch Europarecht. Band 5. Wirkungen und Rechtsschutz, Berlin, Heidelberg 2010 (zitiert als: *Frenz*, Bd. 5)

***Fromm**, Friedrich Karl/**Nordemann**, Wilhelm*: Urheberrecht. Kommentar zum Urheberrechtsgesetz, zum Verlagsgesetz und zum Urheberrechtswahrnehmungsgesetz, 10. Auflage, Stuttgart 2008 (zitiert als: *Bearbeiter*, in: Fromm/Nordemann)

***Fuchs**, Ulrich*: Der Werkbegriff im italienischen und deutschen Urheberrecht. Eine rechtsvergleichende Untersuchung, München 1996 (zitiert als: *Fuchs*, 1996)

Gabler Verlag (Hrsg.): Gabler Wirtschaftslexikon,
Stichwort: Urheberrecht, Version 11, online im Internet (abgerufen am 19.10.2013): http://wirtschaftslexikon.gabler.de/Archiv/1115/urheberrecht-v11.html (zitiert als: *Bearbeiter*, in: Gabler Wirtschaftslexikon, Stichwort: Urheberrecht, http://wirtschaftslexikon.gabler.de/Archiv/1115/urheberrecht-v11.html)
und
Stichwort: gewerbliche Schutzrechte, Version 6, online im Internet (abgerufen am 19.10.2013): http://wirtschaftslexikon.gabler.de/Archiv/1448/gewerbliche-schutzrechte-v6.html (zitiert als: *Bearbeiter*, in: Gabler Wirtschaftslexikon, Stichwort: gewerbliche Schutzrechte, http://wirtschaftslexikon.gabler.de/Archiv/1448/gewerbliche-schutzrechte-v6.html)

***von Gamm**, Otto-Friedrich Freiherr*: Urheberrechtsgesetz. Kommentar, München 1968 (zitiert als: *v. Gamm*, UrhG)

***von Gamm**, Otto-Friedrich Freiherr*: Der Architekt und sein Werk – Möglichkeiten und Grenzen des Urheberrechts, BauR 1982, S. 97-121 (zitiert als: *v. Gamm*, BauR 1982)

***von Gamm**, Eva-Irina*: Die Problematik der Gestaltungshöhe im deutschen Urheberrecht, Baden-Baden 2004 (zitiert als: *v. Gamm*, 2004)

***Gaster**, Jens*: Das urheberrechtliche Territorialitätsprinzip aus Sicht des Europäischen Gemeinschaftsrechts, ZUM 2006, S. 8-14 (zitiert als: *Gaster*, ZUM 2006)

***Geiger**, Christophe*: Der urheberrechtliche Interessenausgleich in der Informationsgesellschaft – Zur Rechtsnatur der Beschränkungen des Urheberrechts, GRUR Int. 2004, S. 815-821 (zitiert als: *Ch. Geiger*, GRUR Int. 2004)

***Geiger**, Rudolf*: Grundgesetz und Völkerrecht mit Europarecht, 4. Auflage, München 2009 (zitiert als: *Geiger*)

***Geiger**, Rudolf/**Khan**, Daniel-Erasmus/**Kotzur**, Markus*: EUV/AEUV. Vertrag über die Europäische Union und Vertrag über die Arbeitsweise der Europäischen Union. Kommentar, 5. Auflage, München 2010 (zitiert als: *Bearbeiter*, in: Geiger/Khan/Kotzur)

***Gerlach**, Johann W.*: Das Urheberrecht des Architekten und die Einräumung von Nutzungsrechten nach dem Architektenvertrag, GRUR 1976, S. 613-630 (zitiert als: *Gerlach*, GRUR 1976)

***Gerstenberg**, Ekkehard*: Der Begriff des Kunstwerks in der bildenden Kunst – Ein Beitrag zur Abgrenzung zwischen Kunstschutz und Geschmacksmusterschutz, GRUR 1963, S. 245-251 (zitiert als: *Gerstenberg*, GRUR 1963)

***Gerstenberg**, Ekkehard*: „Angewandte Kunst" in der Rechtsprechung über Möbel – Zugleich eine Besprechung des BGH-Urteils vom 10. Oktober 1973 „Sessel", GRUR 1974, S. 707-710 (zitiert als: *Gerstenberg*, GRUR 1974)

***Goldmann**, Michael/**Möller**, Ralf*: Anbieten und Verbreiten von Werken der angewandten Kunst nach der „Le-Corbusier-Möbel"-Entscheidung des EuGH – Ist die „Wagenfeld-Leuchte" erloschen?, GRUR 2009, S: 551-558 (zitiert als: *Goldmann/Möller*, GRUR 2009)

***Gottschalk**, Sylvia*: Der Schutz des Designs nach deutschem und europäischem Recht, Baden-Baden 2005 (zitiert als: *Gottschalk*, 2005)

***Grabenwarter**, Christoph*: Staatliches Unionsverfassungsrecht, in: *von Bogdandy, Armin/Bast, Jürgen* (Hrsg.): Europäisches Verfassungsrecht. Theoretische und dogmatische Grundzüge, 2. Auflage, Berlin, Heidelberg 2009, S. 121-175 (zitiert als: *Grabenwarter*, in: v. Bogdandy/Bast)

***Grabitz**, Eberhard*: Gemeinschaftsrecht bricht nationales Recht, Hamburg 1966 (zitiert als: *Grabitz*, 1966)

***Grabitz**, Eberhard/**Hilf**, Meinhard/**Nettesheim**, Martin* (Hrsg.): Das Recht der Europäischen Union. Band I EUV/AEUV, Band II EUV/AEUV, Band III EUV/AEUV, Loseblatt, München, 50. Ergänzungslieferung – Stand Mai 2013 (*Bearbeiter*, in: Grabitz/Hilf/Nettesheim)

***von der Groeben**, Hans/**Schwarze**,* Jürgen (Hrsg.): Kommentar zum Vertrag über die Europäische Union und zur Gründung der Europäischen Gemeinschaft, Band 4 – Art. 198-314 EGV, 6. Auflage, Baden-Baden 2003 (zitiert als: *Bearbeiter*, in: von der Groeben/Schwarze)

Gündisch**, J*ürgen/Wienhues**, Sigrid*: Rechtsschutz in der Europäischen Union. Ein Leitfaden für die Praxis, 2. Auflage, Stuttgart, München, Hannover, Berlin u.a. 2003 (zitiert als: *Gündisch/Wienhues*, 2003)

***Haberstumpf**, Helmut*: Neue Entwicklungen im Software-Urheberrecht, NJW 1991, S. 2105-2111 (zitiert als: *Haberstumpf*, NJW 1991)

***Haberstumpf**, Helmut*: Urheberrechtlich geschützte Werke und verwandte Schutzrechte, in: *Beier, Friedrich-Karl/Kraft, Alfons/Schricker, Gerhard/Wadle, Elmar* (Hrsg.), Gewerblicher Rechtsschutz und Urheberrecht in Deutschland, Festschrift zum hundertjährigen Bestehen der Deutschen Vereinigung für gewerblichen Rechtschutz und Urheberrecht und ihrer Zeitschrift, Band II, Weinheim 1991, S. 1125-1174 (zitiert als: *Haberstumpf*, in: FS 100 Jahre GRUR, 1991)

***Haberstumpf**, Helmut*: Handbuch des Urheberrechts, 2. Auflage, Neuwied, Kriftel 2000 (zitiert als: *Haberstumpf*)

***Hackenberg**, Lutz*: Der urheberrechtliche Schutz von Designleistungen in Deutschland, in: *Loewenheim, Ulrich* (Hrsg.), Urheberrecht im Informationszeitalter, Festschrift für Wilhelm Nordemann zum 70. Geburtstag am 8. Januar 2004, München 2004, S. 25-34 (zitiert als: *Hackenberg*, in: FS Nordemann, 2004)

***Hagen**, G. B.*: Neuheit und Erfindungshöhe im Patentrecht und Neuheit und Gestaltungshöhe im Urheberrecht der angewandten Kunst, GRUR 1978, S. 137-141 (zitiert als: *Hagen*, GRUR 1978)

***Hallstein**, Walter*: Die echten Probleme der europäischen Integration, Kieler Vorträge: Neue Folge, Heft 37, Kiel 1965 (zitiert als: *Hallstein*, 1965)

***Handig**, Christian*: Was ist eine „eigene geistige Schöpfung des Urhebers"? – Der auslegungsbedürftige Werkbegriff des europäischen Urheberrechts, UFITA Band 1, 2009, S. 55-70 (zitiert als: *Handig*, UFITA Bd. 1 (2009))

***Handig**, Christian*: Einfach originell… muss eine Idee sein. – Die Schutzfähigkeit von Ideen nach dem UrhG, ÖBl. 2010, S. 52-57 (zitiert als: *Handig*, ÖBl. 2010)

***Handig**, Christian*: Ähnlich, aber nicht ident! Der Anpassungsbedarf beim urheberrechtlichen Werkbegriff an die unionsrechtlichen Vorgaben, UFITA Band 2, 2010, S. 385-398 (zitiert als: *Handig*, UFITA Bd. 2 (2010))

***Handig**, Christian*: Was erfordert „die Einheit und die Kohärenz des Unionsrechts"? – das urheberrechtliche Nachspiel der EuGH-Entscheidung Football Association Premier League, GRUR Int. 2012, S. 9-14 (zitiert als: *Handig*, GRUR Int. 2012)

***Haratsch**, Andreas/**Koenig**, Christian/**Pechstein**, Matthias*: Europarecht, 8. Auflage, Tübingen 2012 (zitiert als: *Haratsch/Koenig/Pechstein*)

***Hartwig**, Henning*: Formenschatz und Schutzumfang, GRUR 2012, S. 769-773 (zitiert als: *Hartwig*, GRUR 2012)

***Hatje**, Armin/**Kindt**, Anne*: Der Vertrag von Lissabon – Europa endlich in guter Verfassung?, NJW 2008, S. 1761-1768 (zitiert als: *Hatje/Kindt*, NJW 2008)

***Heermann**, Peter W.*: Rechtlicher Schutz von Slogans – Werbesprüche im Spannungsfeld von Urheberrecht, Markenrecht und ergänzendem wettbewerbsrechtlichen Leistungsschutz, WRP 2004, S. 263-277 (zitiert als: *Heermann*, WRP 2004)

***Heinemann**, Andreas*: Gebietsschutz im Binnenmarkt – Bewährungsprobe für ein prekäres Gleichgewicht, in: *Ohly, Ansgar/Bodewig, Theo/Dreier, Thomas/Götting, Horst-Peter/Haedicke, Maximilian/Lehmann, Michael* (Hrsg.), Perspektiven des Geistigen Eigentums und Wettbewerbsrechts, Festschrift für Gerhard Schricker zum 70. Geburtstag, München 2005, S. 53-67 (zitiert als: *Heinemann*, in: FS Schricker, 2005)

***Heinze**, Christian*: Software als Schutzgegenstand des Europäischen Urheberrechts, 2 (2011) JIPITEC, S. 97-113 (zitiert als: *Heinze*, 2 (2011) JIPITEC, 97)

***Heker**, Harald G.*: Der urheberrechtliche Schutz von Bühnenbild und Filmkulisse, Baden-Baden 1990 (zitiert als: *Heker*, 1990)

***Henssler**, Eberhard*: Anmerkung zu BGH, Urteil vom 30.05.1958 – I ZR 21/57 – „Candida-Schrift", GRUR 1958, S. 564 (zitiert als: *Henssler*, Anm. I ZR 21/57 – Candida-Schrift, GRUR 1958)

***Henssler**, Eberhard*: Rechtsschutz der industriellen Formgebung in Deutschland, GRUR Ausl. 1959, S. 13-18 (zitiert als: *Henssler*, GRUR Ausl. 1959)

***Henssler**, Eberhard*: Der Schutz der angewandten Kunst nach geltendem Recht und nach dem Ministerialentwurf 1959 zum Urheberrechts-Gesetz, GRUR 1961, S. 397-403 (zitiert als: *Henssler*, GRUR 1961)

***Herdegen**, Matthias*: Europarecht, 14. Auflage, München 2012 (zitiert als: *Herdegen*, Europarecht)

***Herrmann**, Christoph/**Michl**, Walther*: Wirkungen von EU-Richtlinien, JuS 2009, S. 1065-1070 (zitiert als: *Herrmann/Michl*, JuS 2009)

***Herzog**, Roman/**Gerken**, Lüder*: Stoppt den Europäischen Gerichtshof, DRiZ 2009, S. 141-144 (zitiert als: *Herzog/Gerken*, DRiZ 2009)

***Heutz**, Stefan*: Freiwild Internetdesign? – Urheber- und geschmacksmusterrechtlicher Schutz der Gestaltung von Internetseiten, MMR 2005, S. 567-572 (zitiert als: *Heutz*, MMR 2005)

***Heydt**, Ludwig*: Internationaler Schutz der Werke der angewandten Kunst, der Muster und Modelle (B 34) – Bericht erstattet im Namen der Deutschen Landesgruppe, GRUR Ausl. 1960, S. 197-201 (zitiert als: *Heydt*, GRUR Ausl. 1960)

***Heydt**, Ludwig*: Anmerkung zu BGH 27.02.1961 I ZR 127/59 „Stahlrohrstuhl", GRUR 1961, S. 639-640 (zitiert als: Anm. *Heydt*, GRUR 1961)

***Heydt**, Ludwig*: Geschmacksmuster und Werke der angewandten Kunst, GRUR 1968, S. 530-537 (zitiert als: *Heydt*, GRUR 1968)

***Hilty**, Reto M.*: Intellectual Property and the European Community's Internal Market Legislation – Copyright in the Internal Market, IIC 2004, S. 760-775 (zitiert als: *Hilty*, IIC 2004)

***Hilty**, Reto M.*: Kollektive Rechtewahrnehmung und Vergütungsregelungen: Harmonisierungsbedarf und -möglichkeiten, in: *Leistner, Matthias* (Hrsg.): Europäische Perspektiven des Geistigen Eigentums, Tübingen 2010, S. 123-166 (zitiert als: *Hilty*, in: Leistner, 2010)

***Hirsch**,* Günter: Der EuGH im Spannungsverhältnis zwischen Gemeinschaftsrecht und nationalem Recht, NJW 2000, S. 1817-1822 (zitiert als: *Hirsch*, NJW 2000)

***Hobe**, Stephan*: Europarecht, 7. Auflage, Köln 2012 (zitiert als: *Hobe*, Europarecht)

***Hobe**, Stephan/**Müller-Sartori**, Patrick*: Rechtsfragen der Einbindung der EG/EU in das Völkerrecht, JuS 2002, S. 8-13 (zitiert als: *Hobe/Müller-Sartori*, JuS 2002)

***Hoeren**, Thomas*: Urheberrechtsfähigkeit von Software. Die EG-Richtlinie zum Softwareschutz und die Rechtsprechung des Bundesgerichtshofes, CR 1991, S. 463-465 (zitiert als: *Hoeren*, CR 1991)

***Hoeren**, Thomas*: IPR und EDV-Recht. Kollisionsrechtliche Anknüpfungen bei internationalen EDV-Verträgen, CR 1993, S. 129-134 (zitiert als: *Hoeren*, CR 1993)

***Hoeren**, Thomas*: Urheberrecht in der Informationsgesellschaft – Überlegungen zu einem Rechtsgutachten von Gerhard Schricker et al. –, GRUR 1997, S. 866-875 (zitiert als: *Hoeren*, GRUR 1997)

***Hoeren**, Thomas*: Urheberrecht 2000 – Thesen für eine Reform des Urheberrechts, MMR 2000, S. 3-7 (zitiert als: *Hoeren*, MMR 2000)

***Hoeren**, Thomas*: Entwurf einer EU-Richtlinie zum Urheberrecht in der Informationsgesellschaft – Überlegungen zum Zwischenstand der Diskussion, MMR 2000, S. 515-521 (zitiert als: *Hoeren*, MMR 2000)

***Hoeren**, Thomas*: Happy birthday to you: Urheberrechtliche Fragen rund um ein Geburtstagsständchen, in: *Berger, Klaus Peter/Ebke, Werner F./Elsing, Siegfried/Großfeld, Bernhard/Kühne, Gunther* (Hrsg.), Festschrift für Otto Sandrock zum 70. Geburtstag, Heidelberg 2000, S. 357-372 (zitiert als: *Hoeren*, in: FS Sandrock, 2000)

***Hoeren**, Thomas*: High-noon im europäischen Immaterialgüterrecht – Überlegungen zum Vorschlag für eine EU-Richtlinie über die Maßnahmen und Verfahren zum Schutz der Rechte an geistigem Eigentum, MMR 2003, S. 299-303 (zitiert als: *Hoeren*, MMR 2003)

***Hoeren**, Thomas*: Urheberrecht in der Wissensgesellschaft, APuZ 2005, S. 14-24 (zitiert als: *Hoeren*, APuZ 2005)

***Hoeren**, Thomas*: Die Schranken des Urheberrechts in Deutschland, in: *Hilty, Reto M./Geiger, Christophe* (Hrsg.), Impulse für eine europäische Harmonisierung des Urheberrechts/Perspectives d'harmonisation du droit d'auteur en Europe – Urheberrecht im deutsch-französischen Dialog/Rencontres franco-allemandes, Berlin, Heidelberg 2007, S. 265-319 (zitiert als: *Hoeren*, in: Hilty/Geiger, 2007)

***Hoeren**, Thomas*: Der urheberrechtliche Begriff der öffentlichen Wiedergabe in Österreich – am Beispiel des Hotelfernsehens, in: *Hilty, Reto M./Drexl, Josef/Nordemann, Wilhelm* (Hrsg.), Schutz von Kreativität und Wettbewerb, Festschrift für Ulrich Loewenheim zum 75. Geburtstag, München 2009, S. 137-146 (zitiert als: *Hoeren*, in: FS Loewenheim, 2009)

***Hoeren**, Thomas*: Der Erschöpfungsgrundsatz bei Software – Körperliche Übertragung und Folgeprobleme, GRUR 2010, S. 665-673 (zitiert als: *Hoeren*, GRUR 2010)

***Hoeren**, Thomas*: Der BGH taucht nach Perlen – Zur Freiheit von Abstracts im Urheberrecht, GRUR-Prax 2011, S. 27-29 (zitiert als: *Hoeren*, GRUR-Prax 2011)

***Hoeren**, Thomas/**Bilek**, Julia Ariella:* Die territoriale Exklusivitätsvereinbarung bei Fußball-Übertragungen – Ein Modell der Vergangenheit!, CR 2011, S. 735-741 (zitiert als: *Hoeren/Bilek*, CR 2011)

***Hoeren**, Thomas/**Herring**, Eva Maria*: WikiLeaks und das Erstveröffentlichungsrecht des Urhebers, MMR 2011, S. 500-504 (zitiert als: *Hoeren/Herring*, MMR 2011)

***Hoeren**, Thomas/**Sieber**, Ulrich/**Holznagel**, Bernd* (Hrsg.): Handbuch Multimedia-Recht. Rechtsfragen des elektronischen Geschäftsverkehrs, München 2013, Stand: April 2013 (34. Ergänzungslieferung) (zitiert als: *Bearbeiter*, in: Hoeren/Sieber/Holznagel)

***Ipsen**, Hans Peter*: Europäisches Gemeinschaftsrecht, Tübingen 1972 (zitiert als: *Ipsen*, 1972)

***Jarass**, Hans D./**Beljin**, Saša*: Die Bedeutung von Vorrang und Durchführung des EG-Rechts für die nationale Rechtsetzung und Rechtsanwendung, NVwZ 2004, S. 1-11 (zitiert als: *Jarass/Beljin*, NVwZ 2004)

***Kadelbach**, Stefan*: Gemeinschaftsrecht und (vorläufiger) verwaltungsgerichtlicher Rechtsschutz, KritV 1999, S. 378-401 (zitiert als: *Kadelbach*, KritV 1999)

***Kakouris**, C.N.*: Do the Member States Possess Judicial Procedural „Autonomy"?, CMLR 34 (1997), S. 1389-1412 (zitiert als: *Kakouris*, CMLR 34 (1997))

***Katzenberger**, Paul*: Das Folgerecht im deutschen und ausländischen Urheberrecht, München 1970 (zitiert als: *Katzenberger*, 1970)

***Katzenberger**, Paul*: Die urheberrechtliche Stellung der Filmarchitekten und Kostümbildner, ZUM 1988, S. 545-555 (zitiert als: *Katzenberger*, ZUM 1988)

***Katzenberger**, Paul*: Urheberrecht und Datenbanken, GRUR 1990, S. 94-100 (zitiert als: *Katzenberger*, GRUR 1990)

***Katzenberger**, Paul*: Die europäische Richtlinie über das Folgerecht, GRUR Int. 2004, S. 20-27 (zitiert als: *Katzenberger*, GRUR Int. 2004)

***Kehrli**, Thomy*: Der urheberrechtliche Werkbegriff im Bereich der bildenden Kunst, Bern 1989 (zitiert als: *Kehrli*, 1989)

***Kingreen**, Thorsten*: Grundrechtsverbund oder Grundrechtsunion? – Zur Entwicklung der subjektiv-öffentlichen Rechte im europäischen Unionsrecht –, EuR 2010, S. 338-363 (zitiert als: *Kingreen*, EuR 2010)

***Kirchhof**, Paul*: Deutsches Verfassungsrecht und Europäisches Gemeinschaftsrecht, in: *Kirchhof, Paul/Ehlermann, Claus-Dieter*, Deutsches Verfassungsrecht und Europäisches Gemeinschaftsrecht. Kolloquium anlässlich des 25jährigen Bestehens der Zeitschrift „Europarecht" am 23. November 1990 in Baden-Baden, EuR Beiheft 1/1991, Baden-Baden 1991, S. 11-25 (zitiert als: *Kirchhof*, Beiheft 1/1991)

***Kirchhof**, Ferdinand*: Die Kooperation zwischen Bundesverfassungsgericht und Europäischem Gerichtshof – Addierung oder Optimierung des Grundrechtsschutzes?, in: *Herdegen, Matthias/Klein, Hans Hugo/Papier, Hans-Jürgen/Scholz, Rupert* (Hrsg.), Staatsrecht und Politik, Festschrift für Roman Herzog zum 75. Geburtstag, München 2009, S. 155-171 (zitiert als: *Kirchhof*, in: FS Herzog, 2009)

***Klawitter**, Christian*: Schutz nicht eingetragener Geschmacksmuster nach der EU-Gemeinschaftsgeschmacksmusterverordnung, EWS 2002, S. 357-361 (zitiert als: *Klawitter*, EWS 2002)

Kleine: Anmerkung zu BGH 01.04.1958 I ZR 49/57 „Mecki"-Igel, GRUR 1958, S. 504 (zitiert als: Anm. *Kleine*, GRUR 1958)

***Knöbl**, Harald Peter*: Die „kleine Münze" im System des Immaterialgüter- und Wettbewerbsrechts. Eine rechtsvergleichende Analyse des deutschen, schweizerischen, französischen und US-amerikanischen Rechts, Hamburg 2002 (zitiert als: *Knöbl*, 2002)

***Köck**, Heribert Franz*: Grundsätzliches zu Primat und Vorrang des Unions- bzw. Gemeinschaftsrechts im Verhältnis zum mitgliedstaatlichen Recht oder Als die Frösche keinen König haben wollten, in: *Bröhmer, Jürgen/Bieber, Roland/Calliess, Christian/Langenfeld, Christine/Weber, Stefan/Wolf, Joachim*: (Hrsg.), Internationale Gemeinschaft und Menschenrechte: Festschrift für Georg Ress zum 70. Geburtstag am 21. Januar 2005, Köln, Berlin, München 2005, S. 557-576 (zitiert als: *Köck*, in: FS Ress, 2005)

***Köhn**, Tina*: Die Technisierung der Popmusikproduktion – Probleme der „kleinen Münze" in der Musik, ZUM 1994, S. 278-288 (zitiert als: *Köhn*, ZUM 1994)

***Koelman**, Kamiel J.*: Copyright Law and Economics in the EU Copyright Directive: Is the Droit d'Auteur Passé?, IIC 2004, S. 603-638 (zitiert als: *Koelman*, IIC 2004)

***Kokott**, Juliane/**Sobotta**, Christoph*: Die Charta der Grundrechte der Europäischen Union nach dem Inkrafttreten des Vertrags von Lissabon, EuGRZ 2010, S. 265-271 (zitiert als: *Kokott/Sobotta*, EuGRZ 2010)

***Koschtial**, Ulrike*: Zur Notwendigkeit der Absenkung der Gestaltungshöhe für Werke der angewandten Kunst im deutschen Urheberrecht, GRUR 2004, S. 555-560 (zitiert als: *Koschtial*, GRUR 2004)

***Kothes**, Tanja*: Der Schutz von Werbeslogans im Lichte von Urheber-, Marken- und Wettbewerbsrecht, Berlin 2006 (zitiert als: *Kothes*, 2006)

***Kreile**, Reinhold*: Bericht über die WIPO-Sitzungen zum möglichen Protokoll zur Berner Konvention und zum „Neuen Instrument" vom 22. bis 24. Mai 1996, ZUM 1996, S. 964-966 (zitiert als: *Kreile*, ZUM 1996)

***Kreile**, Reinhold/**Becker**, Jürgen*: Stand der Harmonisierungsbemühungen der EG auf dem Gebiet des Urheberrechts am Vorabend des Europäischen Binnenmarkts, ZUM 1992, S. 581-594 (zitiert als: *Kreile/Becker*, ZUM 1992)

***Kreile**, Reinhold/**Becker**, Jürgen*: Neuordnung des Urheberrechts in der Europäischen Union, GRUR Int. 1994, S. 901-911 (zitiert als: *Kreile/Becker*, GRUR Int. 1994)

***Kuhlen**, Rainer*: Richtungsweisend oder eine nur begrenzt wahrgenommene Chance? Der Copyright Code des Wittem-Projekts, 2 (2011) JIPITEC, S. 18-25 (zitiert als: *Kuhlen*, 2 (2011) JIPITEC, 18)

***Kuhmann**, Christoph*: Der Schutz der angewandten Kunst im deutschen und amerikanischen Urheberrecht, München 1991 (zitiert als: *Kuhmann*, 1991)

***Kummer**, Max*: Das urheberrechtlich schützbare Werk, Bern 1968 (zitiert als: *Kummer*)

***Kur**, Annette*: Die Zukunft des Designschutzes in Europa – Musterrecht, Urheberrecht, Wettbewerbsrecht, GRUR Int. 1998, S. 353-359 (zitiert als: *Kur*, GRUR Int. 1998)

***Kur**, Annette*: Die Auswirkungen des neuen Geschmacksmusterrechts auf die Praxis, GRUR 2002, S. 661-670 (zitiert als: *Kur*, GRUR 2002)

***Kur**, Annette*: Die Alternativen zum Schutz durch das Urheberrecht in Deutschland, in: *Hilty, Reto M./Geiger, Christophe* (Hrsg.), Impulse für eine europäische Harmonisierung des Urheberrechts/Perspectives d'harmonisation du droit d'auteur en Europe – Urheberrecht im deutsch-französischen Dialog/Rencontres franco-allemandes, Berlin, Heidelberg 2007, S. 193-231 (zitiert als: *Kur*, in: Hilty/Geiger, 2007)

***Lehr**, Dirk*: Das textile Rechtsschutzgefälle – Über die rechtliche Ungleichbehandlung bemalter bzw. bedruckter Stoffe, GRUR 1999, S. 403-406 (zitiert als: *Lehr*, GRUR 1999)

***Leistner**, Matthias*: Der neue Rechtsschutz des Datenbankherstellers – Überlegungen zu Anwendungsbereich, Schutzvoraussetzungen Schutzumfang sowie zur zeitlichen Dauer des Datenbankherstellerrechts gemäß §§ 87a ff. UrhG, GRUR Int. 1999, S. 819-839 (zitiert als: *Leistner*, GRUR Int. 1999)

***Leistner**, Matthias*: Konsolidierung und Entwicklungsperspektive des Europäischen Urheberrechts. Referat im Rahmen der Vortragsreihe „Rechtsfragen der Europäischen Integration", Bonn, den 14.01.2008, Bonn 2008 (zitiert als: *Leistner*, 2008)

***Leistner**, Matthias*: Copyright law in the EC: Status quo, recent case law and policy perspectives, CMLR 46 (2009), S. 847-884 (zitiert als: *Leistner*, CMLR 46 (2009))

***Leistner**, Matthias*: Bei Spielen nichts Neues? – Zugleich Besprechung von BGH, Urt. v. 1.6.2011 – I ZR 140/09 – Lernspiele, GRUR 2011, S. 761-767 (zitiert als: *Leistner*, GRUR 2011)

***Leistner**, Matthias*: Das Murphy-Urteil des EuGH: Viel Lärm um nichts oder Anfang vom Ende des Territorialitätsgrundsatzes im Urheberrecht?, JZ 2011, S. 1140-1148 (zitiert als: *Leistner*, JZ 2011)

***Leistner**, Matthias/**Hansen**, Gerd*: Die Begründung des Urheberrechts im digitalen Zeitalter – Versuch einer Zusammenführung von individualistischen und utilitaristischen Rechtfertigungsbemühungen, GRUR 2008, S. 479-490 (zitiert als: *Leistner/Hansen*, GRUR 2008)

***Lesshafft**, Karl/**Ulmer**, Detlef*: Urheberrechtsschutz von Computerprogrammen nach der Europäischen Richtlinie, CR 1991, S. 519-525 (zitiert als: *Lesshafft/Ulmer*, CR 1991)

***von Lewinski**, Silke*: Vermieten, Verleihen und verwandte Schutzrechte – Der zweite Richtlinienvorschlag der EG-Kommission, GRUR Int. 1991, S. 104-111 (zitiert als: *v. Lewinski*, GRUR Int. 1991)

***von Lewinski**, Silke*: Die diplomatische Konferenz der WIPO 1996 zum Urheberrecht und zu verwandten Schutzrechten, GRUR Int. 1997, S. 667-681 (zitiert als: *v. Lewinski*, GRUR Int. 1997)

***von Lewinski**, Silke*: Rechtewahrnehmung: Urhebervertragsrecht und Verwertungsgesellschaftenrecht, in: *Riesenhuber, Karl* (Hrsg.), Systembildung im Europäischen Urheberrecht. INTERGU-Tagung 2006, Berlin 2007, S. 215-241 (zitiert als: *v. Lewinski*, in: Riesenhuber, 2007)

***Limbach**, Jutta*: Die Kooperation der Gerichte in der zukünftigen europäischen Grundrechtsarchitektur, EuGRZ 2000, S. 417-420 (zitiert als: *Limbach*, EuGRZ 2000)

***Limper**, Josef/**Musiol**, Christian*: Handbuch des Fachanwalts Urheber und Medienrecht, Köln 2011 (zitiert als: *Bearbeiter*, in: Limper/Musiol, FA-UMR)

***Lindhorst**, Hermann*: EuGH: Grafische Benutzeroberfläche genießt keinen Urheberrechtsschutz als Computerprogramm, Anmerkung zu EuGH, Urteil vom 22.12.2010 – C-393/09, GRUR-Prax 2011, S. 61 (zitiert als: *Lindhorst*, Anm. EuGH, C-393/09 – BSA/Kulturministerium, GRUR-Prax 2011)

***Loewenheim**, Ulrich*: Anmerkung zu BGH 12.03.1987 I ZR 71/85 „Warenzeichenlexika“, GRUR 1987, S. 706-707 (zitiert als: *Loewenheim*, Anm. I ZR 71/85 – Warenzeichenlexika, GRUR 1987)

***Loewenheim**, Ulrich*: Der Schutz der kleinen Münze im Urheberrecht, GRUR 1987, S. 761-769 (zitiert als: *Loewenheim*, GRUR 1987)

***Loewenheim**, Ulrich*: Gemeinschaftsrechtliches Diskriminierungsverbot und nationales Urheberrecht, NJW 1994, S. 1046-1048 (zitiert als: *Loewenheim*, NJW 1994)

***Loewenheim**, Ulrich*: Die urheberrechtliche Stellung der Szenenbildner, Filmarchitekten und Kostümbildner, UFITA Band 126, 1994, S. 99-148 (zitiert als: *Loewenheim*, UFITA Bd. 126 (1994))

***Loewenheim**, Ulrich*: Harmonisierung des Urheberrechts in Europa, GRUR Int. 1997, S. 285-292 (zitiert als: *Loewenheim*, GRUR Int. 1997)

***Loewenheim**, Ulrich*: Konturen eines europäischen Urheberrechts, in: *Hönn, Günther/Konzen, Horst/Kreutz, Peter (Hrsg.)*, Festschrift für Alfons Kraft zum 70. Geburtstag, Neuwied, Kriftel 1998, S. 359-374 (zitiert als: *Loewenheim*, in: FS Kraft, 1998)

***Loewenheim**, Ulrich*: Höhere Schutzuntergrenze des Urheberrechts bei Werken der angewandten Kunst?, GRUR Int. 2004, S. 765-767 (zitiert als: *Loewenheim*, GRUR Int. 2004)

***Loewenheim**, Ulrich*: Handbuch des Urheberrechts, 2. Auflage, München 2010 (zitiert als: *Bearbeiter*, in: Loewenheim)

***Lucas**, André*: Libres propos sur l'harmonisation communautaire du droit d'auteur et des droits voisins, in: *Ohly, Ansgar/Bodewig, Theo/Dreier, Thomas/Götting, Horst-Peter/Haedicke, Maximilian/Lehmann, Michael* (Hrsg.), Perspektiven des Geistigen Eigentums und Wettbewerbsrechts, Festschrift für Gerhard Schricker zum 70. Geburtstag, München 2005, S. 435-445 (zitiert als: *Lucas*, in: FS Schricker, 2005)

***Marly**, Jochen*: Urheberrechtsschutz für Computersoftware in der Europäischen Union – Abschied vom überkommenen Urheberrechtsverständnis, München 1995 (zitiert als: *Marly*, 1995)

***Marly**, Jochen*: Der Urheberrechtsschutz grafischer Benutzeroberflächen von Computerprogrammen – Zugleich Besprechung der EuGH-Entscheidung „BSA/Kulturministerium", GRUR 2011, S. 204-208 (zitiert als: *Marly*, GRUR 2011)

***Mayer**, Franz C.*: Grundrechtsschutz gegen europäische Rechtsakte durch das BVerfG: Zur Verfassungsmäßigkeit der Bananenmarktordnung, EuZW 2000, S. 685-689 (zitiert als: *Mayer*, EuZW 2000)

***Mayer**, Franz C.*: Kompetenzüberschreitung und Letztentscheidung. Das Maastricht-Urteil des Bundesverfassungsgerichts und die Letztentscheidung über Ultra vires-Akte in Mehrebenensystemen. Eine rechtsvergleichende Betrachtung von Konflikten zwischen Gerichten am Beispiel der EU und der USA, München 2000 (zitiert als: *Mayer*, 2000)

***Mayer**, Franz C.*: Verfassungsgerichtsbarkeit, in: *von Bogdandy, Armin/Bast, Jürgen* (Hrsg.): Europäisches Verfassungsrecht. Theoretische und dogmatische Grundzüge, 2. Auflage, Berlin, Heidelberg 2009, S. 559-607 (zitiert als: *Mayer*, in: v. Bogdandy/Bast)

***Meessen**, Karl Matthias*: Zur Theorie allgemeiner Rechtsgrundsätze des internationalen Rechts: Der Nachweis allgemeiner Rechtsgrundsätze des Europäischen Gemeinschaftsrechts, JIR 17. Band 1974, S. 283-306 (zitiert als: *Meessen*, JIR 17 (1974))

***Mestmäcker**, Ernst-Joachim/**Schulze**, Erich*: Kommentar zum deutschen Urheberrecht (*Herausgegeben von Hertin, Paul W./Schulze, Marcel/Walter, Michel*), Band 1.2, Loseblattsammlung, 55. Aktualisierungslieferung (September 2011) Köln 2011 (zitiert als: *Bearbeiter*, in: Mestmäcker/Schulze)

***Mestmäcker**, Ernst-Joachim/**Schweitzer**, Heike*: Europäisches Wettbewerbsrecht, 2. Auflage, München 2004 (zitiert als: *Mestmäcker/Schweitzer*)

***Metzger**, Axel*: Urheberrechtsschranken in der Wissensgesellschaft: „Fair use“ oder enge Einzeltatbestände?, in: *Leistner, Matthias* (Hrsg.): Europäische Perspektiven des Geistigen Eigentums, Tübingen 2010, S. 101-122 (zitiert als: *Metzger*, in: Leistner, 2010)

***Metzger**, Axel*: Der Einfluss des EuGH auf die gegenwärtige Entwicklung des Urheberrechts, GRUR 2012, S. 118-126 (zitiert als: *Metzger*, GRUR 2012)

***Möller**, Margret*: Urheberrecht oder Copyright? – Author's Right or Copyright? – Droit d'auteur ou Copyright?, ZUM 1990, S. 65-70 (zitiert als: *Möller*, ZUM 1990)

***Neuenfeld**, Klaus*: Der Architektenvertrag, Stuttgart 2006 (zitiert als: *Neuenfeld*)

***Neumeister**, Achim/**v. Gamm**, Eva-Irina*: Ein Phönix: Das Urheberrecht der Architekten, NJW 2008, S. 2678-2683 (zitiert als: *Neumeister/v. Gamm*, NJW 2008)

***Nicolini**, Käte/**Ahlberg**, Hartwig* (Hrsg.): Möhring/Nicolini. Urheberrechtsgesetz. Kommentar, 2. Auflage, München 2000 (zitiert als: *Bearbeiter*, in: Möhring/ Nicolini)

***Niedobitek**, Matthias*: Kollisionen zwischen EG-Recht und nationalem Recht, VerwArch 2001, S. 58-80 (zitiert als: *Niedobitek*, VerwArch 2001)

***Nordemann**, Axel*: Die künstlerische Fotografie als urheberrechtlich geschütztes Werk, Baden-Baden 1992 (zitiert als: *A. Nordemann*, 1992)

***Nordemann**, Axel*: Die Geschichte vom fliegenden Axel und andere Büsumer Geschichten – Anmerkungen zum Urheberrechtsschutz von Gebrauchszwecken dienenden Schriftwerken, in: *Loewenheim, Ulrich* (Hrsg.), Urheberrecht im Informationszeitalter, Festschrift für Wilhelm Nordemann zum 70. Geburtstag am 8. Januar 2004, München 2004, S. 59-69 (zitiert als: *A. Nordemann*, in: FS Nordemann, 2004)

***Nordemann**, Axel/**Heise**, Friedrich Nicolaus*: Urheberrechtlicher Schutz für Designleistungen in Deutschland und auf europäischer Ebene, ZUM 2001, S. 128-146 (zitiert als: *A. Nordemann/Heise*, ZUM 2001)

***Nordemann**, Wilhelm*: Zur Abgrenzung des Geschmacksmusterschutzes vom Urheberschutz, UFITA Band 50/Teil C, 1967/III, S. 906-914 (zitiert als: *W. Nordemann*, UFITA Bd. 50 (1967))

***Nordemann**, Wilhelm/**Vinck**, Kai/**Hertin**, Paul W.*: Internationales Urheberrecht und Leistungsschutzrecht der deutschsprachigen Länder unter Berücksichtigung auch der Staaten der Europäischen Gemeinschaft. Kommentar, Düsseldorf 1977 (zitiert als: *Nordemann/Vinck/Hertin*, Intern. UrhR)

***Nowak**, Carsten*: Europarecht nach Lissabon, Baden-Baden 2011 (zitiert als: *Nowak*)

***Obwexer**, Walter*: Aufbau, Systematik, Struktur und tragende Grundsätze des Vertrages von Lissabon, in: *Hummer, Waldemar/Obwexer, Walter* (Hrsg.), Der Vertrag von Lissabon, Baden-Baden 2009, S. 95-122 (zitiert als: *Obwexer*, in: Hummer/Obwexer)

***Öhlinger**, Theo*: Der Vorrang des Unionsrechts im Lichte des Verfassungsvertrages, in: *Bröhmer, Jürgen/Bieber, Roland/Calliess, Christian/Langenfeld, Christine/Weber, Stefan/Wolf, Joachim*: (Hrsg.), Internationale Gemeinschaft und Menschenrechte: Festschrift für Georg Ress zum 70. Geburtstag am 21. Januar 2005, Köln, Berlin, München 2005, S. 685-698 (zitiert als: Öhlinger, in: FS Ress, 2005)

***Ohly**, Ansgar*: Die Europäisierung des Designrechts, ZEuP 2004, S. 296-318 (zitiert als: *Ohly*, ZEuP 2004)

***Ohly**, Ansgar*: Designschutz im Spannungsfeld von Geschmacksmuster-, Kennzeichen- und Lauterkeitsrecht, GRUR 2007, S. 731-740 (zitiert als: *Ohly*, GRUR 2007)

***Ohly**, Ansgar*: Europäische Grundsätze des Geistigen Eigentums?, in: *Leistner, Matthias* (Hrsg.): Europäische Perspektiven des Geistigen Eigentums, Tübingen 2010, S. 190-208 (zitiert als: *Ohly*, in: Leistner, 2010)

***Oppermann**, Thomas*: Die Dritte Gewalt in der Europäischen Union, DVBl. 1994, S. 901-908 (zitiert als: *Oppermann*, DVBl. 1994)

***Oppermann**, Thomas/**Classen**, Claus Dieter/**Nettesheim**, Martin*: Europarecht. Ein Studienbuch, 5. Auflage, München 2011 (zitiert als: *Bearbeiter*, in: Oppermann/Classen/Nettesheim)

***Oppermann**, Thomas/**Hiermaier**, Werner*: Zur Einführung: Das Rechtsschutzsystem des EWG-Vertrags, JuS 1980, S. 782-790 (zitiert als: *Oppermann/Hiermaier*, JuS 1980)

***Pache**, Eckhard*: Eine Verfassung für Europa – Krönung oder Kollaps der europäischen Integration?, EuR 2002, S. 767-784 (zitiert als: *Pache*, EuR 2002)

***Pache**, Eckhard/**Rösch**, Franziska*: Europäischer Grundrechtsschutz nach Lissabon – die Rolle der EMRK und der Grundrechtecharta in der EU, EuZW 2008, S. 519-522 (zitiert als: *Pache/Rösch*, EuZW 2008)

***Pache**, Eckhard/**Rösch**, Franziska*: Die Grundrechte der EU nach Lissabon, EWS 2009, S. 393-401 (zitiert als: *Pache/Rösch*, EWS 2009)

***Pauli**, Dirk*: NomosKommentar Berner Übereinkunft, Baden-Baden 2012 (zitiert als: *Pauli*, NK RBÜ)

***Pechstein**, Matthias*: EU-/EG-Prozessrecht. Mit Aufbaumustern und Prüfungsübersichten, 3. Auflage, Tübingen 2007 (zitiert als: *Pechstein*, Prozessrecht)

***Peifer**, Karl-Nikolaus*: Individualität im Zivilrecht. Der Schutz persönlicher, gegenständlicher und wettbewerblicher Individualität im Persönlichkeitsrecht, Immaterialgüterrecht und Recht der Unternehmen, Tübingen 2001 (zitiert als: *Peifer*, 2001)

***Peifer**, Karl-Nikolaus*: Das Territorialitätsprinzip im Europäischen Gemeinschaftsrecht vor dem Hintergrund der technischen Entwicklungen, ZUM 2006, S. 1-8 (zitiert als: *Peifer*, ZUM 2006)

***Peifer**, Karl-Nikolaus*: Die Inhalte des Urheberrechts: Vermögensrechte und Droit Moral, in: *Riesenhuber, Karl* (Hrsg.), Systembildung im Europäischen Urheberrecht. INTERGU-Tagung 2006, Berlin 2007, S. 155-179 (zitiert als: *Peifer*, in: Riesenhuber, 2007)

***Peifer**, Karl-Nikolaus*: A legal view of selected aspects and the development of Digital Europe, GRUR Int. 2010, S. 671-677 (zitiert als: *Peifer*, GRUR Int. 2010)

***Peifer**, Karl-Nikolaus*: Territorialität und Dienstleistungsfreiheit: Der Fall „Karen Murphy" vor dem EuGH, GRUR-Prax 2011, S. 435-438 (zitiert als: *Peifer*, GRUR-Prax 2011)

***Petersmann**, Ernst-Ulrich*: Darf die EG das Völkerrecht ignorieren?, EuZW 1997, S. 325-331 (zitiert als: *Petersmann*, EuZW 1997)

***Peukert**, Alexander*: Der Schutzbereich des Urheberrechts und das Werk als öffentliches Gut. Insbesondere: Die urheberrechtliche Relevanz des privaten Werkgenusses, in: *Hilty, Reto M./Peukert, Alexander* (Hrsg.), Interessenausgleich im Urheberrecht, Baden-Baden 2004, S. 11-46 (zitiert als: *Peukert*, in: Hilty/Peukert, 2004)

***Pfennig**, Gerhard*: Die Harmonisierung des Folgerechts in der EU, ZUM 2002, S. 195-201 (zitiert als: *Pfennig*, ZUM 2002)

***Radermacher**, Ludger*: Gemeinschaftsrechtliche Staatshaftung für höchstrichterliche Entscheidungen, NVwZ 2004, S. 1415-1421 (zitiert als: vgl. auch *Radermacher*, NVwZ 2004)

***Rahlf**, Sylvia/**Gottschalk**, Eckart*: Neuland: Das nicht eingetragene Gemeinschaftsgeschmacksmuster, GRUR Int. 2004, S. 821-827 (zitiert als: *Rahlf/Gottschalk*, GRUR Int. 2004)

***Rau**, Gerhard*: Antikunst und Urheberrecht. Überlegungen zum urheberrechtlichen Werkbegriff, Berlin 1978 (zitiert als: *Rau*, 1978)

***Rengeling**, Hans-Werner/**Middeke**, Andreas/**Gellermann**, Martin* (Hrsg.): Handbuch des Rechtsschutzes in der Europäischen Union, 2. Auflage, München 2003 (zitiert als: *Bearbeiter*, in: Rengeling/Middeke/Gellermann)

***Rehbinder**, Manfred*: Urheberrecht, 16. Auflage, München 2010 (zitiert als: *Rehbinder*)

***Reimer**, Dietrich*: Anmerkung zu BGH 04.11.1966 Ib ZR 77/65 „skai-cubana", GRUR 1967, S. 318-319 (zitiert als: Anm. *Reimer*, GRUR 1967)

***Reimer**, Dietrich*: Zum Urheberrechtsschutz von Darstellungen wissenschaftlicher oder technischer Art, GRUR 1980, S. 572-582 (zitiert als: *Reimer*, GRUR 1980)

***Reinbothe**, Jörg*: Geistiges Eigentum und die Europäische Gemeinschaft, ZEuP 2000, S. 5-28 (zitiert als: *Reinbothe*, ZEuP 2000)

***Reinbothe**, Jörg*: Hat die Europäische Gemeinschaft dem Urheberrecht gutgetan? – Eine Bilanz des Europäischen Urheberrechts –, in: *Ohly, Ansgar/Bodewig, Theo/Dreier, Thomas/Götting, Horst-Peter/Haedicke, Maximilian/Lehmann, Michael* (Hrsg.), Perspektiven des Geistigen Eigentums und Wettbewerbsrechts, Festschrift für Gerhard Schricker zum 70. Geburtstag, München 2005, S. 483-500 (zitiert als: *Reinbothe*, in: FS Schricker, 2005)

***Reinbothe**, Jörg*: Der acquis communautaire des Europäischen Urheberrechts: Stand und Entwicklung der Rechtsangleichung und Harmonisierungskonzept, EWS 2007, S. 193-202 (zitiert als: *Reinbothe*, EWS 2007)

***Reischl**, Gerhard*: Die Rechtsprechung des Gerichtshofs der Europäischen Gemeinschaften zum Urheberrecht im Gemeinsamen Markt, in: *Ress, Georg* (Hrsg.), Entwicklung des Europäischen Urheberrechts. Intellectual Property

Rights and EC-Law. Droits intellectuels et droit communautaire. Wissenschaftliches Kolloquium anlässlich des 70. Geburtstags von Gerhard Reischl, Baden-Baden 1989, S. 45-55 (zitiert als: *Reischl*, in: Ress (Hrsg.), 1989)

***Ress**, Georg*: Die Beziehungen zwischen der Berner Konvention und dem Europäischen Gemeinschaftsrecht, in: *Ress, Georg* (Hrsg.), Entwicklung des Europäischen Urheberrechts. Intellectual Property Rights and EC-Law. Droits intellectuels et droit communautaire. Wissenschaftliches Kolloquium anlässlich des 70. Geburtstags von Gerhard Reischl, Baden-Baden 1989, S. 21-43 (zitiert als: *Ress*, in: Ress (Hrsg.), 1989)

***Ricketson**, Sam*: The Berne Convention for the Protection of Literary and Artistic Works: 1886-1986, London 1987 (zitiert als: *Ricketson*)

***Riesenhuber**, Karl*: Der Schutzgegenstand und die Rechtsinhaber, in: *Riesenhuber, Karl* (Hrsg.), Systembildung im Europäischen Urheberrecht. INTERGU-Tagung 2006, Berlin 2007, S. 113-153 (zitiert als: *Riesenhuber*, in: Riesenhuber, 2007)

***Riesenhuber**, Karl* (Hrsg.): Europäische Methodenlehre. Handbuch für Ausbildung und Praxis, 2. Auflage, Berlin, New York 2010 (zitiert als: *Bearbeiter*, in: Riesenhuber, 2010)

***Ritter**, Thomas*: Neue Werteordnung für die Gesetzesauslegung durch den Lissabon-Vertrag, NJW 2010, S. 1110-1114 (zitiert als: *Ritter*, NJW 2010)

***Rodríguez Iglesias**, Gil Carlos*: Gedanken zum Entstehen einer Europäischen Rechtsordnung, NJW 1999, S. 1-9 (zitiert als: *Rodríguez Iglesias*, NJW 1999)

***Röthel**, Anne*: Vorwirkung von Richtlinien: viel Lärm um Selbstverständliches, ZEuP 2009, S. 34-55 (zitiert als: *Röthel*, ZEuP 2009)

***Röttinger**, Moritz*: Das Urheberrecht in Rechtspolitik und Rechtsetzung der Europäischen Gemeinschaft – vom Handelshemmnis zum „Espace européen de la créativité“, UFITA Band 1, 2001, S. 9-94 (zitiert als: *Röttinger*, UFITA Bd. 1 (2001))

***Rosenkranz**, Frank*: Die völkerrechtskonforme Auslegung des EG-Sekundärrechts dargestellt am Beispiel des Urheberrechts – Zugleich eine Besprechung von EuGH, Urt. v. 7.12.2006 – C-306/05, EuZW 2007, 81, EuZW 2007, S. 238-242 (zitiert als: *Rosenkranz*, EuZW 2007)

***Roth**, Hans-Peter*: Anmerkung zu EuGH, Urteil vom 1.12.2011 – C-145/10 (Eva-Maria Painer/Standard VerlagsGmbH u.a.), EuZW 2012, S. 189-190 (zitiert als: *Roth*, Anm. EuGH, C-145/10 – Painer/Standard, EuZW 2012)

***Ruhl**, Oliver*: Fragen des Schutzumfangs im Geschmacksmusterrecht, GRUR 2010, S. 289-300 (zitiert als: *Ruhl*, GRUR 2010)

***Šarčević**, Edin*: EU-Erweiterung nach Art. 49 EUV: Ermessensentscheidungen und Beitrittsrecht, EuR 2002, S. 461-482 (zitiert als: *Šarčević*, EuR 2002)

***Schack**, Haimo*: Wem gebührt das Urheberrecht, dem Schöpfer oder dem Produzenten?, ZUM 1990, S. 59-62 (zitiert als: *Schack*, ZUM 1990)

***Schack**, Haimo*: Europäisches Urheberrecht im Werden, ZEuP 2000, S. 799-819 (zitiert als: *Schack*, ZEuP 2000)

***Schack**, Haimo*: Kunst und Recht. Bildende Kunst, Architektur, Design und Fotografie im deutschen und internationalen Recht, Köln, Berlin, München 2004 (zitiert als: *Schack*, Kunst und Recht)

***Schack**, Haimo*: Das auf (formlose) Immaterialgüterrechte anwendbare Recht nach Rom II, in: *Baetge, Dietmar/von Hein, Jan/von Hinden, Michael* (Hrsg.), Die richtige Ordnung, Festschrift für Jan Kropholler zum 70. Geburtstag, Tübingen 2008, S. 651-669 (zitiert als: *Schack*, in: FS Kropholler, 2008)

***Schack**, Haimo*: Urheber- und Urhebervertragsrecht, 5. Auflage, Tübingen 2010 (zitiert als: *Schack*)

***Schack**, Haimo*: Europäische Urheberrechts-Verordnung: erwünscht oder unvermeidlich?, in: *Leistner, Matthias* (Hrsg.): Europäische Perspektiven des Geistigen Eigentums, Tübingen 2010, S. 173-189 (zitiert als: *Schack*, in: Leistner, 2010)

***v. Schildt-Lutzenburger**, Christine*: Der urheberrechtliche Schutz von Gebäuden, München 2004 (zitiert als: *v. Schildt-Lutzenburger*, 2004)

***Schilling**, Theodor*: Zu den Grenzen des Vorrangs des Gemeinschaftsrechts, Der Staat 1994, S. 555-580 (zitiert als: *Schilling*, Der Staat 33 (1994))

***Schima**, Bernhard*: Grundrechtsschutz, in: *Hummer, Waldemar/Obwexer, Walter* (Hrsg.), Der Vertrag von Lissabon, Baden-Baden 2009, S. 325-342 (zitiert als: *Schima*, in: Hummer/Obwexer)

***Schippan**, Martin*: Die Harmonisierung des Urheberrechts in Europa im Zeitalter von Internet und digitaler Technologie. Eine Betrachtung aus deutscher Sicht, Baden-Baden 1999 (zitiert als: *Schippan*, 1999)

***Schippan**, Martin*: Der Schutz von kurzen Textwerken im digitalen Zeitalter, ZUM 2013, S. 358-373 (zitiert als: *Schippan*, ZUM 2013)

***Schmidt**, Karsten*: Urheberrechtlicher Werkbegriff und Gegenwartskunst – Krise oder Bewährung eines gesetzlichen Konzepts?, UFITA Band 77, 1976, S. 1-52 (zitiert als: *Schmidt*, UFITA Bd. 77 (1976))

***Schmidt-Aßmann**, Eberhard*: Der Rechtsstaat, in: *Isensee, Josef/Kirchhof, Paul* (Hrsg.), Handbuch des Staatsrechts der Bundesrepublik Deutschland, Band II – Verfassungsstaat, 3. Auflage, Heidelberg 2004, S. 541-612 (zitiert als: *Schmidt-Aßmann*, in: Isensee/Kirchhof, HStR II, § 26)

***Schramm**, Carl*: Die schöpferische Leistung, Berlin, Köln 1957 (zitiert als: *Schramm*, 1957)

***Schramm**, Peter*: Der europaweite Schutz des Produktdesigns. Das Gemeinschaftsgeschmacksmuster und sein Verhältnis zur Gemeinschaftsmarke, Baden-Baden 2005 (zitiert als: *Schramm*, 2005)

***Schricker**, Gerhard*: Anmerkung zu BGH 24.11.1983 I ZR 147/81 „Filmregisseur“, GRUR 1984, S. 733-734 (zitiert als: Anm. *Schricker*, GRUR 1984)

***Schricker**, Gerhard*: Zur Harmonisierung des Urheberrechts in der Europäischen Wirtschaftsgemeinschaft, in: *Baur, Jürgen F./Hopt, Klaus J./Mailänder, K. Peter* (Hrsg.), Festschrift für Ernst Steindorff zum 70. Geburtstag am 13. März 1990, Berlin, New York 1990, S. 1437-1453 (zitiert als: *Schricker*, in: FS Steindorff, 1990)

***Schricker**, Gerhard*: Hundert Jahre Urheberrechtsentwicklung, in: *Beier, Friedrich-Karl/Kraft, Alfons/Schricker, Gerhard/Wadle, Elmar* (Hrsg.), Gewerblicher Rechtsschutz und Urheberrecht in Deutschland, Festschrift zum hundertjährigen Bestehen der Deutschen Vereinigung für gewerblichen Rechtschutz und Urheberrecht und ihrer Zeitschrift, Band II, Weinheim 1991, S. 1095-1124 (zitiert als: *Schricker*, in: FS 100 Jahre GRUR, 1991)

***Schricker**, Gerhard*: Urheberrecht zwischen Industrie- und Kulturpolitik, GRUR 1992, S. 242-247 (zitiert als: *Schricker*, GRUR 1992)

***Schricker**, Gerhard*: Abschied von der Gestaltungshöhe im Urheberrecht?, in: *Becker, Jürgen/Lerche, Peter/Mestmäcker, Ernst-Joachim* (Hrsg.), Wanderer zwischen Musik, Politik und Recht: Festschrift für Reinhold Kreile zu seinem 65. Geburtstag, Baden-Baden 1994, S. 715-721 (zitiert als: *Schricker*, in: FS Kreile, 1994)

***Schricker**, Gerhard*: Farewell to the "Level of Creativity" (Schöpfungshöhe) in German Law?, IIC 1995, S. 41-48 (zitiert als: *Schricker*, IIC 1995)

***Schricker**, Gerhard*: Der Urheberrechtsschutz von Werbeschöpfungen, Werbeideen, Werbekonzeptionen und Werbekampagnen, GRUR 1996, S. 815-826 (zitiert als: *Schricker*, GRUR 1996)

***Schricker**, Gerhard* (Hrsg.): Urheberrecht auf dem Weg zur Informationsgesellschaft, Baden-Baden 1997 (zitiert als: *Schricker* (Hrsg.), 1997)

***Schricker**, Gerhard/**Loewenheim**, Ulrich*: Urheberrecht. Kommentar, 4. Auflage, München 2010 (zitiert als: *Bearbeiter*, in: Schricker/Loewenheim)

***Schroeder**, Werner*: Die Auslegung des EU-Rechts, JuS 2004, S. 180-186 (zitiert als: *Schroeder*, JuS 2004)

***Schulte**, Dieter*: Der Referentenentwurf eines Zweiten Gesetzes zur Änderung des Urheberrechtsgesetzes, CR 1992, S. 588-593 (zitiert als: *Schulte*, CR 1992)

***Schulte-Herbrüggen**, Elena*: Der Grundrechtsschutz in der Europäischen Union nach dem Vertrag von Lissabon, ZEuS 2009, S. 343-377 (zitiert als: *Schulte-Herbrüggen*, ZEuS 2009)

***Schulze**, Gernot*: Die kleine Münze und ihre Abgrenzungsproblematik bei den Werkarten des Urheberrechts, Freiburg 1983 (zitiert als: *G. Schulze*, 1983)

***Schulze**, Gernot*: Werturteil und Objektivität im Urheberrecht – Die Feststellung der urheberrechtlichen Schutzfähigkeit am Beispiel der „kleinen Münze" –, GRUR 1984, S. 400-417 (zitiert als: *G. Schulze*, GRUR 1984)

***Schulze**, Gernot*: Der Schutz der kleinen Münze im Urheberrecht, GRUR 1987, S. 769-778 (zitiert als: *G. Schulze*, GRUR 1987)

***Schulze**, Gernot*: Anmerkung zu BGH 14.04.1988 I ZR 99/86 „Kristallfiguren", GRUR 1988, S. 693-694 (zitiert als: Anm. *G. Schulze*, GRUR 1988)

***Schulze**, Gernot*: Das Urheberrecht und die bildende Kunst, in: *Beier, Friedrich-Karl/Kraft, Alfons/Schricker, Gerhard/Wadle, Elmar* (Hrsg.), Gewerblicher Rechtsschutz und Urheberrecht in Deutschland, Festschrift zum hundertjährigen Bestehen der Deutschen Vereinigung für gewerblichen Rechtschutz und Urheberrecht und ihrer Zeitschrift, Band II, Weinheim 1991, S. 1303-1348 (zitiert als: *G. Schulze*, in: FS 100 Jahre GRUR, 1991)

***Schulze**, Gernot*: Mehr Urheberschutz oder mehr Leistungsschutz?, in: *Ohly, Ansgar/Bodewig, Theo/Dreier, Thomas/Götting, Horst-Peter/Haedicke, Maximilian/Lehmann, Michael* (Hrsg.), Perspektiven des Geistigen Eigentums und Wettbewerbsrechts, Festschrift für Gerhard Schricker zum 70. Geburtstag, München 2005, S. 523-538 (zitiert als: *G. Schulze*, in: FS Schricker, 2005)

***Schulze**, Gernot*: Werke und Muster an öffentlichen Plätzen – Gelten urheberrechtliche Schranken auch im Geschmacksmusterrecht? –, in: *Ahrens, Hans-Jürgen/Bornkamm, Joachim/Kunz-Hallstein, Hans Peter* (Hrsg.), Festschrift für Eike Ullmann, Saarbrücken 2006, S. 93-110 (zitiert als: *G. Schulze*, in: FS Ullmann, 2006)

***Schulze**, Gernot*: Der Schutzumfang des Urheberrechts in Deutschland – Der Schutzumfang (Schutzvoraussetzungen, Schutzdauer) des Urheberrechts und Gedanken für künftige Regelungen zum Schutz von Werken und Leistungen, in: *Hilty, Reto M./Geiger, Christophe* (Hrsg.), Impulse für eine europäische Harmonisierung des Urheberrechts/Perspectives d'harmonisation du droit d'auteur en Europe – Urheberrecht im deutsch-französischen Dialog/Rencontres franco-allemandes, Berlin, Heidelberg 2007, S. 117-141 (zitiert als: *G. Schulze*, in: Hilty/Geiger, 2007)

***Schulze**, Gernot*: Die Schranken des Urheberrechts: Einzelfallgesetzgebung oder System?, in: *Riesenhuber, Karl* (Hrsg.), Systembildung im Europäischen Urheberrecht. INTERGU-Tagung 2006, Berlin 2007, S. 181-209 (zitiert als: *G. Schulze*, in: Riesenhuber, 2007)

***Schulze**, Gernot*: Die Gebrauchsüberlassung von Möbelimitaten – Besprechung zu BGH „Le-Corbusier-Möbel II", GRUR 2009, S. 812-816 (zitiert als: *G. Schulze*, GRUR 2009)

***Schulze**, Gernot*: Schleichende Harmonisierung des urheberrechtlichen Werkbegriffs? Anmerkung zu EuGH „Infopaq/DDF", GRUR 2009, S. 1019-1022 (zitiert als: *G. Schulze*, GRUR 2009)

***Schulze**, Reiner/**Zuleeg**, Manfred/**Kadelbach**, Stefan*: Europarecht, Handbuch für die deutsche Rechtspraxis, 2. Auflage, Baden-Baden 2010 (zitiert als: *Bearbeiter*, in: Schulze/Zuleeg/Kadelbach)

Schwarze, Jürgen: Das allgemeine Völkerrecht in den innergemeinschaftlichen Rechtsbeziehungen, EuR 1983, S. 1-39 (zitiert als: *Schwarze*, EuR 1983)

Schwarze, *Jürgen* (Hrsg.): EU-Kommentar, 3. Auflage, Baden-Baden 2012 (zitiert als: *Bearbeiter*, in: Schwarze)

Schwenzer, *Oliver*: Urheberrechtliche Fragen der „kleinen Münze" in der Popmusikproduktion, ZUM 1996, S. 584-590 (zitiert als: *Schwenzer*, ZUM 1996)

Skouris, *Vassilios*: Stellung und Bedeutung des Vorabentscheidungsverfahrens im europäischen Rechtsschutzsystem, EuGRZ 2008, S. 343-349 (zitiert als: *Skouris*, EuGRZ 2008)

Soergel, *Hs. Th.*: Bürgerliches Gesetzbuch: mit Einführungsgesetz und Nebengesetzen, Band 10 - Einführungsgesetz, Stuttgart, Berlin, Köln 1996 (zitiert als: *Bearbeiter*, in: Soergel/Kegel, Bd. 10)

Sosnitza, *Olaf*: Plagiate, Prozesse und Provisionen – Rechtsfragen bei der Tätigkeit von Werbeagenturen, ZUM 1998, S. 631-641 (zitiert als: *Sosnitza,* ZUM 1998)

Spindler, *Gerald*: Die kollisionsrechtliche Behandlung von Urheberrechtsverletzungen im Internet, IPRax 2003, S. 412-421 (zitiert als: *Spindler*, IPRax 2003)

Spindler, *Gerald*/***Schuster,*** *Fabian*: Recht der elektronischen Medien. Kommentar, 2. Auflage, München 2011 (zitiert als: *Bearbeiter*, in: Spindler/Schuster)

Störmer, *Rainer*: Gemeinschaftsrechtliche Diskriminierungsverbote versus nationale Grundrechte?, AöR 123 (1998), S. 541-576 (zitiert als: *Störmer*, AöR 123 (1998))

Streinz, *Rudolf*: „Gemeinschaftsrecht bricht nationales Recht" – Verlust und Möglichkeiten nationaler politischer Gestaltungsfreiheit nach der Integration in eine supranationale Gemeinschaft, aufgezeigt am Beispiel des Lebensmittelrechts, insbesondere der sog. Novel Food-Verordnung, in: *Köbler, Gerhard/Heinze, Meinhard/Hromadka, Wolfgang* (Hrsg.), Europas universale rechtsordnungspolitische Aufgabe im Recht des dritten Jahrtausends, Festschrift für Alfred Söllner zum 70. Geburtstag, München 2000, S. 1139-1169 (zitiert als: *Streinz*, in: FS Söllner, 2000)

Streinz, *Rudolf*: Primärrechtliche Grundlagen des Europäischen Urheberrechts, in: *Riesenhuber, Karl* (Hrsg.), Systembildung im Europäischen Urheberrecht.

INTERGU-Tagung 2006, Berlin 2007, S. 11-37 (zitiert als: *Streinz*, in: Riesenhuber, 2007)

***Streinz**, Rudolf*: EUV/AEUV. Vertrag über die Europäische Union und Vertrag über die Arbeitsweise der Europäischen Union, 2. Auflage, München 2012 (zitiert als: *Bearbeiter*, in: Streinz)

***Streinz**, Rudolf*: Europarecht, 9. Auflage, Heidelberg, München u.a. 2012 (zitiert als: *Streinz*, Europarecht)

***Streinz**, Rudolf/**Ohler**, Christoph/**Herrmann**, Christoph*: Der Vertrag von Lissabon zur Reform der EU. Einführung mit Synopse, 3. Auflage, München 2010 (zitiert als: *Streinz/Ohler/Herrmann*, Lissabon)

***Strömholm**, Stig*: Was bleibt vom Erbe übrig? Überlegungen zur Entwicklung des heutigen Urheberrechts, GRUR Int. 1989, S. 15-23 (zitiert als: *Strömholm*, GRUR Int. 1989)

***Strömholm**, Stig*: Spielraum, Originalität oder Persönlichkeit? Das Urheberrecht vor einer Wegwahl, GRUR Int. 1996, S. 529-533 (zitiert als: *Strömholm*, GRUR Int. 1996)

***Terhechte**, Jörg Philipp*: Grundwissen – Öffentliches Recht: Der Vorrang des Unionsrechts, JuS 2008, S. 403-405 (zitiert als: *Terhechte*, JuS 2008)

***Thiele**, Markus*: Die Erstautorenschaft bei wissenschaftlichen Publikationen, GRUR 2004, S. 392-395 (zitiert als: *Thiele*, GRUR 2004)

***Thoms**, Frank*: Der urheberrechtliche Schutz der kleinen Münze. Historische Entwicklung – Rechtsvergleichung – Rechtspolitische Wertung, München 1980 (zitiert als: *Thoms*, 1980)

***Tilmann**, Winfried*: Europäische Gerichtsstruktur auch für Urheberrechte?, GRUR 2011, S. 1096-1098 (zitiert als: *Tilmann*, GRUR 2011)

***Tomuschat**, Christian*: Aller guten Dinge sind III? Zur Diskussion um die Solange-Rechtsprechung des BVerfG, EuR 1990, S. 340-361 (zitiert als: *Tomuschat*, EuR 1990)

***Ullmann**, Eike*: Die Einbindung der elektronischen Datenbanken in den Immaterialgüterschutz, in: *Pfeiffer, Gerd/Kummer, Joachim/Scheuch, Silke* (Hrsg.), Festschrift für Hans Erich Brandner zum 70. Geburtstag, Köln 1996, S. 507-524 (zitiert als: *Ullmann*, in: FS Brandner, 1996)

***Ullmann**, Eike*: Das Europäische Urheberrecht in der deutschen Rechtsprechung, in: *Riesenhuber, Karl* (Hrsg.), Systembildung im Europäischen Urheberrecht. INTERGU-Tagung 2006, Berlin 2007, S. 301-317 (zitiert als: *Ullmann*, in: Riesenhuber, 2007)

***Ulmer**, Eugen*: Der Schutz der industriellen Formgebung – Vorbemerkung der Schriftleitung, GRUR Ausl. 1959, S. 1-2 (zitiert als: *Ulmer*, GRUR Ausl. 1959)

***Ulmer**, Eugen*: Der urheberrechtliche Werkbegriff und die moderne Kunst – Rezensionsabhandlung, GRUR 1968, S. 527-530 (zitiert als: *Ulmer*, GRUR 1968)

***Ulmer**, Eugen*: Gedanken zur schweizerischen Urheberrechtsreform, in: *Brügger, Paul* (Hrsg.), Homo creator, Festschrift für Alois Troller, Basel 1976, S. 189-205 (zitiert als: *Ulmer*, in: FS Troller, 1976)

***Ulmer**, Eugen*: Urheber- und Verlagsrecht, 2. Auflage, Berlin, Göttingen, Heidelberg 1960 (zitiert als: *Ulmer*, UrhR, 2. Auflage (1960))

***Ulmer**, Eugen*: Urheber- und Verlagsrecht, 3. Auflage, Berlin, Heidelberg, New York 1980 (zitiert als: *Ulmer*, UrhR, 3. Auflage (1980))

***v. Ungern-Sternberg**, Joachim*: Die Rechtsprechung des Bundesgerichtshofs zum Urheberrecht und zu den verwandten Schutzrechten in den Jahren 2008 und 2009 (Teil I), GRUR 2010, S. 273-282 (zitiert als: *v. Ungern-Sternberg*, GRUR 2010)

***Vogel**, Martin*: Die Umsetzung der Richtlinie 96/9/EG über den rechtlichen Schutz von Datenbanken in Art. 7 des Regierungsentwurfs eines Informations- und Kommunikationsdienstegesetzes, ZUM 1997, S. 592-606 (zitiert als: *Vogel*, ZUM 1997)

***Voßkuhle**, Andreas*: Der europäische Verfassungsgerichtsverbund, NVwZ 2010, S. 1-8 (zitiert als: *Voßkuhle*, NVwZ 2010)

***Walchshöfer**, Alfred*: Der persönlichkeitsrechtliche Schutz der Architektenleistung, in: *Forkel, Hans/Kraft, Alfons* (Hrsg.), Beiträge zum Schutz der Persönlichkeit und ihrer schöpferischen Leistungen, Festschrift für Heinrich Hubmann zum 70. Geburtstag, Frankfurt am Main 1985, S. 469-480 (zitiert als: *Walchshöfer*, in: FS Hubmann, 1985)

***Walter**, Michel M.* (Hrsg.): Europäisches Urheberrecht – Kommentar, Wien 2001 (zitiert als: *Bearbeiter*, in: Walter, Europ. UrhR)

***Walter**, Michel*: Die Schutzvoraussetzung der Originalität im Rechtssystem nach österreichischem und europäischem Urheberrecht, in: *Fallenböck, Markus/Galla, Franz/Stockinger, Stefan* (Hrsg.): Urheberrecht in der digitalen Wirtschaft. Beiträge zu Internet, Telekommunikation und Software, Wien 2005, S. 19-35 (zitiert als: *Walter*, in: Fallenböck/Galla/Stockinger)

***Walter**, Michel M.*: Die Rechtsdurchsetzung, in: *Riesenhuber, Karl* (Hrsg.), Systembildung im Europäischen Urheberrecht. INTERGU-Tagung 2006, Berlin 2007, S. 243-286 (zitiert als: *Walter*, in: Riesenhuber, 2007)

***Wandtke**, Artur*: Copyright und virtueller Markt in der Informationsgesellschaft – oder das Verschwinden des Urhebers im Nebel der Postmoderne?, GRUR 2002, S. 1-11 (zitiert als: *Wandtke*, GRUR 2002)

***Wandtke**, Artur-Axel*: Copyright oder Droit d'auteur im technologischen Zeitalter, in: *Becker, Jürgen/Hilty, Reto M./Stöckli, Jean-Fritz/Würtenberger, Thomas* (Hrsg.), Recht im Wandel seines sozialen und technologischen Umfeldes, Festschrift für Manfred Rehbinder, München 2002, S. 389-404 (zitiert als: *Wandtke*, in: FS Rehbinder, 2002)

***Wandtke**, Artur*: Grenzenlose Freiheit der Kunst und Grenzen des Urheberrechts. Oder über Kunst lässt sich trefflich streiten?, ZUM 2005, S. 769-775 (zitiert als: *Wandtke*, ZUM 2005)

***Wandtke**, Artur-Axel* (Hrsg.): Urheberrecht, 3. Auflage, Berlin/Boston 2012 (zitiert als: *Bearbeiter*, in: Wandtke, UrhR)

***Wandtke**, Artur/**Bullinger**, Winfried*: Die Marke als urheberrechtlich schutzfähiges Werk, GRUR 1997, S. 573-580 (zitiert als: *Wandtke/Bullinger*, GRUR 1997)

***Wandtke**, Artur-Axel/**Bullinger**, Winfried*: Praxiskommentar zum Urheberrecht, 3. Auflage, München 2009 (zitiert als: *Bearbeiter*, in: Wandtke/Bullinger)

***Wandtke**, Artur/**Ohst**, Claudia*: Zur Reform des deutschen Geschmacksmustergesetzes, GRUR Int. 2005, S. 91-102 (zitiert als: *Wandtke/Ohst*, GRUR Int. 2005)

***Wegner**, Konstantin*: OLG München: Wagenfelds „Eierkoch“ als Werk der angewandten Kunst geschützt, GRUR-Prax 2010, S. 537 (zitiert als: *Wegner*, GRUR-Prax 2010)

***Winghardt**, Stefan*: Gemeinschaftsrechtliches Diskriminierungsverbot und Inländergleichbehandlungsgrundsatz in ihrer Bedeutung für urheberrechtliche Vergütungsansprüche innerhalb der Staaten der Europäischen Union, Berlin 2001 (zitiert als: *Winghardt*, 2001)

***Würfel**, Christine Elisabeth*: Europarechtliche Möglichkeiten einer Gesamtharmonisierung des Urheberrechts, Karlsruhe 2005 (zitiert als: *Würfel*, 2005)

***Zech**, Susanne*: Der Schutz von Werken der angewandten Kunst im Urheberrecht Frankreichs und Deutschlands. Rechtsvergleichende Untersuchung unter Berücksichtigung des europäischen Rechts, München 1999 (zitiert als: *Zech*, 1999)

***Zentek**, Sabine*: Ein Handbuch für Recht in Kunst und Design, Stuttgart 1998 (zitiert als: *Zentek*, 1998)

***Zentek**, Sabine*: Designschutz – Fallsammlung zum Schutz kreativer Leistungen in Europa, 2. Auflage, Dortmund 2008 (zitiert als: *Zentek*, 2008)

***Zentek**, Sabine*: Designspezifische Absenkungen der urheberrechtlichen Gestaltungshöhe – Keine Angst vorm BGH, WRP 2010, S. 73-80 (zitiert als: *Zentek*, WRP 2010)

***Zentek**, Sabine*: Anmerkung zu BGH, Urteil vom 12. Mai 2011 – I ZR 53/10 – Seilzirkus, ZUM 2012, S. 42-45 (zitiert als: *Zentek*, Anm. I ZR 53/10 – Seilzirkus, ZUM 2012)

***Ziegenhorn**, Gero*: Kontrolle von mitgliedstaatlichen Gesetzen „im Anwendungsbereich des Unionsrechts“ am Maßstab der Unionsgrundrechte, NVwZ 2010, S. 803-808 (zitiert als: *Ziegenhorn*, NVwZ 2010)

***Zuleeg**, Manfred*: Deutsches und europäisches Verwaltungsrecht – wechselseitige Einwirkungen, VVDStRL 53 (1994), S. 154-201 (zitiert als: *Zuleeg*, VVDStRL 53 (1994))

Gliederung

1. Teil: Einleitung

A. Hintergrund

Nach Art. 27 (2) der Allgemeinen Erklärung der Menschenrechte der Vereinten Nationen hat jeder das Recht auf Schutz der geistigen und materiellen Interessen, die ihm als Urheber von Werken der Wissenschaft, Literatur oder Kunst erwachsen. Das Urheberrecht ist also ein Menschenrecht.[1]

§ 1 des Urheberrechtsgesetzes (UrhG) bestimmt, dass den Urhebern von Werken der Literatur, Wissenschaft und Kunst für ihre Werke Schutz nach Maßgabe des Urheberrechtsgesetzes zukommt. Zu den gemäß § 2 Abs. 1 Nr. 4 UrhG geschützten Werken der bildenden Künste gehören auch die Werke der angewandten Kunst, also Designleistungen.

Der Schutz des Urheberrechts soll dem Urheber zum einen die „geistigen Früchte“[2] seiner Arbeit und die Anerkennung seiner Urheberschaft garantieren, wodurch etwa auch erst eine Auseinandersetzung mit seinem künstlerischen Schaffen möglich wird.[3] Zum anderen soll das Urheberrecht gewährleisten, dass sich der Designer in Bezug auf seine Gestaltungsleistung ein Einkommen schaffen kann, auf dessen Grundlage er seinen Lebensunterhalt bestreiten kann.[4] Dem Urheber soll aus seinem schöpferisch geistigen Schaffen also auch ein wirtschaftlicher Nutzen erwachsen, indem ihm für diese Leistung ein angemessener Lohn als Ausgleich zuteil wird.[5] Dies folgt bereits aus § 11 S. 2 UrhG, wonach

1 Darauf verweist auch *Hackenberg*, in: FS Nordemann, 2004, S. 25, 34.

2 *Handig*, UFITA Bd. 1 (2009), 55, 66; *Koelman*, IIC 2004, 603.

3 *Handig*, UFITA Bd. 1 (2009), 55, 66 f.; vgl. hierzu auch *Peifer*, 2001, S. 85 f.

4 *A. Nordemann*, in: Fromm/Nordemann, § 2 Rn. 147; *v. Lewinski*, GRUR Int. 1991, 104, 105; vgl. ferner etwa Mitteilung der Kommission an das Europäische Parlament, den Rat, den Europäischen Wirtschafts- und Sozialausschuss und den Ausschuss der Regionen: Ein Binnenmarkt für Rechte des geistigen Eigentums – Förderung von Kreativität und Innovation zur Gewährleistung von Wirtschaftswachstum, hochwertigen Arbeitsplätzen sowie erstklassigen Produkten und Dienstleistungen in Europa vom 24.5.2011, KOM (2011) 287 endgültig.

5 *Hoeren/Herring*, MMR 2011, 500, 503, 504; so auch *Hackenberg*, in: FS Nordemann, 2004, S. 25, 32; *Wandtke*, GRUR 2002, 1, 9 f.; vgl. ferner *Wandtke*, ZUM 2005, 769, 772; *Zentek*, WRP 2010, 73, 77.

das Urheberrecht zugleich der Sicherung einer angemessenen Vergütung für die Nutzung des Werkes dient. Diese Zielrichtung des Urheberrechtsgesetzes werde gleichwohl größtenteils verfehlt, wenn geschätzt mindestens 95 % der Designleistungen ein Urheberrechtsschutz versagt werde, zugleich aber etwa Fotografien – entweder als Lichtbildwerk (§ 2 Abs. 1 Nr. 5 UrhG) oder als Lichtbild (§ 72 UrhG) – nahezu vollständig urheberrechtlich geschützt werden.[6]

Das beschriebene Phänomen ist vor allem darauf zurückzuführen, dass die Rechtsprechung im Bereich der angewandten Kunst bislang erhöhte Anforderungen an die urheberrechtlichen Schutzvoraussetzungen einer Gestaltung stellt. Anders als bei anderen Werkarten, insbesondere auch anders als bei den Werken der reinen bildenden Kunst, verlangt sie bei den Werken der angewandten Kunst das Vorliegen einer besonderen Gestaltungshöhe – nämlich ein „deutliches Überragen der Durchschnittsgestaltung“[7] – und geht damit nicht von einem für sämtliche Werkarten einheitlichen Werkbegriff mit gleichlautenden Voraussetzungen aus.

Wie im Rahmen dieser Arbeit aufgezeigt werden wird, ist die je nach Werkart unterschiedliche Handhabung der Werkvoraussetzungen seitens der Rechtsprechung – insbesondere des Merkmals der Gestaltungshöhe – aus einer Vielzahl von Gründen jedoch nicht hinnehmbar und mit geltendem Recht nicht vereinbar.

Da viele Designer etwa im Bereich des Grafik-, Kommunikations-, Produkt-, Mode- oder Textildesigns zur Sicherung ihres Lebensunterhalts auf einen nicht nur ausnahmsweise gewährten urheberrechtlichen Schutz ihrer Designs angewiesen sind,[8] ist eine Herabsenkung der Anforderungen an die Gestaltungshöhe bei Werken der angewandten Kunst nicht nur aus akademischen Erwägungen heraus erforderlich, sondern folgt auch aus einer dringenden praktischen Notwendigkeit. So besteht in der Praxis durchaus die Befürchtung, dass Designleistungen „vergütungs- und sanktionslos“ übernommen werden, wie z.B. „bei zur Auftragsakquise erstellten Schöpfungen“.[9]

---

6 So *A. Nordemann*, in: Fromm/Nordemann, § 2 Rn. 147; *A. Nordemann/Heise*, ZUM 2001, 128, 135, insbesondere 137; siehe auch *Donle/Held/Nordemann-Schiffel/Nordemann*, GRUR Int. 2012, 995, 997.

7 Std. Rspr., etwa BGH, Urteil vom 22.6.1995 – I ZR 119/93 – Silberdistel, GRUR 1995, 581, 582 m.w.N.; siehe auch BVerfG, Beschluss vom 26.1.2005 – 1 BvR 157/02 – Laufendes Auge, GRUR 2005, 410, 411.

8 *A. Nordemann*, in: Fromm/Nordemann, § 2 Rn. 147.

9 BVerfG, Beschluss vom 26.1.2005 – 1 BvR 157/02 – Laufendes Auge, GRUR 2005, 410, 411, das hier jedoch ausführt, „dass die im Bereich der angewandten Kunst für das Eingreifen des Urheberrechtsschutzes erhöhten Anforderungen überhaupt zu

Angesichts der seitens der Rechtsprechung angelegten hohen Maßstäbe an die Gestaltungshöhe ist eine vorprozessuale Beurteilung, ob die Designleistung urheberrechtlich geschützt ist, oftmals nicht eindeutig möglich, was für die Designer enorme Rechtsunsicherheiten bedeuten und (im Prozess) den Einsatz von aufwändigen und kostenintensiven Sachverständigengutachten zur Folge haben kann.[10] Überdies kann die Aussicht auf eine gewährleistete und gesicherte Rechtsposition mit daraus erwachsenden Rechten einen weiteren (Leistungs-)Anreiz für kreatives Schaffen darstellen („Anspornungstheorie“[11], Aussicht auf Ausschließlichkeitsrechte als „Motor für den Anreiz von Investitionen in immaterielle Güter“[12]).

Eine EU-weit einheitlichen (abgesenkten) Anforderungen unterliegende Schöpfungshöhe kann dem Urheber dabei eine wichtige Stütze sein. So heißt es etwa auch in Erwägungsgrund 10 der „Informations-Richtlinie“[13] unter anderem, dass nur, wenn die Rechte des geistigen Eigentums angemessen geschützt werden, eine angemessene Vergütung der Rechtsinhaber gewährleistet und ein zufrieden stellender Ertrag von Investitionen sichergestellt werden könne.[14] Demnach sollen also das Alimentationsinteresse des Urhebers und das Amortisationsinteresse des Investors zu gleichen Teilen Berücksichtigung finden, d.h. sowohl utilitaristische als auch individualistische Aspekte beachtet werden.[15]

Weiterhin sicherlich nicht erfasst werden sollen auch künftig völlig banale Gestaltungen. Der Designer als anwendender Künstler darf jedoch nicht in einem dauerhaften

---

einem praktischen Problem führen“, sei im Rahmen der dort zu entscheidenden Verfassungsbeschwerde nicht aufgezeigt worden.

10 *A. Nordemann*, in: Fromm/Nordemann, § 2 Rn. 149; *A. Nordemann/Heise*, ZUM 2001, 128, 140; ferner *Donle/Held/Nordemann-Schiffel/Nordemann*, GRUR Int. 2012, 995, 1001.

11 *Peifer*, in: Riesenhuber, 2007 S. 155, 164 m.w.N.; kritisch *Bechtold*, GRUR Int. 2008, 484, 485 f., 487; vgl. auch *Leistner/Hansen*, GRUR 2008, 479, 484 m.w.N.; zu den verschiedenen (ökonomischen) Legitimationstheorien siehe etwa *Gottschalk*, 2005, S. 37 ff.

12 *Peifer*, in: Riesenhuber, 2007 S. 155, 163; zur ökonomischen Analyse siehe ferner *Peukert*, in: Hilty/Peukert, 2004, S. 11, 15 ff. m.w.N.

13 Richtlinie 2001/29/EG des Europäischen Parlaments und des Rates vom 22. Mai 2001 zur Harmonisierung bestimmter Aspekte des Urheberrechts und der verwandten Schutzrechte in der Informationsgesellschaft, ABl. EG L 167/10 vom 22.6.2001.

14 Kritisch *v. Bassewitz/Kramer/Prinz zu Waldeck und Pyrmont*, GRUR Int. 2004, 607, 608.

15 *Leistner/Hansen*, GRUR 2008, 479, 489 m.w.N., zur ökonomischen Analyse des Rechts siehe zudem 482 ff.; (mit Verweis auf Berücksichtigung der ökonomischen Analyse) *Peukert*, in: Hilty/Peukert, 2004, S. 11, 20 ff. m.w.N.; siehe ferner *Loewenheim*, in: Loewenheim, § 1 Rn. 4 m.w.N.

Zustand der Unsicherheit gehalten werden, ob die von ihm designte Gestaltung rechtlichen Schutz genießt und er „entlohnt“ wird oder ob sie letztlich nur eine „gemeinfreie Gestaltung“ darstellt, mit der Folge, dass er als Schaffender leer ausgeht.[16]

Ob der Designer davon losgelöst das Design gleichwohl dann aus seiner eigenen freiwilligen Entscheidung heraus unentgeltlich zur Verfügung stellt, steht mit der Frage des Inhalts der zunächst zu prüfenden Werkkriterien dagegen erst einmal in keinem Zusammenhang und ist gesondert zu betrachten.

Zu Recht wird argumentiert, dass der im Bereich der Literatur, der rein bildenden Kunst, der Fotografie, der Computerprogramme und der Datenbanken durch den Schutz der kleinen Münze großzügig gewährte Urheberrechtsschutz dort nicht zu unbilligen Behinderungen führe.[17] Weshalb Urheber in den vorgenannten Bereichen schutzbedürftiger seien als Designer, mit der Folge dass im Bereich der angewandten Kunst andere Schutzmaßstäbe zu gelten hätten, ist nicht nachvollziehbar – zumal die Designer wirtschaftlich betrachtet von ihrer Schöpfung mindestens genauso abhängig sind wie die Urheber der anderen Werkarten.[18] Insbesondere muss der Designer den gleichen Urheberrechtsschutz erhalten wie der bildende Künstler, auch ihm sollen „die finanziellen Früchte seiner Arbeit“ zuteil werden.[19]

Dabei sind auch die weiteren Auswirkungen zu berücksichtigen, die das Ansetzen unterschiedlich hoher Schutzanforderungen bei Werken der reinen bildenden Kunst und bei Werken der angewandten Kunst mit sich bringt: So weist Schulze zutreffend darauf hin, dass es im Bereich der bildenden Kunst zwar auch zu Kunstfälschungen komme, doch anders als bei den Werken der angewandten Kunst Original und Fälschung hier grundsätzlich nicht in einem Konkurrenzverhältnis stünden. Bei der reinen bildenden Kunst stehe das Original als Unikat im Mittelpunkt, nur dieses erreiche die hohen Preise auf dem Kunstmarkt.[20] Hier gebe es keine konkurrierenden Billigprodukte, wie sie im Bereich der angewandten Kunst etwa bei Einrichtungsgegenständen oder Bekleidung anzutreffen seien, die als günstigere, oftmals vom Original kaum unterscheidbare Kopie angeboten würden und deren Hersteller auf diese Weise Entwurfs- und Entwicklungskosten sparten.[21] Dies zeige, dass bei Werken der angewandten Kunst das Schutzbedürfnis der Urheber

16 So auch *Hackenberg*, in: FS Nordemann, 2004, S. 25, 26; ferner *Haberstumpf*, in: FS 100 Jahre GRUR, 1991, S. 1125, 1167 f. (Rn. 63); siehe auch *Eck*, 1993, S. 59.

17 *A. Nordemann/Heise*, ZUM 2001, 128, 139, 142.

18 *A. Nordemann/Heise*, ZUM 2001, 128, 143.

19 *Koschtial*, GRUR 2004, 555, 558; *A. Nordemann/Heise*, ZUM 2001, 128, 138.

20 *G. Schulze*, in: Loewenheim, § 9 Rn. 99.

21 *G. Schulze*, in: Loewenheim, § 9 Rn. 99.

äußerst hoch anzusiedeln sei – möglicherweise sogar höher als bei den Werken der reinen bildenden Kunst –, sodass die Kritik an den strengen Anforderungen für den Urheberrechtsschutz von Werken der angewandten Kunst zu Recht erfolge.[22]

Das Urheberrecht ist nicht zuletzt deshalb von erheblicher Bedeutung und Interesse für den Designer und die Wirtschaft, weil es ein sehr starkes, umfassendes Recht darstellt. Im Gegensatz zu den gewerblichen Schutzrechten (in ihren Grundsätzen) – wie etwa dem Geschmacksmusterrecht, dem Markenrecht („ästhetische Schutzrechte"[23]), dem Patentrecht oder dem Gebrauchsmusterrecht („technische Schutzrechte"[24]) – wird das Urheberrecht formlos gewährt, d.h., es bedarf keiner Hinterlegung, Anmeldung oder Registrierung.[25] Der Urheberrechtsschutz entsteht automatisch mit dem Schaffensprozess,[26] mit der Vollendung des Schöpfungsaktes.[27] Es fallen demnach anders als bei den gewerblichen Schutzrechten auch keine Investitionskosten wie Anmelde- und Verlängerungsgebühren oder Patentanwalts- und Rechtsanwaltskosten an.[28] Das Urheberrecht verfügt überdies über eine überaus lange Schutzdauer, es erlischt erst siebzig Jahre nach dem Tod des Urhebers (§ 64 UrhG). Es bietet damit auch eine gute Planungsgrundlage.

Das dringend von der Rechtsprechung anzuerkennende und in der Folge auch zügig umzusetzende Gebot der Herabsenkung der Anforderungen an die Gestaltungshöhe bei Werken der angewandten Kunst ist ferner aus einem weiteren Grund von enormer Wichtigkeit: Neben der innerdeutschen Notwendigkeit abgesenkter Schutzvoraussetzungen für einen umfassenderen urheberrechtlichen Designschutz ergibt sich

---

22 *G. Schulze*, in: Loewenheim, § 9 Rn. 99; vgl. auch *A. Nordemann/Heise*, ZUM 2001, 128, 137 ff.; *Loewenheim*, in: Schricker/Loewenheim, § 2 Rn. 33.

23 *Meckel*, in: Gabler Wirtschaftslexikon, Stichwort: gewerbliche Schutzrechte, http://wirtschaftslexikon.gabler.de/Archiv/1448/gewerbliche-schutzrechte-v6.html, abgerufen am 19.10.2013; *Zentek*, 1998, S. 19.

24 *Meckel*, in: Gabler Wirtschaftslexikon, Stichwort: gewerbliche Schutzrechte, http://wirtschaftslexikon.gabler.de/Archiv/1448/gewerbliche-schutzrechte-v6.html, abgerufen am 19.10.2013; *Zentek*, 1998, S. 19.

25 *Meckel*, in: Gabler Wirtschaftslexikon, Stichwort: Urheberrecht, http://wirtschaftslexikon.gabler.de/Archiv/1115/urheberrecht-v11.html, abgerufen am 19.10.2013; siehe etwa auch die Ausführung in der amtl. Begr. zum Zweiten Gesetz zur Änderung des Urheberrechtsgesetzes vom 9. Juni 1993 (BGBl. 1993 I S. 910), BT-Drucksache 12/4022 vom 18. Dezember 1992, S. 9; *G. Schulze*, in: Hilty/Geiger, 2007, S. 117, 122.

26 *G. Schulze*, in: Hilty/Geiger, 2007, S. 117, 122; *Schulze*, in: Dreier/Schulze, § 2 Rn. 245.

27 *Haberstumpf*, Rn. 69; ferner *Donle/Held/Nordemann-Schiffel/Nordemann*, GRUR Int. 2012, 995, 996; zum Schöpfungsakt siehe *Hoeren*, in: Loewenheim, § 10 Rn. 4.

28 *Donle/Held/Nordemann-Schiffel/Nordemann*, GRUR Int. 2012, 995, 1001; *G. Schulze*, in: Hilty/Geiger, 2007, S. 117, 122.

das Erfordernis auch mit Blick auf die Ziele der Europäischen Union. Denn die Annahme verschieden hoher Schutzvoraussetzungen je nach Werkart kann etwa auch bei der Verwirklichung des Binnenmarkts in der Europäischen Union blockierende Auswirkungen haben.[29] Existiert in der Europäischen Union kein einheitlicher europäischer Werkbegriff, sind die Mitgliedstaaten gezwungen, bei der Bestimmung des Urheberrechtsschutzes einer Gestaltung allein ihre nationalen Regelungen und Vorgaben zum Werkbegriff heranzuziehen, die durchaus unterschiedlich ausgestaltet sind. Dies kann dazu führen, dass in einem Mitgliedstaat die Werkqualität einer Schöpfung bejaht wird, in einem anderen Mitgliedstaat dagegen nicht und die Schöpfung dort gemeinfrei bleibt, d.h., in dem einen Mitgliedstaat die urheberrechtlichen Bestimmungen zur Anwendungen gelangen können, in dem anderen Mitgliedstaat hingegen nicht. Dieser mögliche unterschiedliche Schutz ein und derselben Schöpfung in verschiedenen Mitgliedstaaten kann Wettbewerbsverzerrungen sowie einen „Run" auf bestimmte Mitgliedstaaten zur Folge haben und damit das Binnenmarktziel behindern. Denn Ziel der Verwirklichung des Binnenmarkts ist der Abbau von Handelshemmnissen und Wettbewerbsverzerrungen („negative Integration"[30]). Der europäische Gesetzgeber hat bereits mehrfach festgehalten, dass „ein effektiver unionsweiter Schutz geistigen Eigentums für Innovation und Wettbewerbsfähigkeit innerhalb des Binnenmarktes von größter Bedeutung [ist]".[31] Mithin ist ein einheitlicher Werkbegriff „als Einstiegskriterium" zur Anwendbarkeit des Urheberrechts auch für die Verwirklichung des Binnenmarkts und den freien Warenverkehr ein bedeutendes Kriterium.[32] Andernfalls lässt sich angesichts unterschiedlich hoher Schutzstandards im Bereich des Urheberrechts ein „Europa der unterschiedlichen Geschwindigkeiten"[33] nicht vermeiden.

---

29 So auch *Donle/Held/Nordemann-Schiffel/Nordemann*, GRUR Int. 2012, 995, 1001.

30 Vgl. *Loewenheim*, GRUR Int. 1997, 285, 292 m.w.N.; *Loewenheim*, in: FS Kraft, 1998, S. 359, 374 m.w.N.

31 *Haedicke*, in: Schulze/Zuleeg/Kadelbach, § 21 Rn. 3; siehe etwa Erwägungsgrund 1 der Verordnung (EG) Nr. 40/94 des Rates vom 20. Dezember 1993 über die Gemeinschaftsmarke (ABl. EG L 11/1 vom 14.1.1994); Erwägungsgrund 1 der Richtlinie 2001/29/EG des Europäischen Parlaments und des Rates vom 22. Mai 2001 zur Harmonisierung bestimmter Aspekte des Urheberrechts und der verwandten Schutzrechte in der Informationsgesellschaft (ABl. EG L 167/10 vom 22.6.2001); Erwägungsgrund 1 der Richtlinie 2004/48/EG des Europäischen Parlaments und des Rates vom 29. April 2004 zur Durchsetzung der Rechte des geistigen Eigentums (ABl. EU L 195/16 vom 2.6.2004).

32 So auch *Erdmann*, in: FS Loschelder, 2010, S. 61, 73; *G. Schulze*, GRUR 2009, 1019, 1021.

33 Vgl. *Pache*, EuR 2002, 767, 783.

Solange in der EU kein einheitlicher europäischer Werkbegriff existierte, konnte die Herabsenkung der Anforderungen an die Gestaltungshöhe bei Werken der angewandten Kunst zwar mit Blick auf das Binnenmarktziel (politisch) gefordert werden. Verbindliches aus europäischen Rechtsvorgaben zu ziehen, erschien hingegen tendenziell eher schwierig. Nunmehr hat sich dies geändert. Denn – wie im Rahmen dieser Arbeit gezeigt werden wird – in der Europäischen Union existiert mittlerweile ein einheitlicher europäischer Werkbegriff, der von den mitgliedstaatlichen Gerichten verbindlich zu beachten ist und der es gebietet, für sämtliche Werkarten einheitliche, tendenziell eher niedrige Schutzvoraussetzungen anzusetzen. Folglich ist es der deutschen Rechtsprechung künftig nicht mehr erlaubt, je nach Werkart unterschiedliche Anforderungen für einen Urheberrechtsschutz zu stellen. Insbesondere hat sie dabei auch das Erfordernis der deutlich überragenden Gestaltungshöhe bei Werken der angewandten Kunst aufzugeben und die von ihr hier angelegten Maßstäbe herabzusenken.

Wenngleich die vorliegende Arbeit vor allem die wirtschaftlichen Aspekte des Urheberrechts und deren Bedeutung im Rahmen der europäischen Integration berücksichtigen wird, so soll gleichwohl die kulturelle Komponente des Urheberrechts samt Sicherstellung eines hohen Schutzniveaus für schützenswerte geistige Güter nicht vergessen werden (als Teil der „positiven Integration“[34]).[35]

So heißt es bereits in den „Initiativen zum Grünbuch“ der Kommission vom 17. Januar 1991:

„Das Urheberrecht ist ein Eckpfeiler des geistigen Schöpfungsprozesses. Das Urheberrecht schützen heißt die Gegenwart und die Zukunft der schöpferischen Tätigkeit im Interesse der Urheber, der Unternehmen des Kultursektors, der Verbraucher und letztlich der ganzen Gesellschaft sichern.“[36]

Auch die Informations-Richtlinie nimmt etwa in ihren Erwägungsgründen 11 und 12 auf die kulturelle Bedeutung des Urheberrechts Bezug.[37]

Die derzeit (noch) herrschende deutsche Rechtsprechungspraxis im Hinblick auf die Handhabung des Merkmals der Gestaltungshöhe bei Werken der angewandten Kunst verfehlt demnach nicht nur wie beschrieben die Intention des Urheberrechts-

34 Vgl. *Loewenheim*, GRUR Int. 1997, 285, 292 m.w.N.; *Loewenheim*, in: FS Kraft, 1998, S. 359, 374 m.w.N.

35 Vgl. *Streinz*, in: Riesenhuber, 2007, S. 11, 28 ff.

36 Mitteilung der Kommission vom 17. Januar 1991 „Initiativen zum Grünbuch – Arbeitsprogramm der Kommission auf dem Gebiet des Urheberrechts und der verwandten Schutzrechte“, KOM (1990) 584 endgültig, S. 2 (Punkt 1.3, 2. Unterpunkt); siehe dazu *Kreile/Becker*, ZUM 1992, 581, 583; *Kreile/Becker*, GRUR Int. 1994, 901, 903.

37 Text dieser Erwägungsgründe ist wiedergegeben im Anhang.

gesetzes. Sie blockiert letztlich auch die Ziele der Europäischen Union und steht nicht im Einklang mit den europäischen Urheberrechtsentwicklungen.

B. Ziel der Arbeit und Gang der Darstellung

Im Rahmen dieser Arbeit soll nun dargetan werden, weshalb die von der Rechtsprechung bei Werken der angewandten Kunst nach wie vor erhobenen erhöhten Anforderungen an die Gestaltungshöhe nicht – jedenfalls nicht mehr – vertretbar sind.

Zunächst werden kurz die Voraussetzungen des Werkbegriffs im deutschen Recht – einschließlich des Merkmals der Gestaltungshöhe – sowie deren Handhabungen bei den einzelnen Werkarten dargestellt.

Sodann werden die oftmals für die erhöhten Anforderungen an die Gestaltungshöhe bei Werken der angewandten Kunst angeführten Argumente dargetan und kritisch gewürdigt.

In der Folge werden die sich aus dem urheberrechtlichen acquis communautaire ergebenden Vorgaben – insbesondere die Vorgaben einer Reihe von urheberrechtsspezifischen Richtlinien sowie jüngeren EuGH-Entscheidungen – dargestellt und erläutert. Darin wird auch eine kurze Darstellung des gegenwärtigen Stands des urheberrechtlichen acquis communautaire eingeschlossen sein. Dargetan wird zudem, weshalb diese Vorgaben für den deutschen Rechtsanwender verbindlich sind. Im Anschluss daran wird eine Auseinandersetzung mit der oftmals in diesem Zusammenhang vorgebrachten Kritik erfolgen.

Daran anschließend werden die Entscheidungsfolgen noch einmal zusammengefasst, eine die europäischen Urheberrechtsentwicklungen aufgreifende Entscheidung des BGH dargestellt und mögliche daraus zu ziehende langfristige Konsequenzen aufgezeigt. Die Arbeit wird mit der Anregung einer langfristig ausdrücklichen Regelung des einheitlichen europäischen Werkbegriffs in einem EU-Rechtsakt als Teil einer dauerhaft unumgänglichen Vollharmonisierung des Urheberrechts auf EU-Ebene schließen.

2. Teil: Werkbegriff – Status quo

A. Funktion und Bedeutung im urheberrechtlichen System

Der Begriff des „Werks" ist einer der zentralen Begriffe im Urheberrecht. Er stellt einen bedeutenden Dreh- und Angelpunkt dar, da sich unter anderem anhand seiner Prüfung entscheidet, ob urheberrechtliche Vorschriften überhaupt zur Anwendung kommen, d.h. urheberrechtlicher Schutz greifen kann (Werkbegriff als „Einstiegskriterium" für die Anwendung urheberrechtlicher Vorschriften).[38]

Die nationalen Rechtsordnungen innerhalb der Europäischen Union haben unterschiedliche Vorstellungen, was unter einem „Werk" im Sinne des Urheberrechts zu verstehen ist.[39] Dabei schützen viele nationale Urheberrechtssysteme, wie etwa die Rechtsordnungen in Frankreich, Großbritannien und Österreich, ohne weiteres auch das, was in Deutschland unter den Begriff der sogenannten „kleinen Münze des Urheberrechts" zu fassen ist, also die unterste Stufe gerade noch urheberrechtsschutzfähiger Schöpfungen darstellt.[40]

Wie im Rahmen dieser Arbeit gezeigt werden wird, haben zwar im Laufe der Zeit auf europäischer Rechtsebene Entwicklungen stattgefunden, die die Existenz eines einheitlichen europäischen Werkbegriffs naheliegend erscheinen lassen. Gleichwohl sind bislang – wie der Darstellungsgang dieser Arbeit zeigen wird – in diese Entwicklungen nicht alle Werkarten gleichermaßen miteinbezogen. Dies betrifft insbesondere die Werke der angewandten Kunst, bei denen die Schutzfähigkeit der kleinen Münze – anders als bei den anderen Werkarten – von der deutschen Rechtsprechung nach wie vor nicht anerkannt wird.[41]

---

38 So auch *Handig*, UFITA Bd. 1 (2009), 55.

39 Näher dazu *W. Nordemann/Nordemann-Schiffel*, in: Loewenheim, § 4 Rn. 7 m.w.N.

40 *W. Nordemann/Nordemann-Schiffel*, in: Loewenheim, § 4 Rn. 8 m.w.N.; kritisch zu diesem weiten Rechtsschutz *Dietz*, 1978, S. 62 ff., 67.

41 *W. Nordemann/Nordemann-Schiffel*, in: Loewenheim, § 4 Rn. 9.

B. Voraussetzungen für das Vorliegen eines „Werks“: § 2 Abs. 2 UrhG und seine Konkretisierung

Die Voraussetzungen, die das deutsche Recht für das Vorliegen eines Werks für dessen urheberrechtliche Schutzfähigkeit verlangt, werden zunächst durch das Gesetz selbst vorgegeben. Gemäß § 1 UrhG genießen Werke der Literatur, Wissenschaft und Kunst Schutz nach Maßgabe des Urheberrechtsgesetzes. Diese Formulierung entspricht der üblichen Umschreibung des Schutzgegenstandes in internationalen urheberrechtlichen Abkommen.[42]

§ 2 Abs. 2 UrhG definiert Werke als persönliche geistige Schöpfungen. Konkretisiert werden die Begrifflichkeiten durch die Rechtsprechung, die dabei weitere (ungeschriebene) Kriterien zu Hilfe nimmt. Ein „Werk“ ist danach anzunehmen, wenn es die Merkmale der persönlichen Schöpfung, des geistigen Gehalts, der wahrnehmbaren konkreten Form, der Individualität sowie der Gestaltungshöhe (als Gradmesser der Individualität) erfüllt.[43]

Einzelne Werkarten zählt § 2 Abs. 1 UrhG beispielhaft, d.h. nicht abschließend auf („insbesondere“). Damit lässt die Regelung genügend Spielraum, um zügig auf neue kulturelle und technische Entwicklungen reagieren zu können.[44] Auf diese Weise kann auch dann, wenn eine Einordnung in die in § 2 Abs. 1 UrhG genannten Werkarten nicht möglich ist, für andere Schöpfungen die Werkeigenschaft bejaht und urheberrechtlicher Schutz angenommen werden, wenn die genannten Voraussetzungen für das Vorliegen eines Werkes gegeben sind.[45] Neue Werkarten werden damit vom UrhG unmittelbar erfasst, ohne dass der Gesetzgeber zuvor tätig werden muss.[46]

Die einzelnen Definitionsmerkmale des Werks sollen im Folgenden kurz erläutert werden.

---

42 *v. Gamm*, 2004, S. 26.

43 *Wöhrn*, in: Wandtke, UrhR, 2. Kap. Rn. 1.

44 Amtl. Begr. zum Urheberrechtsgesetz vom 9. September 1965 (BGBl. 1965 I S. 1273), BT-Drucksache IV/270 vom 23. März 1962, S. 37; *Erdmann*, in: FS v. Gamm, 1990, S. 389, 395; *Schack*, Rn. 180.

45 *Wöhrn*, in: Wandtke, UrhR, 2. Kap. Rn. 1.

46 *Schack*, Rn. 180.

I. Persönliche Schöpfung

Das Merkmal der persönlichen Schöpfung ist anzunehmen, wenn das Werk von Menschenhand geschaffen wurde und auf dem Einfall eines Menschen beruht („menschlich-gestalterische Tätigkeit“).[47] Tiere sowie Maschinen und Apparate können demnach keine Werkschöpfung erbringen.[48] Die Zuhilfenahme von technischen Hilfsmitteln ist aber nicht ausgeschlossen (wie etwa Computer zur Erzeugung von Musik oder Grafik), solange die Formgebung durch den Künstler bestimmt wird.[49] Umstritten ist dagegen, ob bereits vorfindbare Gegenstände sowie Gegenstände des täglichen Gebrauchs – sogenannte „objets trouvés“ und „ready-mades“ wie Marcel Duchamps Flaschentrockner oder Pissoir sowie Andy Warhols „Campbell's Suppendosen“[50] – persönliche Schöpfungen darstellen können, wenn sie ästhetisch oder in einem anderen Zusammenhang präsentiert werden,[51] d.h., wenn der Künstler die Gegenstände auswählt und sie dadurch mit der „Aura“ der Kunst umgibt, indem er sie in ein neues Umfeld stellt.[52] Dies soll hier

---

47 *A. Nordemann*, in: Loewenheim, § 6 Rn. 7; ferner *Schulze*, in: Dreier/Schulze, § 2 Rn. 8; *Wöhrn*, in: Wandtke, UrhR, 2. Kap. Rn. 2.

48 *Ahlberg*, in: BeckOK, UrhG, § 2 Rn. 55; *A. Nordemann*, in: Fromm/Nordemann, § 2 Rn. 21; *v. Gamm*, UrhG, § 2 Rn. 12 (S. 177 f.); *Haberstumpf*, Rn. 93.

49 *Erdmann*, in: FS v. Gamm, 1990, S. 389, 396.

50 *G. Schulze*, in: FS 100 Jahre GRUR, 1991, S. 1303, 1324 f. (Rn. 38).

51 *G. Schulze*, in: Loewenheim, § 9 Rn. 103; siehe dazu *Kummer*, S. 30 ff., 37 ff., 75 ff., 103 ff., dessen „Präsentationstheorie“ (*Kummer*, S. 75 ff.) sich hierzulande genauso wenig wie seine „Theorie der statistischen Einmaligkeit“ (*Kummer*, S. 30 ff., 37 ff.) zum Individualitätsbegriff durchsetzen konnte (nach der alles Werk ist, für das eine hohe Wahrscheinlichkeit besteht, dass kein anderer das gleiche Werk schaffen würde), wenngleich erstere wohl auf noch deutlichere Ablehnung gestoßen ist; *Loewenheim*, in: Schricker/Loewenheim, § 2 Rn. 16 f., 31, jeweils m.w.N.; ausführlich *Kehrli*, 1989, S. 67 ff. sowie 27 ff., 40 ff., jeweils m.w.N., der im Übrigen die Präsentationstheorie befürwortet: S. 108 ff., hingegen das Kriterium der statistischen Einmaligkeit im Ergebnis wohl ablehnt: S. 111 ff.; siehe ferner *Köhn*, ZUM 1994, 278, 284 m.w.N.; *G. Schulze*, 1983, S. 78 ff. m.w.N.; *G. Schulze*, in: FS 100 Jahre GRUR, 1991, S. 1303, 1324 f. (Rn. 38); ablehnend: *Erdmann*, in: FS v. Gamm, 1990, S. 389, 397; *A. Nordemann*, in: Fromm/Nordemann, § 2 Rn. 16, 29; *Fuchs*, 1996, S. 66 (Präsentationslehre); *Rehbinder*, Rn. 185; *Schack*, Rn. 183, 190; *Loewenheim*, in: Schricker/Loewenheim, § 2 Rn. 16 f. m.w.N.; *Ulmer*, GRUR 1968, 527, 529 f.; *Wöhrn*, in: Wandtke, UrhR, 2. Kap. Rn. 2; *Bullinger*, in: Wandtke/Bullinger, § 2 Rn. 91; vgl. ferner OLG Hamburg, Urteil vom 29.11.2001 – 3 U 288/00 – CT-Klassenbibliothek, GRUR-RR 2002, 217, 218.

52 *Erdmann*, in: FS v. Gamm, 1990, S. 389, 397; *Rau*, 1978, S. 60 f.; *Rehbinder*, Rn. 185; vgl. *Kummer*, S. 104.

jedoch mit Blick auf die im Rahmen dieser Arbeit zu untersuchende Fragestellung nicht weiter erörtert werden.

II. Geistiger Gehalt

Einen geistigen Gehalt weist das Werk auf, wenn in ihm der menschliche Geist zum Ausdruck kommt, d.h., es einen Gedanken- oder Gefühlsinhalt mitteilt, was bei Ergebnissen rein handwerklicher Tätigkeiten oder gedankenlosen Spielereien nicht der Fall sei.[53] Teilweise wird dieses Erfordernis auch mit den Worten umschrieben, das Werk müsse eine „geistig-anregende Wirkung"[54] entfalten.

Keine Voraussetzung des geistigen Gehalts ist dagegen, dass das Werk ästhetischen Anforderungen gerecht wird, denn § 2 Abs. 2 UrhG verlangt nicht das Vorliegen eines ästhetischen Gehalts „im Sinne einer den Schönheitssinn ansprechenden Wirkung"[55] – wenngleich bestimmte Werkarten wie Werke der bildenden Kunst in der Regel auch über ästhetische Merkmale verfügen werden.[56] Auch wenn das Werk gängigen ästhetischen Konventionen widerspreche („hässlich" sei), kann es urheberrechtsschutzfähig sein.[57]

III. Wahrnehmbare konkrete Form

Die schöpferische Leistung muss nach außen konkret wahrnehmbar sein. Bloße Ideen oder Einfälle genießen keinen urheberrechtlichen Schutz, der „ungestaltete, noch nicht geäußerte Gedanke" ist nicht schutzfähig.[58] Das Werk muss jedoch nicht verkörpert sein, vielmehr ist für das Vorhandensein einer konkreten Formgebung

---

53 *A. Nordemann*, in: Fromm/Nordemann, § 2 Rn. 25; *A. Nordemann*, in: Loewenheim, § 6 Rn. 10; *Loewenheim*, in: Schricker/Loewenheim, § 2 Rn. 18 m.w.N.

54 *Schulze*, in: Dreier/Schulze, § 2 Rn. 12.

55 *Loewenheim*, in: Schricker/Loewenheim, § 2 Rn. 18; BGH, Urteil vom 9.5.1985 – I ZR 52/83 – Inkasso-Programm, GRUR 1985, 1041, 1047; *Schulze*, in: Dreier/Schulze, § 2 Rn. 12; *Erdmann*, CR 1986, 249, 252; *Erdmann*, in: FS v. Gamm, 1990, S. 389, 399; *v. Gamm*, 2004, S. 36; siehe dazu auch *Heydt*, GRUR 1968, 530, 533 f. m.w.N.

56 *Erdmann*, in: FS v. Gamm, 1990, S. 389, 399; *Loewenheim*, in: Schricker/Loewenheim, § 2 Rn. 18 m.w.N.

57 *Schack*, Rn. 186; ferner *Engisch*, in: FS v. Gamm, 1990, S. 369, 379 f.

58 *A. Nordemann*, in: Loewenheim, § 6 Rn. 11; *Loewenheim*, in: Schricker/Loewenheim, § 2 Rn. 20; *Ulmer*, UrhR, 3. Auflage (1980), S. 130.

ausreichend, dass die schöpferische Leistung schriftlich oder mündlich entäußert und damit für Dritte zugänglich, d.h. wahrnehmbar, gemacht worden ist.[59] Ausreichend ist also, wenn die Idee zu einem Ereignis geworden ist, das von Dritten wahrgenommen werden kann.[60]

Ebenso wenig wie es einer körperlichen oder dauerhaften Festlegung (Fixierung) des Werkes für seine Schutzfähigkeit bedarf,[61] ist die Werkvollendung oder die Werkveröffentlichung eine Voraussetzung für die Anwendbarkeit urheberrechtlicher Schutzvorschriften.[62]

IV. Individualität

Kern des Werkbegriffs ist die Individualität.[63] Der BGH umschreibt diese auch mit den Begriffen der eigenschöpferischen Prägung,[64] der schöpferischen Eigentümlichkeit[65] oder der schöpferischen Eigenart.[66] Dabei gilt es zu beachten, dass der Begriff der persönlichen Schöpfung des § 2 Abs. 2 UrhG nicht personen-, sondern werkbezogen ist:[67] Entscheidend ist nicht, „wem die Schöpfung zuzuschreiben ist", sondern, ob sie selbst individuelle Elemente aufweist, d.h., ob sie „eine persönliche Handschrift trägt".[68]

---

59 *Erdmann*, in: FS v. Gamm, 1990, S. 389, 398; *Wöhrn*, in: Wandtke, UrhR, 2. Kap. Rn. 4.

60 *Schack*, Rn. 187.

61 BGH, Beschluss vom 27.2.1962 – I ZR 118/60 – AKI, GRUR 1962, 470, 472; BGH, Urteil vom 22.5.1962 – I ZR 20/60 – Bad auf der Tenne II, GRUR 1962, 531, 533; *A. Nordemann*, in: Loewenheim, § 6 Rn. 11; *Loewenheim*, in: Schricker/Loewenheim, § 2 Rn. 20 m.w.N.

62 BGH, Urteil vom 9.5.1985 – I ZR 52/83 – Inkasso-Programm, GRUR 1985, 1041, 1047; vgl. auch BGH, Urteil vom 17.4.1953 – I ZR 81/52 – Gaunerroman, GRUR 1953, 497, 498; *A. Nordemann*, in: Loewenheim, § 6 Rn. 11 f.

63 *Schack*, Rn. 189; *Wöhrn*, in: Wandtke, UrhR, 2. Kap. Rn. 5; *Bullinger*, in: Wandtke/Bullinger, § 2 Rn. 21; siehe ferner dazu *Peifer*, 2001, S. 55 f., 76 ff.

64 BGH, Urteil vom 21.11.1980 – I ZR 106/78 – Staatsexamensarbeit, GRUR 1981, 352, 353; BGH, Urteil vom 9.5.1985 – I ZR 52/83 – Inkasso-Programm, GRUR 1985, 1041, 1047.

65 BGH, Urteil vom 4.10.1990 – I ZR 139/89 – Betriebssystem, GRUR 1991, 449, 451.

66 BGH, Urteil vom 21.11.1991 – I ZR 190/89 – Leitsätze, GRUR 1992, 382, 385; *v. Gamm*, 2004, S. 32.

67 *v. Gamm*, 2004, S. 32; *Neumeister/v. Gamm*, NJW 2008, 2678, 2679; siehe ferner *Ahlberg*, in: BeckOK UrhG, § 2 Rn. 57.

68 *Ahlberg*, in: BeckOK UrhG, § 2 Rn. 57; *v. Gamm*, 2004, S. 32.

Das Werk muss Ergebnis individuellen Schaffens sein.[69] In ihm muss der individuelle Geist des Urhebers zum Ausdruck kommen, was durch den Inhalt[70], die Form oder beide Komponenten geschehen kann.[71] Die schöpferische Leistung kann sich auch in dem Sammeln, Einteilen oder Anordnen des Stoffes niederschlagen.[72] An die Individualität werden in der Regel keine allzu hohen Anforderungen gestellt.[73]

Die Rechtsprechung nimmt dabei methodisch eine zweischrittige Eigentümlichkeitsprüfung vor:[74] In einem ersten Schritt werden die eigenschöpferischen Züge der Formgestaltung durch einen Vergleich mit dem vorbekannten Formengut ermittelt, um dann in einem zweiten Schritt zu prüfen, ob deren Gestaltungshöhe (Näheres hierzu sogleich) zur Urheberrechtsschutzfähigkeit führen kann.[75]

---

69 *A. Nordemann*, in: Loewenheim, § 6 Rn. 13 m.w.N.; *Bullinger*, in: Wandtke/Bullinger, § 2 Rn. 21.

70 Siehe dazu auch *Kehrli*, 1989, S. 15 m.w.N., der darauf hinweist, dass diesbezüglich die (Literatur-)Meinungen früher teilweise auseinandergingen, da manche Stimmen – unzutreffenderweise – „Inhalt" mit „Idee" gleichsetzten und so zu einer Verneinung der urheberrechtlichen Schutzfähigkeit des Werkinhalts gelangten.

71 BGH, Urteil vom 21.4.1953 – I ZR 110/52 – Lied der Wildbahn, GRUR 1953, 299, 301; BGH, Urteil vom 11.4.2002 – I ZR 231/99 – Technische Lieferbedingungen, GRUR 2002, 958, 959; BGH, Urteil vom 1.12.2010 – I ZR 12/08 – Perlentaucher, GRUR 2011, 134, 137 Rn. 36; *Rehbinder*, Rn. 151; *Ulmer*, UrhR, 3. Auflage (1980), S. 119; siehe auch *Schmidt*, UFITA Bd. 77 (1976), 1, 10 f.; ferner *Schramm*, 1957, S. 99; *Schricker* (Hrsg.), 1997, S. 33 f.

72 BGH, Urteil vom 7.12.1979 – I ZR 157/77 – Monumenta Germaniae Historica, GRUR 1980, 227, 230; BGH, Urteil vom 21.11.1980 – I ZR 106/78 – Staatsexamensarbeit, GRUR 1981, 352, 353; BGH, Urteil vom 12.3.1987 – I ZR 71/85 – Warenzeichenlexika, GRUR 1987, 704, 706; BGH, Urteil vom 11.4.2002 – I ZR 231/99 – Technische Lieferbedingungen, GRUR 2002, 958, 959; BGH, Urteil vom 1.12.2010 – I ZR 12/08 – Perlentaucher, GRUR 2011, 134, 137 Rn. 36; *Ahlberg*, in: BeckOK UrhG, § 2 Rn. 56; *Loewenheim*, Anm. I ZR 71/85 – Warenzeichenlexika, GRUR 1987, 706 m.w.N.; *Schack*, Rn. 192.

73 Siehe dazu z.B. BGH, Urteil vom 7.12.1979 – I ZR 157/77 – Monumenta Germaniae Historica, GRUR 1980, 227, 230; BGH, Urteil vom 12.3.1987 – I ZR 71/85 – Warenzeichenlexika, GRUR 1987, 704, 706; *A. Nordemann*, in: Fromm/Nordemann, § 2 Rn. 34; *Schack*, Rn. 192; *Wöhrn*, in: Wandtke, UrhR, 2. Kap. Rn. 5; *Bullinger*, in: Wandtke/Bullinger, § 2 Rn. 21.

74 *Erdmann*, in: FS v. Gamm, 1990, S. 389, 400.

75 Std. Rspr., z.B. BGH, Urteil vom 22.1.1952 – I ZR 68/51 – Hummel-Figuren I, GRUR 1952, 516, 518; BGH, Urteil vom 9.5.1985 – I ZR 52/83 – Inkasso-Programm, GRUR 1985, 1041, 1047 m.w.N.; BGH, Urteil vom 12.3.1987 – I ZR 71/85 – Warenzeichenlexika, GRUR 1987, 704, 706; *Erdmann*, in: FS v. Gamm, 1990, S. 389, 400.

Anders als bei den gewerblichen Schutzrechten (vgl. § 2 Abs. 1, Abs. 2 GeschmMG; §§ 1 Abs. 1, 3 PatG; §§ 1 Abs. 1, 3 Abs. 1 GebrMG) muss das Werk nicht objektiv neu sein (keine „absolute Neuheit“ erforderlich[76]), denn das Urheberrecht schützt nur das individuelle Schaffen und nicht das neue Ergebnis,[77] sodass auch voneinander unabhängig entstandene „Doppelschöpfungen“ unterschiedlicher Urheber urheberrechtsschutzfähig sein können, wenn keiner der Urheber bewusst oder unbewusst auf das Werk des anderen zugegriffen hat.[78] Der Prioritätsgrundsatz gilt im Urheberrecht nicht.[79] Im Falle des Vorliegens einer Doppelschöpfung ist in der Regel von einem Anscheinsbeweis auszugehen: Derjenige, der das später veröffentlichte Werk geschaffen hat, muss darlegen, dass er das früher veröffentlichte Werk nicht kannte und folglich auch nicht unbewusst auf dieses zurückgreifen konnte.[80] Die Anzahl der relevanten Übereinstimmungen der beiden Werke begründe den Anscheinsbeweis dafür, dass das frühere Werk benutzt und deshalb die fremde Leistung übernommen wurde.[81]

Einer „subjektiven Neuheit“[82] bedarf es jedoch gleichwohl, denn die bloße Wiederholung dessen, was zuvor bereits genauso gesagt, geschrieben oder gemalt wurde, ist

---

76 *Donle/Held/Nordemann-Schiffel/Nordemann*, GRUR Int. 2012, 995, 999; *Schulze*, in: Dreier/Schulze, § 23 Rn. 29; *Bullinger*, in: Wandtke/Bullinger, § 2 Rn. 22.

77 BGH, Urteil vom 9.5.1985 – I ZR 52/83 – Inkasso-Programm, GRUR 1985, 1041, 1047 m.w.N.; *v. Gamm*, 2004, S. 34 f.; ausführlich *A. Nordemann*, in: Fromm/Nordemann, § 2 Rn. 26 ff.

78 *Haberstumpf*, Rn. 96; *Schack*, Rn. 189; *A. Nordemann/Heise*, ZUM 2001, 128, 132; *Wöhrn*, in: Wandtke, UrhR, 2. Kap. Rn. 6.

79 *Donle/Held/Nordemann-Schiffel/Nordemann*, GRUR Int. 2012, 995, 999; *Schulze*, in: Dreier/Schulze, § 23 Rn. 29.

80 BGH, Urteil vom 5.6.1970 – I ZR 44/68 – Magdalenenarie, GRUR 1971, 266, 268; BGH, Urteil vom 3.2.1988 – I ZR 143/86 – Fantasy, GRUR 1988, 810, 811; BGH, Urteil vom 3.2.1988 – I ZR 142/86 – Ein bißchen Frieden, GRUR 1988, 812, 814 f.; OLG Köln, Urteil vom 5.3.1999 – 6 U 189/97, GRUR 2000, 43, 44 – Klammerpose; *Loewenheim*, in: Loewenheim, § 8 Rn. 30 m.w.N.; *Schulze*, in: Dreier/Schulze, § 23 Rn. 29; ferner *Donle/Held/Nordemann-Schiffel/Nordemann*, GRUR Int. 2012, 995, 999.

81 BGH, Urteil vom 5.6.1970 – I ZR 44/68 – Magdalenenarie, GRUR 1971, 266, 268; BGH, Urteil vom 26.9.1980 – I ZR 17/78 – Dirlada, GRUR 1981, 267, 269; OLG Köln, Urteil vom 5.3.1999 – 6 U 189/97, GRUR 2000, 43, 44 – Klammerpose; KG, Urteil vom 26.9.2000 – 5 U 4026/99 – Bachforelle GRUR-RR 2001, 292, 293; *Schulze*, in: Dreier/Schulze, § 23 Rn. 29; *Gottschalk*, 2005, S. 119 f.

82 Siehe dazu *A. Nordemann*, in: Fromm/Nordemann, § 2 Rn. 41; *A. Nordemann/Heise*, ZUM 2001, 128, 132; ferner *Handig*, ÖBl. 2010, 52, 56.

keine Schöpfung, sondern eine bloße Wiedergabe.[83] Zugleich kann aber auch die objektive Neuheit eines Erzeugnisses allein nicht die fehlende Individualität ersetzen.[84]

Ferner kommt es auch nicht auf eine besonders künstlerische oder ästhetische Umsetzung der Leistung oder einen erheblichen Arbeits-, Zeit- oder Kostenaufwand an.[85] Entscheidend ist vielmehr, dass es sich nicht um eine völlig banale, rein alltägliche Gestaltung handelt, denn die Massenerzeugnisse des Alltäglichen und Banalen unterstehen nicht dem Schutz des Urheberrechts.[86] Somit weisen rein handwerkliche oder routinemäßige Leistungen, genauso wie die reine Fleißarbeit, keine Individualität im Sinne des Urheberrechts auf – unabhängig davon wie solide und fachmännisch sie angefertigt wurden.[87]

V. Gradmesser der Individualität: Gestaltungshöhe

Um die Werkeigenschaft einer Schöpfung bejahen zu können, ist das Erreichen einer bestimmten „Gestaltungshöhe“, auch als „Schöpfungshöhe“ oder „(schöpferische) Leistungshöhe“ bezeichnet,[88] erforderlich.

1. Funktion des Merkmals der Gestaltungshöhe

Das Merkmal der Gestaltungshöhe dient der Ermittlung des Individualitätsgrades, den ein geistiges Erzeugnis besitzen muss, damit eine persönliche geistige Schöpfung im Sinne von § 2 Abs. 2 UrhG angenommen werden kann.[89] Während das

---

83 BGH, Urteil vom 13.10.1965 – Ib ZR 111/63 – Apfel-Madonna, GRUR 1966, 503, 505; *A. Nordemann*, in: Fromm/Nordemann, § 2 Rn. 26; *v. Gamm*, 2004, S. 35.

84 BGH, Urteil vom 17.10.1961 – I ZR 24/60 – Zahlenlotto, GRUR 1962, 51, 52; *v. Gamm*, UrhG, § 2 Rn. 15 (S. 179 f.); vgl. *Hagen*, GRUR 1978, 137, 139.

85 BGH, Urteil vom 7.12.1979 – I ZR 157/77 – Monumenta Germaniae Historica, GRUR 1980, 227, 231; BGH, Urteil vom 9.5.1985 – I ZR 52/83 – Inkasso-Programm, GRUR 1985, 1041, 1048; BGH, Urteil vom 4.10.1990 – I ZR 139/89 – Betriebssystem, GRUR 1991, 449, 452; *Schack*, Rn. 192; *Loewenheim*, in: Schricker/Loewenheim, § 2 Rn. 47; *Wöhrn*, in: Wandtke, UrhR, 2. Kap. Rn. 5.

86 *A. Nordemann*, in: Loewenheim, § 6 Rn. 14 m.w.N.; *Schack*, Rn. 193.

87 z.B. BGH, Urteil vom 3.3.2005 – I ZR 111/02 – Fash 2000, GRUR 2005, 860, 861; *A. Nordemann*, in: Loewenheim, § 6 Rn. 14 m.w.N.

88 *v. Gamm*, 2004, S. 18 m.w.N; *Haberstumpf*, in: FS 100 Jahre GRUR, 1991, S. 1125, 1142 (Rn. 29); *Henssler*, Anm. I ZR 21/57 – Candida-Schrift, GRUR 1958, 564; *Heydt*, GRUR 1968, 530, 534; *S. Ernst*, in: Hoeren/Sieber/Holznagel, Teil 7.1 Rn. 7; *Hecker*, in: Limper/Musiol, FA-UMR, Kap. 3 Rn. 13; siehe ferner *Schramm*, 1957, S. 207 ff.

89 *Bullinger*, in: Wandtke/Bullinger, § 2 Rn. 23; *Zentek*, 2008, S. 68.

Individualitätskriterium zunächst einmal verlangt, dass ein Erzeugnis überhaupt individuell ist, fordert das Merkmal der Gestaltungshöhe das Erreichen eines „Mindestgrad[es] an Individualität",[90] um einen Urheberrechtsschutz annehmen zu können.[91] Die Gestaltungshöhe gibt demnach an, in welchem Maß die Individualität im Werk ausgeprägt ist, sie beschreibt somit den quantitativen Aspekt der Individualität.[92]

Das vor allem durch Eugen Ulmer geprägte und auf einen Vorschlag von Else Meißner zurückgehende Merkmal der „Gestaltungshöhe"[93] war zunächst zur Abgrenzung des Urheberrechtsschutzes von dem Geschmacksmusterschutz eingeführt worden.[94] Werke der angewandten Kunst sollten nur bei Erreichen einer ausreichenden Gestaltungshöhe urheberrechtlich geschützt werden.[95] Die Rechtsprechung umschrieb dies bis dahin mit den Worten, der „ästhetische Überschuss" oder der „ästhetische Gehalt" müsse einen solchen Grad erreicht haben, dass nach der im Leben herrschenden Auffassung noch von Kunst gesprochen werden könne.[96] Mit der Zeit wurde der Begriff der Gestaltungs- bzw. Schöpfungshöhe verallgemeinert und auch bei allen anderen Werkarten zur Bemessung des Individualitätsgrades herangezogen.[97]

Das Kriterium der Gestaltungshöhe ist für das Urheberrecht zentral, denn letztlich entscheidet sich an ihm, ob einer Schöpfung als Werk Urheberrechtsschutz zukommt oder nicht.

---

90 *Bullinger*, in: Wandtke/Bullinger, § 2 Rn. 23.

91 *Bullinger*, in: Wandtke/Bullinger, § 2 Rn. 23.

92 *A. Nordemann*, in: Fromm/Nordemann, § 2 Rn. 30; *A. Nordemann*, in: Loewenheim, § 6 Rn. 16; *Loewenheim*, GRUR 1987, 761, 766; *Loewenheim*, in: Schricker/Loewenheim, § 2 Rn. 24; ferner *Bullinger/Garbers-von Boehm*, GRUR 2008, 24, 28; *S. Ernst*, in: Hoeren/Sieber/Holznagel, Teil 7.1 Rn. 7; *Schricker*, in: FS Kreile, 1994, S. 715, 716; *Bullinger*, in: Wandtke/Bullinger, § 2 Rn. 23.

93 *Ulmer*, GRUR Ausl. 1959, 1, 2; *Ulmer*, UrhR, 2. Auflage (1960), S. 131; *Ulmer*, UrhR, 3. Auflage (1980), S. 150; *Gerstenberg*, GRUR 1963, 245, 247; *Hagen*, GRUR 1978, 137; *Henssler*, Anm. I ZR 21/57 – Candida-Schrift, GRUR 1958, 564; *Henssler*, GRUR Ausl. 1959, 13, 17; *Heydt*, GRUR 1968, 530, 534; *A. Nordemann/Heise*, ZUM 2001, 128, 133; *Schricker*, in: FS Kreile, 1994, S. 715, 716; siehe auch *Schramm*, 1957, S. 212.

94 *Schricker*, in: FS Kreile, 1994, S. 715, 716; *Schricker*, IIC 1995, 41; *Schricker*, GRUR 1996, 815, 817; *Ulmer*, GRUR Ausl. 1959, 1, 2; *Ulmer*, UrhR, 2. Auflage (1960), S. 131 f.; *Ulmer*, UrhR, 3. Auflage (1980), S. 150; ablehnend *Hagen*, GRUR 1978, 137, 139 f.

95 *v. Gamm*, 2004, S. 33; *Gerstenberg*, GRUR 1974, 707, 710; *Henssler*, GRUR 1961, 397, 402 f.

96 *Ulmer*, GRUR Ausl. 1959, 1, 2; ferner *Heydt*, GRUR 1968, 530, 534; kritisch dazu *Gerstenberg*, GRUR 1963, 245, 250; *Henssler*, GRUR Ausl. 1959, 13, 15.

97 *v. Gamm*, 2004, S. 33; *Peifer*, 2001, S. 84; *Schricker*, IIC 1995, 41, 42; *Schricker*, GRUR 1996, 815, 817; kritisch auch *Schmidt*, UFITA Bd. 77 (1976), 1, 11 f.

Zur Bestimmung des Individualitätsgrades vergleicht die Rechtsprechung den Gesamteindruck des Originals unter Einschluss seiner prägenden Gestaltungsmerkmale mit der Gesamtheit der vorbekannten Gestaltungen („Gesamtvergleich“).[98]

Die an die Gestaltungshöhe anzulegenden Maßstäbe sind dabei bislang umstritten.

So verlangen die einen, das zu erfüllende Maß an Gestaltungshöhe nicht zu hoch anzusetzen, sondern zur Annahme eines Urheberrechtsschutzes generell von einer eher niedrigen Hürde auszugehen.[99] Andere dagegen meinen, das urheberrechtlich geschützte Werk müsse eine erhebliche individuelle Prägung aufweisen.[100] Hinzu kommt, dass das seitens der Rechtsprechung verlangte Maß an Gestaltungshöhe nicht bei allen Werkarten einheitlich ist. Insbesondere bei Werken der angewandten Kunst verlangt die Rechtsprechung eine deutlich höhere Schöpfungshöhe.[101] Dies wird im Folgenden noch näher behandelt werden.

Die Gestaltungshöhe bestimmt zudem auch den Schutzumfang der Schöpfungsleistung: Je ausgeprägter die Individualität des Werkes ist, umso stärker muss sich eine Bearbeitung von diesem Werk unterscheiden, damit eine urheberrechtswidrige Nachbildung ausgeschlossen werden kann.[102] Im Rahmen eines dann vorzunehmenden Vergleichs des neueren Werks mit dem älteren Werk sind allein die Übereinstimmungen maßgebend, die Unterschiede sind hingegen nicht relevant.[103]

2. Schutz der sogenannten „kleinen Münze“

Über das Merkmal der Gestaltungshöhe soll nicht nur herausragenden Werken einer bestimmten Werkart Urheberrechtsschutz zuteil werden. Nicht nur einzelne künstlerische Spitzenleistungen sollen urheberrechtlich geschützt werden, sondern es sollen auch durchschnittliche Werke unabhängig von ihrem künstlerischen

---

98 Z.B. BGH, Urteil vom 8.7.2004 – I ZR 25/02 – Hundefigur, GRUR 2004, 855, 857; *Bullinger/Garbers-von Boehm*, GRUR 2008, 24, 28; *Bullinger*, in: Wandtke/Bullinger, § 2 Rn. 23.

99 Stellvertretend etwa *A. Nordemann*, in: Fromm/Nordemann, § 2 Rn. 31.

100 Stellvertretend etwa *Bullinger*, in: Wandtke/Bullinger, § 2 Rn. 24.

101 BVerfG, Beschluss vom 26.1.2005 – 1 BvR 157/02 – Laufendes Auge, GRUR 2005, 410 ff.; BGH, Urteil vom 22.6.1995 – I ZR 119/93 – Silberdistel, GRUR 1995, 581, 582; BGH, Urteil vom 5.3.1998 – I ZR 13/96 – Les-Paul-Gitarren, GRUR 1998, 830, 832; siehe auch BGH, Urteil vom 12.5.2011 – I ZR 53/10 – Seilzirkus, GRUR 2012, 58 ff. (Näheres zu dieser Entscheidung unten im 5. Teil, Punkt C.).

102 *Zentek*, 2008, S. 68; *Zentek*, WRP 2010, 73; ferner *Erdmann*, CR 1986, 249, 252.

103 *Bullinger/Garbers-von Boehm*, GRUR 2008, 24, 28 m.w.N.

Wert vom urheberrechtlichen Schutz umfasst werden – soweit sie den erforderlichen Individualitätsgrad besitzen.[104]

Auf der einen Seite wird angesichts der Länge der Schutzdauer von siebzig Jahren post mortem auctoris (§ 64 UrhG) verlangt, die Anforderungen an die Gestaltungshöhe nicht zu niedrig anzusetzen und einfache Alltagserzeugnisse vom Urheberrechtsschutz auszunehmen, da die Schöpfungsqualität sich aus der Masse des Herkömmlichen herausheben müsse.[105] Auf der anderen Seite wird jedoch auch verlangt, die Anforderungen an die Gestaltungshöhe nicht zu hoch anzusetzen, damit einfacheren Schöpfungen, die dennoch ein gewisses Maß an Individualität besitzen, nicht der Schutz versagt werden müsse.[106] Bei Letzterem spricht man von dem „Schutz der kleinen Münze".[107] Dabei handelt es sich um solche persönlichen geistigen Schöpfungen, die ein gerade noch für ausreichend gehaltenes Minimum an Individualität aufweisen.[108]

Die amtliche Begründung zum Urheberrechtsgesetz von 1965 definiert die „kleine Münze" mit den Worten „Werke von geringem schöpferischen Wert".[109] Der Schutz der kleinen Münze ist beispielsweise schon Katalogen, Preislisten, Fernsprechbüchern, Sammlungen von Kochrezepten, Gebrauchsanweisungen und

---

104 *Bullinger*, in: Wandtke/Bullinger, § 2 Rn. 24.

105 Etwa BGH, Urteil vom 27.1.1983 – I ZR 177/80 – Brombeer-Muster, GRUR 1983, 377, 378; BGH, Urteil vom 22.6.1995 – I ZR 119/93 – Silberdistel, GRUR 1995, 581, 582; OLG Hamburg, Urteil vom 25.2.2004 – 5 U 137/03 – Handy-Logos, ZUM 2004, 386; siehe dazu *Ahlberg*, in: BeckOK UrhG, § 2 Rn. 69; *Wöhrn*, in: Wandtke, UrhR, 2. Kap. Rn. 8; *Bullinger*, in: Wandtke/Bullinger, § 2 Rn. 23.

106 BGH, Urteil vom 26.9.1980 – I ZR 17/78 – Dirlada, GRUR 1981, 267, 268; *A. Nordemann*, in: Fromm/Nordemann, § 2 Rn. 30; ferner *Ahlberg*, in: BeckOK UrhG, § 2 Rn. 73 f.; *Wöhrn*, in: Wandtke, UrhR, 2. Kap. Rn. 9.

107 Der Ausdruck geht zurück auf *Elster*, 1921, S. 40 („Dabei aber ist es gleichgültig, ob es große oder kleine Münze ist, was da geschaffen ist."); dazu etwa BGH, Urteil vom 26.9.1980 – I ZR 17/78 – Dirlada, GRUR 1981, 267, 268; BGH, Urteil vom 22.6.1995 – I ZR 119/93 – Silberdistel, GRUR 1995, 581, 582; *Loewenheim*, GRUR 1987, 761; zur Entwicklung der „kleinen Münze" einschließlich des Begriffs *Thoms*, 1980, S. 76 ff.; ferner *Ahlberg*, in: BeckOK UrhG, § 2 Rn. 70; *Peifer*, 2001, S. 80 f.; *Schack*, Rn. 293 Fn. 294; *G. Schulze*, 1983, S. 1 (kleine Münze als „Stiefkinder des Urheberrechts"); kritisch *Knöbl*, 2002, S. 125 ff.; *Köhn*, ZUM 1994, 278, 282 ff. (insbesondere 287 f.: kleine Münze solle nicht urheberrechtlich, sondern leistungsschutzrechtlich geschützt werden); ferner *Schack*, ZUM 1990, 59, 61 („Die kleine Münze gehört nicht in das Urheberrecht!").

108 *Schack*, Rn. 293; sich gegen den Schutz der kleinen Münze im Urheberrecht aussprechend etwa ausführlich *Thoms*, 1980, S. 260 ff., 271 m.w.N.

109 Amtl. Begr. zum Urheberrechtsgesetz vom 9. September 1965 (BGBl. 1965 I S. 1273), BT-Drucksache IV/270 vom 23. März 1962, S. 38; *G. Schulze*, GRUR 1987, 769.

Formularen[110] zuteil geworden.[111] Auch im Bereich der (Unterhaltungs-)Musik wird die kleine Münze vielfach geschützt:[112] Beispiele sind die Tagesschau-Erkennungsmelodie oder das Geburtstagslied „Happy birthday to you".[113] Einen weiteren wichtigen Anwendungsbereich stellen Bearbeitungen von Musik, musikalische Potpourris und Arrangements, Werke der Fotografie sowie Darstellungen wissenschaftlicher und technischer Art dar.[114] Ebenso kann außergewöhnlichen Werbeslogans und -texten Urheberrechtsschutz zukommen.[115] Beispiele sind etwa „Biegsam wie ein Frühlingsfalter bin ich im Forma Büstenhalter"[116] oder „Ein Himmelbett als Handgepäck"[117].

Die Rechtsprechung ist bei der Bejahung der Schutzfähigkeit von Werken der kleinen Münze tendenziell eher großzügig und erachtet einen „äußerst geringen Grad" an Individualität als ausreichend.[118] Allerdings gilt dies nicht für alle Werkarten gleichermaßen.

---

110 OLG Nürnberg, Urteil vom 11.1.1972 – 3 U 114/71 – Standesamtliche Formulare, GRUR 1972, 435; *Schack*, Rn. 294.

111 *A. Nordemann*, in: Loewenheim, § 6 Rn. 17.

112 BGH, Urteil vom 26.9.1980 – I ZR 17/78 – Dirlada, GRUR 1981, 267, 268; BGH, Urteil vom 3.2.1988 – I ZR 143/86 – Fantasy, GRUR 1988, 810, 811; BGH, Urteil vom 24.1.1991 – I ZR 78/89 – Brown Girl I, GRUR 1991, 531; BGH, Urteil vom 24.1.1991 – I ZR 72/89 – Brown Girl II, GRUR 1991, 533, 535; siehe hierzu z.B. *Schwenzer*, ZUM 1996, 584, 590; a.A. etwa *Köhn*, ZUM 1994, 278, 282 ff. (insbesondere 287 f.: Forderung eines Leistungsschutzrechts für die kleine Münze de lege ferenda).

113 *Schack*, Rn. 295; siehe dazu auch *Hoeren*, in: FS Sandrock, 2000, S. 357 ff.

114 BGH, Urteil vom 24.1.1991 – I ZR 72/89 – Brown Girl II, GRUR 1991, 533; OLG Hamburg, Urteil vom 15.3.2001 – 3 U 57/99 – Kinderfernseh-Sendereihe, GRUR 2002, 335; *Loewenheim*, GRUR 1987, 761, 762 ff.

115 Siehe etwa LG Köln, Urteil vom 6.4.2011 – 28 O 900/10, ZUM-RD 2012, 45, 47 f.; bestätigt durch OLG Köln, Urteil vom 30.9.2011 – 6 U 82/11, ZUM-RD 2012, 35; *Schippan*, ZUM 2013, 358, 365 f.; siehe ferner *Dallmann*, 2005, S. 58 ff.; *Erdmann*, GRUR 1996, 550, 552 f.; *Heermann*, WRP 2004, 263, 264 f. m.w.N.; *Kothes*, 2006, S. 17 f., (ausführlich S. 9 ff.); *Schack*, Rn. 294; *Schricker*, GRUR 1996, 815, 820 m.w.N.; *Sosnitza*, ZUM 1998, 631, 634 f.; vgl. auch *Wandtke/Bullinger*, GRUR 1997, 573, 576.

116 OLG Köln, Entscheidung vom 29.5.1934 – 4 U 22/34, GRUR 1934, 758, 759; *Heermann*, WRP 2004, 263, 264 f.

117 OLG Düsseldorf, Urteil vom 28.2.1964 – 2 U 76/63, DB 1964, 617; offengelassen von BGH, Urteil vom 15.6.1966 – Ib ZR 55/64 – Schlafsäcke, GRUR 1966, 691, 692; *Heermann*, WRP 2004, 263, 264 f.

118 RGZ 81, 120, 123 – Kochrezepte (Urteil vom 18.12.1912 – I 4/12); hingegen Urheberrechtsschutz verneint: etwa BGH, Urteil vom 25.11.1958 – I ZR 15/58 – Einheitsfahrschein, GRUR 1959, 251, 252; ebenfalls verneint: BGH, Urteil vom 15.11.1960 – I ZR 58/57 – Pfiffikus-Dose, GRUR 1961, 85, 88; siehe dazu *Schack*, Rn. 294; ferner *A. Nordemann*, 1992, S. 73 f. m.w.N.

3. Bislang keine einheitliche Schutzuntergrenze: Unterschiedliche Anforderungen an die Gestaltungshöhe je nach Werkart

Der für die einzelnen Werkarten seitens der Rechtsprechung und Teilen der Literatur verlangte Grad an Gestaltungshöhe ist bislang nicht einheitlich, vielmehr existieren teilweise deutliche Unterschiede.[119] Mit hinein spielt zudem auch immer die Frage nach den konkreten Gestaltungsspielräumen und dem Freihaltebedürfnis bei bestimmten Werkarten.[120]

Einen kurzen Überblick über die unterschiedliche Handhabung bei einzelnen Werkarten soll die folgende Darstellung geben. Dabei soll nicht auf sämtliche der in § 2 Abs. 1 UrhG beispielhaft aufgezählten Werkarten eingegangen werden, sondern es sollen nur die für diese Arbeit relevanten Werkarten herausgegriffen werden.

a) Sprachwerke (§ 2 Abs. 1 Nr. 1 UrhG)

aa) Schriftwerke

Schriftwerke – als Teil der Sprachwerke im Sinne von § 2 Abs. 1 Nr. 1 UrhG – sind zunächst literarische Schriftwerke wie Romane, Gedichte und Geschichten, Dramen, Theaterstücke, Drehbücher, Übersetzungen (Werke der Literatur und Texte) sowie vergleichbare literarische („schöngeistige“[121]) Werke, bei denen der Urheber mithilfe seiner Phantasie eine inhaltliche Mitteilung verarbeitet und zum Ausdruck bringt.[122] Daneben sind unter Schriftwerke im Sinne von § 2 Abs. 1 Nr. 1 UrhG auch „Sprachwerke des täglichen Bedarfs“,[123] wie etwa Zeitungs- und Zeitschriftenartikel, zu fassen sowie wissenschaftliche und zu Gebrauchszwecken bestimmte Schriftwerke.[124] Diese Schriftwerktypen dienen der Vermittlung der korrekten Sachinformation.[125] Der an die Gestaltungshöhe angelegte Maßstab ist bei den genannten Schriftwerken unterschiedlich.

---

119 Etwa BGH, Urteil vom 27.1.1983 – I ZR 177/80 – Brombeer-Muster, GRUR 1983, 377, 378; *Wöhrn*, in: Wandtke, UrhR, 2. Kap. Rn. 7 m.w.N.

120 *Bullinger*, in: Wandtke/Bullinger, § 2 Rn. 25; vgl. auch BGH, Urteil vom 5.3.1998 – I ZR 13/96 – Les-Paul-Gitarren, GRUR 1998, 830, 832.

121 *A. Nordemann*, in: Fromm/Nordemann, § 2 Rn. 56.

122 *Ahlberg*, in: BeckOK UrhG, § 2 Rn. 78; *v. Gamm*, 2004, S. 45; siehe ferner *A. Nordemann*, in: Fromm/Nordemann, § 2 Rn. 54, 56; *Loewenheim*, in: Schricker/Loewenheim, § 2 Rn. 82.

123 *A. Nordemann*, in: Fromm/Nordemann, § 2 Rn. 56.

124 *Ahlberg*, in: BeckOK UrhG, § 2 Rn. 78; *v. Gamm*, 2004, S. 45; siehe ferner *A. Nordemann*, in: Fromm/Nordemann, § 2 Rn. 54, 56; *Loewenheim*, in: Schricker/Loewenheim, § 2 Rn. 82.

125 *Ahlberg*, in: BeckOK UrhG, § 2 Rn. 86 ff., 91; *v. Gamm*, 2004, S. 45.

Bei den literarischen Schriftwerken wird die Schutzuntergrenze grundsätzlich niedrig angesetzt, sodass hier die kleine Münze auf der niedrigsten überhaupt möglichen Stufe liegt.[126] Zur Begründung der Annahme einer derart geringen Schutzuntergrenze wird insbesondere angeführt, der Gestaltungsspielraum sei bei diesen Schriftwerken aufgrund der unbegrenzten Ausdrucksmöglichkeiten nahezu unendlich groß, mit der Folge, dass damit häufig auch recht einfache oder banale Schriftwerke in den Schutz des Urheberrechts gelangen können.[127]

Handelt es sich bei dem Sprachwerk nicht um ein rein literarisches Werk, sondern um ein Schriftwerk, das einen Gebrauchszweck verfolgt („Gebrauchstext"), ist das von der Rechtsprechung geforderte Maß an Gestaltungshöhe ungleich höher,[128] so insbesondere auch bei wissenschaftlichen Sprachwerken.[129] Gefordert wird hier gegenüber vorbestehenden Gestaltungen ein deutliches Überragen des Alltäglichen, des Handwerksmäßigen, der mechanisch-technischen Aneinanderreihung des Materials.[130] Denn in diesen Gebieten müsse ein weites Spektrum von

---

126 Z.B. BGH, Urteil vom 16.1.1997 – I ZR 9/95 – CB-infobank I, GRUR 1997, 459, 460 f.; BGH, Urteil vom 15.9.1999 – I ZR 57/97 – Comic-Übersetzungen II, GRUR 2000, 144, 145; *A. Nordemann*, in: FS Nordemann, 2004, S. 59, 61; siehe auch *Loewenheim*, in: Schricker/Loewenheim, § 2 Rn. 29, 62 ff., 84, 86 f.

127 *A. Nordemann*, in: Loewenheim, § 9 Rn. 19.

128 Siehe etwa BGH, Urteil vom 6.5.1999 – I ZR 199/96 – Tele-Info-CD, GRUR 1999, 923, 924 f.

129 *Loewenheim*, in: Schricker/Loewenheim, § 2 Rn. 35 und 89.

130 Etwa BGH, Urteil vom 29.3.1984 – I ZR 32/82 – Ausschreibungsunterlagen, GRUR 1984, 659, 661; BGH, Urteil vom 9.5.1985 – I ZR 52/83 – Inkasso-Programm, GRUR 1985, 1041, 1047; BGH, Urteil vom 17.4.1986 – I ZR 213/83 – Anwaltsschriftsatz, GRUR 1986, 739, 741; BGH, Urteil vom 10.10.1991 – I ZR 147/89 – Bedienungsanweisung, GRUR 1993, 34, 36; vgl. auch BGH, Urteil vom 12.3.1987 – I ZR 71/85 – Warenzeichenlexika, GRUR 1987, 704, 706; KG, Beschluss vom 11.5.2011 – 24 U 28/11 – Sachverständigengutachten, ZUM 2011, 566, 567; siehe jedoch auch BGH, Urteil vom 21.11.1991 – I ZR 190/89 – Leitsätze, GRUR 1992, 382, 385 (hier keine derart hohe Schutzschwelle zugrunde gelegt); a.A. OLG Nürnberg, Urteil vom 27.3.2001 – 3 U 3760/00 – Dienstanweisung, GRUR-RR 2001, 225, 227 (Negative Abgrenzung: Individualität nur dann nicht gegeben, wenn kein Raum für eigene Entscheidungen vorhanden); siehe dazu *A. Nordemann*, in: Fromm/Nordemann, § 2 Rn. 30; kritisch ferner *Loewenheim*, Anm. I ZR 71/85 – Warenzeichenlexika, GRUR 1987, 706, 707; *Loewenheim*, GRUR Int. 2004, 765, 767; *A. Nordemann*, in: Loewenheim, § 6 Rn. 18, § 9 Rn. 20 f.; *A. Nordemann*, in: FS Nordemann, 2004, S. 59, 61; *Loewenheim*, in: Schricker/Loewenheim, § 2 Rn. 35 f.

Formen zugänglich bleiben.[131] Teilweise wurden aber auch schon weniger strenge Anforderungen erhoben.[132]

Nach der Rechtsprechung kann bei einem Schriftwerk je nach Schriftwerktyp das zu erfüllende Maß an Eigenart „in der von der Gedankenführung geprägten Gestaltung der Sprache [und/oder] in der Sammlung, Auswahl, Einteilung und Anordnung des Stoffs zum Ausdruck kommen“.[133]

bb) Computerprogramme

Bei Computerprogrammen, die als technische Sprachwerke eingeordnet werden,[134] wird die Schutzuntergrenze inzwischen äußerst niedrig angesetzt.[135] Anders stellte sich dagegen die Rechtslage bis zum Erlass der Richtlinie über den Rechtsschutz von Computerprogrammen im Mai 1991[136] dar (Näheres zu der Richtlinie im 4. Teil dieser Arbeit). Bis dahin wurden sehr viel strengere Anforderungen an die urheberrechtliche Schutzfähigkeit von Computerprogrammen gestellt, welche teilweise auch umstritten waren.[137]

---

131 *A. Nordemann*, in: Loewenheim, § 9 Rn. 20; vgl. hierzu auch BGH, Urteil vom 19.12.1979 – I ZR 130/77 – Play-family, GRUR 1980, 235, 236 (zum Geschmacksmusterrecht).

132 Z.B. BGH, Urteil vom 21.11.1980 – I ZR 106/78 – Staatsexamensarbeit, GRUR 1981, 352, 353; BGH, Urteil vom 12.7.1990 – I ZR 16/89 – Themenkatalog, GRUR 1991, 130, 132 f.; BGH, Urteil vom 21.11.1991 – I ZR 190/89 – Leitsätze, GRUR 1992, 382, 385; BGH, Urteil vom 11.4.2002 – I ZR 231/99 – Technische Lieferbedingungen, GRUR 2002, 958, 959; *A. Nordemann*, in: Loewenheim, § 9 Rn. 20.

133 BGH, Urteil vom 1.12.2010 – I ZR 12/08 – Perlentaucher, GRUR 2011, 134, 137 Rn. 36; dazu *Hoeren*, GRUR-Prax 2011, 27, 28; ferner BGH, Urteil vom 16.1.1997 – I ZR 9/95 – CB-infobank I, GRUR 1997, 459, 460 f.; BGH, Urteil vom 6.5.1999 – I ZR 199/96 – Tele-Info-CD, GRUR 1999, 923, 924.

134 *A. Nordemann*, in: Loewenheim, § 9 Rn. 20; vgl. auch *Lehmann*, in: Loewenheim, § 9 Rn. 49 f.

135 BGH, Urteil vom 20.9.2012 – I ZR 90/09 – UniBasic-IDOS, GRUR 2013, 509, 510 Rn. 24 m.w.N.; vgl. dazu ferner BGH, Urteil vom 14.7.1993 – I ZR 47/91 – Buchhaltungsprogramm, GRUR 1994, 39.

136 Richtlinie des Rates vom 14. Mai 1991 über den Rechtsschutz von Computerprogrammen (91/250/EWG), ABl. EG L 122/42 vom 17.5.1991 (Umsetzungsfrist gemäß Art. 10 Abs. 1 der Richtlinie: 1.1.1993), kodifizierte Fassung: Richtlinie 2009/24/EG des Europäischen Parlaments und des Rates vom 23. April 2009 über den Rechtsschutz von Computerprogrammen, ABl. EU L 111/16 vom 5.5.2009.

137 Siehe dazu etwa BGH, Urteil vom 9.5.1985 – I ZR 52/83 – Inkasso-Programm, GRUR 1985, 1041, 1048; BGH, Urteil vom 4.10.1990 – I ZR 139/89 – Betriebssystem, GRUR 1991, 449, 451; *Loewenheim*, in: Schricker/Loewenheim, vor § 69a ff. Rn. 1 f.; *Wiebe*,

Nach § 69a Abs. 3 S. 1 UrhG werden Computerprogramme geschützt, wenn sie individuelle Werke in dem Sinne darstellen, dass sie das Ergebnis der eigenen geistigen Schöpfung ihres Urhebers sind. § 69a Abs. 3 S. 2 UrhG gibt in diesem Zusammenhang zudem vor, dass zur Bestimmung ihrer Schutzfähigkeit keine anderen Kriterien – insbesondere nicht qualitative oder ästhetische – anzuwenden sind. Dabei bedeutet der Verzicht auf qualitative Kriterien jedoch nicht, dass die Schöpfung keinerlei Individualität mehr aufweisen muss.[138] Dies verdeutlicht im Übrigen bereits die § 69a Abs. 3 S. 1 UrhG einleitende Umschreibung „individuelle Werke". Vielmehr ist damit gemeint, dass über ein Minimum an Individualität hinaus keine weiteren Anforderungen, wie eine besondere (erhöhte) Gestaltungshöhe oder gar wirtschaftliche oder technische Qualitätsmerkmale, als Schutzvoraussetzungen erhoben werden dürfen.[139] Demnach gilt heutzutage auch für Computerprogramme die untere Grenze der kleinen Münze, deren Erreichen bei komplexen Programmen tatsächlich vermutet wird.[140] Dies hat letztlich zur Folge, dass fast alle Computerprogramme dem Urheberrechtsschutz unterfallen, außer sie sind vollkommen trivial oder banal.[141] Nicht zu Unrecht wird hierzu kritisch angemerkt, dass zwischen dem Verbot des Anlegens qualitativer Kriterien und der Versagung eines Urheberrechtsschutzes von banalen Computerprogrammen ein gewisser Widerspruch bestehe.[142] Da hier jedoch die Voraussetzungen für einen Urheberrechtsschutz einer Schöpfung

---

in: Spindler/Schuster, § 69a UrhG Rn. 20 f.; ferner *Dreier*, CR 1991, 577, 578; *Erdmann*, CR 1986, 249, 251; *v. Gamm*, 2004, S. 61 f.; *Lesshafft/Ulmer*, CR 1991, 519, 523 f.; *Marly*, 1995, S. 73 ff.; *Schulte*, CR 1992, 588, 591; siehe hierzu auch *Hoeren*, CR 1991, 463, 465 („Die Richtlinie kann den BGH zur Aufgabe seiner restriktiven Rechtsprechung in Sachen Softwareschutz bewegen; sie muß es aber nicht. Es bleibt zu hoffen, daß der BGH aus besserer Einsicht und wegen der übermächtigen Kritik seine Rechtsprechung aufgibt; zwingen kann man ihn dazu jedoch nicht.").

138 So auch *Loewenheim*, in: Schricker/Loewenheim, § 69a Rn. 18.

139 *Loewenheim*, in: Schricker/Loewenheim, § 69a Rn. 18.

140 Amtl. Begr. zum Zweiten Gesetz zur Änderung des Urheberrechtsgesetzes vom 9. Juni 1993 (BGBl. 1993 I S. 910), BT-Drucksache 12/4022 vom 18. Dezember 1992, S. 9 f.; BGH, Urteil vom 3.3.2005 – I ZR 111/02 – Fash 2000, GRUR 2005, 860, 861; OLG Hamburg, Urteil vom 29.11.2001 – 3 U 288/00 – CT-Klassenbibliothek, GRUR-RR 2002, 217, 218; *Broy/Lehmann*, GRUR 1992, 419, 420; *S. Ernst*, in: Hoeren/Sieber/Holznagel, Teil 7.1 Rn. 10; *Kauert*, in: Wandtke, UrhR, 8. Kap. Rn. 14.

141 OLG Hamburg, Urteil vom 29.11.2001 – 3 U 288/00 – CT-Klassenbibliothek, GRUR-RR 2002, 217, 218; *v. Gamm*, 2004, S. 64; *Lehmann*, in: Loewenheim, § 9 Rn. 50; *A. Nordemann*, in: Loewenheim, § 9 Rn. 19; siehe auch *A. Nordemann/Heise*, ZUM 2001, 128, 145; ferner *Hoeren*, CR 1991, 463, 465.

142 *Hoeren*, in: Möhring/Nicolini, § 69a Rn. 16; siehe ferner *Hoeren*, CR 1991, 463, 464 f.

– und nicht etwa für ein verwandtes Schutzrecht – in Rede stehen, ist das Erheben einer minimalen Individualitätsanforderung, ohne weitere qualitative Voraussetzungen zu verlangen (als untere Ebene urheberrechtlich gerade noch schützbarer Werke), gleichwohl schlüssig.

b) Werke der Musik (§ 2 Abs. 1 Nr. 2 UrhG)

Nach der Rechtsprechung des BGH sind bei Werken der Musik an die schöpferische Eigentümlichkeit keine zu hohen Anforderungen zu stellen.[143] Mithin gilt bei Musikwerken ebenfalls der Schutz der kleinen Münze. Als ausreichend wurde angesehen, dass die formgebende Tätigkeit des Komponisten nur einen geringen Schöpfungsgrad aufweist, ohne dass es dabei auf den künstlerischen Wert ankommt,[144] sodass z.B. auch Schlagermusik urheberrechtlich geschützt sein kann.[145] Auch für Handy-Klingeltöne oder kurze Musikfragmente (unter einer Minute) wurde schon ein Urheberrechtsschutz angenommen.[146] Urheberrechtlich nicht geschützt sind dagegen rein handwerkliche Tätigkeiten, die kein geistiges Schaffen darstellen, ebenso wenig wie sämtliche gemeinfreien Elemente, wie formale Gestaltungselemente, die auf den Lehren der Harmonik, Rhythmik und Melodik beruhen oder im Wechselgesang zwischen Solist und Chor zum Ausdruck kommen, in den Schutzbereich des Urheberrechts fallen können.[147]

---

143 BGH, Urteil vom 3.11.1967 – Ib ZR 123/65 – Haselnuss, GRUR 1968, 321, 324; BGH, Urteil vom 26.9.1980 – I ZR 17/78 – Dirlada, GRUR 1981, 267, 268; BGH, Urteil vom 3.2.1988 – I ZR 143/86 – Fantasy, GRUR 1988, 810, 811; BGH, Urteil vom 3.2.1988 – I ZR 142/86 – Ein bißchen Frieden, GRUR 1988, 812, 814; BGH, Urteil vom 24.1.1991 – I ZR 72/89 – Brown Girl II, GRUR 1991, 533, 535; KG, Urteil vom 16.12.2009 – 24 U 92/08, abgedr. BeckRS 2012, 01765; *v. Gamm*, 2004, S. 64.

144 BGH, Urteil vom 26.9.1980 – I ZR 17/78 – Dirlada, GRUR 1981, 267, 268; BGH, Urteil vom 3.2.1988 – I ZR 143/86 – Fantasy, GRUR 1988, 810, 811.

145 BGH, Urteil vom 3.11.1967 – Ib ZR 123/65 – Haselnuss, GRUR 1968, 321, 325; BGH, Urteil vom 26.9.1980 – I ZR 17/78 – Dirlada, GRUR 1981, 267, 268; BGH, Urteil vom 3.2.1988 – I ZR 143/86 – Fantasy, GRUR 1988, 810, 811; BGH, Urteil vom 3.2.1988 – I ZR 142/86 – Ein bißchen Frieden, GRUR 1988, 812, 814; BGH, Urteil vom 24.1.1991 – I ZR 72/89 – Brown Girl II, GRUR 1991, 533, 535; *Czychowski*, in: Loewenheim, § 9 Rn. 69.

146 OLG Hamburg, Beschluss vom 4.2.2002 – 5 U 106/01 – Handy-Klingelton, ZUM 2002, 480, 481; BGH, Urteil vom 13.12.2001 – I ZR 44/99 – Musikfragmente, GRUR 2002, 602, 603; *Czychowski*, in: Loewenheim, § 9 Rn. 69.

147 BGH, Urteil vom 26.9.1980 – I ZR 17/78 – Dirlada, GRUR 1981, 267, 268; *v. Gamm*, 2004, S. 65.

c) Fotografien: Lichtbildwerke (§ 2 Abs. 1 Nr. 5 UrhG) und Lichtbilder (§ 72 UrhG)

Bei Lichtbildwerken kann (mittlerweile) ebenso eine eher niedrige Schutzschwelle angenommen werden, sodass auch hier der Schutz der kleinen Münze gilt.[148] So hat auch der BGH ausdrücklich darauf hingewiesen, dass ein besonderes Maß an schöpferischer Gestaltung für den Schutz von Lichtbildwerken nicht (mehr) erforderlich ist:[149] Die urheberrechtliche Schutzfähigkeit von Fotografien danach zu bemessen, ob sie eine eigenschöpferische Prägung und Gestaltung aufweisen und über das Handwerksmäßige und Durchschnittliche deutlich hinausragen, ist spätestens seit dem 1. Juli 1995 – dem Zeitpunkt des Inkrafttretens des die Richtlinie zur Harmonisierung der Schutzdauer des Urheberrechts und bestimmter verwandter Schutzrechte[150] umsetzenden deutschen Gesetzes[151] (Näheres dazu auch noch im 4. Teil dieser Arbeit) – nicht mehr zulässig.[152] Denn nach Art. 6 der sogenannten „Schutzdauer-Richtlinie" sollen Fotografien geschützt werden, wenn sie individuelle Werke in dem Sinne darstellen, dass sie das Ergebnis der eigenen geistigen Schöpfung ihres Urhebers sind, wobei andere Kriterien wie z.B. Wert oder Zwecksetzung hierbei nicht zu berücksichtigen sind (Erwägungsgrund 17 der Richtlinie 93/98/EWG[153]).

---

148 Etwa OLG Düsseldorf, Urteil vom 15.4.2008 – 20 U 143/07 – Schaufensterdekoration, GRUR-RR 2009, 45, 46; *Bullinger/Garbers-von Boehm*, GRUR 2008, 24, 26 f. m.w.N.; *Schulze*, in: Dreier/Schulze, § 2 Rn. 195; *Loewenheim*, in: Schricker/Loewenheim, § 2 Rn. 182; ferner *A. Nordemann*, 1992, S. 116 ff.

149 BGH, Urteil vom 3.11.1999 – I ZR 55/97 – Werbefotos, GRUR 2000, 317, 318.

150 Richtlinie 93/98/EWG des Rates vom 29. Oktober 1993 zur Harmonisierung der Schutzdauer des Urheberrechts und bestimmter verwandter Schutzrechte, ABl. EG L 290/9 vom 24.11.1993 (Umsetzungsfrist gemäß Art. 13 Abs. 1 der Richtlinie: 1.7.1995), kodifizierte Fassung: Richtlinie 2006/116/EG des Europäischen Parlaments und des Rates vom 12. Dezember 2006 über die Schutzdauer des Urheberrechts und bestimmter verwandter Schutzrechte, ABl. EU L 372/12 vom 27.12.2006; dies wiederum geändert durch die Richtlinie 2011/77/EU des Europäischen Parlaments und des Rates vom 27. September 2011 zur Änderung der Richtlinie 2006/116/EG über die Schutzdauer des Urheberrechts und bestimmter verwandten Schutzrechte (ABl. EU L 265/1 vom 11.10.2011).

151 Drittes Gesetz zur Änderung des Urheberrechtsgesetzes vom 23. Juni 1995, BGBl. 1995 I S. 842.

152 BGH, Urteil vom 3.11.1999 – I ZR 55/97 – Werbefotos, GRUR 2000, 317, 318.

153 Erwägungsgrund 17 der Richtlinie 93/98/EWG entspricht in diesem Punkt Erwägungsgrund 16 der Richtlinie 2006/116/EG, dessen Text im Anhang wiedergegeben ist.

Hinzu tritt bei Fotografien die Besonderheit, dass das UrhG zwar nach wie vor zwischen Lichtbildwerken im Sinne von § 2 Abs. 1 Nr. 5 UrhG, an denen ein Urheberrecht mit einer Schutzdauer von siebzig Jahren p.m.a. (§ 64 UrhG) bestehen kann, und Lichtbildern im Sinne von § 72 UrhG,[154] an denen ein nach fünfzig Jahren nach Erscheinen, öffentlicher Wiedergabe oder Herstellung erlöschendes Leistungsschutzrecht (§ 72 Abs. 3 UrhG) bestehen kann, unterscheidet.[155] In der Praxis ist diese Unterscheidung jedoch oft nicht allzu relevant[156] – mit Ausnahme einzelner Einschränkungen im Hinblick auf den Schutzumfang.[157] Denn gemäß § 72 Abs. 1 UrhG finden für Lichtbilder die Vorschriften für Lichtbildwerke entsprechende Anwendung. Dies führt dazu, dass fast jede Fotografie nach dem UrhG geschützt wird (entweder als Lichtbildwerk oder als Lichtbild).[158]

d) Filmwerke (§ 2 Abs. 1 Nr. 6 UrhG)

Der Schutz der kleinen Münze ist nach dem BGH auch bei Filmwerken im Sinne des § 2 Abs. 1 Nr. 6 UrhG anerkannt und kann angenommen werden, wenn die eigenschöpferische Prägung in der Auswahl, Anordnung und Sammlung des Stoffes sowie durch die Art der Zusammenstellung der einzelnen Bildfolgen als das Ergebnis individuellen Schaffens ihren Ausdruck finde.[159]

Außer dem urheberrechtlichen Schutz einer „Bildfolge“ oder „Bild- und Tonfolge“ als Filmwerk gemäß § 2 Abs. 1 Nr. 6 UrhG kommt auch ein Leistungsschutz nach § 95 UrhG (Laufbilder) in Betracht. Anders als bei Lichtbildwerken und Lichtbildern sieht das Gesetz hier jedoch nicht die weitgehend entsprechende Anwendung der Vorschriften über das Urheberrecht am Filmwerk vor, sondern erklärt für das

154 Vgl. *A. Nordemann*, 1992, S. 67 f.

155 Weiterführend *v. Gamm*, 2004, S. 65 f. Fn. 261 ff. m.w.N.

156 *Obergfell*, in: Büscher/Dittmer/Schiwy, Kap. 10 § 2 Rn. 52.

157 Siehe etwa BGH, Urteil vom 4.11.1966 – Ib ZR 77/65 – skai-cubana, GRUR 1967, 315, 316 (Schutz von Lichtbildern beschränke sich auf die konkrete Aufnahme als körperlicher Gegenstand, sodass das Leistungsschutzrecht in der Regel nur Schutz gegen die Vervielfältigung der konkreten Aufnahme als körperlicher Gegenstand in unveränderter Form gewähre.); siehe dazu Anm. *Reimer*, GRUR 1967, 318.

158 So auch *v. Gamm*, 2004, S. 67; vgl. *Dietz*, GRUR Int. 1995, 670, 677.

159 BGH, Urteil vom 21.4.1953 – I ZR 110/52 – Lied der Wildbahn, GRUR 1953, 299, 301 f.; BGH, Urteil vom 24.11.1983 – I ZR 147/81 – Filmregisseur, GRUR 1984, 730, 732; siehe dazu Anm. *Schricker*, GRUR 1984, 730, 733 f.; *v. Gamm*, 2004, S. 68 f.; siehe ferner amtl. Begr. zum Dritten Gesetz zur Änderung des Urheberrechtsgesetzes vom 23. Juni 1995 (BGBl. 1995 I S. 842), BT-Drucksache 13/781 vom 13. März 1995, S. 10.

Leistungsschutzrecht an den Laufbildern nur einzelne ausgewählte Vorschriften der besonderen Bestimmungen für Filmwerke aus §§ 88 ff. UrhG für entsprechend anwendbar (§ 95 UrhG). Aus diesen Vorschriften folgt für die Laufbilder jedoch kein besonderer Schutz; vielmehr soll die Verweisung der Stärkung des Filmherstellers dienen und ihm die wirtschaftliche Verwertbarkeit des Filmes erleichtern, losgelöst davon, ob ein Film als Filmwerk oder in den Bereich der Laufbilder eingeordnet wird.[160]

e) Datenbankwerke (§ 4 UrhG)

Auch für den urheberrechtlichen Schutz von Datenbankwerken werden keine allzu hohen Schutzhürden aufgestellt. Als Unterfall der Sammelwerke (§ 4 Abs. 2 S. 1 UrhG) werden Datenbankwerke urheberrechtlich geschützt, wenn sie aufgrund der Auswahl oder Anordnung der Elemente eine persönliche geistige Schöpfung darstellen (vgl. Legaldefinition „Sammelwerke“ in § 4 Abs. 1 UrhG). Datenbankwerke im Sinne des UrhG sind sowohl elektronische als auch nicht elektronische Datenbanken.[161]

Die Regelung des § 4 Abs. 2 UrhG geht zurück auf die Richtlinie über den rechtlichen Schutz von Datenbanken[162] (Näheres zu dieser Richtlinie auch noch im 4. Teil dieser Arbeit) und ist daher richtlinienkonform entsprechend den Richtlinienvorschriften auszulegen – auch unter Berücksichtigung der Erwägungsgründe.[163] Wie bei §§ 69a ff. UrhG handelt es sich also auch hier um „ein Stück europäisches Urheberrecht im UrhG“.[164]

Nach Erwägungsgrund 15 der Richtlinie[165] sollten die Kriterien, ob eine Datenbank für den urheberrechtlichen Schutz in Betracht kommt, darauf beschränkt

---

160 *v. Gamm*, 2004, S. 67 f.; *v. Gamm*, UrhG, § 95 Rn. 1 (S. 705); *Katzenberger*, in: Schricker/Loewenheim, § 95 Rn. 1.

161 Amtl. Begr. zum Informations- und Kommunikationsdienste-Gesetz vom 22. Juli 1997 (BGBl. 1997 I S. 1870), BT-Drucksache 13/7385 vom 9. April 1997, S. 42; *Dreier*, in: Dreier/Schulze, § 4 Rn. 16; ausführlich zum Begriff der Datenbank *Flechsig*, ZUM 1997, 577, 580.

162 Richtlinie 96/9/EG des Europäischen Parlaments und des Rates vom 11. März 1996 über den rechtlichen Schutz von Datenbanken, ABl. EG L 77/20 vom 27.3.1996 (Umsetzungsfrist gemäß Art. 16 Abs. 1 der Richtlinie: 1.1.1998).

163 *v. Gamm*, 2004, S. 71; *Loewenheim*, in: Schricker/Loewenheim, § 4 Rn. 34; vgl. ferner *Stollwerck*, in: BeckOK UrhG, Europ. UrheberR Rn. 16; *Thum*, in: Wandtke/Bullinger, vor §§ 87a ff. Rn. 17.

164 Amtl. Begr. zum Zweiten Gesetz zur Änderung des Urheberrechtsgesetzes vom 9. Juni 1993 (BGBl. 1993 I S. 910), BT-Drucksache 12/4022 vom 18. Dezember 1992, S. 8; *Loewenheim*, in: Schricker/Loewenheim, § 4 Rn. 34.

165 Text dieses Erwägungsgrundes ist wiedergegeben im Anhang.

sein, dass der Urheber mit der Auswahl oder Anordnung des Inhalts der Datenbank eine eigene geistige Schöpfung vollbracht hat, wobei sich dieser Schutz auf die Struktur der Datenbank bezieht. Weiter bestimmt Erwägungsgrund 16 der Richtlinie[166], dass bei der Beurteilung, ob eine Datenbank für den urheberrechtlichen Schutz in Betracht kommt, keine anderen Kriterien angewendet werden sollten als die Originalität im Sinne einer geistigen Schöpfung. Insbesondere sollte keine Beurteilung der Qualität oder des ästhetischen Wertes der Datenbank vorgenommen werden.[167] Letztere Vorgabe hat der Gesetzgeber jedoch – anders als im Falle der Computerprogramm-Richtlinie – nicht in das Gesetz mit aufgenommen. Dies wurde damit begründet, dass bei Computerprogrammen ein besonderes Harmonisierungsziel darin gelegen habe, die in Deutschland vor Verabschiedung der Computerprogramm-Richtlinie von der Rechtsprechung aufgestellten erhöhten Anforderungen an die urheberrechtliche Gestaltungshöhe von Computerprogrammen[168] abzusenken. Dagegen habe im Hinblick auf den urheberrechtliche Schutz von Datenbanken eine derartige Spruchpraxis nicht existiert, mit der Folge, dass kein Anlass zu gesetzgeberischem Handeln bestanden habe.[169] Vielmehr sei der Schutz der kleinen Münze bei Datenbanken genauso anerkannt gewesen wie etwa auch bei Fotografien, bei denen eine Harmonisierung der Schutzvoraussetzungen durch eine europäische Richtlinie – wie dargestellt – ebenfalls stattgefunden hat.[170] Auch wenn diese Einschätzung der damaligen Handhabung der Rechtsprechung nicht allseits geteilt wird,[171] bleibt festzuhalten, dass jedenfalls mittlerweile auch bei Datenbankwerken der Schutz der kleinen Münze angenommen wird.

---

166 Text dieses Erwägungsgrundes ist wiedergegeben im Anhang.

167 Siehe hierzu auch *Ullmann*, in: FS Brandner, 1996, S. 507, 518.

168 Vgl. BGH, Urteil vom 9.5.1985 – I ZR 52/83 – Inkasso-Programm, GRUR 1985, 1041, 1048.

169 Amtl. Begr. zum Informations- und Kommunikationsdienste-Gesetz vom 22. Juli 1997 (BGBl. 1997 I S. 1870), BT-Drucksache 13/7385 vom 9. April 1997, S. 43; *Vogel*, ZUM 1997, 592, 600.

170 Vgl. hierzu auch amtl. Begr. zur Umsetzung der Schutzdauer-Richtlinie im Dritten Gesetz zur Änderung des Urheberrechtsgesetzes vom 23. Juni 1995 (BGBl. 1995 I S. 842), BT-Drucksache 13/781 vom 13. März 1995, S. 10, wo überdies auch auf die bereits erwähnte amtl. Begr. zu § 2 Abs. 2 UrhG (BT-Drucksache IV/270) Bezug genommen wird; *Vogel*, ZUM 1997, 592, 600.

171 Siehe etwa die kritischere Einschätzung der damaligen Rechtsprechung bei *Ullmann*, in: FS Brandner, 1996, S. 507, 517 f. m.w.N. („Bei Anwendung der angeführten Rechtsprechung wird also der Schutz der kleinen Münze bei Sammelwerken versagt.“); ebenso *v. Gamm*, 2004, S. 72 f., unter Hinweis auf die bis dahin geläufige Rechtsprechung BGH, Urteil vom 8.11.1989 – I ZR 14/88 – Bibelreproduktion, GRUR 1990,

f) Zwischenbilanz

Für Computerprogramme, Datenbankwerke, Fotografien und Musikwerke sowie für literarische Schriftwerke sind die Schwellen niedrig, damit diese dem urheberrechtlichen Schutzsystem unterfallen können. In der Regel genügt eine geringe Schöpfungshöhe. Bei anderen Werkarten ist der seitens der Rechtsprechung angelegte Maßstab an die Gestaltungshöhe dagegen oftmals sehr viel höher. Neben den Gebrauchszwecken dienenden und wissenschaftlichen Schriftwerken betrifft dies – wie im Folgenden gezeigt werden wird – insbesondere die Werke der angewandten Kunst.[172]

g) Kunstwerke (§ 2 Abs. 1 Nr. 4 UrhG): Werke der (reinen) bildenden Kunst, der angewandten Kunst und der Baukunst

Je nachdem, ob es sich um ein Werk der (reinen) bildenden Kunst, der Baukunst oder der angewandten Kunst handelt, sind für einen urheberrechtlichen Schutz von Kunst (§ 2 Abs. 1 Nr. 4 UrhG) unterschiedliche Voraussetzungen in Bezug auf die Gestaltungshöhe zu erfüllen und verschiedene Schutzhürden zu nehmen.

Ausgehend von dem für sämtliche Werkarten geltenden Werkbegriff des § 2 Abs. 2 UrhG und den oben dargestellten Voraussetzungen müssen auch Kunstwerke ein Mindestmaß an Individualität und in diesem Sinne eine künstlerische Gestaltungshöhe aufweisen, damit sie aus dem schon bekannten Formenschatz herausragen und als hinreichend individuell bezeichnet werden können.[173] Hierbei sind Werturteile oftmals unumgänglich.[174] Ob die erforderliche Gestaltungshöhe bei Kunstwerken erreicht ist, bestimmt sich nach dem Eindruck, den ein Erzeugnis nach dem Durchschnittsurteil des für Kunst empfänglichen und mit Kunstdingen einigermaßen vertrauten Menschen vermittelt.[175] Die Auffassung des Einzelnen ist

---

669, 673 (zu § 4 UrhG a.F.); BGH, Urteil vom 6.5.1999 – I ZR 199/96 – Tele-Info-CD, GRUR 1999, 923, 924 (ebenfalls noch zu § 4 UrhG a.F.); zur neuen Regelung des § 4 Abs. 2 UrhG vgl. etwa OLG Hamburg, Urteil vom 6.5.1999 – 3 U 246/98, ZUM 1999, 849, 851; OLG Düsseldorf, Urteil vom 29.6.1999 – 20 U 85/98, MMR 1999, 729, 730.

172 *Schack*, Rn. 296; *Bullinger*, in: Wandtke/Bullinger, § 2 Rn. 97.

173 *G. Schulze*, in: Loewenheim, § 9 Rn. 97; *Loewenheim*, in: Schricker/Loewenheim, § 2 Rn. 23 ff.

174 *Erdmann*, in: FS v. Gamm, 1990, S. 389, 403; *G. Schulze*, in: Loewenheim, § 9 Rn. 97; *G. Schulze*, GRUR 1984, 400, 404, 417.

175 BGH, Urteil vom 27.11.1956 – I ZR 57/55 – Europapost, GRUR 1957, 291, 294; BGH, Urteil vom 29.3.1957 – I ZR 236/55 – Ledigenheim, GRUR 1957, 391, 394; BGH, Urteil vom 30.5.1958 – I ZR 21/57 – Candida-Schrift, GRUR 1958, 562, 563; BGH, Urteil vom 15.7.2004 – I ZR 142/01 – Metallbett, GRUR 2004, 941, 942;

für die Beurteilung nicht maßgebend, entscheidend sind die Anschauungen der mit schöpferischen Gestaltungen der jeweiligen Art einigermaßen vertrauten und aufgeschlossenen Verkehrskreise.[176] Auch wenn demnach nicht auf den völlig uninteressierten Laien abzustellen ist, kommt es gleichwohl nicht auf das Urteil des auf dem jeweiligen Gebiet besonders geschulten Fachkenners an;[177] der Anerkennung innerhalb der Fachwelt kann jedoch indizielle Bedeutung zukommen.[178]

Der urheberrechtliche Schutz der drei einzelnen Kunstarten ist jedoch sehr unterschiedlich. Insbesondere wird – wie die folgende Darstellung zeigen wird – bei Werken der angewandten Kunst im Vergleich zu Werken der reinen bildenden Kunst eine deutlich höhere Gestaltungshöhe verlangt.

aa) Werke der (reinen) bildenden Kunst

Werke der reinen bildenden Kunst (Werke der „zweckfreien" Kunst, der bildenden Kunst im engeren Sinne) sind solche Werke, die keinem konkreten Gebrauchszweck dienen.[179] An das Maß der zu erreichenden Gestaltungshöhe werden – anders als bei den Werken der angewandten Kunst – keine allzu hohen Anforderungen gestellt. Vielmehr gilt hier der Schutz der kleinen Münze.[180] Angesichts der unterschiedlichen Schutzvoraussetzungen ist nach der Rechtsprechung des BGH stets eine Abgrenzung zu den Werken der angewandten Kunst vorzunehmen. So sah der BGH etwa in der „Silberdistel"-Entscheidung aus dem Jahre 1995 einen Mangel darin, dass das Berufungsgericht bei dem streitgegenständlichen Ohrclip in Form einer Silberdistel nicht danach differenziert hatte, ob es sich bei diesem um ein Werk der angewandten Kunst oder um ein Werk der reinen bildenden Kunst handelte.[181]

---

diesen Maßstab kritisch betrachtend *Hackenberg*, in: FS Nordemann, 2004, S. 25, 30; vgl. ferner *Wandtke*, ZUM 2005, 769 f.

176 BGH, Urteil vom 26.9.1980 – I ZR 17/78 – Dirlada, GRUR 1981, 267, 268; *Erdmann*, in: FS v. Gamm, 1990, S. 389, 400.

177 BGH, Urteil vom 30.5.1958 – I ZR 21/57 – Candida-Schrift, GRUR 1958, 562, 563; siehe auch BGH, Urteil vom 29.3.1957 – I ZR 236/55 – Ledigenheim, GRUR 1957, 391, 394.

178 Vgl. BGH, Urteil vom 21.5.1965 – Ib ZR 121/63 – Zündaufsatz, GRUR 1966, 97, 99 f. (zum Geschmacksmusterrecht); BGH, Urteil vom 20.9.1974 – I ZR 35/73 – Möbelprogramm, GRUR 1975, 383, 386 (ebenfalls zum Geschmacksmusterrecht); *Erdmann*, in: FS v. Gamm, 1990, S. 389, 400; *G. Schulze*, in: Loewenheim, § 9 Rn. 97; siehe hierzu auch *Schack*, Kunst und Recht, Rn. 808.

179 *Dreyer*, in: Dreyer/Kotthoff/Meckel, § 2 Rn. 227.

180 *Schulze*, in: Dreier/Schulze, § 2 Rn. 153; *G. Schulze*, in: Loewenheim, § 9 Rn. 104.

181 BGH, Urteil vom 22.6.1995 – I ZR 119/93 – Silberdistel, GRUR 1995, 581, 582.

Es ist also für die Bemessung der Schutzfähigkeit einer Schöpfung entscheidend, ob sie zur zweckfreien „reinen" Kunst zählt oder ob sie dem Bereich der angewandten Kunst unterfällt. Das von der herrschenden Meinung üblicherweise herangezogene Abgrenzungsmerkmal ist der „Gebrauchszweck", durch den sich Werke der angewandten Kunst als „zweckgebundene" oder „zweckgerichtete" Kunst von den Werken der „zweckfreien" reinen bildenden Kunst unterschieden.[182]

bb) Werke der angewandten Kunst

Als Werke der angewandten Kunst werden Bedarfs- und Gebrauchsgegenstände mit künstlerischer Formgebung bezeichnet.[183] Werke der angewandten Kunst sind beispielsweise sämtliche kunstgewerblichen Gegenstände, Gegenstände industrieller Formgebung (klassisches Industriedesign), Gebrauchsgraphiken oder Gebrauchsschriften[184], Werbe- und Webdesign, Modeschöpfungen und Möbel.[185] Auch Bühnenbilder können hinsichtlich der Bildmalerei darunter fallen,[186] wobei diese oft auch als Werke der bildenden Kunst eingeordnet werden bzw. aufgrund ihrer raumbildenden Gestaltung teilweise ebenso den Werken der Baukunst zugerechnet werden.[187]

---

182 BGH, Urteil vom 22.6.1995 – I ZR 119/93 – Silberdistel, GRUR 1995, 581, 582; OLG Koblenz, Urteil vom 18.11.1966 – 2 U 437/66 – Barockputten, GRUR 1967, 262, 264; OLG Karlsruhe, Urteil vom 10.11.1999 – 6 U 220/97 – Hippo Azul, ZUM 2000, 327, 329; KG, Urteil vom 26.9.2000 – 5 U 4026/99 – Bachforelle GRUR-RR 2001, 292, 293; OLG Düsseldorf, Urteil vom 30.10.2007 – I-20 U 64/07 – Bronzeengel, ZUM 2008, 140, 142; *Ahlberg*, in: BeckOK UrhG, § 2 Rn. 29; *Schulze*, in: Dreier/Schulze, § 2 Rn. 158, § 26 Rn. 34; *A. Nordemann*, in: Fromm/Nordemann, § 2 Rn. 139; *Loewenheim*, in: Schricker/Loewenheim, § 2 Rn. 158 m.w.N.; *Bullinger*, in: Wandtke/Bullinger, § 2 Rn. 96.

183 *Loewenheim*, in: Schricker/Loewenheim, § 2 Rn. 158; ferner *Ahlberg*, in: BeckOK UrhG, § 2 Rn. 29; *Donle/Held/Nordemann-Schiffel/Nordemann*, GRUR Int. 2012, 995, 996 f.; *v. Gamm*, 2004, S. 38.

184 BGH, Urteil vom 30.5.1958 – I ZR 21/57 – Candida-Schrift, GRUR 1958, 562, 563 (wenngleich im konkreten Fall verneint).

185 *Loewenheim*, in: Schricker/Loewenheim, § 2 Rn. 158; ferner *Donle/Held/Nordemann-Schiffel/Nordemann*, GRUR Int. 2012, 995, 996 f.

186 BGH, Urteil vom 28.11.1985 – I ZR 104/83 – Oberammergauer Passionsspiele, GRUR 1986, 458 f.; a.A. und diese Entscheidung kritisch betrachtend *Heker*, 1990, S. 48.

187 *G. Schulze*, in: Loewenheim, § 9 Rn. 110 und § 71 Rn. 91; dazu ferner *v. Gamm*, BauR 1982, 97, 101; *Gerlach*, GRUR 1976, 613, 614 m.w.N.; *Heker*, 1990, S. 47 ff. (Wenngleich es sich bei einem Bühnenbild im Einzelfall auch um ein Werk der Baukunst handeln könne, so komme ein Schutz als Werk der angewandten Kunst nicht in Betracht, da es nicht im Alltag nutzbar sei und keine praktische Anwendung erlaube, was jedoch von dem Merkmal des „Gebrauchszwecks" bei Werken der angewandten Kunst verlangt werde.).

Im Zusammenhang mit Werken der angewandten Kunst gestaltet sich vor allem die Abgrenzung von künstlerisch gestalteten zu handwerklichen Gebrauchsgegenständen schwierig, wozu z.B. Juwelier- und Goldschmiedearbeiten, Figuren, Vasen, Möbel und Teppiche zählen können.[188] Hier wird teilweise angemerkt, dass das Kriterium des Gebrauchszwecks nicht immer das geeignete Merkmal zur Abgrenzung von den Werken der bildenden Kunst darstelle.[189] So weist Schulze darauf hin, der künstlerisch gestaltete Wandteppich könne beispielsweise auch als Fußbodenbelag dienen, ebenso wie es nicht darauf ankommen könne, ob der künstlerisch gestaltete Ohrclip an das Ohr gesteckt oder nur in der Vitrine belassen werde.[190] Vor diesem Hintergrund vertreten Teile des Schrifttums die Auffassung, prägendes Merkmal der Werke der angewandten Kunst sei die Bestimmung zur Verwertung in Handwerk oder Industrie,[191] mit der Folge, dass künstlerisch gestaltete Gebrauchsgegenstände auch dann dem Bereich der bildenden Kunst unterfallen können, wenn sie weder aus einer handwerklich noch aus einer industriell hergestellten Serie herrühren,[192] es sich also um handwerkliche oder kunsthandwerklich gestaltete Einzelstücke handelt.[193]

(1) Höhere Anforderungen an die Gestaltungshöhe

Die seitens der Rechtsprechung und Teilen der Literatur für Werke der angewandten Kunst angenommene höhere Schutzuntergrenze in Form erhöhter Anforderungen an die Gestaltungshöhe wird unter anderem damit begründet, dass Werke der angewandten Kunst durch den Geschmacksmusterschutz, der eine Art Unterbau des Urheberrechtsschutzes darstelle, aufgefangen und so insbesondere kunstgewerbliche Gegenstände mit geringem Individualitätsgrad geschützt werden könnten.[194] Der Geschmacksmusterschutz wäre andernfalls überflüssig, wenn auch die

---

188 *Schack*, Rn. 232.

189 *G. Schulze*, in: Loewenheim, § 9 Rn. 105; ferner *Henssler*, GRUR 1961, 397, 398; *Heydt*, GRUR Ausl. 1960, 197, 198; *Kuhmann*, 1991, S. 47 f.

190 *Schulze*, in: Eichmann/Kur, § 4 Rn. 17; *G. Schulze*, in: Loewenheim, § 9 Rn. 105.

191 *Katzenberger*, in: Schricker/Loewenheim, § 26 Rn. 24 m.w.N.; so auch *Henssler*, GRUR 1961, 397, 398; *Heydt*, GRUR Ausl. 1960, 197, 198.

192 *Henssler*, GRUR 1961, 397, 398; *Heydt*, GRUR Ausl. 1960, 197, 198; *Heydt*, GRUR 1968, 530, 532 f.; vgl. auch *Katzenberger*, 1970, S. 86 ff.; *Katzenberger*, in: Schricker/Loewenheim, § 26 Rn. 24; im Ergebnis zustimmend: *Schulze*, in Dreier/Schulze, § 26 Rn. 34; *G. Schulze*, in: FS 100 Jahre GRUR 1991, S. 1303, 1338 f. (Rn. 74).

193 *Henssler*, GRUR 1961, 397, 398; vgl. auch *Katzenberger*, 1970, S. 86 ff.

194 Std. Rspr., etwa BGH, Urteil vom 27.11.1956 – I ZR 57/55 – Europapost, GRUR 1957, 291, 292 f.; BGH, Urteil vom 4.11.1966 – Ib ZR 77/65 – skai-cubana, GRUR 1967, 315, 316; BGH, Urteil vom 8.5.1968 – I ZR 67/65 – Rüschenhaube, GRUR 1969, 90,

kleine Münze, die im Rahmen anderer Werkarten ja durchaus urheberrechtlichen Schutz genießt, im Bereich der angewandten Kunst geschützt werden würde, weshalb an den Urheberrechtsschutz von Werken der angewandten Kunst relativ strenge Anforderungen zu stellen seien.[195] Ferner wird argumentiert, hier sei ein weiter Bereich von Formen betroffen, die allgemeinzugänglich bleiben müssten, weshalb für deren Erhalt höhere Anforderungen an die Gestaltungshöhe bei Werken angewandter Kunst zu stellen seien, um eine Monopolisierung und eine Behinderung des Marktes zu verhindern.[196] Dies beziehe sich insbesondere auf industriell benötigte, funktionale Gestaltungen.[197] Der Schutz der kleinen Münze soll nach dieser Argumentation bei Werken der angewandten Kunst keine Anwendung finden, sondern allein dem Geschmacksmusterschutz überlassen bleiben.[198]

Als weiterer Aspekt wird dabei ins Feld geführt, bei Werken der rein bildenden Kunst werde einem ästhetischem Inhalt Ausdruck verliehen, was bei reinen

---

93; BGH, Urteil vom 21.5.1969 – I ZR 42/67 – Vasenleuchter, GRUR 1972, 38, 39; BGH, Urteil vom 25.5.1973 – I ZR 2/72 – Tierfiguren, GRUR 1974, 669, 671; BGH, Urteil vom 19.1.1979 – I ZR 166/76 – Brombeerleuchte, GRUR 1979, 332, 336; BGH, Urteil vom 27.1.1983 – I ZR 177/80 – Brombeer-Muster, GRUR 1983, 377, 378; BGH, Urteil vom 22.6.1995 – I ZR 119/93 – Silberdistel, GRUR 1995, 581, 582; BGH, Urteil vom 5.3.1998 – I ZR 13/96 – Les-Paul-Gitarren, GRUR 1998, 830, 832; BGH, Urteil vom 15.7.2004 – I ZR 142/01 – Metallbett, GRUR 2004, 941, 942; OLG Düsseldorf, Urteil vom 30.5.2000 – 20 U 4/99 – Spannring, ZUM-RD 2001, 385, 388; KG, Urteil vom 26.9.2000 – 5 U 4026/99 – Bachforelle GRUR-RR 2001, 292, 293; OLG Hamburg, Urteil vom 3.5.2001 – 3 U 130/00 – Move, GRUR 2002, 419 f.; OLG Frankfurt a.M., Urteil vom 22.3.2005 – 11 U 49/03 – Panther mit Smaragdauge, GRUR-RR 2006, 43, 44; OLG Köln, Urteil vom 20.3.2009 – 6 U 183/08– 3D-Messestände, GRUR-RR 2010, 141, 142; OLG Köln, Urteil vom 14.10.2009 – 6 U 115/09 – Weißbiergläser mit Fußballkugel, GRUR-RR 2010, 139 (Urheberrechtsschutz bejaht); Urheberrechtsschutz hingegen verneint LG Köln, Urteil vom 1.7.2009 – 28 O 42/09 – Weißbiergläser, ZUM-RD 2009, 613, 614; LG Leipzig, Urteil vom 23.10.2001 – 5 O 5288/01 – Hirschgewand, GRUR 2002, 424 f.; *Erdmann*, in: FS v. Gamm, 1990, S. 389, 401, 403; *Rehbinder*, Rn. 186; *Schack*, Rn. 232, 237; *Ulmer*, UrhR, 3. Auflage (1980), S. 149 f.; vgl. auch *Erdmann/Bornkamm*, GRUR 1991, 877, 878; *Katzenberger*, GRUR 1990, 94, 100.

195 BGH, Urteil vom 22.6.1995 – I ZR 119/93 – Silberdistel, GRUR 1995, 581, 582.

196 *Erdmann*, in: FS v. Gamm, 1990, S. 389, 400 f.; *Schack*, Rn. 237; *Schack*, Kunst und Recht, Rn. 809; vgl. auch *Strömholm*, GRUR Int. 1989, 15, 21; Urheberrechtsschutz bejaht etwa: BGH, Urteil vom 27.2.1961 – I ZR 127/59 – Stahlrohrstuhl I, GRUR 1961, 635, 637.

197 *Koschtial*, GRUR 2004, 555, 557; vgl. auch *Erdmann/Bornkamm*, GRUR 1991, 877, 878.

198 *Loewenheim*, in: Schricker/Loewenheim, § 2 Rn. 160.

Zweckgebilden nicht der Fall sei.[199] Deshalb sollen Werke, die nicht nur einem ästhetischem Inhalt Ausdruck verleihen möchten, sondern die zudem auch einem Gebrauchszweck dienen (sogenannte „gemischte Werke“[200]), mehr Individualität aufweisen als Werke der rein bildenden Kunst,[201] wenngleich ein Überwiegen des ästhetischen Gehalts über den Gebrauchszweck nicht erforderlich sei[202] (so aber die frühere „Prävalenztheorie“[203]).

Infolgedessen verlangt die Rechtsprechung für die urheberrechtliche Schutzfähigkeit eines Werks der angewandten Kunst bislang, dass dessen Gestaltung die Durchschnittsgestaltung deutlich überragt.[204] Die Rechtsprechung ist demnach bei der Annahme eines Urheberrechtsschutzes von Werken der angewandten Kunst sehr zurückhaltend.[205]

---

199 *Rehbinder*, Rn. 182.

200 *Koschtial*, GRUR 2004, 555, 557.

201 BGH, Urteil vom 21.5.1969 – I ZR 42/67 – Vasenleuchter, GRUR 1972, 38, 39.

202 BGH, Urteil vom 27.11.1956 – I ZR 57/55 – Europapost, GRUR 1957, 291, 293; *Rehbinder*, Rn. 182, 186 f. m.w.N.; siehe ferner *Lehr*, GRUR 1999, 403, 404, 406; kritisch *Koschtial*, GRUR 2004, 555, 557.

203 *Haberstumpf*, in: FS 100 Jahre GRUR, 1991, S. 1125, 1160 (Rn. 54); *G. Schulze*, in: FS 100 Jahre GRUR, 1991, S. 1303, 1325 (Rn. 41); *Zentek*, Anm. I ZR 53/10 – Seilzirkus, ZUM 2012, 42, 43 f.; siehe zu dieser Theorie auch *Ulmer*, UrhR, 3. Auflage (1980), S. 150; *Zech*, 1999, S. 163 f.

204 Siehe etwa BGH, Urteil vom 21.5.1969 – I ZR 42/67 – Vasenleuchter, GRUR 1972, 38, 39; BGH, Urteil vom 22.6.1995 – I ZR 119/93 – Silberdistel, GRUR 1995, 581, 582; BGH, Urteil vom 5.3.1998 – I ZR 13/96 – Les-Paul-Gitarren, GRUR 1998, 830, 832; BGH, Urteil vom 15.7.2004 – I ZR 142/01 – Metallbett, GRUR 2004, 941, 942; siehe auch BGH, Urteil vom 1.6.2011 – I ZR 140/09 – Lernspiele, GRUR 2011, 803, 805 Rn. 29 ff.; dazu *Leistner*, GRUR 2011, 761 ff.; siehe ferner *Wandtke*, in: Wandtke/Bullinger, Einl. Rn. 52.

205 Bejaht z.B. BGH, Urteil vom 27.2.1961 – I ZR 127/59 – Stahlrohrstuhl I, GRUR 1961, 635, 637; BGH, Urteil vom 21.5.1969 – I ZR 42/67 – Vasenleuchter, GRUR 1972, 38, 40; BGH, Urteil vom 10.10.1973 – I ZR 93/72 – Sessel, GRUR 1974, 740, 741 f.; BGH, Urteil vom 27.5.1981 – I ZR 102/79 – Stahlrohrstuhl II, GRUR 1981, 820, 822; BGH, Urteil vom 10.12.1986 – I ZR 15/85 – Le Corbusier-Möbel, GRUR 1987, 903, 904 f.; BGH, Urteil vom 14.5.2009 – I ZR 98/06 – Tripp-Trapp-Stuhl, GRUR 2009, 856, 857 ff.; OLG Düsseldorf, Urteil vom 28.10.1969 – 20 U 50/69 – Studio 2000, GRUR 1971, 415 f.; OLG Frankfurt, Urteil vom 19.3.1981 – 6 U 160/79 – Lounge Chair, GRUR 1981, 739, 740 f.; OLG Frankfurt, Urteil vom 4.6.1987 – 6 U 13/86 – Le Corbusier-Sessel, GRUR 1988, 302, 303; OLG Frankfurt, Urteil vom 11.2.1988 – 6 U 182/85 – USM-Haller, GRUR 1990, 121, 122; OLG Düsseldorf, Urteil vom 4.9.1992 – 20 U 144/91 – Bauhaus-Leuchte, GRUR 1993, 903, 906 f.; KG, Urteil vom 30.4.1993 – 5 U 2548/91 – Möbel-Nachbildungen, GRUR 1996, 968, 969; OLG Hamburg, Urteil vom

(2) „Stufentheorie" des BGH

Ob ein derartiges deutliches überdurchschnittliches Überragen gegeben ist, ermittelt der BGH im Zuge eines Gesamtvergleichs mit den vorbekannten Gestaltungen[206] unter Vornahme einer „graduellen Abstufung".[207] Hierbei legt er die Annahme zugrunde, dass sich Urheber- und Geschmacksmusterrecht lediglich „graduell", nämlich in Bezug auf die zu erreichende Gestaltungshöhe, unterschieden und dass das Geschmacksmusterrecht ein „kleines Urheberrecht" bzw. einen „wesensgleichen Unterbau des Urheberrechts" darstelle (so die auf Eugen Ulmer zurückgehende „Stufentheorie").[208] Der BGH unterscheidet bei der Ermittlung der Gestaltungshöhe demnach drei unterschiedliche Stufen:[209]

4.3.1999 – 3 U 169/98 – Bauhaus-Glasleuchte, ZUM 1999, 481, 482; OLG Düsseldorf, Urteil vom 30.5.2002 – 20 U 81/01 – Breuer-Hocker, ZUM-RD 2002, 419, 422 f.; KG, Urteil vom 16.8.2005 – 5 U 66/03 – Tischleuchte von Wagenfeld, ZUM 2005, 820, 821; OLG München, Urteil vom 14.10.2010 – 29 U 2001/10 – Eierkoch, GRUR-RR 2011, 54, 55; Urheberrechtsschutz hingegen versagt: BGH, Urteil vom 19.1.1979 – I ZR 166/76 – Brombeerleuchte, GRUR 1979, 332, 336; siehe siehe auch BGH, Urteil vom 12.5.2011 – I ZR 53/10 – Seilzirkus, GRUR 2012, 58 ff. (Näheres zu dieser Entscheidung unten im 5. Teil, Punkt C.); ferner *Erdmann*, in: FS v. Gamm, 1990, S. 389, 403; *Gottschalk*, 2005, S. 149; *Bullinger*, in: Wandtke/Bullinger, § 2 Rn. 100 m.w.N.

206 Siehe dazu etwa BGH, Urteil vom 8.7.2004 – I ZR 25/02 – Hundefigur, GRUR 2004, 855, 857.

207 *v. Gamm*, UrhG, Einf. Rn. 133 (S. 155) m.w.N.; *A. Nordemann*, in: Loewenheim, § 6 Rn. 18.

208 *Ulmer*, UrhR, 3. Auflage (1980), S. 149 ff.; *Kur*, in: Hilty/Geiger, 2007, S. 193, 194 f.; *Wöhrn*, in: Wandtke, UrhR, 2. Kap. Rn. 52 m.w.N.; ferner *Schack*, Kunst und Recht, Rn. 805.

209 Siehe dazu z.B. BGH, Urteil vom 22.6.1995 – I ZR 119/93 – Silberdistel, GRUR 1995, 581, 582; ferner BGH, Urteil vom 27.11.1956 – I ZR 57/55 – Europapost, GRUR 1957, 291, 293 f.; BGH, Urteil vom 8.5.1968 – I ZR 67/65 – Rüschenhaube, GRUR 1969, 90, 92; BGH, Urteil vom 21.5.1969 – I ZR 42/67 – Vasenleuchter, GRUR 1972, 38, 39; BGH, Urteil vom 19.1.1979 – I ZR 166/76 – Brombeerleuchte, GRUR 1979, 332, 336; BGH, Urteil vom 27.1.1983 – I ZR 177/80 – Brombeer-Muster, GRUR 1983, 377, 378; BGH, Urteil vom 9.5.1985 – I ZR 52/83 – Inkasso-Programm, GRUR 1985, 1041, 1047 f.; BGH, Urteil vom 12.3.1987 – I ZR 71/85 – Warenzeichenlexika, GRUR 1987, 704, 706; vgl. zudem OLG Schleswig, Urteil vom 12.2.1985 – 6 U 64/84 – Tonfiguren, GRUR 1985, 289, 290 m.w.N.; *Donle/Held/Nordemann-Schiffel/Nordemann*, GRUR Int. 2012, 995, 997; *Erdmann*, FS v. Gamm, 1990, S. 389, 400 f.; *Erdmann/Bornkamm*, GRUR 1991, 877, 878; *v. Gamm*, 2004, S. 41; *Gottschalk*, 2005, S. 107 f.; *Heydt*, GRUR 1968, 530, 535; *A. Nordemann*, in: Loewenheim, § 6 Rn. 18; *W. Nordemann*, UFITA Bd. 50 (1967), 906, 908 f.; *Zech*, 1999, S. 158 f.

So liege das Können eines Durchschnittsgestalters, das rein Handwerksmäßige, Alltägliche und Banale außerhalb der Schutzfähigkeit. Ein Geschmacksmusterschutz könne dann angenommen werden, wenn ein darüber hinausgehender schöpferischer Leistungsgrad mit nicht zu geringem Abstand zur vorangehenden Stufe erreicht sei. Die untere Grenze für einen Urheberrechtsschutz sei hingegen erst in einem deutlich weiteren Abstand erreicht, nämlich dann, wenn ein bedeutendes schöpferisches Überragen der Durchschnittsgestaltertätigkeit durch eigenartige Prägung, individuelle Geistestätigkeit oder einen erheblichen ästhetischen Überschuss über die Zweckform hinaus gegeben sei.[210]

Auch wenn nach dem BGH folglich für einen Urheberrechtsschutz von angewandter Kunst ein deutliches Überragen der Durchschnittsgestaltertätigkeit gegeben sein muss, so hat er gleichwohl in einer Entscheidung schon einmal darauf hingewiesen, dass der anzulegende Maßstab nicht zu streng anzusetzen und auf den ästhetischen Gesamteindruck abzustellen sei.[211] Dennoch scheint er in der Folge wieder zu einem strengeren Maßstab zurückgekehrt zu sein.[212]

Ob die erforderliche Gestaltungshöhe erreicht ist, bestimmt sich dabei nach dem Eindruck, den ein Erzeugnis nach dem durchschnittlichen Urteil des für Kunst empfänglichen und mit Kunstdingen einigermaßen vertrauten Menschen vermittelt.[213] Bei der Ermittlung, ob eine Gestaltung als Werk der angewandten Kunst anzusehen ist, komme es darauf an, „ob der den Formensinn ansprechende Gehalt, der in dem Erzeugnis seine Verwirklichung gefunden hat, ausreicht, daß nach den im Leben herrschenden Anschauungen von Kunst gesprochen werden kann".[214] Dabei dürfe das Erzeugnis unabhängig von seinem Gebrauchszweck

---

210 OLG Schleswig, Urteil vom 12.2.1985 – 6 U 64/84 – Tonfiguren, GRUR 1985, 289, 290 m.w.N.; OLG München, Urteil vom 14.10.2010 – 29/U 2001/10 – Eierkoch, GRUR-RR 2011, 54, 55; vgl. auch *Heydt*, GRUR 1968, 530, 533 f.

211 BGH, Urteil vom 14.4.1988 – I ZR 99/86 – Kristallfiguren, GRUR 1988, 690, 692; siehe dazu Anm. *G. Schulze*, GRUR 1988, 693; *v. Gamm*, 2004, S. 41 f.

212 Siehe dazu auch *Wegner*, GRUR-Prax 2010, 537.

213 BGH, Urteil vom 15.7.2004 – I ZR 142/01 – Metallbett, GRUR 2004, 941, 942; siehe etwa BGH, Urteil vom 1.6.2011 – I ZR 140/09 – Lernspiele, GRUR 2011, 803, 805 Rn. 31; siehe ferner BGH, Urteil vom 14.4.1988 – I ZR 99/86 – Kristallfiguren, GRUR 1988, 690, 692; *Eichmann*, in: Eichmann/von Falckenstein, Allgemeines zum Designrecht Rn. 33.

214 BGH, Urteil vom 10.12.1986 – I ZR 15/85 – Le Corbusier-Möbel, GRUR 1987, 903, 904; OLG München, Urteil vom 14.10.2010 – 29/U 2001/10 – Eierkoch, GRUR-RR 2011, 54, 55; siehe auch BGH, Urteil vom 1.6.2011 – I ZR 140/09 – Lernspiele, GRUR 2011, 803, 805 Rn. 31; *Gerstenberg*, GRUR 1963, 245, 246; kritisch *Heydt*, GRUR 1968, 530, 534.

nicht auf eine vorgegebene oder rein technisch bedingte Formgebung beschränkt sein.[215] Es müsse einen darüber hinaus gehenden „ausreichenden Grad an eigenpersönlicher schöpferischer Kraft auf dem Gebiet der Ästhetik“ aufweisen, der es rechtfertige, es unter die Werke der bildenden Künste einzuordnen.[216] Keinen Urheberrechtsschutz erhalten demnach solche Formelemente, die auf bekannte, technisch vorgegebene oder übliche Vorbilder zurückgreifen[217] – es sein denn, in der Kombination der Formelemente miteinander oder in ihrer Verbindung mit neuen Elementen liegt eine neue schöpferische Leistung.[218] Ob dies (ausnahmsweise) der Fall sei, sei gegebenenfalls mithilfe eines Sachverständigengutachtens festzustellen.[219] Oftmals ist jedoch eine Beurteilung der Gestaltungshöhe durch den Tatrichter bereits aus eigener Sachkunde möglich, der dabei sogar von einem gerichtlichen Sachverständigengutachten abweichen kann[220] und dessen Beurteilung im Revisionsverfahren nur einer eingeschränkten Überprüfung zugänglich ist.[221]

---

215 BGH, Urteil vom 23.10.1981 – I ZR 62/79 – Büromöbelprogramm, GRUR 1982, 305, 307; BGH, Urteil vom 15.7.2004 – I ZR 142/01 – Metallbett, GRUR 2004, 941, 942; OLG München, Urteil vom 14.10.2010 – 29/U 2001/10 – Eierkoch, GRUR-RR 2011, 54, 55.

216 OLG München, Urteil vom 14.10.2010 – 29/U 2001/10 – Eierkoch, GRUR-RR 2011, 54, 55; vgl. dazu BGH, Urteil vom 27.2.1961 – I ZR 127/59 – Stahlrohrstuhl I, GRUR 1961, 635; 638 m.w.N.; BGH, Urteil vom 10.12.1986 – I ZR 15/85 – Le Corbusier-Möbel, GRUR 1987, 903, 904; siehe auch *Wegner*, GRUR-Prax 2010, 537.

217 Etwa BGH, Urteil vom 30.5.1958 – I ZR 21/57 – Candida-Schrift, GRUR 1958, 562, 563; BGH, Urteil vom 27.2.1961 – I ZR 127/59 – Stahlrohrstuhl I, GRUR 1961, 635; 637; siehe hierzu auch Anm. *Heydt*, GRUR 1961, 639; BGH, Urteil vom 23.10.1981 – I ZR 62/79 – Büromöbelprogramm, GRUR 1982, 305, 307; BGH, Urteil vom 15.7.2004 – I ZR 142/01 – Metallbett, GRUR 2004, 941, 942; OLG München, Urteil vom 14.10.2010 – 29 U 2001/10 – Eierkoch, GRUR-RR 2011, 54, 55.

218 BGH, Urteil vom 10.10.1973 – I ZR 93/72 – Sessel, GRUR 1974, 740, 742; BGH, Urteil vom 19.1.1979 – I ZR 166/76 – Brombeerleuchte, GRUR 1979, 332, 336; BGH, Urteil vom 14.4.1988 – I ZR 99/86 – Kristallfiguren, GRUR 1988, 690, 692; *v. Gamm*, 2004, S. 44; *G. Schulze*, in: Loewenheim, § 9 Rn. 108.

219 OLG Köln, Urteil vom 26.6.2009 – 6 U 199/08 – Kaminofen, GRUR-RR 2010, 89 f.; siehe dazu *Zentek*, WRP 2010, 73, 80.

220 BGH, Urteil vom 19.3.2008 – I ZR 166/05 – St. Gottfried, GRUR 2008, 984, 985 f. Rn. 20; *v. Ungern-Sternberg*, GRUR 2010, 273.

221 BGH, Urteil vom 27.11.1956 – I ZR 57/55 – Europapost, GRUR 1957, 291, 293; BGH, Urteil vom 29.3.1957 – I ZR 236/55 – Ledigenheim, GRUR 1957, 391, 394; BGH, Urteil vom 10.12.1986 – I ZR 15/85 – Le Corbusier-Möbel, GRUR 1987, 903, 904; BGH, Urteil vom 22.6.1995 – I ZR 119/93 – Silberdistel, GRUR 1995, 581, 582; *v. Ungern-Sternberg*, GRUR 2010, 273 m.w.N.

cc) Werke der Baukunst

Als Werke der Baukunst werden plastische Gestaltungen bezeichnet, die (in der Regel) einem Gebrauchszweck wie dem Begehen, Befahren oder Bewohnen dienen und dabei eine persönliche geistige Schöpfung im Sinne des § 2 Abs. 2 UrhG darstellen.[222] Für den Urheberrechtsschutz von Werken der Baukunst kommt es darauf an, dass ein künstlerisches Schaffen vorliegt, welches sich im Bauwerk objektiviert und dessen Niederschlag im Werk die für den Urheberrechtsschutz maßgebende Individualität bestimmt.[223] Deshalb können auch Wohnhäuser und Gemeinschaftsheime und selbst technische Zweckbauten, wie etwa Brücken, geschützt werden, wenn und soweit in ihnen ein künstlerisches Schaffen in der Leistung des Architekten zum Ausdruck komme.[224] Gleiches gilt für (Film-)Kulissen, Inneneinrichtungen oder Bühnenbilder,[225] für Teile eines Bauwerks[226] und unter Umständen gar für Bauwerke, die für virtuelle Welten geschaffen wurden.[227]

Anders als bei Werken der angewandten Kunst sind die seitens der Rechtsprechung für den Urheberrechtsschutz erhobenen Anforderungen bei Werken der Baukunst trotz der bei diesen zumeist ebenfalls vorhandenen Gebrauchszweckverfolgung

---

222 *Bullinger*, in: Wandtke/Bullinger, § 2 Rn. 108; z.B. OLG Oldenburg, Urteil vom 17.4.2008 – 1 U 50/07 – Blockhausbauweise, GRUR-RR 2009, 6.

223 BGH, Urteil vom 29.3.1957 – I ZR 236/55 – Ledigenheim, GRUR 1957, 391, 392; *Bullinger*, in: Wandtke/Bullinger, § 2 Rn. 108 m.w.N.; vgl. *v. Schildt-Lutzenburger*, 2004, S. 106 ff.

224 BGH, Urteil vom 29.3.1957 – I ZR 236/55 – Ledigenheim, GRUR 1957, 391, 392 f.; *Walchshöfer*, in: FS Hubmann, 1985, S. 469, 471 m.w.N.

225 *G. Schulze*, in: Loewenheim, § 9 Rn. 118; *Katzenberger*, ZUM 1988, 545, 550 m.w.N.; zu der möglichen Einordnung von Bühnenbildern als Werke der angewandten Kunst BGH, Urteil vom 28.11.1985 – I ZR 104/83 – Oberammergauer Passionsspiele, GRUR 1986, 458 f.; kritisch dazu *Loewenheim*, UFITA Bd. 126 (1994), 99, 131 m.w.N.; siehe ferner *Heker*, 1990, S. 47 ff., 75 f.

226 Siehe etwa BGH, Urteil vom 18.5.1973 – I ZR 119/71 – Wählamt, GRUR 1973, 663, 664; BGH, Urteil vom 31.5.1974 – I ZR 10/73 – Schulerweiterung, GRUR 1974, 675, 677; BGH, Urteil vom 10.12.1987 – I ZR 198/85 – Vorentwurf II, GRUR 1988, 533; 534; BGH, Urteil vom 19.1.1989 – I ZR 6/87 – Bauaußenkante, GRUR 1989, 416; siehe auch OLG Dresden, Urteil vom 13.11.2012 – 11 U 853/12 – Kulturpalast Dresden, GRUR-RR 2013, 51 f.; *Neuenfeld*, Rn. 180.

227 *Dreyer*, in: Dreyer/Kotthoff/Meckel, § 2 Rn. 235; vgl. hierzu auch LG Köln, Urteil vom 21.4.2008 – 28 O 124/08 – Virtueller Dom in Second Life, MMR 2008, 556, 557 f. (Einordnung als Werk der angewandten Kunst, Werkvoraussetzungen aber im konkreten Fall nicht angenommen).

tendenziell eher niedrig,[228] auch wenn vereinzelt bereits ein strengerer Maßstab angesetzt wurde.[229] Es gelten vergleichbare Grundsätze wie für Werke der bildenden Kunst im engeren Sinne,[230] d.h. die Gestaltungshöhe muss hier in der Regel nicht deutlich überragen.[231] Dies gilt insbesondere auch für solche Bauwerke, bei denen mangels serienmäßiger Anfertigung – anders als etwa bei Fertighäusern und anderen baulichen Fertiganlagen[232] – kein Geschmacksmusterschutz greift („individuellere Bauten").[233]

Gleichwohl genießen im Bereich der Architektur nicht sämtliche Gebäude urheberrechtlichen Schutz. Alltagsbauten, die lediglich eine Wiederholung des bekannten architektonischen Formenrepertoires darstellen und aus der Masse des alltäglichen Bauschaffens nicht herausragen oder sich nicht deutlich vom durchschnittlichen Architektenschaffen abheben, also eine rein handwerkliche planerische Routineleistung sind, werden ebenso wenig geschützt wie reine Zweckbauten ohne künstlerischen Anspruch.[234]

---

228 *G. Schulze*, in: Loewenheim, § 9 Rn. 119.

229 OLG Schleswig, Urteil vom 11.7.1980 – 3 U 118/78 – Louisenlund, GRUR 1980, 1072, 1073 (Internatsgebäude, i.E. Urheberschutz verneint); OLG Celle, Urteil vom 16.3.2000 –13 U 132/99 – Architektenplanleistung, BauR 2000, 1069, 1071 m.w.N.

230 *Dreyer*, in: Dreyer/Kotthoff/Meckel, § 2 Rn. 236; *Bullinger*, in: Wandtke/Bullinger, § 2 Rn. 108; vgl. dazu auch BGH, Urteil vom 29.3.1957 – I ZR 236/55 – Ledigenheim, GRUR 1957, 391, 392 f.; ferner BGH, Urteil vom 12.5.2010 – I ZR 209/07 – Lärmschutzwand, GRUR 2011, 59, 61 Rn. 23 f.

231 *Neuenfeld*, Rn. 180; *Bullinger*, in: Wandtke/Bullinger, § 2 Rn. 108; vgl. aber auch *Binder/Kosterhon*, Rn. 39; *v. Schildt-Lutzenburger*, 2004, S. 215.

232 Näher dazu *Eichmann*, in: Eichmann/von Falckenstein, § 1 Rn. 26.

233 *Bullinger*, in: Wandtke/Bullinger, § 2 Rn. 108; näher dazu *G. Schulze*, in: Loewenheim, § 9 Rn. 119; ferner *Schulze*, in: Dreier/Schulze, § 2 Rn. 182.

234 BGH, Urteil vom 29.3.1957 – I ZR 236/55 – Ledigenheim, GRUR 1957, 391, 393 f.; BGH, Urteil vom 2.10.1981 – I ZR 137/79 – Kirchen-Innenraumgestaltung, GRUR 1982, 107, 109; vgl. auch BGH, Urteil vom 19.3.2008 – I ZR 166/05 – St. Gottfried, GRUR 2008, 984, 985 Rn. 15 ff.; OLG Frankfurt, Urteil vom 24.10.1985 – 6 U 69/85 – Verwaltungsgebäude, GRUR 1986, 244; OLG München, Urteil vom 18.9.1986 – 29 U 3498/85 – Wohnanlage, GRUR 1987, 290; OLG Karlsruhe, Urteil vom 27.2.1985 – 6 U 242/83 – Architektenplan, GRUR 1985, 534, 535; OLG Karlsruhe, Urteil vom 3.6.2013 – 6 U 72/12 – Zwölffamilienhaus, GRUR-RR 2013, 423, 425 f.; LG München I, Urteil vom 4.6.2003 – 21 O 18766/01 – Lagerhalle, GRUR-RR 2004, 1, 3; LG München I, Urteil vom 26.1.2006 – 7 O 3336/05 – Wohnhauspläne, ZUM 2006, 490, 491 f.; LG München I, Urteil vom 27.3.2008 – 7 O 4412/08 – Entstellung eines Bauwerks durch Umbaumaßnahmen, ZUM-RD 2008, 493, 494; *Binder/Kosterhon*, Rn. 51; *Walchshöfer*, in: FS Hubmann, 1985, S. 469, 471; *Bullinger*,

dd) Entwürfe

Neben bereits ausgeführten und vollendeten Kunstwerken der bildenden Kunst im engeren Sinne, der angewandten Kunst und der Baukunst können auch Skizzen, Pläne und Entwürfe von eben solchen Kunstwerken urheberrechtlich geschützt werden, soweit das in dieser Vorstufe wiedergegebene Werk individuell ist.[235] Dabei hat die ausdrückliche Nennung der Entwürfe in § 2 Abs. 1 Nr. 4 UrhG rein klarstellende Funktion, denn der Schutz von Entwürfen ergibt sich bereits aus den allgemeinen Grundsätzen: Urheberrechtlicher Schutz wird dann erlangt, wenn die Schwelle des § 2 Abs. 2 UrhG überschritten ist.[236]

h) Darstellungen wissenschaftlicher oder technischer Art (§ 2 Abs. 1 Nr. 7 UrhG)

Darstellungen wissenschaftlicher oder technischer Art im Sinne des § 2 Abs. 1 Nr. 7 UrhG sollen Informationen über einen wissenschaftlichen oder technischen Gegenstand liefern.[237] Als Beispiele führt § 2 Abs. 1 Nr. 7 UrhG Zeichnungen, Pläne, Karten, Skizzen, Tabellen sowie plastische Darstellungen auf. Die Rechtsprechung stellt bei der Bestimmung des Urheberrechtsschutzes nicht auf die Komplexität der zu vermittelnden Information ab, sondern vielmehr auf die Darstellung in einer individuellen Form (konkrete Formgestaltung), die den Anforderungen des § 2 Abs. 2 UrhG zu genügen habe.[238] Urheberrechtlich geschützt kann demzufolge nur die Form der Darstellung sein, nicht aber ihr wissenschaftlicher

---

in: Wandtke/Bullinger, § 2 Rn. 109 (dazu auch noch ausführlicher); siehe ferner *v. Schildt-Lutzenburger*, 2004, S. 149 ff.

235 BGH, Urteil vom 9.5.1985 – I ZR 52/83 – Inkasso-Programm, GRUR 1985, 1041, 1047; vgl. auch OLG München, Urteil vom 15.3.1990 – 29 U 4346/89 – Forsthaus Falkenau, GRUR 1990, 674, 675; OLG Frankfurt a.M., Urteil vom 5.12.2006 – 11 U 9/06 – Architektenplanung, ZUM 2007, 306 f.; LG München I, Urteil vom 4.6.2003 – 21 O 18766/01 – Lagerhalle, GRUR-RR 2004, 1, 3; *Binder/Kosterhon*, Rn. 57 f. (zu Plänen und Entwürfen von Bauwerken); *G. Schulze*, in: Loewenheim, § 9 Rn. 123; *Bullinger*, in: Wandtke/Bullinger, § 2 Rn. 111.

236 *Bullinger*, in: Wandtke/Bullinger, § 2 Rn. 41 und Rn. 82.

237 *Bullinger*, in: Wandtke/Bullinger, § 2 Rn. 131.

238 BGH, Urteil vom 15.12.1978 – I ZR 26/77 – Flughafenpläne, GRUR 1979, 464, 465; BGH, Urteil vom 10.10.1991 – I ZR 147/89 – Bedienungsanweisung, GRUR 1993, 34, 35; BGH, Urteil vom 28.5.1998 – I ZR 81/96 – Stadtplanwerk, GRUR 1998, 916, 917; *Schulze*, in: Dreier/Schulze, § 2 Rn. 223 und 228; ferner *Ahlberg*, in: BeckOK UrhG, § 2 Rn. 42; *Dreyer*, in: Dreyer/Kotthoff/Meckel, § 2 Rn. 273, 278; *v. Gamm*, 2004, S. 58; *G. Schulze*, in: Loewenheim, § 9 Rn. 194 und 197; *Thiele*, GRUR 2004, 392, 393; *Bullinger*, in: Wandtke/Bullinger, § 2 Rn. 132.

oder technischer Inhalt, denn das wissenschaftliche oder technische Gedankengut ist nicht Gegenstand des Urheberrechts, sondern soll gemeinfrei bleiben.[239]

Der BGH verlangt im Rahmen von § 2 Abs. 1 Nr. 7 UrhG kein allzu hohes Maß an eigenschöpferischer Formgestaltung, vielmehr genüge es, dass eine individuelle Geistestätigkeit in dem darstellerischen Gedanken der Abbildung zum Ausdruck komme, auch wenn das Maß der geistigen Leistung gering sei.[240] Bei einem geringen Maß an Eigentümlichkeit ergebe sich infolgedessen jedoch auch ein entsprechend enger Schutzbereich für das jeweilige Werk.[241]

Der bloße Schutz der Formgestaltung führt dazu, dass zwar die darstellende Übernahme der jeweiligen Schöpfung verboten ist, nicht aber die Umsetzung in die praktische Wirklichkeit durch Nutzanwendung des dargestellten technischen Wissens.[242] Denn anders als bei den Entwürfen von Werken der bildenden Kunst, bei denen Schutzobjekt das im Entwurf befindliche Werk selbst ist, das nachzuahmen von dem urheberrechtlichen Schutzsystem verboten wird, ist das Schutzobjekt bei Darstellungen wissenschaftlicher und technischer Art eben nur die Darstellung als solche.[243]

4. Zwischenbilanz

Der urheberrechtliche Schutz der kleinen Münze ist bislang nicht bei allen Werkarten anerkannt. Vielmehr werden über das nicht einheitlich gehandhabte Kriterium

239 Siehe BGH, Urteil vom 15.12.1978 – I ZR 26/77 – Flughafenpläne, GRUR 1979, 464, 465; BGH, Urteil vom 1.6.2011 – I ZR 140/09 – Lernspiele, GRUR 2011, 803, 807 Rn. 50; OLG Hamburg, Urteil vom 31.3.2004 – 5 U 144/03 – Markentechnik, GRUR-RR 2004, 285, 286 f.; *Dreyer*, in: Dreyer/Kotthoff/Meckel, § 2 Rn. 54, 275; *Schricker* (Hrsg.), 1997, S. 33, 35 ff.; *Thiele*, GRUR 2004, 392, 393.

240 BGH, Urteil vom 20.11.1986 – I ZR 160/84 – Werbepläne, GRUR 1987, 360, 361; BGH, Urteil vom 28.2.1991 – I ZR 88/89 – Explosionszeichnungen, GRUR 1991, 529 f.; BGH, Urteil vom 1.6.2011 – I ZR 140/09 – Lernspiele, GRUR 2011, 803, 808 Rn. 62; OLG Köln, Urteil vom 13.7.2012 – 6 U 225/08 – bambinoLÜK II, GRUR-RR 2013, 5, 7; *v. Gamm*, 2004, S. 58; *Zentek*, WRP 2010, 73.

241 BGH, Urteil vom 20.11.1986 – I ZR 160/84 – Werbepläne, GRUR 1987, 360, 361; BGH, Urteil vom 28.2.1991 – I ZR 88/89 – Explosionszeichnungen, GRUR 1991, 529, 530; BGH, Urteil vom 1.6.2011 – I ZR 140/09 – Lernspiele, GRUR 2011, 803, 808 Rn. 63; *v. Gamm*, 2004, S. 58.

242 BGH, Urteil vom 10.5.1984 – I ZR 85/82, GRUR 1985, 129, 131 – Elektrodenfabrik; BGH, Urteil vom 19.1.1989 – I ZR 6/87– Bauaußenkante, GRUR 1989, 416, 417; *v. Gamm*, 2004, S. 58; *v. Gamm*, BauR 1982, 97, 100; *Ulmer*, UrhR, 3. Auflage (1980), S. 139.

243 *Loewenheim*, in: Schricker/Loewenheim, § 2 Rn. 199; ferner *v. Gamm*, BauR 1982, 97, 100.

der Gestaltungshöhe für die verschiedene Werkarten unterschiedliche Schutzvoraussetzungen festgelegt.

Auf dem Gebiet der Kunst ist nach der Rechtsprechung des BGH die Einordnung eines Werks in den Bereich der angewandten oder der reinen bildenden Kunst zwingende Voraussetzung, um für den konkreten Fall das zu erreichende Maß an Gestaltungshöhe festlegen zu können. Die Anforderungen, die an die zweckgebundenen Werke der angewandten Kunst bislang für das Greifen des urheberrechtlichen Schutzsystems gestellt werden, sind wesentlich höher, als sie es für die zweckfreien Werke der reinen bildenden Kunst sind.

Dies ist mit geltendem Recht nicht vereinbar. Vielmehr muss bei sämtlichen Werkarten die Untergrenze für eine urheberrechtliche Schutzfähigkeit gleichermaßen niedrig angelegt und die kleine Münze für sämtliche Werkarten geschützt werden. Weshalb etwa im Bereich der Unterhaltungsmusik eine große Anzahl einfacher Schöpfungen Urheberrechtsschutz als „kleine Münze" genießen dürfen,[244] für Werke der angewandten Kunst und ganze Designklassiker wie etwa Möbel der „Bauhaus-Kunst" oftmals nur ein Geschmacksmusterschutz infrage kommen soll, ist nicht nachvollziehbar.

Die Unvereinbarkeit unterschiedlicher Anforderungen an die Gestaltungshöhe je nach Werkart mit geltendem Recht wird im Folgenden näher aufgezeigt.

---

244 Etwa BGH, Urteil vom 24.1.1991 – I ZR 72/89 – Brown Girl II, GRUR 1991, 533, 535.

3. Teil: Vorgebrachte Argumente für unterschiedliche Anforderungen an die Gestaltungshöhe je nach Werkart und Kritik

Je nach Werkart unterschiedliche Anforderungen an das Merkmal der Gestaltungshöhe zu stellen, ist aus einer Reihe von Gründen nicht zu rechtfertigen und zudem mit geltendem Recht nicht (mehr) vereinbar. Wie im Folgenden gezeigt werden wird, lassen sich unterschiedliche Maßgaben für die jeweils zu erreichende Gestaltungshöhe zum einen nicht durch die vielfach angestellten allgemeinen Rechts- und Interessenerwägungen rechtfertigen. Zum anderen geben die europäischen Urheberrechtsentwicklungen – der urheberrechtliche acquis communautaire – einheitliche, tendenziell eher niedrig anzusetzende Anforderungen an die Gestaltungshöhe vor (dazu gesonderte Ausführungen im 4. Teil dieser Arbeit).

Zwar gehen die überwiegende Rechtsprechung[245] und ein Teil der Literatur[246] bislang (noch) davon aus, dass die unterschiedliche Behandlung einzelner Werkarten durch das Anlegen eines nicht einheitlichen Maßstabes an die zu erreichende Schöpfungshöhe – und damit auch eine höhere Schutzuntergrenze für Werke der

245 Siehe dazu BGH, Urteil vom 27.11.1956 – I ZR 57/55 – Europapost, GRUR 1957, 291, 293; BGH, Urteil vom 8.5.1968 – I ZR 67/65 – Rüschenhaube, GRUR 1969, 90, 92 f.; BGH, Urteil vom 4.11.1966 – Ib ZR 77/65 – skai-cubana, GRUR 1967, 315, 316; BGH, Urteil vom 21.5.1969 – I ZR 42/67 – Vasenleuchter, GRUR 1972, 38, 39; BGH, Urteil vom 25.5.1973 – I ZR 2/72 – Tierfiguren, GRUR 1974, 669, 671; BGH, Urteil vom 19.1.1979 – I ZR 166/76 – Brombeerleuchte, GRUR 1979, 332, 336; BGH, Urteil vom 27.1.1983 – I ZR 177/80 – Brombeer-Muster, GRUR 1983, 377, 378; BGH, Urteil vom 22.6.1995 – I ZR 119/93 – Silberdistel, GRUR 1995, 581, 582; BGH, Urteil vom 15.9.1999 – I ZR 57/97 – Comic-Übersetzungen II, GRUR 2000, 144, 145; OLG Düsseldorf, Urteil vom 30.5.2000 – 20 U 4/99 – Spannring, ZUM-RD 2001, 385, 388; KG, Urteil vom 26.9.2000 – 5 U 4026/99 – Bachforelle GRUR-RR 2001, 292, 293; OLG Hamburg, Urteil vom 3.5.2001 – 3 U 130/00 – Move, GRUR 2002, 419 f.; OLG Köln, Urteil vom 26.6.2009 – 6 U 199/08 – Kaminofen, GRUR-RR 2010, 89; OLG Köln, Urteil vom 14.10.2009 – 6 U 115/09 – Weißbiergläser mit Fußballkugel, GRUR-RR 2010, 139; LG Leipzig, Urteil vom 23.10.2001 – 5 O 5288/01 – Hirschgewand, GRUR 2002, 424 f.

246 *Rehbinder*, Rn. 61, 186; *Schack*, Rn. 232, 294 ff.; ferner *Erdmann*, in: FS v. Gamm, 1990, S. 389, 400 ff.; *Erdmann/Bornkamm* GRUR 1991, 877, 878; *Hoeren*, GRUR 1997, 866, 870 f.; *Knöbl*, 2002 S. 124, 126 ff.; *Schwenzer*, ZUM 1996, 584, 586; *Ulmer*, UrhR, 3. Auflage (1980), S. 149 f.

angewandten Kunst – mit geltendem Recht vereinbar sei. Dies wurde auch durch das BVerfG in seiner Entscheidung „Laufendes Auge“[247] als mit dem Verfassungsrecht vereinbar beurteilt, insbesondere im Hinblick auf die Eigentumsgarantie des Art. 14 Abs. 1 GG und den Gleichbehandlungsgrundsatz des Art. 3 Abs. 1 GG: Es liege kein Verstoß gegen Art. 14 Abs. 1 GG vor.[248] Die von der Rechtsprechung angelegten Maßstäbe für den Urheberrechtsschutz von angewandter Kunst[249] führten nicht dazu, dass in diesem Bereich kein den Vorgaben des Verfassungsrechts genügender Eigentumsschutz mehr bestehe. Auch sei keine Verletzung von Art. 3 Abs. 1 GG gegeben. Zum einen stelle die Differenzierung zwischen zweckgebundenen und zweckfreien Werken keine willkürliche, gegen Art. 3 Abs. 1 GG verstoßende Ungleichbehandlung dar.[250] Zum anderen rechtfertige der geschmacksmusterrechtliche Unterbau die von den anderen Werkarten abweichende Behandlung der angewandten Kunst.[251]

Gleichwohl ist eine Tendenz auszumachen, die Gestaltungshöhe bei sämtlichen Werkarten – und damit insbesondere auch bei Werken der angewandten Kunst – nach einheitlichen (niedrigen) Maßstäben zu bestimmen und den Schutz der kleinen Münze bei sämtlichen Werkarten anzuerkennen.[252] Es wird auch angemerkt,

247 BVerfG, Beschluss vom 26.1.2005 – 1 BvR 157/02 – Laufendes Auge, GRUR 2005, 410 ff.

248 A.A. etwa *v. Gamm*, 2004, S. 215 f.; *A. Nordemann/Heise*, ZUM 2001, 128, 142; siehe ferner *Hackenberg*, in: FS Nordemann, 2004, S. 25, 32.

249 BGH, Urteil vom 22.6.1995 – I ZR 119/93 – Silberdistel, GRUR 1995, 581, 582.

250 A.A. etwa *A. Nordemann/Heise*, ZUM 2001, 128, 142 f.

251 BVerfG, Beschluss vom 26.1.2005 – 1 BvR 157/02 – Laufendes Auge, GRUR 2005, 410, 411; a.A. etwa *A. Nordemann*, in: Fromm/Nordemann, § 2 Rn. 148 f.

252 Etwa *Ahlberg*, in: BeckOK UrhG, § 2 Rn. 73, 112, 159 f.; *Schulze*, in: Dreier/Schulze, § 2 Rn. 32; *A. Nordemann*, in: Fromm/Nordemann, § 2 Rn. 31 ff., 147 ff.; *Fuchs*, 1996, S. 76 ff., 304 f. (der allerdings für den Bereich der angewandten Kunst eine qualifizierte Gestaltungshöhe mit Blick auf das dort zudem vorhandene Geschmacksmusterrecht weiterhin für vertretbar hält); *v. Gamm*, 2004, S. 86 ff., 233 ff.; *Hackenberg*, in: FS Nordemann, 2004, S. 25, 33 f.; *Koschtial*, GRUR 2004, 555 ff.; *Loewenheim*, GRUR Int. 2004, 765, 766 f.; *A. Nordemann*, in: Loewenheim, § 6 Rn. 19; *A. Nordemann/Heise*, ZUM 2001, 128, 137 ff.; *Schricker*, in: FS 100 Jahre GRUR, 1991, S. 1095, 1105 ff. (Rn. 28 ff.); *Schricker*, in: FS Kreile, 1994, S. 715, 721; *Schricker*, GRUR 1996, 815, 818 f.; *Loewenheim*, in: Schricker/Loewenheim, § 2 Rn. 32 ff.; *G. Schulze*, 1983, S. 132 ff.; *G. Schulze*, in: FS 100 Jahre GRUR, 1991, S. 1303, 1325 (Rn. 40); *G. Schulze*, in: FS Schricker, 2005, S. 523, 534, 538; *Wandtke*, in: FS Rehbinder, 2002, S. 389, 402; *Wandtke*, GRUR 2002, 1, 9; *Zech*, 1999, S. 184 ff., 246 ff.; in der Tendenz auch *Dreyer*, in: Dreyer/Kotthoff/Meckel, § 2 Rn. 62 ff. (wenngleich wohl offengelassen für den Bereich der angewandten Kunst); siehe hierzu ferner *Haberstumpf*, in:

dass das Erfordernis der Gestaltungshöhe in Anbetracht der Rechtsentwicklungen (urheberrechtliche Schutzfähigkeit von Werken der kleinen Münze, unionsrechtliche Vorgaben in Teilbereichen des Urheberrechts) an sich überholt sei.[253]

A. Auslegung des § 2 Abs. 2 UrhG: Einheitlicher Werkbegriff

Eine Auslegung des § 2 Abs. 2 UrhG lässt nicht auf das Erfordernis einer höheren Gestaltungshöhe bei Werken der angewandten Kunst schließen.

Zunächst liefert der Gesetzeswortlaut des § 2 Abs. 2 UrhG diesbezüglich keinerlei Anhaltspunkte. In § 2 Abs. 2 UrhG heißt es lediglich: „Werke im Sinne [des Urheberrechtsgesetzes] sind nur persönliche geistige Schöpfungen." Damit unterscheidet das Gesetz bei den Voraussetzungen eines urheberrechtlichen Schutzes nicht nach einzelnen Werkarten, vielmehr geht das Gesetz in seinem Wortlaut von einem einheitlich für sämtliche Werkarten geltenden Werkbegriff aus.[254] Mit der Zusammenfassung

---

FS 100 Jahre GRUR, 1991, S. 1125, 1173 (Rn. 71); *Kuhmann*, 1991, S. 49 f.; ferner *G. Schulze*, GRUR 1987, 769, 772 f., 776 ff. (Ein einheitlicher Werkbegriff sei zwar anzunehmen, zu überdenken sei jedoch, ob die kleine Münze nicht bei sämtlichen Werkarten aus dem urheberrechtlichen Schutzbereich herauszunehmen sei.); vgl. auch *Bullinger*, in: Wandtke/Bullinger, § 2 Rn. 97; vgl. zudem OLG Nürnberg, Urteil vom 27.3.2001 – 3 U 3760/00 – Dienstanweisung, GRUR-RR 2001, 225, 226 f.

253 Siehe dazu *Schack*, Rn. 182, der allerdings ausführt, dass allenfalls bei Werken der angewandten Kunst das Erfordernis der besonderen Gestaltungshöhe aufgrund des möglichen Geschmacksmusterschutzes für die dadurch urheberrechtlich nicht geschützten Werke noch existent sei; *Schricker*, in: FS Kreile, 1994, S. 715, 720 f.; kritisch hierzu *Hoeren*, GRUR 1997, 866, 870; siehe ferner *A. Nordemann/Heise*, ZUM 2001, 128, 145; *Zech*, 1999, S. 251 ff.

254 So etwa *Schulze*, in: Dreier/Schulze, § 2 Rn. 32; *Gerstenberg*, GRUR 1974, 707, 710; *Koschtial*, GRUR 2004, 555, 558; *Loewenheim*, in: Schricker/Loewenheim, § 2 Rn. 32; *G. Schulze*, 1983, S. 45, 68 m.w.N., 132 ff.; *G. Schulze*, in: FS 100 Jahre GRUR, 1991, S. 1303, 1325 (Rn. 40); *Wöhrn*, in: Wandtke, UrhR, 2. Kap. Rn. 56; *Wandtke/Bullinger*, GRUR 1997, 573, 575; vgl. ferner *Ellins*, 1997, S. 96; *Reimer*, GRUR 1980, 572, 574; so zwar auch BGH, Urteil vom 22.6.1995 – I ZR 119/93 – Silberdistel, GRUR 1995, 581, 582; sowie *Erdmann*, in: FS Loschelder, 2010, S. 61, 70 (diese weisen zwar jeweils auch auf die Einheitlichkeit des Werkbegriffs nach dem Gesetz hin, ziehen daraus aber andere Konsequenzen); ebenso *Köhn*, ZUM 1994, 278, 285 f., 287 f. (Ausschluss der kleinen Münze bei sämtlichen Werkarten aus dem Schutzbereich des Urheberrechts und Schaffung eines Leistungsschutzes für Erzeugnisse der kleinen Münze); so auch (noch) *G. Schulze*, 1983, S. 299 ff.; *G. Schulze*, GRUR 1987,

des Literaturhurheberrechtsgesetzes und des Kunsturheberrechtsgesetzes und der Nennung der materiellen Schutzvoraussetzungen in § 2 Abs. 2 UrhG sei mit dem Urheberrechtsgesetz von 1965 ein einheitlicher Werkbegriff geschaffen worden, der es verbiete, die Schutzwürdigkeit verschiedener Werkarten an unterschiedlich hohen Maßstäben zu messen.[255] Dies gehe auch aus der Gesetzesbegründung zum Urheberrechtsgesetz von 1965 hervor, welche die Formulierung „Schöpfungen von eigentümlicher Prägung" als Voraussetzung für den Urheberrechtsschutz in das Gesetz nicht mit aufnehmen wollte, da nicht nur Werke von höherem schöpferischen Wert urheberrechtlich geschützt werden sollten.[256] So wird wie erwähnt in der amtlichen Begründung zum Urheberrechtsgesetz von 1965 die „kleine Münze" mit den Worten „Werke von geringem schöpferischen Wert" umschrieben.[257]

Das Urheberrechtsgesetz selbst schreibt damit für Werke der angewandten Kunst keine höheren Anforderungen an die Gestaltungshöhe vor. Vielmehr findet das Merkmal der Gestaltungshöhe im Urheberrechtsgesetz von 1965 keinerlei Erwähnung, Anhaltspunkte für seine Existenz sind hier nicht vorhanden.[258] Folglich lässt sich hieraus eine unterschiedliche Behandlung der verschiedenen Werkarten in den Voraussetzungen für einen Urheberrechtsschutz nicht herleiten.

Der Gesetzeswortlaut des § 2 Abs. 1 UrhG, der eine beispielhafte, nicht abschließende Aufzählung der geschützten Werkarten liefert, unterscheidet die Werke der angewandten Kunst ebenso nicht von den anderen Werkarten.[259] Folglich spricht auch dies für eine einheitliche Behandlung sämtlicher Werkarten.

Auch aus der Gesetzessystematik ist das Erfordernis einer höheren Gestaltungshöhe bei Werken der angewandten Kunst keineswegs ableitbar. Nach § 2 Abs. 1 Nr. 4 UrhG gehören zu den urheberrechtlich geschützten Werken „Werke der bildenden

---

769, 772 f., 776 ff.; siehe ferner *G. Schulze*, in: Hilty/Geiger, 2007, S. 117, 123 („Entscheidend ist vielmehr, sich dafür zu entscheiden, entweder einheitlich geringe oder einheitlich strenge Anforderungen zu verlangen."), 124 („Wird in anderen Bereichen, [..], die kleine Münze geschützt, und werden dort geringe Anforderungen gestellt, dann muss dies meines Erachtens einheitlich bei sämtlichen Werkarten gelten.").

255 *A. Nordemann*, in: Fromm/Nordemann, § 2 Rn. 19; *Haberstumpf*, NJW 1991, 2105, 2109; *G. Schulze*, 1983, S. 133 f. m.w.N.

256 Unter Verweis auf die amtl. Begr. *A. Nordemann/Heise*, ZUM 2001, 128, 140 m.w.N.; *Schricker*, in: FS Kreile, 1994, S. 715, 719 f. m.w.N.; *Schricker*, IIC 1995, 41, 46.

257 Amtl. Begr. zum Urheberrechtsgesetz vom 9. September 1965 (BGBl. 1965 I S. 1273), BT-Drucksache IV/270 vom 23. März 1962, S. 38; *G. Schulze*, GRUR 1987, 769.

258 *Schricker*, in: FS Kreile, 1994, S. 715, 719; *Schricker*, IIC 1995, 41, 46; vgl. auch *Hoeren*, CR 1991, 463, 464.

259 *Wöhrn*, in: Wandtke, UrhR, 2. Kap. Rn. 56.

Künste einschließlich der Werke der Baukunst und der angewandten Kunst und Entwürfe solcher Werke". Die so gewählte Formulierung spricht ebenfalls für eine einheitliche Behandlung insbesondere von Werken der angewandten Kunst und Werken der reinen bildenden Kunst. Denn nach ihrer systematischen Stellung in § 2 Abs. 1 Nr. 4 UrhG stellen Werke der angewandten Kunst eine Untergruppe der Werke der bildenden Kunst dar, die durch ihren Gebrauchszweck gekennzeichnet sind.[260] Da es sich mithin bei den Werken der angewandten Kunst und den Werken der reinen bildenden Kunst genauso wie bei den Werken der Baukunst um die gleiche Werkgattung („Kunstwerke") handelt, muss jedenfalls innerhalb dieser Werkgattung ein einheitlicher Standard gelten. Folglich erscheinen vor diesem Hintergrund verschieden hohe Anforderungen an die Gestaltungshöhe bei Werken der reinen bildenden Kunst und Werken der angewandten Kunst nicht gerechtfertigt.[261] Werke der angewandten Kunst sind demnach mit den anderen in § 2 Abs. 1 Nr. 4 UrhG genannten Werkarten gleich zu behandeln.[262] Aus diesem Grund muss die Werkqualität eines Werkes der angewandten Kunst nach denselben Maßstäben beurteilt werden, die für die sonstigen Werke der bildenden Kunst gelten und für die auch keine höheren Anforderungen an die Schöpfungshöhe gestellt werden. Maßstab ist für sämtliche Werkarten § 2 Abs. 2 UrhG, aus dem wie soeben dargestellt ein einheitlicher Werkbegriff hervorgeht. Über die Werkqualität einer Schöpfung entscheidet demnach nicht das Wesen der Kunst als Werk der zweckfreien (reinen) bildenden Kunst oder Werk der angewandten Kunst, sondern das Vorliegen einer persönlichen geistigen Schöpfung.[263]

Da der einheitliche Werkbegriff des § 2 Abs. 2 UrhG nach dem Gesetzeswortlaut zudem auch qualitäts-, wert- und zweckneutral ist,[264] kann ein möglicher Werkzweck nicht als Beurteilungskriterium für den Urheberrechtsschutz einer Schöpfung dienen.[265] Folglich sind die unterschiedlich hohen Anforderungen an die Gestaltungshöhe bei Werken der reinen bildenden Kunst und Werken der angewandten Kunst auch hier nicht mit dem Gesetz in Einklang zu bringen bzw. können nicht aus ihm gefolgert werden.[266]

---

260 *Eichmann*, in: FS Beier, 1996, 459, 461.

261 So auch *Wöhrn*, in: Wandtke, UrhR, 2. Kap. Rn. 56; a.A. *Ohly*, GRUR 2007, 731, 733.

262 *Wöhrn*, in: Wandtke, UrhR, 2. Kap. Rn. 56; a.A. *Ohly*, GRUR 2007, 731, 733.

263 Vgl. *Eichmann*, in: FS Beier, 1996, 459, 462 f.

264 *A. Nordemann*, in: Fromm/Nordemann, § 2 Rn. 13, 31; *v. Gamm*, 2004, S. 34; *Koschtial*, GRUR 2004, 555, 558; *A. Nordemann/Heise*, ZUM 2001, 128, 138; *Loewenheim*, in: Schricker/Loewenheim, § 2 Rn. 44 m.w.N.

265 *A. Nordemann*, in: Fromm/Nordemann, § 2 Rn. 14; *Koschtial*, GRUR 2004, 555, 558; *A. Nordemann/Heise*, ZUM 2001, 128, 138.

266 So auch *Koschtial*, GRUR 2004, 555, 558; *A. Nordemann/Heise*, ZUM 2001, 128, 138.

Für eine einheitliche Handhabung der Werkvoraussetzungen argumentieren schließlich weitere (praktische) Erwägungen: Da § 2 Abs. 1 UrhG einzelne Werkarten nur beispielhaft auflistet, um damit auch auf neue kulturelle und technische Entwicklungen reagieren zu können,[267] ist eine uneinheitliche Handhabung der Werkvoraussetzungen je nach Werkart umso weniger angebracht, als damit unklar wäre, welche Maßstäbe an eine neue Werkart anzulegen wären. Auch um derartige Rechtsunsicherheiten zu vermeiden, müssen die Werkvoraussetzungen unabhängig von der Werkart einheitlich bestimmt werden.

Damit ergeben sich auch dogmatische Einwände gegen die uneinheitliche Handhabung der Werkvoraussetzungen in Bezug auf das Merkmal der Gestaltungshöhe je nach Werkart.[268] Der Werkbegriff ist nämlich, wie die vorstehende Auslegung gezeigt hat, an sich kein „relativer Rechtsbegriff",[269] er wird aber bislang in der Praxis als solcher behandelt. Hierbei ist Folgendes zu bedenken:

Da § 2 Abs. 2 UrhG die materiellen Schutzvoraussetzungen für ein „Werk" nur mittels einer Kurzdefinition benennt, bedürfen die dabei verwendeten (unbestimmten) Begriffe einer inhaltlichen Konkretisierung.[270] Wie auch der Begriff der „Kunst" sind sie normativ geprägt und einer empirischen Betrachtung kaum zugänglich.[271] Zwar wird in diesem Zusammenhang zutreffend darauf hingewiesen, dass den Gerichten im Falle der Konkretisierung unbestimmter

---

267 *Schack*, Rn. 180.

268 *Ulmer*, in: FS Troller, 1976, 189, 195; siehe auch *Loewenheim*, GRUR Int. 2004, 765 f.; vgl. auch *Schricker*, in: FS 100 Jahre GRUR, 1991, S. 1095, 1105 ff. (Rn. 28 ff.); *Schricker*, in: FS Kreile, 1994, S. 715, 721; *Schricker*, GRUR 1996, 815, 818 f.; *G. Schulze*, 1983, S. 132 ff.; *G. Schulze*, GRUR 1987, 769, 772 f.; *G. Schulze*, in: FS 100 Jahre GRUR, 1991, S. 1303, 1325 (Rn. 40); *Zech*, 1999, S. 183 ff., 251 f.

269 So aber etwa *Engisch*, in: FS v. Gamm, 1990, S. 369 ff.; *Erdmann*, in: FS v. Gamm, 1990, S. 389, 403; *Erdmann*, in: FS Loschelder, 2010, S. 61, 71; *Erdmann/Bornkamm*, GRUR 1991, 877, 878 f.

270 *Erdmann*, in: FS v. Gamm, 1990, S. 389, 396; *Erdmann*, in: FS Loschelder, 2010, S. 61, 70; siehe auch *Thoms*, 1980, S. 267, der sich zwar im Ergebnis für eine Anhebung der urheberrechtlichen Schutzschwelle und einen gänzlichen Ausschluss der kleinen Münze aus dem Urheberrechtsschutz ausspricht (dies ist heutzutage jedoch jedenfalls nicht mehr mit den europäischen Urheberrechtsentwicklungen in Einklang zu bringen, dazu sogleich ausführlich im 4. Teil.), aber auch darauf hinweist, es sei „dogmatisch höchst unbefriedigend und auch unsystematisch, einem Begriff eine doppelte Auslegung zu unterstellen, die sachlich nicht gerechtfertigt werden kann".

271 *Erdmann*, in: FS v. Gamm, 1990, S. 389, 392.

Rechtsbegriffe ein gewisser Beurteilungsspielraum eröffnet wird.[272] Dabei kann es gegebenenfalls auch dazu kommen, dass der gleiche Begriff im Falle seiner Verwendung in verschiedenen Gesetzen oder an verschiedenen Stellen desselben Gesetzes entsprechend dem Sinn der jeweiligen Vorschrift unterschiedlich ausgelegt wird.[273] So wird teilweise etwa angenommen, der Begriff der Öffentlichkeit in § 15 Abs. 3 UrhG müsse anders ausgelegt werden als in § 6 Abs. 1 UrhG.[274]

Im konkreten Fall des § 2 Abs. 2 UrhG ist der Rechtsprechung jedoch ein derartiger Beurteilungsspielraum mit der Möglichkeit einer unterschiedlichen Auslegung ein und desselben Rechtsbegriffs je nach Werkart nicht eingeräumt. Denn hier ist keine der beiden vorstehend genannten Konstellationen gegeben, vielmehr handelt es sich vorliegend um die inhaltliche Konkretisierung eines Begriffs in ein und derselben Norm, nämlich des „Werks" in § 2 Abs. 2 UrhG.

Da § 2 Abs. 2 UrhG den Werkbegriff wie dargestellt einheitlich regelt, indem er die Voraussetzungen für das Vorliegen eines Werks ohne Unterscheidung nach der Werkart benennt und auch keinerlei Anhaltspunkte für eine differenzierte Behandlung vorhanden sind, ist es dogmatisch nicht haltbar, den Gerichten einen solchen Beurteilungsspielraum zu eröffnen, innerhalb dessen sie die einzelnen Voraussetzungen und damit auch die Anforderungen an die Gestaltungshöhe in Abhängigkeit von der Werkart und der Zweckbestimmung des Werks sowie den Besonderheiten des Einzelfalls unterschiedlich bestimmen und verschieden hoch ansetzen können,[275] um so gemeinfreie

---

272 *Erdmann*, in: FS Loschelder, 2010, S. 61, 70 f.; vgl. dazu auch *Schricker* (Hrsg.), 1997, S. 44.

273 *Erdmann*, in: FS Loschelder, 2010, S. 61, 70.

274 Str., für eine differenzierende Auslegung etwa *Erdmann*, in: FS Loschelder, 2010, S. 61, 70; *Ulmer*, UrhR, 3. Auflage (1980), S. 179 f.; für eine einheitliche Auslegung etwa *Hoeren/Herring*, MMR 2011, 500 f. m.w.N.

275 So aber etwa BGH, Urteil vom 22.6.1995 – I ZR 119/93 – Silberdistel, GRUR 1995, 581, 582; BGH, Urteil vom 15.7.2004 – I ZR 142/01 – Metallbett, GRUR 2004, 941, 942; *Erdmann*, in: FS v. Gamm, 1990, S. 389, 400 f.; *Erdmann/Bornkamm*, GRUR 1991, 877, 879; *v. Gamm*, UrhG, § 2 Rn. 16 (S. 180 f.); *Rehbinder*, Rn. 186; *Reimer*, GRUR 1980, 572, 574; *Schack*, Rn. 232; vgl. auch *Loewenheim*, GRUR Int. 2004, 765, 766; *Loewenheim*, in: Schricker/Loewenheim, § 2 Rn. 32; anders dagegen *Haberstumpf*, NJW 1991, 2105, 2109; *A. Nordemann/Heise*, ZUM 2001, 128, 137 f.; *Schricker*, in: FS 100 Jahre GRUR, 1991, S. 1095, 1105 f. (Rn. 30); *G. Schulze*, 1983, S. 68 ff. m.w.N., 132 ff.; *G. Schulze*, GRUR 1987, 769, 772 f.; *Ulmer*, in: FS Troller,

Gestaltungen von schutzbedürftigen Schöpfungen abzugrenzen.[276] Die unterschiedliche Auslegung bzw. Begriffsbestimmung innerhalb derselben Gesetzesbestimmung, ohne dass dafür konkrete Anhaltspunkte gegeben sind, ist rechtsdogmatisch jedoch nicht haltbar. Die höchstrichterlich geprägte Rechtsprechungspraxis ist folglich allein ergebnisorientiert erklärbar und offenbar dem Interesse geschuldet, bestimmte Werkarten wie Werke der angewandten Kunst nicht ohne weiteres in den Anwendungsbereich des Urheberrechtsgesetzes fallen zu lassen. Für eine derartige ergebnisorientierte Herangehensweise und Differenzierung bei der Schöpfungshöhe in Abhängigkeit von der jeweiligen Werkart lässt die Regelung des § 2 Abs. 2 UrhG keinen Raum. Für sämtliche Werkarten gelten demnach einheitliche Voraussetzungen, sodass auch das Merkmal der Gestaltungshöhe einheitlich für alle Werkarten auszulegen ist. Gleichwohl ist nach wie vor eine gewisse „Heterogenität des Werkbegriffes mit schwankenden Anforderungen und unterschiedlichen Maßstäben“[277] je nach Werkart festzustellen.

Der dogmatisch richtige Weg ist es demnach, für sämtliche Werkarten einheitliche Schutzvoraussetzungen und damit auch einheitliche Anforderungen an die Gestaltungshöhe zu verlangen.

Die Erhebung unterschiedlicher Anforderungen an die urheberrechtliche Schutzfähigkeit verschiedener Werkarten muss also sachlich gerechtfertigt werden, denn die Auslegung des § 2 Abs. 2 UrhG zeigt, dass der Werkbegriff im deutschen Urheberrecht ein einheitlicher ist, der für sämtliche Werkarten gilt.[278]

Für eine uneinheitliche Behandlung der Werkvoraussetzungen in Abhängigkeit von der Werkart, insbesondere für das Erfordernis einer höheren Gestaltungshöhe bei Werken der angewandten Kunst, werden verschiedene Argumente angeführt. Wie im Folgenden dargestellt werden wird, stellen diese jedoch allesamt keine hinreichenden sachlichen Rechtfertigungsgründe für ein Abweichen von dem von § 2 Abs. 2 UrhG vorgegebenen einheitlichen Werkbegriff dar.

1976, S. 189, 195; vgl. auch *Engisch*, in: FS v. Gamm, 1990, S. 369, 370 ff., 386 f.; *Gerstenberg*, GRUR 1974, 707, 710.

276 So aber *Erdmann*, in: FS Loschelder, 2010, S. 61, 70 f.

277 *Engisch*, in: FS v. Gamm, 1990, S. 369, 386.

278 So auch *Erdmann*, in: FS Loschelder, 2010, S. 61, 70.

B. Argument des Freihaltebedürfnisses und Kritik

Als Rechtfertigung höherer Anforderungen an die Gestaltungshöhe bei Werken der angewandten Kunst wird teilweise ins Feld geführt, im Bereich der angewandten Kunst müsse ein weiter Bereich von Formen jedem zugänglich bleiben.[279]

Dieses Argument greift aber bereits deshalb zu kurz, weil dies – möchte man einen „kulturellen Rückschritt" vermeiden[280] – für jede urheberrechtsrelevante Tätigkeit gilt.

Zwar ist es richtig, dass alltägliche Formen stets für jedermann frei zugänglich bleiben und nicht mit Ausschließlichkeitsrechten einzelner besetzt sein sollten, um den gewöhnlichen „Produktions- und Innovationsprozess am Markt"[281] zu ermöglichen und eine Monopolisierung zu verhindern.[282] Dennoch überzeugt das Argument des Freihaltebedürfnisses zur Begründung höherer Anforderungen an die Schöpfungshöhe bei Werken der angewandten Kunst letztlich nicht. Denn damit kann zwar eine generell restriktivere Einräumung von Urheberrechten begründet, nicht jedoch erklärt werden, weshalb bei Werken der angewandten Kunst eine höhere Schöpfungshöhe infolge eines stärkeren Freihaltebedürfnisses verlangt werden müsse als beispielsweise bei Werken der rein bildenden Kunst, bei denen die „Grundvoraussetzungen des Schaffens"[283] (bestimmtes Motiv, bestimmte Technik) genauso freihaltebedürftig erscheinen, für die jedoch ausgerechnet die niedrigste Schutzuntergrenze angenommen wird.[284]

Darüber hinaus ist an dieser Stelle auch daran zu erinnern, dass Schutzgegenstand im Urheberrecht ohnehin immer nur die kreative Leistung des Werkschöpfers sein kann, welche bei sämtlichen Werkarten unter Zugrundlegung einheitlicher Anforderungen und gleicher Maßstäbe zur Bestimmung des

---

279 *Erdmann*, in: FS v. Gamm, 1990, S. 389, 400 ff.; *Schack*, Rn. 237; *Strömholm*, GRUR Int. 1989, 15, 21; vgl. ferner BGH, Urteil vom 19.12.1979 – I ZR 130/77 – Play-family, GRUR 1980, 235, 236 (zum Geschmacksmusterrecht); siehe ferner *G. Schulze*, in: Hilty/Geiger, 2007, S. 117, 124.

280 *A. Nordemann*, in: Loewenheim, § 9 Rn. 22.

281 *Koschtial*, GRUR 2004, 555, 557.

282 *Erdmann*, in: FS Loschelder, 2010, S. 61, 71; *Koschtial*, GRUR 2004, 555, 557; ferner *Kur*, in: Hilty/Geiger, 2007, S. 193, 198; *Schack*, Rn. 237; siehe dazu auch *Hoeren*, MMR 2000, 3 (Urheberrechtlicher Grundsatz der Ideenfreiheit und Gedanke der Informationsfreiheit: „bestimmte Informationen sollen aus sozioökonomischen Gründen für jedermann nutzbar sein").

283 *Koschtial*, GRUR 2004, 555, 557.

284 *Koschtial*, GRUR 2004, 555, 557; *A. Nordemann*, in: Loewenheim, § 9 Rn. 22.

Urheberrechtsschutzes betrachtet werden sollte. Damit ist eine Freihaltung rein technischer und funktionaler Gestaltungselemente, die keine Individualität aufweisen und folglich nicht durch das Urheberrecht geschützt werden können, nach wie vor gewährleistet.[285] Denn urheberrechtlich geschützt sind nur die Werkelemente, die die Voraussetzungen für die Annahme einer persönlichen geistigen Schöpfung erfüllen.[286] Dem Schutz des Urheberrechts vor Nachahmung unterfallen nur die individuellen Bestandteile der Gestaltung.[287] So ist der Schutzumfang der kleinen Münze infolge ihrer wenig ausgeprägten Individualität und niedrigen Gestaltungshöhe entsprechend gering.[288]

Die Frage des Freihaltebedürfnisses sollte demnach nicht auf der Ebene „Schutzfähigkeit der Gestaltung" behandelt werden, sondern auf der Ebene des Schutzumfanges: Ein vergleichbarer Ansatz – so Nordemann – findet sich z.B. auch im Markenrecht, nämlich dann, wenn die Schutzfähigkeit als Marke zwar bejaht, jedoch wegen geringer Unterscheidungs- und Kennzeichnungskraft nur gegen identische Übernahme geschützt werde, sodass eine Korrektur nicht schon auf der Ebene der Schutzgewährung, sondern erst bei der Rechtsdurchsetzung vorgenommen werde (urheberrechtlicher Schutz gegen reine Vervielfältigungen).[289]

C. Argument der langen urheberrechtlichen Schutzdauer und Kritik

Als weiteres Argument, um die höheren Anforderungen an die Gestaltungshöhe bei Werken der angewandten Kunst zu rechtfertigen, wird die relativ lange Schutzdauer des Urheberrechts von siebzig Jahren p.m.a. (§ 64 UrhG) angeführt.[290] Auch dieses Argument kann jedoch letztlich aus folgenden Gründen nicht überzeugen:

---

285 *Koschtial*, GRUR 2004, 555, 558; siehe auch *Donle/Held/Nordemann-Schiffel/Nordemann*, GRUR Int. 2012, 995, 998.

286 BGH, Urteil vom 10.10.1991 – I ZR 147/89 – Bedienungsanweisung, GRUR 1993, 34, 35 m.w.N.; *A. Nordemann*, in: Fromm/Nordemann, § 2 Rn. 34.

287 *Haberstumpf*, Rn. 95.

288 *A. Nordemann*, in: Fromm/Nordemann, § 2 Rn. 34; *G. Schulze*, in: Hilty/Geiger, 2007, S. 117, 121; siehe auch *Donle/Held/Nordemann-Schiffel/Nordemann*, GRUR Int. 2012, 995, 998.

289 *A. Nordemann*, in: Loewenheim, § 9 Rn. 27 ff., insbesondere Rn. 29.

290 *Fuchs*, 1996, S. 77; *Reimer*, GRUR 1980 572, 575; anders aber *Erdmann*, GRUR 1996, 550, 551; *Erdmann/Bornkamm*, GRUR 1991, 877, 878; *Knöbl*, 2002, S. 149 ff.; *G. Schulze*, GRUR 1987, 769, 777; siehe auch *Dietz*, 1978, S. 62 ff., 67; *Hoeren*,

Zum einen hat die siebzigjährige Schutzdauer im Bereich der kleinen Münze bislang nicht zu Nachteilen geführt.[291] Zum anderen müsste dann mit diesem Argument für sämtliche Werkarten die kleine Münze infrage gestellt und letztlich in der Konsequenz aus dem Schutzbereich des Urheberrechts herausgenommen werden. Einwände gegen eine Herabsenkung der Anforderungen an die Gestaltungshöhe aufgrund der langen urheberrechtlichen Schutzdauer könnten nur durchgreifen und Berücksichtigung finden, wenn damit die Gefahr einer Beschneidung der Designfreiheit einhergin-ge.[292] Dies ist jedoch nicht der Fall. Denn – wie im vorstehenden Punkt dargelegt – auch im Urheberrecht und damit auch im Bereich der angewandten Kunst ist der Schutzgegenstand wie bei den anderen Schutzrechten des Immaterialgüterrechts aufgrund des Freihaltebedürfnisses begrenzt.[293] Im Urheberrecht ergibt sich die Begrenzung des Schutzgegenstandes aus der „individuellen Prägung", die das jeweils in Rede stehende Werk auszeichnet.[294] Entscheidend ist die „Werkdichte".[295] Weist die Schöpfung eine individuelle Prägung auf, so ist auf diese Prägung bezogen ein Urheberrechtsschutz anzunehmen. Nicht dazu zählen Ideen, allgemeine Gestaltungselemente und -techniken.[296] Denn bei diesen sind unterschiedliche Ausformungen möglich, zudem sollen im Interesse und zur Sicherung der Designfreiheit allgemeine Erscheinungsbilder von

---

GRUR 1997, 866, 870 f. (871: Mit Blick auf die Schutzdauer von dreißig Jahren p.m.a. nach dem Urheberrechtsgesetz von 1870 möge es sachgerecht gewesen sein, dass das Reichsgericht bei literarischen Werken teilweise deutlich herabgesetzte Schutzanforderungen erhoben habe. Die Schutzfristenerhöhung auf zunächst fünfzig Jahre (Urheberrechtsgesetz von 1934) und nunmehr siebzig Jahre (Urheberrechtsgesetz von 1965) sowie die schleichende Erstreckung auf gewerblich-technische Werke rechtfertige die Anhebung der Kriterien für die Gestaltungshöhe.); vgl. ferner *Gerstenberg*, GRUR 1974, 707, 710.

291 *Eichmann*, in: FS Beier, 1996, 459, 469; *Eichmann*, in: Eichmann/von Falckenstein, Allgemeines zum Designrecht Rn. 32; vgl. hierzu aber auch *G. Schulze*, GRUR 1987, 769, 777.

292 *Eichmann*, in: FS Beier, 1996, 459, 469 (für den Bereich der Mode).

293 *Eichmann*, in: FS Beier, 1996, 459, 463.

294 *Eichmann*, in: FS Beier, 1996, 459, 463.

295 *Donle/Held/Nordemann-Schiffel/Nordemann*, GRUR Int. 2012, 995, 1001.

296 BGH, Urteil vom 22.1.1952 – I ZR 68/51 – Hummel-Figuren I, GRUR 1952, 516, 517; BGH, Urteil vom 1.4.1958 – I ZR 49/57 – Mecki-Igel I, GRUR 1958, 500, 501; siehe hierzu auch Anm. *Kleine*, GRUR 1958, 504; BGH, Urteil vom 19.12.1979 – I ZR 130/77 – Play-family, GRUR 1980, 235, 236 (zum Geschmacksmusterrecht); *Eichmann*, in: FS Beier, 1996, 459, 463 f.; *Erdmann*, in: FS v. Gamm, 1990, S. 389, 398 f.; *Erdmann*, GRUR 1996, 550, 551; *Loewenheim*, in: Schricker/Loewenheim, § 2 Rn. 49 ff.

Designs nicht nur einem einzigen Anbieter vorbehalten bleiben.[297] Diese müssen gemeinfrei bleiben und dürfen nicht von einem Künstler monopolisiert werden.[298]

Eine geringe Gestaltungshöhe bedeutet demnach auch einen engen Schutzumfang, nur dieser Teil der Gestaltung ist dann siebzig Jahre lang p.m.a. geschützt. Folglich können abgesenkte Anforderungen an die Gestaltungshöhe bei Werken der angewandten Kunst auch nicht mit Blick auf die siebzigjährige urheberrechtliche Schutzdauer zu einer Behinderung der Designfreiheit führen. Zu Recht weist Eichmann überdies darauf hin, dass eine etwaige Kurzlebigkeit von Werken sich im Urheberrecht nicht als Bewertungsmaßstab eigne.[299]

D. Gebrauchszweck-Argument, „ästhetischer Überschuss" und Kritik

Ebenso kann das Argument nicht überzeugen, da Werke der angewandten Kunst auch einen Gebrauchszweck verfolgten, sei es gerechtfertigt, für diesen Werktyp ein höheres Maß an Individualität – also Gestaltungshöhe – zu fordern.[300]

Zwar ist es richtig, dass über das Urheberrecht nicht die Produktfunktion geschützt werden kann, sondern nur der über die rein zweckgebundene Werkgestaltung hinausgehende geistige Ausdruck des Werkschöpfers (der „ästhetische Überschuss").[301] Die in diesem „ästhetischen Überschuss" zum Ausdruck kommende Individualität muss aber bei Werken der angewandten Kunst nicht etwa

297 *Eichmann*, in: FS Beier, 1996, S. 459, 463 f. (für den Bereich der Mode).

298 Siehe etwa BGH, Urteil vom 12.3.1987 – I ZR 71/85 – Warenzeichenlexika, GRUR 1987, 704, 706; *Erdmann*, in: FS v. Gamm, 1990, S. 389, 398; *Handig*, GRUR Int. 2012, 9, 12 Fn. 53.

299 *Eichmann*, in: FS Beier, 1996, S. 459, 469.

300 So aber etwa *Erdmann*, in: FS v. Gamm, 1990, S. 389, 401; *Erdmann*, in: FS Loschelder, 2010, S. 61, 69, 70, 72; *Lehr*, GRUR 1999, 403, 406.

301 So *Koschtial*, GRUR 2004, 555, 557; vgl. auch *Heydt*, GRUR 1968, 530, 533 f.; *W. Nordemann*, UFITA Bd. 50 (1967), 906, 907, 913; grundlegend für die ältere Rechtsprechung RGZ 76, 339, 344 – Schulfraktur (Urteil vom 10.6.1911 – I 133/10): „Ein Werk der angewandten Kunst – im Sinne des Gesetzes ein ‚Erzeugnis des Kunstgewerbes' und damit zugleich ein ‚Werk der bildenden Künste' – liegt nur dann vor, wenn der zu der Zweckmäßigkeit der Form hinzukommende ästhetische Überschuss, gleichgültig welches sein künstlerischer Wert ist, einen Grad erreicht, daß nach den im Leben herrschenden Anschauungen von Kunst gesprochen werden kann."; kritisch bezüglich Begrifflichkeit *Gerstenberg*, GRUR 1963, 245, 247; *Schack*, Rn. 233; *Schack*, Kunst und Recht, Rn. 807; *Ulmer*, UrhR, 3. Auflage (1980), S. 147 m.w.N.

merklich höher sein als bei anderen Werkarten,[302] der ästhetische Gehalt muss den Gebrauchszweck eben nicht im Sinne der früheren „Prävalenztheorie“[303] überwiegen.[304] Vielmehr ist bei einem Gebrauchsgegenstand das Individualitätskriterium gründlich zu prüfen.[305]

Schließlich kann auch nicht von der Hand gewiesen werden, dass es künstlich und am Ergebnis orientiert erscheint sowie nicht stringent ist, Gegenständen, welche die Möglichkeit zum Gebrauch besitzen, die jedoch in einem Museum gezeigt werden, ohne besonders hohe Schutzanforderungen urheberrechtlichen Schutz zukommen zu lassen – Beispiele sind etwa Duchamps „Pissoir“ oder dessen „Flaschentrockner“ –, für die gleichen Gegenstände jedoch dann, wenn sie als reine Gebrauchsgegenstände fungieren, urheberrechtlichen Schutz nicht ohne weiteres anzunehmen und höhere Schutzvoraussetzungen zu verlangen.[306] Über die Werkqualität einer Gestaltung entscheidet nicht sein Wesen als Teil der angewandten oder Teil der rein bildenden Kunst, sondern seine individuelle Prägung.

Zudem ist eine exakte Einordnung einer Gestaltung in eine der beiden Kategorien („zweckfrei“ oder „zweckgebunden“) nicht immer ohne weiteres möglich (Beispiel: etwa ein in einer Ausstellung präsentierter Stuhl, der aber nach der Intention des Künstlers auch zum Sitzen gedacht ist). Hinzu tritt die Frage nach der Legitimation der einordnenden Person (letztlich des mit der Sache befassten Richters) und des Vergleichsmaßstabs. So werden Werke der zweckfreien Kunst als „kleine Münze“ bereits dann geschützt, wenn sie sich „vom rein Handwerksmäßigen und Alltäglichen abheben“, wobei das „durchschnittliche künstlerische Schaffen“ hierbei nicht als Vergleichsmaßstab dienen dürfe, da das hierfür erforderliche künstlerische Wert- bzw. Unwerturteil dem Richter nicht erlaubt sei.[307] Im Bereich der angewandten Kunst läuft es jedoch letztlich auf ein eben solches hinaus. Weshalb hier jedoch nicht nur das Vorliegen eines Mindestgrades an

---

302 So aber etwa BGH, Urteil vom 21.5.1969 – I ZR 42/67 – Vasenleuchter, GRUR 1972, 38, 39.

303 *Haberstumpf*, in: FS 100 Jahre GRUR, 1991, S. 1125, 1160 (Rn. 54); *G. Schulze*, in: FS 100 Jahre GRUR, 1991, S. 1303, 1325 (Rn. 41); *Zentek*, Anm. I ZR 53/10 – Seilzirkus, ZUM 2012, 42, 43 f.; siehe zu dieser Theorie auch *Ulmer*, UrhR, 3. Auflage (1980), S. 150; *Zech*, 1999, S. 163 f.

304 *Koschtial*, GRUR 2004, 555, 557.

305 *Koschtial*, GRUR 2004, 555, 557; vgl. auch *Schack*, Rn. 233; ferner *G. Schulze*, GRUR 1987, 769, 775 f.

306 *Koschtial*, GRUR 2004, 555, 558.

307 *Erdmann*, in: FS Loschelder, 2010, S. 61, 69; vgl. dazu BGH, Urteil vom 26.9.1980 – I ZR 17/78 – Dirlada, GRUR 1981, 267, 268.

Individualität festgestellt werden sollte, sondern auch eine Bewertung des „künstlerischen Werts“[308] erlaubt sein sollte, erscheint nicht nachvollziehbar.[309] Zu Recht wird hierzu kritisch angemerkt, dass der Rechtsexperte nicht ohne weiteres auch Kunstexperte sei und die gemeinhin vertretenen Kunstanschauungen nicht unbedingt ewige Gültigkeit besäßen.[310] Im französischen Recht gelte deshalb der Grundsatz der „unité de l'art“ („Einheit der Kunst“):[311] Danach wird zwischen angewandter und reiner bildender Kunst nicht unterschieden und es kommt folglich auch nicht auf einen etwaigen Gebrauchszweck an („Kunst bleibt Kunst“).[312]

Auch können sich im Falle einer „Umwidmung“ eines zweckgebundenen Kunstwerks in ein zweckfreies Kunstwerk oder umgekehrt Schwierigkeiten ergeben. So kann eine Reihe von Werken der angewandten Kunst auch Verwendung als Werk der reinen bildenden Kunst finden, genauso wie umgekehrt auch bei einigen Werken der reinen bildenden Kunst die Möglichkeit zum Gebrauch besteht, was bei einer Abgrenzung nach dem Gebrauchszweck dazu führt, dass derselbe Gegenstand je nach angedachter Verwendung urheberrechtlich oder – wenn überhaupt – (nur) geschmacksmusterrechtlich geschützt wird.[313] Ebenso wenig erscheint es überdies nachvollziehbar, weshalb etwa das konzeptartige Festhalten eines Gedankens in Form einer technischen Skizze nach § 2 Abs. 1 Nr. 7 UrhG bereits dann urheberrechtlich geschützt werden kann, wenn diese eine schöpferische Leistung darstellt,[314] während die umgesetzte Skizze als Werk der angewandten

---

308 *Erdmann*, in: FS Loschelder, 2010, S. 61, 69.

309 So auch *Koschtial*, GRUR 2004, 555, 556.

310 *Koschtial*, GRUR 2004, 555, 556; *Kur*, in: Hilty/Geiger, 2007, S. 193, 196.

311 *Koschtial*, GRUR 2004, 555, 557; *Kur*, in: Hilty/Geiger, 2007, S. 193, 195; *Schramm*, 2005, S. 60; *Zech*, 1999, S. 13 ff., 29 ff.; vgl. aber auch *Dietz*, in: FS Beier, 1996, S. 355, 357; *Schack*, Kunst und Recht, Rn. 804.

312 *Koschtial*, GRUR 2004, 555, 557; *Schramm*, 2005, S. 60; vgl. aber auch *Dietz*, in: FS Beier, 1996, S. 355, 357.

313 *Hackenberg*, in: FS Nordemann, 2004, S. 25, 33; *Loewenheim*, GRUR Int. 2004, 765, 766; *A. Nordemann/Heise*, ZUM 2001, 128, 142 f.; *Schricker*, in: FS 100 Jahre GRUR, 1991, S. 1095, 1105 (Rn. 29); *Schricker*, GRUR 1996, 815, 818; siehe auch *Donle/Held/Nordemann-Schiffel/Nordemann*, GRUR Int. 2012, 995, 997; vgl. aber auch OLG Hamburg, Beschluss vom 22.3.2004 – 5 W 35/04 – Weinlaubblatt, NJOZ 2005, 124, 125; kritisch zu dieser Entscheidung des OLG Hamburg *Schulze*, in: Dreier/Schulze, § 2 Rn. 153; *Schulze*, in: Eichmann/Kur, § 4 Rn. 17.

314 Vgl. BGH, Urteil vom 28.2.1991 – I ZR 88/89 – Explosionszeichnungen, GRUR 1991, 529, 530; BGH, Urteil vom 10.10.1991 – I ZR 147/89 – Bedienungsanweisung, GRUR 1993, 34, 35; BGH, Urteil vom 23.6.2005 – I ZR 227/02 – Karten-Grundsubstanz, GRUR 2005, 854, 856; siehe auch BGH, Urteil vom 22.9.1999 – I ZR 48/97

Kunst nur im Falle eines deutlichen Überragens über die Durchschnittsgestaltung in den Genuss urheberrechtlichen Schutzes gelangen kann.[315]

Aufgrund der dargelegten Zufälligkeiten und mangels gewährleistbarer Rechtssicherheit kann das Merkmal des Gebrauchszwecks nicht als taugliches Abgrenzungsmerkmal im Rahmen der sachlichen Rechtfertigung höherer Anforderungen an die Schöpfungshöhe bei Werken der angewandten Kunst dienen.

E. Geschmacksmusterschutz-Argument und Kritik

Als Argument für das Erfordernis einer höheren Schöpfungshöhe bei Werken der angewandten Kunst wurde bislang ferner angeführt, für diese Werke existiere der Geschmacksmusterschutz als auffangender Unterbau zum Urheberrechtsschutz, sodass auch diese Werke nicht schutzlos gestellt seien. Urheber- und Geschmacksmusterrecht seien wesensgleich und stünden in einem Stufenverhältnis, der Geschmacksmusterschutz wäre andernfalls überflüssig, wenn auch im Bereich der angewandten Kunst die kleine Münze urheberrechtlich geschützt würde.[316] Deshalb sei es gerechtfertigt, für die urheberrechtliche Schutzfähigkeit von Werken der angewandten Kunst im Vergleich zu den anderen Werkarten – insbesondere auch im Vergleich zu den Werken der reinen bildenden Kunst – strengere Anforderungen zu stellen.[317] Erreiche ein Werk der angewandten Kunst die erforderliche

– Planungsmappe, GRUR 2000, 226, 227; *Schulze*, in: Dreier/Schulze, § 2 Rn. 240 f.; *Bullinger*, in: Wandtke/Bullinger, § 2 Rn. 144 m.w.N.

315 *Koschtial*, GRUR 2004, 555, 558; *A. Nordemann/Heise*, ZUM 2001, 128, 137 f.

316 BGH, Urteil vom 22.6.1995 – I ZR 119/93 – Silberdistel, GRUR 1995, 581, 582; vgl. auch BGH, Urteil vom 15.7.2004 – I ZR 142/01 – Metallbett, GRUR 2004, 941, 942; *Eichmann*, in: Eichmann/von Falckenstein, Allgemeines zum Designrecht Rn. 10; *G. Schulze*, in: Loewenheim, § 9 Rn. 98; *Bullinger*, in: Wandtke/Bullinger, § 2 Rn. 97.

317 BVerfG, Beschluss vom 26.1.2005 – 1 BvR 157/02 –Laufendes Auge, GRUR 2005, 410, 411; BGH, Urteil vom 27.11.1956 – I ZR 57/55 – Europapost, GRUR 1957, 291, 293; BGH, Urteil vom 4.11.1966 – Ib ZR 77/65 – skai-cubana, GRUR 1967, 315, 316; BGH, Urteil vom 8.5.1968 – I ZR 67/65 – Rüschenhaube, GRUR 1969, 90, 92; BGH, Urteil vom 21.5.1969 – I ZR 42/67 – Vasenleuchter, GRUR 1972, 38, 39; BGH, Urteil vom 25.5.1973 – I ZR 2/72 – Tierfiguren, GRUR 1974, 669, 671; BGH, Urteil vom 19.1.1979 – I ZR 166/76 – Brombeerleuchte, GRUR 1979, 332, 336; BGH, Urteil vom 27.1.1983 – I ZR 177/80 – Brombeer-Muster, GRUR 1983, 377, 378; BGH, Urteil vom 22.6.1995 – I ZR 119/93 – Silberdistel, GRUR 1995, 581, 582; vgl. auch BGH, Urteil vom 15.7.2004 – I ZR 142/01 – Metallbett, GRUR 2004, 941, 942; *G. Schulze*, in: Loewenheim, § 9 Rn. 98.

Gestaltungshöhe, so bestünden Urheberrechts- und Geschmacksmusterschutz an einem Gegenstand nebeneinander, sodass dann sowohl die Vorschriften des UrhG als auch die Bestimmungen des GeschmMG Anwendung fänden.[318] Damit wird der Schutz einfacherer Schöpfungen (kleine Münze) für Werke der angewandten Kunst in das Geschmacksmusterrecht verlagert.[319]

Wöhrn weist außerdem darauf hin, in der Literatur bestehe zudem die Befürchtung, andernfalls könnten die formellen Vorgaben des Geschmacksmusterschutzes unterwandert werden.[320]

All dies überzeugt jedoch – jedenfalls mittlerweile – aus mehrerlei Gründen nicht.

I. Wegfall des Stufenverhältnisses

Hierbei wird ein Stufenverhältnis von Urheber- und Geschmacksmusterrecht zugrunde gelegt, das so nicht (mehr) besteht bzw. nicht mehr zeitgemäß ist.[321] Im Zuge der im Jahre 2004 erfolgten Reform des Geschmacksmusterrechts durch das neugefasste und am 1. Juni 2004 in Kraft getretene Geschmacksmustergesetz vom 12. März 2004[322] zur Umsetzung der Vorgaben der europäischen

---

318 Vgl. BGH, Urteil vom 15.7.2004 – I ZR 142/01 – Metallbett, GRUR 2004, 941, 942; OLG Düsseldorf, Urteil vom 30.5.2000 – 20 U 4/99 – Spannring, ZUM-RD 2001, 385, 388; *Schulze*, in: Dreier/Schulze, § 2 Rn. 174; *Eichmann*, in: Eichmann/von Falckenstein, Allgemeines zum Designrecht Rn. 33.

319 Etwa *Erdmann*, in: FS v. Gamm, 1990, S. 389, 401 ff.; *Reimer*, GRUR 1980, 572, 574; *Ulmer*, UrhR, 3. Auflage (1980), S. 149 f.; kritisch hingegen etwa *Koschtial*, GRUR 2004, 555, 556; *Loewenheim*, GRUR Int. 2004, 765, 766 f.

320 *Wöhrn*, in: Wandtke, UrhR, 2. Kap. Rn. 52; vgl. dazu aber auch auch *Eichmann*, in: Eichmann/von Falckenstein, Allgemeines zum Designrecht Rn. 32.

321 *Zentek*, 2008, S. 107; so auch schon *Dietz*, in: FS Beier, 1996, S. 355 ff. m.w.N.; *Eck*, 1993, S. 55 f.; bemerkenswert zudem *Heydt*, GRUR 1968, 530, 536 f.; anders etwa noch *Thoms*, 1980, S. 268 (Geschmacksmustergesetz als „Auffangtatbestand"); vgl. hierzu auch *Wandtke/Bullinger*, GRUR 1997, 573, 575.

322 BGBl. 2004 I S. 390, zuletzt geändert durch Art. 18 des Gesetzes vom 24. November 2011 (BGBl. 2011 I S. 2302); siehe ferner RegE „Entwurf eines Gesetzes zur Modernisierung des Geschmacksmustergesetzes sowie zur Änderung der Regelungen über die Bekanntmachungen zum Ausstellungsschutz (BT-Drucksache 17/13428 vom 10. Mai 2013), wonach unter anderem zukünftig das DPMA eigenständig über die Nichtigkeit einer Eintragung entscheiden soll (durch den damit einhergehenden Wegfall des Anwaltszwangs würden für den Antragssteller auch die Kosten geringer) sowie

„Geschmacksmuster-Richtlinie“[323] ist ein eigenständiges gewerbliches Schutzrecht („Schutzrecht eigener Art“[324]) geschaffen worden, das in bewusster Abgrenzung zum Urheberrecht steht und sich nicht von diesem ableitet.[325] Die vormalige Verwandtschaft und das Verhältnis der „graduellen Abstufung“[326] von Geschmacksmuster- und Urheberrecht sind jedenfalls seitdem nicht mehr vorhanden.[327]

Dabei hat sich der europäische Gesetzgeber an der Funktion eines Designs im Wirtschaftsleben orientiert und den sogenannten „design approach“ gewählt: Dieser betrachtet das Geschmacksmusterrecht als selbstständig gegenüber dem Patent- und Urheberrecht und wählt als Ausgangspunkt die Eigenschaft des Designs als Marketing-Instrument, geht also von der Bedeutung des Produktäußeren für den kommerziellen Erfolg der Ware aus („Marketing-Funktion des Designs“[328]) und stellt nicht auf das Vorliegen einer ästhetisch-schöpferischen Leistung ab.[329] Primär geschützt wird demnach nicht die kreative Leistung als solche, sondern das der Gestaltung immanente „Marketingpotential“.[330] Im Vordergrund steht nunmehr der Wert des Designs auf dem Markt, das aufgrund seines wettbewerblichen Nutzens geschützt wird.[331] Entscheidend für den Geschmacksmusterschutz sind nach der Anpassung an die Vorgaben der

---

die Bezeichnung „Geschmacksmuster“ in „eingetragenes Design“ geändert werden soll, um das Gesetz an die heutige Zeit anzupassen, S. 1 f.

323 Richtlinie 98/71/EG des Europäischen Parlaments und des Rates vom 13. Oktober 1998 über den rechtlichen Schutz von Mustern und Modellen, ABl. EG L 289/28 vom 28.10.1998.

324 *Zentek*, WRP 2010, 73, 75; ausführlich *Schramm*, 2005, S. 91 ff., 136 ff.

325 *Wöhrn*, in: Wandtke, UrhR, 2. Kap. Rn. 53 f.; ferner *Erdmann*, in: FS Loschelder, 2010, S. 61, 69 f.; *Gottschalk*, 2005, S. 76; *Koschtial*, GRUR 2004, 555, 556; *Wandtke/Ohst*, GRUR Int. 2005, 91 f.

326 Etwa *v. Gamm*, UrhG, Einf. Rn. 133 (S. 155) m.w.N.

327 *Berlit*, GRUR 2004, 635, 636; *Eichmann*, in: Eichmann/von Falckenstein, Allgemeines zum Designrecht Rn. 32; *Schack*, Kunst und Recht, Rn. 805; *Wandtke*, in: Wandtke/Bullinger, Einl. Rn. 52; siehe auch *G. Schulze*, in: FS Schricker 2005, S. 523, 534 (Dem Geschmacksmusterschutz komme zwar nach wie vor eine graduell unter dem Urheberrechtsschutz liegende Auffangfunktion zu, was jedoch nichts daran ändere, dass für sämtliche Werkarten gleichwohl einheitliche Schutzvoraussetzungen gelten sollten.); a.A. *Heutz*, MMR 2005, 567, 570.

328 *Kur*, GRUR Int. 1998, 353, 358; *Kur*, GRUR 2002, 661, 662.

329 *Koschtial*, GRUR 2004, 555, 556; *Wöhrn*, in: Wandtke, UrhR, 2. Kap. Rn. 54; ferner *Dietz*, in: FS Beier, 1996, S. 355, 357 f.; *Gottschalk*, 2005, S. 57 m.w.N.; *Kur*, GRUR 2002, 661, 662; *A. Nordemann/Heise*, ZUM 2001, 128, 144; *Ohly*, ZEuP 2004, 296, 301; *Schramm*, 2005, S. 92 f.; *Zech*, 1999, S. 223 f.; vgl. dazu auch *Eck*, 1993, S. 135 ff.

330 *Kur*, in: Hilty/Geiger, 2007, S. 193, 196.

331 *Koschtial*, GRUR 2004, 555, 559.

EU nicht mehr wie im Urheberrecht ästhetische Gesichtspunkte oder ein bestimmter Gehalt geistiger Schöpfung, sondern nur das Einhalten eines Abstands zu anderen Werken.[332] Von dem Geschmacksmusterrecht als „urheberrechtlichem Unterbau"[333] oder „kleinem Urheberrecht"[334] im Sinne der Stufentheorie kann daher nicht (mehr) die Rede sein.[335] Der ursprüngliche „copyright approach" ist aufgegeben worden.[336]

Das Urheber- und das Geschmacksmusterrecht zielen zwar beide auf den Schutz von Formen ab, jedoch sind die Schutzvoraussetzungen jeweils andere.[337] Seit der Geschmacksmusterrechtsreform existieren zwischen ihnen inhaltlich klare Unterschiede:

Das Erreichen einer angemessenen Gestaltungshöhe ist seitdem keine Voraussetzung mehr für einen Geschmacksmusterschutz, das vorherige Erfordernis der „Eigentümlichkeit" wurde aufgegeben.[338] Gegeben sein müssen Neuheit und Eigenart, § 2 Abs. 1 GeschmMG (im Unionsrecht: Art. 4 Abs. 1 GGV).[339]

Nach § 2 Abs. 2 S. 1 GeschmMG (Art. 5 GGV) gilt ein Muster als neu, wenn vor dem Anmeldetag kein identisches Muster offenbart worden ist. Dabei gelten Muster als identisch, wenn sich ihre Merkmale nur in unwesentlichen Einzelheiten unterscheiden (§ 2 Abs. 2 S. 2 GeschmMG; Art. 5 Abs. 2 GGV). Gemäß § 5

332 *Koschtial*, GRUR 2004, 555, 556.

333 *Fuchs*, 1996, S. 78; *Ulmer*, UrhR, 3. Auflage (1980), S. 149; so auch *Haberstumpf*, in: FS 100 Jahre GRUR, 1991, S. 1125, 1173 (Rn. 71); *S. Ernst*, in: Hoeren/Sieber/Holznagel, Teil 7.1 Rn. 9.

334 *Zentek*, 1998, S. 19, 143; vgl. dazu *Loewenheim*, in: Schricker/Loewenheim, § 2 Rn. 34, 159 f.; *Wöhrn*, in: Wandtke, UrhR, 2. Kap. Rn. 52; siehe hierzu etwa auch BGH, Urteil vom 30.5.1958 – I ZR 21/57 – Candida-Schrift, GRUR 1958, 562, 563; BGH, Urteil vom 25.5.1973 – I ZR 2/72 – Tierfiguren, GRUR 1974, 669, 671; BGH, Urteil vom 27.1.1983 – I ZR 177/80 – Brombeer-Muster, GRUR 1983, 377, 378.

335 *Gottschalk*, 2005, S. 135; *Koschtial*, GRUR 2004, 555, 559; *Kur*, in: Hilty/Geiger, 2007, S. 193, 196; *Kur*, GRUR Int. 1998, 353, 358; *Loewenheim*, in: Schricker/Loewenheim, § 2 Rn. 34, 160; vgl. ferner *Rehbinder*, Rn. 131; *Zech*, 1999, S. 232; so auch schon *Eck*, 1993, S. 138 ff.

336 *Wöhrn*, in: Wandtke, UrhR, 2. Kap. Rn. 54; ferner *Wandtke/Ohst*, GRUR Int. 2005, 91 ff.

337 *Wöhrn*, in: Wandtke, UrhR, 2. Kap. Rn. 57.

338 *Eichmann*, in: Eichmann/von Falckenstein, Allgemeines zum Designrecht Rn. 32; *Wandtke*, in: Wandtke/Bullinger, Einl. Rn. 52; zu dem ehemaligen Merkmal der „Eigentümlichkeit" siehe etwa *Gottschalk*, 2005, S. 68 ff.; ferner *Schramm*, 2005, S. 56 f.; *Zentek*, 1998, S. 152 ff.

339 Näher zu den Schutzvoraussetzungen *Donle/Held/Nordemann-Schiffel/Nordemann*, GRUR Int. 2012, 995, 996; *Gottschalk*, 2005, S. 63 ff.; *Ohly*, ZEuP 2004, 296, 301 ff.; *Ohly*, GRUR 2007, 731, 732.

S. 1 GeschmMG (Art. 7 Abs. 1 GGV) ist ein Muster offenbart, wenn es bekannt gemacht, ausgestellt, im Verkehr verwendet oder auf sonstige Weise der Öffentlichkeit zugänglich gemacht wurde, es sei denn, dass dies den in der Gemeinschaft tätigen Fachkreisen des betreffenden Sektors im normalen Geschäftsverlauf vor dem Anmeldetag des Musters nicht bekannt sein konnte.

Eigenart hat ein Muster gemäß § 2 Abs. 3 S. 1 GeschmMG (Art. 6 Abs. 1 GGV), wenn sich der Gesamteindruck[340], den es beim informierten Benutzer[341] hervorruft, von dem Gesamteindruck unterscheidet, den ein anderes Muster bei diesem Benutzer hervorruft, das vor dem Anmeldetag offenbart worden ist. Bei der Beurteilung der Eigenart wird der Grad der Gestaltungsfreiheit des Entwerfers bei der Entwicklung des Musters berücksichtigt (§ 2 Abs. 3 S. 2 GeschmMG; Art. 6 Abs. 2 GGV).

Neuheit meint also die fehlende Identität mit vorbekannten Mustern und Eigenart meint die Unterscheidbarkeit von anderen vorbekannten Mustern, d.h. das Abweichen des Musters von einem vorbekannten Formenschatz.[342] Hingegen spielt es – anders als noch bei der vormaligen Voraussetzung der Eigentümlichkeit[343] – keine Rolle, ob eine individuelle Leistung des Entwerfers vorliegt, sodass auch durchschnittliche Leistungen geschmacksmusterrechtlich geschützt werden können.[344]

All dies zeigt, dass das Geschmacksmusterrecht sich vom Urheberrecht deutlich unterscheidet, also ein „aliud" darstellt.[345] Parallelen weist das Geschmacksmusterrecht dagegen hinsichtlich der Schutzvoraussetzungen zum Markenrecht und bezüglich der Schutzwirkungen zum Patentrecht auf.[346] Folglich erscheint die tradierte Auffassung, Urheber- und Geschmacksmusterrecht unterschieden sich nur graduell und nicht wesensmäßig, überholt.[347] Der Begründung für das Stufenverhältnis ist damit die Grundlage entzogen worden,

---

340 Siehe hierzu etwa *Ruhl*, GRUR 2010, 289 ff.

341 Zu dieser Beurteilungsperspektive *Eichmann*, GRUR-Prax 2010, 279, 280 f.; *Schramm*, 2005, S. 201 ff.

342 Vgl. *Eichmann*, in: Eichmann/von Falckenstein, § 2 Rn. 5, 11; *Eichmann*, GRUR-Prax 2010, 279 f.; *Wöhrn*, in: Wandtke, UrhR, 2. Kap. Rn. 57.

343 Siehe hierzu etwa *Gottschalk*, 2005, S. 68 ff. m.w.N.; *Schramm*, 2005, S. 56 f.

344 *Wöhrn*, in: Wandtke, UrhR, 2. Kap. Rn. 57; siehe auch *Berlit*, GRUR 2004, 635, 636 f.; vgl. ferner *Eichmann*, GRUR-Prax 2010, 279 ff.

345 *Wöhrn*, in: Wandtke, UrhR, 2. Kap. Rn. 54 m.w.N.

346 *Eichmann*, in: Eichmann/von Falckenstein, Allgemeines zum Designrecht Rn. 32.

347 So auch *Erdmann*, in: FS Loschelder, 2010, S. 61, 70; *Koschtial*, GRUR 2004, 555, 556; *Schramm*, 2005, S. 57 f.; kritischer dagegen *G. Schulze*, in: FS Ullmann, 2006, S. 93, 103 f.; a.A. *Heutz*, MMR 2005, 567, 570.

sodass an der durch das BVerfG[348] im Jahre 2005 (d.h. nach Novellierung des Geschmacksmusterrechts im Jahre 2004) bestätigten Rechtsprechung des BGH nicht mehr festgehalten werden kann.[349] Die früher herrschende Stufentheorie kann nicht mehr in Einklang mit der nunmehrigen Rechts- und Gesetzeslage gebracht werden.

Da die beiden Schutzsysteme nicht wesensgleich sind, kann nun auch nicht mehr argumentiert werden, für Werke der angewandten Kunst müsse eine höhere Schutzschwelle gelten, weil sie sowohl urheberrechtlich als auch geschmacksmusterrechtlich geschützt werden können.[350] Spätestens mit dem Wegfall des Stufenverhältnisses ist es also nicht mehr gerechtfertigt, für Werke der angewandten Kunst andere Schutzvoraussetzungen aufzustellen, als sie sonst im Urheberrecht gelten – wie beispielsweise auch für Werke der reinen bildenden Kunst –, sodass eine höhere Gestaltungshöhe im Bereich der angewandten Kunst spätestens seitdem nicht mehr verlangt werden kann.[351]

Im Übrigen ist das Argument des „Unterbaus" auch deshalb nicht überzeugend, da mit § 72 UrhG und §§ 87a UrhG auch bei Lichtbildwerken und Datenbankwerken ein „leistungsschutzrechtlicher Unterbau" existiert, für diese jedoch gleichwohl keine höheren Schutzuntergrenzen (mehr) gelten.[352]

---

348 BVerfG, Beschluss vom 26.1.2005 – 1 BvR 157/02 – Laufendes Auge, GRUR 2005, 410 ff.

349 So auch *Eichmann*, in: Eichmann/von Falckenstein, Allgemeines zum Designrecht Rn. 32; *Bullinger*, in: Wandtke/Bullinger, § 2 Rn. 98; *Wandtke*, in: Wandtke/Bullinger, Einl. Rn. 52; ausführlich *Koschtial*, GRUR 2004, 555 ff.; *A. Nordemann/Heise*, ZUM 2001, 128, 144 f.; siehe dazu BGH, Urteil vom 22.6.1995 – I ZR 119/93 – Silberdistel, GRUR 1995, 581, 582; *Heutz*, MMR 2005, 567, 570; *Ohly*, GRUR 2007, 731, 733.

350 So auch *Koschtial*, GRUR 2004, 555, 556; vgl. ferner *Ahlberg*, in: BeckOK UrhG, § 2 Rn. 110.

351 *Eichmann*, in: Eichmann/von Falckenstein, Allgemeines zum Designrecht Rn. 34; *Koschtial*, GRUR 2004, 555, 559; *Zentek*, WRP 2010, 73, 75; siehe ferner *Kur*, GRUR Int. 1998, 353, 358; *Loewenheim*, GRUR Int. 2004, 765, 766 f.; *A. Nordemann/Heise*, ZUM 2001, 128, 144 f.; *Schricker*, in: FS Kreile, 1994, S. 715, 721; *Schricker*, IIC 1995, 41, 47 f.; *Schricker*, GRUR 1996, 815, 819; zunächst offengelassen: LG Hamburg, Urteil vom 2.1.2009 – 308 O 255/07 – Bauhaus-Klassiker, GRUR-RR 2009, 211, 212; siehe aber auch *Gottschalk*, 2005, S. 139 f.; ferner anders *Ohly*, ZEuP 2004, 296, 307.

352 BGH, Urteil vom 24.5.2007 – I ZR 130/04 – Gedichttitelliste I, GRUR Int. 2007, 1037, 1039 f. (zu Datenbankwerken und Datenbanken); *Loewenheim*, GRUR Int. 2004, 765, 766; *Loewenheim*, in: Schricker/Loewenheim, § 2 Rn. 160; vgl. auch *G. Schulze*, in: Hilty/Geiger, 2007, S. 117, 122.

II. Weiterhin Möglichkeit des Doppelschutzes trotz unterschiedlicher Struktur und Schutzausrichtung

Urheberrecht und Geschmacksmusterschutz schließen sich gleichwohl auch weiterhin nicht aus. Vielmehr kann im Bereich der angewandten Kunst eine Kreation nach wie vor sowohl urheberrechtlich als auch geschmacksmusterrechtlich geschützt sein, wenn sie die jeweiligen Schutzvoraussetzungen erfüllt.[353] Die Möglichkeit dieses Doppelschutzes besteht auch nach dem Erlass der Geschmacksmuster-Richtlinie weiterhin.[354]

Ein möglicher zusätzlicher Geschmacksmusterschutz ändert aber nichts daran, dass für alle Werkarten einheitliche urheberrechtliche Schutzanforderungen gelten müssen: Wird die kleine Münze wie dargestellt etwa bei Schriftwerken und Musik geschützt, muss dies auch für sämtliche anderen Werkarten und damit auch für Werke der angewandten Kunst gelten.[355] Denn die Frage, ob ein Werk urheberrechtlich geschützt wird, ist unabhängig davon zu beantworten, ob das Werk zugleich auch durch das Geschmacksmusterrecht geschützt wird. Entscheidend kann nur das Vorliegen eines Mindestmaßes an schöpferischer Leistung sein.[356]

Die jeweilige Struktur und die Schutzausrichtung der beiden Schutzsysteme „Urheberrecht" und „Geschmacksmusterrecht" ist zudem wie dargestellt (mittlerweile) eine andere, sie verfolgen jeweils unterschiedliche Schutzzwecke und Ziele und gehen von verschiedenen Ausgangspunkten aus: Anders als im Urheberrecht muss im Geschmacksmusterrecht das Design eben nicht nur für den Designer, sondern auch für den maßgebenden Verkehrskreis neu sein, d.h., es bedarf hier nicht wie im Urheberrecht einer subjektiven Neuheit, sondern einer (relativ-) objektiven Neuheit.[357] Das Geschmacksmusterrecht ist ein gewerbliches anmeldepflichtiges (formalisiertes) Schutzrecht, das registriert werden muss, und bei dem

---

353 So auch *Eichmann*, in: Eichmann/von Falckenstein, Allgemeines zum Designrecht Rn. 32; siehe ferner *v. Gamm*, UrhG, Einf. Rn. 133 (S. 155); *Schack*, Rn. 232 m.w.N.; *Loewenheim*, in: Schricker/Loewenheim, § 2 Rn. 159; *Bullinger*, in: Wandtke/Bullinger, § 2 Rn. 97.

354 *Bullinger*, in: Wandtke/Bullinger, § 2 Rn. 98; Wandtke/Ohst, GRUR Int. 2005, 91, 92.

355 *G. Schulze*, in: Hilty/Geiger, 2007, S. 117, 124; *G. Schulze*, in: Loewenheim, § 9 Rn. 119 (im Zusammenhang mit dem Urheberrechtsschutz von Werken der Baukunst) m.w.N.; vgl. auch *Ahlberg*, in: BeckOK UrhG, § 2 Rn. 110.

356 So auch *Koschtial*, GRUR 2004, 555, 557.

357 *Koschtial*, GRUR 2004, 555, 556; *A. Nordemann/Heise*, ZUM 2001, 128, 134; vgl. auch *Hagen*, GRUR 1978, 137, 138; *Heydt*, GRUR Ausl. 1960, 197, 199; *Walter*, in: Walter, Europ. UrhR, Stand der Harmonisierung, 3. Kapitel Rn. 9.

vor allem die wirtschaftliche Verwertbarkeit und Nutzbarkeit einer Kreation im Vordergrund steht. Eine Vorveröffentlichung kann dabei neuheitsschädlich sein.[358] Das Urheberrecht hingegen ist ein anmeldeunabhängiges (formloses) Recht, das mit der Schöpfung des Werks entsteht und bei dem eines der zentralen Motive nicht zuletzt auch der Schutz der Urheberpersönlichkeit ist.[359]

Neben der Anmelde- und Eintragungspflicht hat das Geschmacksmusterrecht mit 25 Jahren auch eine deutlich kürzere Schutzdauer (§ 27 Abs. 2 GeschmMG). Dagegen bedarf es für den Schutz des Urheberrechts weder einer Anmeldung noch einer Eintragung und die Schutzdauer ist mit siebzig Jahren post mortem auctoris (§ 64 UrhG) im Vergleich zum Geschmacksmusterrecht deutlich länger, was für den Designer und seine Rechte einen bedeutenden Unterschied mit sich bringt.[360]

Eben auch aufgrund der unterschiedlichen Schutzvoraussetzungen und Schutzwirkungen der beiden Schutzsysteme ist nicht zu befürchten, dass das eine System zulasten des anderen Systems die Oberhand gewinnen wird. Wegen seiner starken Formalisierung (Anmeldepflicht, Registereintragung und damit verbundene Möglichkeit der Prioritätsbeanspruchung) bietet das Geschmacksmusterrecht in diesem Punkt im Vergleich zum Urheberrecht eine höhere Rechtssicherheit. Allein deshalb wird wohl auch nicht zu befürchten sein, dass im Falle einheitlicher – und damit bei Werken der angewandten Kunst herabgesenkter – Anforderungen an die Gestaltungshöhe ein Trend zur Vermeidung von Kosten und Formalien für einen Geschmacksmusterschutz eintreten wird.[361]

III. Vorgaben der Geschmacksmuster-Richtlinie und der Gemeinschaftsgeschmacksmuster-Verordnung

Auch aus den Vorgaben der Geschmacksmuster-Richtlinie[362] sowie der Gemeinschaftsgeschmacksmuster-Verordnung[363] folgt, dass nach dem Willen des

---

358 *Koschtial*, GRUR 2004, 555, 556.

359 Siehe dazu *Wandtke*, in: Wandtke/Bullinger, Einl. Rn. 5 f.

360 Vgl. dazu *G. Schulze*, in: Loewenheim, § 9 Rn. 98 f.

361 *Eichmann*, in: Eichmann/von Falckenstein, Allgemeines zum Designrecht Rn. 32.

362 Richtlinie 98/71/EG des Europäischen Parlaments und des Rates vom 13. Oktober 1998 über den rechtlichen Schutz von Mustern und Modellen, ABl. EG L 289/28 vom 28.10.1998.

363 Verordnung (EG) Nr. 6/2002 des Rates vom 12. Dezember 2001 über das Gemeinschaftsgeschmacksmuster, ABl. EG L 3/1 vom 5.1.2002, geändert durch Verordnung (EG) Nr. 1891/2006 des Rates vom 18. Dezember 2006 zur Änderung der Verordnungen (EG)

europäischen Gesetzgebers zwischen dem Urheberrecht und dem Geschmacksmusterrecht kein Stufenverhältnis mehr besteht und er diese als wesensverschieden betrachtet.[364] Vielmehr kommt in den genannten Regelungen zum Ausdruck, dass ein „doppelter Schutz" derselben Schöpfung möglich und von dem europäischen Normgeber zudem gewollt ist.

So regelt Art. 17 der Geschmacksmuster-Richtlinie das Verhältnis zum Urheberrecht. Dort heißt es: „Das nach Maßgabe dieser Richtlinie durch ein in einem oder mit Wirkung für einen Mitgliedstaat eingetragenes Recht an einem Muster geschützte Muster ist auch nach dem Urheberrecht dieses Staates von dem Zeitpunkt an schutzfähig, an dem das Muster geschaffen oder in irgendeiner Form festgelegt wurde. In welchem Umfang und unter welchen Bedingungen ein solcher Schutz gewährt wird, wird einschließlich der erforderlichen Gestaltungshöhe von dem einzelnen Mitgliedstaat festgelegt." Ferner bestimmt Erwägungsgrund 8 der Geschmacksmuster-Richtlinie: „Solange das Urheberrecht nicht harmonisiert ist, ist es wichtig, den Grundsatz der Kumulation des Schutzes nach dem einschlägigen Recht für den Schutz eingetragener Muster und nach dem Urheberrecht festzulegen, während es den Mitgliedstaaten freigestellt bleibt, den Umfang des urheberrechtlichen Schutzes und die Voraussetzungen festzulegen, unter denen dieser Schutz gewährt wird."

Daneben sieht Art. 96 Abs. 2 der Gemeinschaftsgeschmacksmuster-Verordnung vor: „Ein als Gemeinschaftsgeschmacksmuster geschütztes Muster ist ab dem Tag, an dem das Muster entstand oder in irgendeiner Form festgelegt wurde, auch nach dem Urheberrecht der Mitgliedstaaten schutzfähig. In welchem Umfang und unter welchen Bedingungen ein solcher Schutz gewährt wird, wird einschließlich des erforderlichen Grades der Eigenart vom jeweiligen Mitgliedstaat festgelegt." In Erwägungsgrund 32 der Verordnung heißt es: „In Ermangelung einer vollständigen Angleichung des Urheberrechts ist es wichtig, den Grundsatz des kumulativen Schutzes als Gemeinschaftsgeschmacksmuster und nach dem Urheberrecht festzulegen, während es den Mitgliedstaaten freigestellt bleibt, den Umfang des urheberrechtlichen Schutzes und die Voraussetzungen festzulegen, unter denen dieser Schutz gewährt wird."

Ein Design kann demnach durch das europäische Gemeinschaftsgeschmacksmuster- bzw. nationale Geschmacksmusterrecht sowie gleichzeitig durch das

---

Nr. 6/2002 und (EG) Nr. 40/94, mit der dem Beitritt der Europäischen Gemeinschaft zur Genfer Akte des Haager Abkommens über die internationale Eintragung gewerblicher Muster und Modelle Wirkung verliehen wird, ABl. EU L 386/14 vom 29.12.2006.

364 *A. Nordemann/Heise*, ZUM 2001, 128, 144.

Urheberrecht geschützt werden. Dieser Schutz ist gleichrangig sowie kumulativ möglich.[365] Auch der EuGH hat unlängst in einer Entscheidung festgehalten, dass sich das Geschmacksmusterrecht und das Urheberrecht nicht graduell voneinander unterscheiden. Er hat vielmehr ausdrücklich darauf hingewiesen, dass ein kumulativer Rechtsschutz möglich ist und an einer Gestaltung die beiden Schutzrechte nebeneinander bestehen können.[366] Es kann also nicht mehr argumentiert werden, dass der Anwendungsbereich des Geschmacksmusterrechts die Untergrenze für den Urheberrechtsschutz von angewandter Kunst nach oben verschiebe, damit sich die beiden Schutzrechte nicht überschneiden.[367]

Schließlich lässt sich aus den genannten Vorgaben und Erwägungen der Geschmacksmuster-Richtlinie und der Gemeinschaftsgeschmacksmuster-Verordnung auch nicht deshalb auf höhere Anforderungen an die Gestaltungshöhe bei Werken der angewandten Kunst schließen, weil sie die Festlegung der Voraussetzungen einer urheberrechtlichen Schutzfähigkeit von Werken der angewandten Kunst einschließlich der erforderlichen Gestaltungshöhe dem jeweiligen nationalen Gesetzgeber überlassen. Denn auch wenn damit, insbesondere durch Art. 17 S. 2 der Geschmacksmuster-Richtlinie, eine Regelungsbefugnis der Mitgliedstaaten in Bezug auf die urheberrechtlichen Schutzvoraussetzungen einschließlich der Gestaltungshöhe anerkannt wird – ohne Differenzierung nach Werkart –,[368] kann daraus nicht gefolgert werden, dass die zu erreichende Gestaltungshöhe bei Werken der angewandten Kunst höher anzusetzen sei.[369] Denn mit der Anerkennung der Regelungsbefugnis der Mitgliedstaaten wird keine Aussage dergestalt getroffen, dass für Werke der angewandten Kunst andere Schutzvoraussetzungen gelten sollen als für sonstige Werkarten. Eine Aussage über unterschiedliche Schutzvoraussetzungen je

---

365 *Handig*, GRUR Int. 2012, 9, 11 m.w.N.; vgl. auch *Donle/Held/Nordemann-Schiffel/Nordemann*, GRUR Int. 2012, 995 und 1000; ferner *Kur*, in: Hilty/Geiger, 2007, S. 193, 204 ff.; anders *Ohly*, ZEuP 2004, 296, 307 („Damit kann die deutsche Rechtsprechung ihre bisherige Linie durchaus beibehalten.").

366 EuGH, Urteil vom 27.1.2011 – Rs. C-168/09 – Flos/Semeraro (Flos SpA/Semeraro Casa e Famiglia SpA), Slg. 2011, I-181 Rn. 36 ff.; siehe dazu *Heinze*, 2 (2011) JIPITEC, 97 Rn. 28 Fn. 132, Rn. 30 Fn. 157; ferner *Donle/Held/Nordemann-Schiffel/Nordemann*, GRUR Int. 2012, 995, 1000; *Handig*, GRUR Int. 2012, 9, 11.

367 *Loewenheim*, GRUR Int. 2004, 765, 767; ferner *Handig*, GRUR Int. 2012, 9, 11.

368 *Koschtial*, GRUR 2004, 555, 559; anders aber *Erdmann*, in: FS Loschelder, 2010, S. 61, 72; offengelassen *Kur*, in: Hilty/Geiger, 2007, S. 193, 197; vgl. dazu auch *v. Ungern-Sternberg*, GRUR 2010, 273 Fn. 3.

369 So aber *Erdmann*, in: FS Loschelder, 2010, S. 61, 72; tendenziell offengelassen *Heinze*, 2 (2011) JIPITEC, 97 Rn. 28 Fn. 132, Rn. 30 Fn. 157.

nach Werkart ist in den in Rede stehenden EU-Vorgaben nicht enthalten und dort auch nicht angelegt.

IV. Zwischenergebnis

Aus dem vorstehend Darlegten folgt, dass das im deutschen Recht im Bereich der angewandten Kunst bislang praktizierte Ansetzen eines höheren Schutzniveaus insbesondere auch nicht mehr mit der Begründung haltbar ist, es komme jedenfalls ein Rechtsschutz nach dem Geschmacksmusterrecht in Betracht.[370]

F. Das nicht eingetragene Gemeinschaftsgeschmacksmuster

Erfüllt ein Design wie dargestellt die Schutzvoraussetzungen der Neuheit und Eigenart, kann es bei entsprechender Anmeldung sowie Eintragung in das Register als nationales Geschmacksmuster geschützt werden, §§ 2, 11, 27, 38 GeschmMG.

Außerdem besteht mit der seit dem Jahre 2002 geltenden Gemeinschaftsgeschmacksmuster-Verordnung (GGV)[371] die Möglichkeit des Erlangens eines eingetragenen Gemeinschaftsgeschmacksmusters, welches das Design gemäß Art. 1 Abs. 2 lit. b GGV EU-weit schützt.[372]

Zudem ist nach der GGV ein EU-weit geltender Geschmacksmusterschutz gegen Nachahmung auch ohne Anmeldung und Eintragung möglich (nicht eingetragenes Gemeinschaftsgeschmacksmuster), wenn eine Offenbarung des Musters in einem Mitgliedstaat stattgefunden hat (vgl. Art. 1 Abs. 2 lit. a, 19 Abs. 2 GGV)[373] und vor dem Tag der erstmaligen Zugänglichmachung kein identisches Muster

---

370 So auch *Handig*, GRUR Int. 2012, 9, 11 m.w.N.

371 Verordnung (EG) Nr. 6/2002 des Rates vom 12. Dezember 2001 über das Gemeinschaftsgeschmacksmuster, ABl. EG L 3/1 vom 5.1.2002, geändert durch Verordnung (EG) Nr. 1891/2006 des Rates vom 18. Dezember 2006 zur Änderung der Verordnungen (EG) Nr. 6/2002 und (EG) Nr. 40/94, mit der dem Beitritt der Europäischen Gemeinschaft zur Genfer Akte des Haager Abkommens über die internationale Eintragung gewerblicher Muster und Modelle Wirkung verliehen wird, ABl. EU L 386/14 vom 29.12.2006.

372 *Bullinger*, in: Wandtke/Bullinger, § 2 Rn. 98.

373 *Bullinger*, in: Wandtke/Bullinger, § 2 Rn. 98; ausführlich *Klawitter*, EWS 2002, 357 ff.; *Rahlf/Gottschalk*, GRUR Int. 2004, 821 ff.

gemäß Art. 7 Abs. 1 GGV der Öffentlichkeit bereits zugänglich gemacht wurde.[374] Im Übrigen gelten die gleichen Schutzvoraussetzungen (Neuheit, Eigenart) wie für das eingetragene Geschmacksmuster.[375]

Damit entfallen zwar die für das eingetragene Geschmacksmusterrecht bestehenden formellen Voraussetzungen der Anmeldung, Eintragung samt Entrichtung der entsprechenden Gebühren. Letztlich nützt dieses kosten- und formlos gewährte Schutzrecht dem Designer jedoch eher wenig:

So ist das nicht eingetragene Gemeinschaftsgeschmacksmusterrecht mit einer kurzen Schutzdauer von gerade einmal drei Jahren ausgestattet (Art. 11 Abs. 1 GGV), in der Regel erstrebt der Designer aber für die für ihn relevanten Gestaltungen einen längerfristigen Schutz.[376] Denn nur dann hat er eine gewisse Planungssicherheit und kann seinen Lebensunterhalt auf lange Sicht sichern.

Zudem ist der Schutzbereich des nicht eingetragenen Gemeinschaftsgeschmacksmusters im Vergleich zu dem des eingetragenen Gemeinschaftsgeschmacksmusters deutlich eingeschränkt: Anders als Letzteres (siehe hierzu Art. 19 Abs. 1 GGV) schützt es nämlich nicht generell gegen die Benutzung durch Dritte, sondern nur gegen solche Benutzungshandlungen, die das Ergebnis einer Nachahmung des geschützten Musters sind (Art. 19 Abs. 2 GGV), also eine wissentliche Kopie darstellen.[377]

Ob Beweiserleichterungen für den in der Praxis schwer nachweisbaren Fall der Nachahmung zugunsten des Schutzrechtsinhabers greifen,[378] ist höchstrichterlich bislang noch nicht geklärt. Der BGH hat die Frage dem EuGH mit Beschluss vom 16. August 2012 zur Vorabentscheidung vorgelegt;[379] der EuGH hat hierüber bislang noch nicht entschieden.

---

374 *Donle/Held/Nordemann-Schiffel/Nordemann*, GRUR Int. 2012, 995, 996; *Klawitter*, EWS 2002, 357, 358.

375 *Donle/Held/Nordemann-Schiffel/Nordemann*, GRUR Int. 2012, 995, 996; *Klawitter*, EWS 2002, 357, 358.

376 So auch *Wöhrn*, in: Wandtke, UrhR, 2. Kap. Rn. 55; vgl. zudem *Kur*, in: Hilty/Geiger, 2007, S. 193, 197; anders aber z.B. BVerfG, Beschluss vom 26.1.2005 – 1 BvR 157/02 –Laufendes Auge, GRUR 2005, 410, 411; *Gottschalk*, 2005, S. 282; *Ohly*, ZEuP 2004, 296, 308; *Ohly*, GRUR 2007, 731, 733; *Schack*, Rn. 232; *Schack*, Kunst und Recht, Rn. 806; *Schramm*, 2005, S. 114.

377 *Heutz*, MMR 2005, 567, 571; *Zentek*, 2008, S. 103; ferner *Gottschalk*, 2005, S. 89 f.; *Rahlf/Gottschalk*, GRUR Int. 2004, 821, 822.

378 Vgl. *Schramm*, 2005, S. 104; ferner *Gottschalk*, 2005, S. 90 f.

379 BGH, Beschluss vom 16.8.2012 – I ZR 74/10 – Gartenpavillon, GRUR Int 2012, 1140 ff.

Bei dem nicht eingetragenen Gemeinschaftsgeschmacksmuster handelt es sich demnach – anders als im Falle des eingetragenen Gemeinschaftsgeschmacksmusters – nicht um ein „Ausschließlichkeitsrecht mit absoluter Sperrwirkung".[380]

G. Zwischenfazit

Anhaltspunkte oder eine sachliche Rechtfertigung dafür, im Bereich der angewandten Kunst strengere Voraussetzungen für einen Urheberrechtsschutz in Form einer deutlich höheren Gestaltungshöhe verlangen zu können, konnten vorstehend nicht ausgemacht werden. Vielmehr konnte verdeutlicht werden, dass für den urheberrechtlichen Schutz von Werken der angewandten Kunst die gleichen Voraussetzungen wie für alle anderen Werkarten zu prüfen sind, insbesondere auch wie für Werke der reinen bildenden Kunst. Die zu erreichende Gestaltungshöhe ist demnach bei sämtlichen Werkarten einheitlich zu bemessen.

Unter Berücksichtigung der Rechtsprechung im Bereich der angewandten Kunst und den dort verlangten erhöhten Anforderungen an die Schöpfungshöhe hätte das Anlegen einheitlicher urheberrechtlicher Schutzvoraussetzungen für sämtliche Werkarten auch zu einer allgemeinen Anhebung der Anforderungen an die Gestaltungshöhe führen können.[381] Es wurde jedoch ein anderer Weg eingeschlagen, wie die Schutzfähigkeit der kleinen Münze in vielen Bereichen urheberrechtlicher Tätigkeit zeigt und wie zudem – was im Folgenden aufgezeigt werden wird – mittlerweile durch die Urheberrechtsentwicklungen auf europäischer Ebene vorgegeben wird.[382] Aufgrund dieser Entwicklungen ist eine generelle Anhebung der an die Schöpfungshöhe gestellten Anforderungen bei sämtlichen Werkarten nicht mehr möglich.

---

380 *Klawitter*, EWS 2002, 357, 359; ferner *Gottschalk*, 2005, S. 89.

381 Vgl. *Haberstumpf*, NJW 1991, 2105, 2109 f.; *Koschtial*, GRUR 2004, 555, 559; vgl. auch *Schack*, Rn. 298, der für ein Hinausdrängen der kleinen Münze aus dem Urheberrecht eintritt.

382 Vgl. dazu *Koschtial*, GRUR 2004, 555, 559; *Loewenheim*, GRUR Int. 1997, 285, 288; *Loewenheim*, GRUR Int. 2004, 765, 767.

4. Teil: Unvereinbarkeit der unterschiedlichen – bei Werken der angewandten Kunst höheren – Anforderungen an die Gestaltungshöhe mit den Vorgaben des urheberrechtlichen acquis communautaire

Wie in nahezu sämtlichen Rechtsbereichen beeinflussen europarechtliche Vorgaben und Entwicklungen auch das Urheberrecht spürbar. Die Grundlage im Bereich des Urheberrechts bildet der urheberrechtliche „acquis communautaire“[383] (Näheres zum Begriff sogleich im folgenden Abschnitt). Dieser kann zum Verständnis und zur Inhaltsermittlung von für das europäische Urheberrecht relevanten Begrifflichkeiten herangezogen werden. So soll beispielsweise nach Erwägungsgrund 21 der „Informations-Richtlinie“ aus dem Jahre 2001[384] zur Ermittlung der unter die Richtlinie fallenden Handlungen auf den acquis communautaire zurückgegriffen werden. Dort heißt es: „Diese Richtlinie sollte den Umfang der unter das Vervielfältigungsrecht fallenden Handlungen in Bezug auf die verschiedenen Begünstigten bestimmen. Dabei sollte der gemeinschaftliche Besitzstand zugrunde gelegt werden. Um die Rechtssicherheit im Binnenmarkt zu gewährleisten, muss die Definition dieser Handlungen weit gefasst sein.“

Der acquis kann folglich auch bei der Auslegung von Rechtsbegriffen wie dem des urheberrechtlichen „Werks“ als Grundlage dienen, für dessen nähere Bestimmung er eine Reihe von Vorgaben liefert.

Wie im Folgenden gezeigt werden wird, ist es mit den Vorgaben des urheberrechtlichen acquis communautaire nicht in Einklang zu bringen, je nach Werkart ein unterschiedlich hohes Maß an Gestaltungshöhe zur Erfüllung der Werkvoraussetzungen zu verlangen (fehlende Europarechtskonformität). Mit Blick auf die Vorgaben des acquis sowie die Bedeutung der Urheberrechte im Unionsrechtsgefüge ist lediglich ein sämtliche Werkarten umfassendes, weites Begriffsverständnis des „Werks“ haltbar.[385]

---

383 *Wirtz*, in: Bröcker/Czychowski/Schäfer, § 8 Rn. 24 m.w.N.; *Wandtke*, in: Wandtke/Bullinger, Einl. Rn. 24.

384 Richtlinie 2001/29/EG des Europäischen Parlaments und des Rates vom 22. Mai 2001 zur Harmonisierung bestimmter Aspekte des Urheberrechts und der verwandten Schutzrechte in der Informationsgesellschaft, ABl. EG L 167/10 vom 22.6.2001 (Umsetzungsfrist gemäß Art. 13 Abs. 1 der Richtlinie: 22.12.2002).

385 Vgl. *Roth*, Anm. EuGH, C-145/10 – Painer/Standard, EuZW 2012, 189.

A. Begriff und Bedeutung des acquis communautaire

I. Begriff des „acquis communautaire“

Unter dem Begriff des „acquis communautaire“ (unionaler[386], auch unionsrechtlicher[387] oder europarechtlicher[388] – vormals gemeinschaftlicher – Besitzstand) ist die Gesamtheit des geschriebenen und ungeschriebenen Primär- und Sekundärrechts in der Ausgestaltung der Rechtsprechung der europäischen Gerichte unter Einschluss der völkerrechtlichen Verträge der Union zu verstehen.[389]

1. (Geschriebenes) Primär- und Sekundärrecht

Das gesamte Primärrecht kommt durch völkerrechtliche Verträge zwischen den EU-Mitgliedstaaten zustande.[390] Die Grundlage des primären Unionsrechts bilden gegenwärtig die konsolidierte Fassung des Vertrags über die Europäische Union (EUV), der Vertrag über die Arbeitsweise der Europäischen Union (AEUV) sowie der EURATOM-Vertrag.[391] Letzterer steht nach wie vor selbstständig für sich und wurde nicht in die beiden anderen Verträge integriert.[392] Ferner wird die Charta der Grundrechte[393] durch den Vertrag von Lissabon rechtsverbindlich und für rechtlich gleichrangig mit EUV und AEUV erklärt (Art. 6 Abs. 1 EUV). Anders als noch im Verfassungsvertragsentwurf vorgesehen wurde sie jedoch nicht in die Verträge aufgenommen.[394] Die Grundrechte-Charta ist Teil der „objektiven europäischen

---

386 *Haratsch/Koenig/Pechstein*, Rn. 103.

387 *Cremer*, in: Calliess/Ruffert, Art. 49 EUV Rn. 6.

388 *Hobe*, Europarecht, § 6 Rn. 21.

389 *Cremer*, in: Calliess/Ruffert, Art. 49 EUV Rn. 6; *Wandtke*, in: Wandtke/Bullinger, Einl. Rn. 24; ferner *Hobe*, Europarecht, § 6 Rn. 21; *Schack*, ZEuP 2000, 799, 800 f.; *Streinz*, Europarecht, Rn. 100.

390 *Streinz*, Europarecht, Rn. 3.

391 *Hatje/Kindt*, NJW 2008, 1761; *Hobe*, Europarecht, §10 Rn. 7.

392 *Winkler*, in: Bergmann (Hrsg.), zu: Atomgemeinschaft, Europäische (EURATOM/EAG) – II. Rechtliche Struktur; ferner *Hobe*, Europarecht, §10 Rn. 7.

393 Charta der Grundrechte der Europäischen Union vom 7. Dezember 2000 in der am 12. Dezember 2007 geänderten Fassung, 2007/C 303/01, ABl. EU C 303/1 vom 14.12.2007, konsolidierte Fassung (2010/C 83/02): ABl. EU C 83/389 vom 30.3.2010.

394 *Streinz*, Europarecht, Rn. 64; *Streinz/Ohler/Herrmann*, Lissabon, S. 42; vgl. hierzu auch *Kokott/Sobotta*, EuGRZ 2010, 265 ff.; *Pache/Rösch*, EWS 2009, 393, 395; *Schulte-Herbrüggen*, ZEuS 2009, 343, 347 f.

Werteordnung“[395] und als rechtsverbindliches Primärrecht sowohl von den Organen, Einrichtungen und sonstigen Stellen der EU als auch von den Mitgliedstaaten bei der Durchführung und Anwendung des Unionsrechts zu beachten.[396] Nach Art. 17 Abs. 2 der Grundrechte-Charta wird geistiges Eigentum geschützt, das Urheberrecht eingeschlossen.[397]

Das sekundäre Unionsrecht („organgeschaffenes“ oder „abgeleitetes Unionsrecht“[398]) umfasst die von den Organen der Europäischen Union nach Maßgabe der Verträge erlassenen Rechtsakte.[399] Als Handlungsinstrumente stehen den Unionsorganen dafür nach Art. 288 AEUV Verordnungen, Richtlinien, Beschlüsse, Empfehlungen und Stellungnahmen zur Verfügung. Art. 288 AEUV hat damit den Katalog des Art. 249 EGV weitgehend übernommen und nur die Entscheidung durch den Beschluss ersetzt.[400] Verordnungen, Richtlinien und Beschlüsse sind von verbindlicher Natur; Empfehlungen und Stellungnahmen stellen hingegen unverbindliche Maßnahmen dar, die gleichwohl ebenfalls Rechtscharakter besitzen.[401]

---

395 *Ritter*, NJW 2010, 1110, 1111.

396 *Nowak*, IV Rn. 9; *Schima*, in: Hummer/Obwexer, S. 325, 327; *Kingreen*, EuR 2010, 338, 357 ff.; *Kokott/Sobotta*, EuGRZ 2010, 265, 267 f.; *Pache/Rösch*, EuZW 2008, 519; *Pache/Rösch*, EWS 2009, 393, 395 ff.; *Ritter*, NJW 2010, 1110, 1113; *Schulte-Herbrüggen*, ZEuS 2009, 343, 351; *Ziegenhorn*, NVwZ 2010, 803, 806 ff.; Allerdings haben sich Polen und das Vereinigte Königreich eine Einschränkung der Anwendung der Charta durch ein Protokoll vorbehalten (Protokoll Nr. 7 (ABl. EU C 306/156 vom 17.12.2007) bzw. Nr. 30 (ABl. EU C 83/313 vom 30.3.2010) über die Anwendung der Charta der Grundrechte der Europäischen Union auf Polen und das Vereinigte Königreich), ein entsprechendes Protokoll, das mit dem nächsten Beitrittsvertrag ratifiziert werden soll, wurde der Tschechischen Republik im Zusammenhang mit der Ratifikation des Vertrages von Lissabon zugesichert, dazu *Streinz*, Europarecht, Rn. 734; *Streinz/Ohler/Herrmann*, Lissabon, S. 126 f.; ferner *Haratsch/Koenig/Pechstein*, Rn. 661 m.w.N.; *Hatje/Kindt*, NJW 2008, 1761, 1766 f.; *Schima*, in: Hummer/Obwexer, S. 325, 334 ff.; *Kokott/Sobotta*, EuGRZ 2010, 265, 270 f.; *Nowak*, IV Rn. 10 m.w.N.; *Pache/Rösch*, EuZW 2008, 519, 520; *Pache/Rösch*, EWS 2009, 393, 397 f.; *Schulte-Herbrüggen*, ZEuS 2009, 343, 364 ff.

397 *Calliess*, in: Calliess/Ruffert, Art. 17 GRCh Rn. 5 m.w.N.; *Wandtke*, in: Wandtke/Bullinger, Einl. Rn. 26 f. m.w.N.; siehe ferner *Aschenbrenner*, ZUM 2005, 145, 146 f.; siehe hierzu auch EuGH, Urteil vom 12.9.2006 – Rs. C-479/04 – Laserdisken (Laserdisken ApS/Kulturministeriet), Slg. 2006, I-8089 Rn. 65; EuGH, Urteil vom 29.1.2008 – Rs. C-275/06 – Promusicae (Productores de Música de España (Promusicae)/Telefónica de España SAU), Slg. 2008, I-271 Rn. 62.

398 *Haratsch/Koenig/Pechstein*, Rn. 366, 453.

399 *Hobe*, Europarecht, § 10 Rn. 19; *Streinz*, Europarecht, Rn. 4.

400 *Hobe*, Europarecht, § 10 Rn. 19.

401 *Haratsch/Koenig/Pechstein*, Rn. 375.

2. Ungeschriebenes Unionsrecht: Gewohnheitsrecht und allgemeine Rechtsgrundsätze

Das ungeschriebene Unionsrecht ist abhängig von seinem jeweiligen Inhalt dem Primär- oder dem Sekundärrecht zuzuordnen.[402] Es umfasst zum einen das europäische Gewohnheitsrecht,[403] das sich auf eine allgemeine und beständige Übung („consuetudo") der maßgeblichen Rechtssubjekte stützt, die diese in der Annahme betreiben, aufgrund eines Rechtssatzes an ein bestimmtes Verhalten gebunden zu sein („opinio iuris sive necessitatis").[404] Beispiele sind etwa die Möglichkeit der Vertretung der Mitgliedstaaten im Ministerrat durch einen Staatssekretär[405] oder die über längere Zeit widerspruchslos hingenommene erweiternde Auslegung des geschriebenen Unionsrechts durch die EuGH-Rechtsprechung.[406] Bei Letzterem kann allerdings die Abgrenzung gegenüber der richterlichen Konkretisierung der Verträge schwierig sein.[407]

Zum anderen umfasst das ungeschriebene Unionsrecht die spezifischen europarechtlichen allgemeinen Rechtsgrundsätze (die aus den Besonderheiten des Unionsrechts resultieren)[408] sowie die aus den gemeinsamen Verfassungsüberlieferungen der Länder folgenden allgemeinen Rechtsgrundsätze (siehe Art. 340 Abs. 2 und Abs. 3 AEUV).[409] Im Vergleich zum europäischen Gewohnheitsrecht sind die allgemeinen Rechtsgrundsätze von weitaus höherer Relevanz für die Praxis.[410] Sie können aufgrund des im Unionsrecht geltenden Prinzips der begrenzten Einzelermächtigung nur im Rahmen der Zuständigkeit der EU entstehen.[411]

Spezifische allgemeine europarechtliche Rechtsgrundsätze sind z.B. der Grundsatz der Einheit der Rechtsordnung, der Grundsatz europarechtsfreundlichen Verhaltens, der Grundsatz des Vorrangs des Unionsrechts, der Grundsatz der unmittelbaren Wirkung sowie der unionsrechtliche Staatshaftungsanspruch.[412]

---

402 *Haratsch/Koenig/Pechstein*, Rn. 368 f.; 376 f.; *Streinz*, Europarecht, Rn. 7.

403 *Haratsch/Koenig/Pechstein*, Rn. 430; *Hobe*, Europarecht, § 10 Rn. 16; *Nettesheim*, in: Oppermann/Classen/Nettesheim, § 9 Rn. 29.

404 Kritisch *Schwarze*, in: Schwarze, Art. 19 EUV Rn. 29.

405 *Haratsch/Koenig/Pechstein*, Rn. 368; *Hobe*, Europarecht, § 10 Rn. 17; *Nettesheim*, in: Oppermann/Classen/Nettesheim, § 9 Rn. 30.

406 *Hobe*, Europarecht, § 10 Rn. 17; siehe dazu *Bleckmann*, EuR 1981, 101, 102 ff.

407 Näher *Nettesheim*, in: Oppermann/Classen/Nettesheim, § 9 Rn. 30.

408 *Hobe*, Europarecht, § 10 Rn. 12 f.; zu deren „Nachweis" *Meessen*, JIR 17 (1974), 283 ff.

409 *Hobe*, Europarecht, § 10 Rn. 12; *Rodríguez Iglesias*, NJW 1999, 1, 4 ff.

410 *Streinz*, Europarecht, Rn. 7; *Haratsch/Koenig/Pechstein*, Rn. 434.

411 *Haratsch/Koenig/Pechstein*, Rn. 435; *Streinz*, Europarecht, Rn. 454.

412 *Hobe*, Europarecht, § 10 Rn. 12.

Zu den sich aus den gemeinsamen Verfassungsüberlieferungen der Mitgliedstaaten ergebenden allgemeinen Rechtsgrundsätzen zählen beispielsweise der Grundsatz rechtlichen Gehörs, der Grundsatz von Treu und Glauben, die Verwirkung, der Grundsatz „venire contra factum proprium", das Rückwirkungsverbot sowie der Verhältnismäßigkeitsgrundsatz.[413] Ihnen liegt die Vorstellung zugrunde, dass die Mitgliedstaaten das, was sie innerstaatlich übereinstimmend als Recht ansehen, auch in den Beziehungen zu den anderen Mitgliedstaaten als Recht betrachten.[414] Der EuGH ermittelt diese allgemeinen Rechtsgrundsätze im Wege wertender (auch: „selektiver"[415]) Rechtsvergleichung,[416] wobei die Rechtsordnungen der EU-Mitgliedstaaten lediglich als Rechtserkenntnisquellen dienen, d.h. nicht selbst Rechtsquelle sind.[417] Es erfolgt also nicht eine bloße Übernahme der nationalen Normen in das Unionsrecht, vielmehr gelangt der EuGH durch Betrachtung und Vergleich der nationalen Regelungen zu einem eigenen originär unionsrechtlichen Rechtssatz.[418]

Eine „Positivierung" allgemeiner Rechtsgrundsätze durch Niederlegung in geschriebenes Recht kann jederzeit erfolgen, wie etwa die Aufnahme des Subsidiaritätsprinzips und des Verhältnismäßigkeitsgrundsatzes in Art. 5 Abs. 1 S. 2, Abs. 3, 4 EUV zeigen.[419]

3. Völkerrecht

Auch das Völkerrecht ist für das Unionsrecht von Bedeutung: Die von der EU erworbenen und übernommenen völkerrechtlichen Rechte und Pflichten sind gemäß Art. 216 Abs. 2 AEUV für die Organe der EU und die EU-Mitgliedstaaten verbindlich und stellen nach ständiger Rechtsprechung des EuGH einen „integrierenden Bestandteil" der Unionsrechtsordnung dar.[420] Im Bereich der

413 *Hobe*, Europarecht, § 10 Rn. 12.

414 *Haratsch/Koenig/Pechstein*, Rn. 434; ausführlich *Nettesheim*, in: Oppermann/Classen/Nettesheim, § 9 Rn. 29 ff.

415 *Herdegen*, Europarecht, § 8 Rn. 15.

416 *Haratsch/Koenig/Pechstein*, Rn. 434; *Herdegen*, Europarecht, § 8 Rn. 15; *Meessen*, JIR 17 (1974), 283, 301 f. m.w.N.

417 *Haratsch/Koenig/Pechstein*, Rn. 434.

418 *Bleckmann/Pieper*, in: Dauses, Bd. 1, B. I. Rn. 61; *Haratsch/Koenig/Pechstein*, Rn. 434.

419 *Nettesheim*, in: Oppermann/Classen/Nettesheim, § 9 Rn. 32.

420 EuGH, Urteil vom 30.4.1974 – Rs. C-181/73 – Haegemann/Belgischer Staat, Slg. 1974, 449 Rn. 2/6; vgl. auch EuGH, Urteil vom 26.10.1982 – Rs. C-104/81

EU-Binnenorganisation und in Bezug auf die Ordnung der Beziehungen zwischen der EU, den Mitgliedstaaten und den Personen in der EU verdrängt bzw. überlagert das primäre Unionsrecht jedoch das allgemeine Völkerrecht.[421] Nur soweit im Primärrecht vorgesehen, ist dann ein Rückgriff auf das Völkerrecht möglich.[422] Vorrang haben die völkerrechtlichen Verträge der Union dagegen vor dem sekundären Unionsrecht.[423] Auch wenn ausgehend vom Modell des „gemäßigten Dualismus" völkerrechtswidriges EU-Sekundärrecht nicht automatisch nichtig ist, trifft die EU nach ständiger Rechtsprechung des EuGH grundsätzlich die Pflicht, ihre Rechtsordnung in Einklang mit dem Völkerrecht zu bringen.[424]

Kooperiert die EU im „allgemeinen Völkerrechtsraum", d.h. als Rechtssubjekt des Völkerrechts mit anderen völkerrechtlichen Rechtssubjekten wie Drittstaaten oder internationalen Organisationen, gelten die Bestimmungen des Völkerrechts für die EU gleichermaßen wie für ein sonstiges Völkerrechtssubjekt.[425] Außer durch die von der Union abgeschlossenen völkerrechtlichen Verträge kann das Völkerrecht dabei in Form von Völkergewohnheitsrecht sowie allgemeinen völkerrechtlichen Rechtsgrundsätzen zur Anwendung kommen (völkerrechtliche Rechtsquellen, Art. 38 Abs. 1 IGH-Statut).[426]

– Hauptzollamt Mainz/Kupferberg & Cie., Slg. 1982, 3641 Rn. 13; *Herrnfeld*, in: Schwarze, Art. 217 AEUV Rn. 18; *Streinz*, Europarecht, Rn. 531; ferner *Riesenhuber*, in: Riesenhuber, 2007, S. 113, 119; *Rosenkranz*, EuZW 2007, 238, 239 ff.

421 *Nettesheim*, in: Oppermann/Classen/Nettesheim, § 9 Rn. 152; ausführlich *Schwarze*, EuR 1983, 1 ff.; ferner *Hobe/Müller-Sartori*, JuS 2002, 8, 12 m.w.N.

422 Std. Rspr., z.B. EuGH, Urteil vom 12.12.1972 – verbundene Rs. C-21 bis 24/72 – International Fruit Company u.a./Produktschap voor Groenten en Fruit, Slg. 1972, 1219 Rn. 7/9 sowie Urteilstenor zu 1; EuGH, Urteil vom 14.7.1976 – verbundene Rs. C-3, 4 und 6/76 u.a. – Cornelis Kramer u.a., Slg. 1976, 1279 Rn. 16.

423 *Haratsch/Koenig/Pechstein*, Rn. 447; *Hobe*, Europarecht, § 10 Rn. 81; siehe ferner *Herrnfeld*, in: Schwarze, Art. 217 AEUV Rn. 18.

424 *Nettesheim*, in: Oppermann/Classen/Nettesheim, § 9 Rn. 157; *Petersmann*, EuZW 1997, 325 ff.

425 *Herdegen*, Europarecht, § 5 Rn. 1, 3; *Hobe*, Europarecht, § 10 Rn. 76; *Nettesheim*, in: Oppermann/Classen/Nettesheim, § 9 Rn. 153; näher *Hobe/Müller-Sartori*, JuS 2002, 8, 12 m.w.N.; siehe auch *Haratsch/Koenig/Pechstein*, Rn. 68 ff., 439, 445; *Streinz*, Europarecht, Rn. 1192 ff., 1203 ff.

426 *Haratsch/Koenig/Pechstein*, Rn. 453; *Herdegen*, Europarecht, § 5 Rn. 1, 3; *Nettesheim*, in: Oppermann/Classen/Nettesheim, § 9 Rn. 153.

II. Bedeutung des „acquis communautaire"

Die umfassende Übernahme des „acquis communautaire" in der Auslegung und Fortbildung durch den EuGH für das gesamte bisherige geschriebene und ungeschriebene Primär- und Sekundärrecht ist eine der Beitrittsbedingungen für einen neuen Mitgliedstaat zur Europäischen Union.[427] Dieses „besitzstandsbezogene Kriterium" legte der Europäische Rat von 1993 in Kopenhagen erstmals neben weiteren „wirtschaftlichen", „politischen" sowie anderen Kriterien (z.B. dass die innere Ordnung demokratischen und rechtsstaatlichen Grundsätzen entspricht und dass eine funktionsfähige Marktwirtschaft existiert) in den sogenannten „Kopenhagener Kriterien" fest.[428] Diese finden im Rahmen des EU-Beitrittsverfahrens Berücksichtigung und haben mittlerweile ausdrücklich in Art. 49 Abs. 1 S. 4 EUV Eingang in das Primärrecht gefunden.[429] Im Falle eines EU-Beitritts ist eine sukzessive Übernahme des acquis in der Regel ausreichend.[430]

Die Europäische Kommission hat den „acquis communautaire" seinerzeit folgendermaßen umschrieben: „Mit seiner Mitgliedschaft in den Gemeinschaften akzeptiert der antragstellende Staat vorbehaltlos die Verträge und ihre politische Zielsetzungen, die seit Inkrafttreten der Verträge gefassten Beschlüsse jeglicher Art sowie die hinsichtlich des Ausbaus und der Stärkung der Gemeinschaften getroffenen Optionen."[431]

---

427 *Cremer*, in: Calliess/Ruffert, Art. 49 EUV Rn. 6; *Frenz*, Bd. 5, Kap. 5 § 3 Rn. 505 m.w.N.; *Ohler*, in: Grabitz/Hilf/Nettesheim, Art. 49 EUV Rn. 44; *Herrnfeld*, in: Schwarze, Art. 49 EUV Rn. 11; *Pechstein*, in: Streinz, Art. 49 EUV Rn. 6.

428 Europäischer Rat Kopenhagen, 21.-22. Juni 1993 – Schlussfolgerungen des Vorsitzes, SN 180/1/93 (abrufbar unter: http://www.consilium.europa.eu/ueDocs/cms_Data/docs/pressData/de/ec/72924.pdf, zuletzt abgerufen am 01.06.2013); *Bieber/Epiney/Haag*, § 1 Rn. 39; *Cremer*, in: Calliess/Ruffert, Art. 49 EUV Rn. 10 m.w.N.; *Ohler*, in: Grabitz/Hilf/Nettesheim, Art. 49 EUV Rn. 17 ff.; *Haratsch/Koenig/Pechstein*, Rn. 98 f.; siehe hierzu ferner Šarčević, EuR 2002, 461, 467 ff.

429 Art. 49 EUV bildet die Rechtsgrundlage für einen EU-Beitritt und regelt die einzelne Schritte des Beitrittsprozederes, näher dazu *Cremer*, in: Calliess/Ruffert, Art. 49 EUV Rn. 1 ff.; *Haratsch/Koenig/Pechstein*, Rn. 99 ff.; *Hobe*, Europarecht, § 6 Rn. 20 ff.; ferner Šarčević, EuR 2002, 461, 463 ff.

430 *Hobe*, Europarecht, § 6 Rn. 25.

431 Stellungnahme der Kommission vom 19. Januar 1972 zu den Anträgen des Königreichs Dänemark, Irlands, des Königreichs Norwegen und des Vereinigten Königreichs Großbritannien und Nordirland auf Beitritt zu den Europäischen Gemeinschaften, ABl. EG L 73/3 vom 27.3.1972; siehe ferner die Ausführungen der Europäischen

B. Urheberrechtlicher acquis

Seit Beginn der 1990er-Jahre werden die mitgliedstaatlichen Urheberrechtsbestimmungen verstärkt durch europarechtliche Vorgaben beeinflusst.[432] Hinzu kommt, dass die Europäische Union bei einer Reihe von internationalen Urheberrechtsabkommen neben den EU-Mitgliedstaaten selbst Vertragspartei ist, wodurch der urheberrechtliche acquis communautaire deutlich erweitert wurde.[433] So ist die RBÜ, der nur Staaten angehören können,[434] seit dem 1. Januar 1995 aufgrund der in Art. 9 Abs. 1 S. 1 TRIPS enthaltenen Verweisung Teil des Unionsrechts, da die EU (damals noch EG) neben ihren Mitgliedstaaten selbst Vertragspartei der am 15. April 1994 in Genf im Zuge der Uruguay-Runde aus dem GATT gegründeten WTO wurde (gemischtes Abkommen).[435] Zu den WTO- Verträgen zählt neben dem GATT und dem GATS auch das „Agreement on Trade Related Aspects of Intellectual Property Rights“ (TRIPS – Abkommen über handelsbezogene Aspekte der Rechte des geistigen Eigentums).[436] Als Teil des Unionsrechts ist das TRIPS folglich unmittelbar anzuwenden und unterliegt damit auch der Auslegungskompetenz des EuGH.[437]

Die EU ist ferner den beiden am 20. Dezember 1996 in Genf angenommenen und am 6. März bzw. 20. Mai 2002 in Kraft getretenen WIPO-Verträgen[438] – dem

---

Kommission in: Europe and the challenge of enlargement, Bulletin of the European Communities, Supplement 3/92, S. 12; *Haratsch/Koenig/Pechstein*, Rn. 103.

432 *Schack*, Rn. 142.

433 *Schack*, ZEuP 2000, 799, 803 f.; ferner *Dreier*, in: Riesenhuber, 2007, S. 39, 62 ff.; *Riesenhuber*, in: Riesenhuber, 2007, S. 113, 119 ff.; *Röttinger*, UFITA Bd. 1 (2001), 9, 82 ff.; *Schippan*, 1999, S. 113 ff.

434 *Reinbothe*, ZEuP 2000, 5, 24.

435 *Drexl*, GRUR Int. 1994, 777, 778; *Reinbothe*, ZEuP 2000, 5, 22 ff.; *Schack*, Rn. 1000; Vertragstext: BGBl. 1994 II S. 1438; vgl. ferner *Czychowski*, in: Bröcker/Czychowski/Schäfer, § 1 Rn. 56; *Mestmäcker/Schweitzer*, § 26 Rn. 12 ff.; zu dem vorherigen Verhältnis von RBÜ und Gemeinschaftsrecht siehe etwa *Ress*, in: Ress (Hrsg.), 1989, S. 21 ff.

436 Beschluss des Rates vom 22. Dezember 1994 über den Abschluss der Übereinkünfte im Rahmen der multilateralen Verhandlungen der Uruguay-Runde (1986-1994) im Namen der Europäischen Gemeinschaft in bezug auf die in ihre Zuständigkeiten fallenden Bereiche (94/800/EG), ABl. EG L 336/1 vom 23.12.1994 (für Deutschland: BGBl. 1994 II S. 1730); *Schack*, Rn. 1000; *Schack*, ZEuP 200, 799, 803 f.; ferner *Drexl*, GRUR Int. 1994, 777.

437 *Schack*, Rn. 1000 m.w.N.; *Schack*, ZEuP 2000, 799, 804; vgl. ferner *Drexl*, GRUR Int. 1994, 783, 784 ff.

438 *Schack*, Rn. 1005 m.w.N.; ausführlich zu den beiden Verträgen *v. Lewinski*, GRUR Int. 1997, 667, 671 ff.; ferner *Reinbothe*, ZEuP 2000, 5, 25 ff.; siehe auch *Kreile*, ZUM 1996, 964 ff.

WIPO-Urheberrechtsvertrag (WIPO Copyright Treaty – WCT) sowie dem WIPO-Vertrag über Darbietungen und Tonträger (WIPO Performances and Phonograms Treaty – WPPT) – beigetreten (siehe Art. 17 Abs. 3 WCT, Art. 26 Abs. 3 WPPT).[439] Die beiden WIPO-Verträge, die aufgrund ihrer ausgeprägten inhaltlichen Bezüge zu den neuen Medien und dem Internet auch „Internet Treaties" genannt werden,[440] wurden weitgehend in der „Informations-Richtlinie" (Richtlinie 2001/29/EG vom 22. Mai 2001, zu dieser sogleich näher) umgesetzt (siehe hierzu auch Erwägungsgrund 15 der Informations-Richtlinie[441]).[442]

Gleichwohl ist der acquis communautaire im Urheberrecht bislang noch nicht so stark ausgebaut wie in anderen Rechtsgebieten.

I. Hintergrund

Zwar wurde das Erfordernis einer Harmonisierung der Rechte des geistigen Eigentums in der Europäischen Union in Anbetracht von deren elementarer Bedeutung insgesamt bereits frühzeitig von den Mitgliedstaaten erkannt, sodass in einigen Bereichen bereits ein erhebliches Rechtsangleichungsniveau erreicht wurde.[443] Die Harmonisierungsbestrebungen im Bereich des Urheberrechts entwickelten sich jedoch im Verhältnis zu den anderen Gebieten des geistigen Eigentums später. Vor allem wegen der bereits existierenden internationalen Urheberrechtsabkommen wie der RBÜ, der alle EU-Mitgliedstaaten angehören, erschienen Rechtsannäherungen hier lange Zeit nicht als dringend erforderlich.[444]

Im EG-Vertrag fand das Urheberrecht keine ausdrückliche Erwähnung, die Europäische Kommission richtete ihr Augenmerk auch erst später auf diesen

---

439 Näher *Reinbothe*, ZEuP 2000, 5, 25 ff.; *Schack*, Rn. 1005.

440 *Czychowski*, in: Bröcker/Czychowski/Schäfer, § 1 Rn. 58.

441 Text dieses Erwägungsgrundes ist wiedergegeben im Anhang.

442 *Hoeren*, APuZ 2005, 14; *Rehbinder*, Rn. 990, 999. In Deutschland traten beide Verträge erst am 14. März 2010 in Kraft, die EU hat sie bereits nach Umsetzung der Informations-Richtlinie in allen Mitgliedstaaten am 14. Dezember 2009 ratifiziert; *Schack*, Rn. 1005.

443 *Haedicke*, in: Schulze/Zuleeg/Kadelbach, § 21 Rn. 4 (Rechte des geistigen Eigentums als „Vorreiter im Rahmen der Europäisierung des Privatrechts"); ebenso *Ohly*, ZEuP, 2004, 296, 318 (Recht des geistigen Eigentums als „Vorreiter im Rahmen der Europäisierung des Privatrechts").

444 *Erdmann*, in: FS Loschelder, 2010, S. 61, 63.

Rechtsbereich.[445] Die beiden ersten Grünbücher zum Urheberrecht aus den Jahren 1984[446] und 1988[447] waren dann gekennzeichnet durch den von der Kommission gewählten eher industriepolitischen Ansatz:[448] Da das Vorliegen verschiedener mitgliedstaatlicher Urheberrechte ein Hindernis für den freien Waren- und Dienstleistungsverkehr darstelle, sei für die Verwirklichung des Binnenmarkts und zum Abbau von Handelshemmnissen eine Harmonisierung der Urheberrechte notwendig.[449] Dieser wirtschaftspolitische Ansatz und die „Urheberrechtsphilosophie der Kommission"[450] stießen auf Kritik, weil der kulturelle Aspekt des Urheberrechts hier kaum eine Rolle spielte.[451] Moniert wurde, dass die Kommission damit einseitig von dem wirtschaftlich ausgerichteten Copyright-System auszugehen schien, sodass die Sichtweise des Grünbuchs von 1988 auch als „Urheberrecht ohne den Urheber"[452] kritisiert wurde.[453] Diese Kritik wurde von der Kommission in der Folge aufgenommen, denn im Laufe der Zeit rückte auch die kulturelle Komponente des Urheberrechts, beginnend mit dem Arbeitsprogramm der Kommission auf dem Gebiet des Urheberrechts und der verwandten Schutzrechte,[454] verstärkt in das Bewusstsein des europäischen Gesetzgebers.[455]

---

445 *Schack*, Rn. 142.

446 Fernsehen ohne Grenzen: Grünbuch über die Errichtung des gemeinsamen Marktes für den Rundfunk, insbesondere über Satellit und Kabel, 14. Juni 1984, KOM (84) 300 endgültig, auszugsweise abgedruckt in GRUR Int. 1984, 612-625.

447 Grünbuch über Urheberrecht und die technologische Herausforderung – Urheberrechtsfragen, die sofortiges Handeln erfordern, 7. Juni 1988, KOM (88) 172 endgültig, auszugsweise abgedruckt in UFITA Bd. 110 (1989), 113-292.

448 *Reinbothe*, in: FS Schricker, 2005, S. 483, 485; *Reinbothe*, EWS 2007, 193, 194.

449 *Schack*, Rn. 142; ferner *Reinbothe*, in: FS Schricker, 2005, S. 483, 485; *Reinbothe*, EWS 2007, 193; *Schricker*, GRUR 1992, 242 f., 243.

450 *Schricker*, in: FS Steindorff, 1990, S. 1437, 1440.

451 *Dietz*, in: Ress (Hrsg.), 1989, S. 57, 58 ff.; *Ellins*, 1997, S. 244; *Reinbothe*, in: FS Schricker, 2005, S. 483, 485; *Schricker*, GRUR 1992, 242 f.

452 *Schack*, Rn. 142; *Schricker*, in: FS Steindorff, 1990, S. 1437, 1452; ferner *Dietz*, in: Ress (Hrsg.), 1989, S. 57, 64; *Loewenheim*, GRUR Int. 1997, 285; *Loewenheim*, in: Schricker/Loewenheim, Einl. Rn. 77; Stellungnahme der Deutschen Vereinigung für gewerblichen Rechtschutz und Urheberrecht vom 30.1.1989, GRUR 1989, 183.

453 *Schack*, Rn. 142; ferner *Dietz*, in: FS 100 Jahre GRUR, 1991, S. 1445, 1479 f. (Rn. 55), 1481 f. (Rn. 60); Ellins, 1997, S. 244 m.w.N.; *Röttinger*, UFITA Bd. 1 (2001), 9, 37 ff.; *Schippan*, 1999, S. 54 ff.

454 17. Januar 1991, KOM (90) 584 endgültig, abgedruckt in GRUR Int. 1991, 359-370; *Wandtke*, in: Wandtke/Bullinger, Einl. Rn. 21.

455 *Loewenheim*, in: FS Kraft, 1998, S. 359, 360, 373 f.; *Reinbothe*, EWS 2007, 193, 194; ausführlich dazu *Schricker*, GRUR 1992, 242, 245, der unter anderem auf die

II. Territorialitätsprinzip

Wie sämtliche Rechte des geistigen Eigentums wird auch das Urheberrecht in der Europäischen Union vom Territorialitätsprinzip beherrscht. Der Rechtsinhaber hat danach seine Rechte in der Rechtsordnung des jeweiligen Schutzlandes zu suchen („Schutzlandprinzip“).[456] Das Territorialitätsprinzip, das nach herrschender Auffassung generell im internationalen Urheberrecht gilt, beschränkt die Wirkung nationaler Urheberrechtsgesetze auf das Gebiet des jeweils gesetzgebenden Staates.[457] Mithin hat etwa ein auf deutschem Recht begründetes Urheberrecht nur für Handlungen in Deutschland Geltung, mit der Folge, dass eine Verletzung dieses Rechts auch nur durch eine inländische Handlung möglich ist.[458] Folglich existieren in sämtlichen EU-Mitgliedstaaten gesonderte nationale Urheberrechte, die nur innerhalb der jeweiligen mitgliedstaatlichen Grenzen gelten.[459] Anders als das Universalitätsprinzip, das sich nicht durchgesetzt hat und nach dem für die Verwertung des Werkes weltweit das Recht seines Ursprungslandes anzuwenden wäre,[460] erstreckt das Territorialitätsprinzip die Wirkung der nationalen Rechte nicht auf das Ausland.[461] Der Urheber hat demnach kein einheitliches, europaweit

---

„Initiativen zum Grünbuch – Arbeitsprogramm der Kommission auf dem Gebiet des Urheberrechts und der verwandten Schutzrechte“ vom 17. Januar 1991 (KOM (90), 584 endgültig) verweist und daraus wie folgt zitiert: „Das Urheberrecht ist ein Eckpfeiler des geistigen Schöpfungsprozesses. Das Urheberrecht schützen heißt die Gegenwart und die Zukunft der schöpferischen Tätigkeit im Interesse der Urheber, der Unternehmen des Kultursektors, der Verbraucher und letztlich der ganzen Gesellschaft sichern.“ (GRUR Int. 1991, 359 Nr. 1.3.).

456 *Hoeren*, CR 1993, 129, 130; *Rehbinder*, Rn. 969; ferner *Mestmäcker/Schweitzer*, § 26 Rn. 4; *Schricker*, in: FS Steindorff, 1990, S. 1437, 1443 m.w.N.; siehe zudem *Hoeren*, APuZ 2005, 14, 18; *Schramm*, 2005, S. 74 ff.

457 *v. Lewinski*, in: Limper/Musiol, FA-UMR, Kap. 3 Rn. 878; *Loewenheim*, NJW 1994, 1046, 1047; *Kegel*, in: Soergel/Kegel, Bd. 10, Art. 12 Anh. Rn. 16, 22 m.w.N.; *Ulmer*, UrhR, 3. Auflage (1980), S. 80; ferner *Hoeren*, in: FS Sandrock, 2000, S. 357, 359 f.

458 *Hoeren*, CR 1993, 129, 131; *v. Lewinski*, in: Limper/Musiol, FA-UMR, Kap. 3 Rn. 878; *Spindler*, IPRax 2003, 412, 413.

459 *Dreier*, in: Dreier/Schulze, vor § 120 Rn. 1; *Nordemann-Schiffel*, in: Fromm/Nordemann, vor § 120 Rn. 59; *Katzenberger*, in: Schricker/Loewenheim, vor §§ 120 ff. Rn. 120; siehe hierzu auch BGH, Urteil vom 2.10.1997 – I ZR 88/95 – Spielbankaffaire, GRUR 1999, 152, 153.

460 *Walter*, in: Loewenheim, § 58 Rn. 6 m.w.N.; *Spindler*, IPRax 2003, 412, 414.

461 *v. Lewinski*, in: Limper/Musiol, FA-UMR, Kap. 3 Rn. 878.

gültiges Urheberrecht, sondern ein „Bündel nationaler Rechte“[462] („Kegel’sche Bündeltheorie“[463]), die in den einzelnen EU-Mitgliedstaaten nach Inhaberschaft, Inhalt, Umfang und Schutzdauer unterschiedlich ausgestaltet sein können.[464]

Trotz der örtlichen Allgegenwart („Ubiquität“) der Immaterialgüter findet für Urheber- und Leistungsschutzrechte im Ausland demnach nur das Urheber- und Leistungsschutzrecht des Auslandes Anwendung.[465] Durch den Abschluss entsprechender Vereinbarungen können Staaten aber länderübergreifende Schutzrechtsstandards einführen.[466] Dies ist in Form von Staatsverträgen schon in verschiedenen Bereichen geschehen.

In der Europäischen Union bereitet das Territorialitätsprinzip einige Schwierigkeiten. Denn zwar können auf seiner Grundlage die verschiedenen Schutzrechte in der Union nebeneinander existieren, zugleich können die unterschiedlichen Schutzniveaus der einzelnen Rechtssysteme aber auch Handelshemmnisse begründen und den freien Waren- sowie Dienstleistungsverkehr behindern.[467] Haedicke weist zudem darauf hin, die Warenverkehrsfreiheit könne auch dadurch behindert werden, dass nationale Schutzrechte mit dem Ziel der Marktaufteilung und Marktabschottung verwendet werden, also zu Marktstrategien, durch die der Schutzrechtsinhaber einen europaweiten Vertrieb unter Berufung auf sein Schutzrecht unterbinden wolle.[468] Der Rechtsinhaber könne aufgrund der Trennung der Märkte das unterschiedliche Preisniveau in den einzelnen Mitgliedstaaten ausnutzen, die Ausübung oligopolistischer Marktstrategien zwischen nationalen Gruppen werde begünstigt.[469]

Rechtsangleichungen und die Einführung einheitlicher Schutzrechte auf einem hohen Schutzniveau sollen zum Abbau von Handelshemmnissen und zur Vermeidung

---

462 *Kegel*, in: Soergel/Kegel, Bd. 10, Art. 12 Anh. Rn. 16 m.w.N., 22, Art. 38 Anh. III Rn. 52 Fn. 143 m.w.N.; BGH, Urteil vom 2.10.1997 – I ZR 88/95 – Spielbankaffaire, GRUR 1999, 152, 153; *Rehbinder*, Rn. 969; *Peifer*, ZUM 2006, 1 m.w.N.

463 *Kegel*, in: Soergel/Kegel, Bd. 10, Art. 12 Anh. Rn. 16 m.w.N., 22, Art. 38 Anh. III Rn. 52 Fn. 143 m.w.N.; *Hoeren*, in: FS Sandrock, 2000, S. 357, 360, Fn. 11.

464 *Haedicke*, in: Schulze/Zuleeg/Kadelbach, § 21 Rn. 1.

465 *Rehbinder*, Rn. 969; siehe auch *Ohly*, ZEuP 2004, 296, 297.

466 *Haedicke*, in: Schulze/Zuleeg/Kadelbach, § 21 Rn. 1.

467 *Haedicke*, in: Schulze/Zuleeg/Kadelbach, § 21 Rn. 2; *Schramm*, 2005, S. 47, 77 ff.; *Streinz*, in: Riesenhuber, 2007, S. 11, 21 f.; vgl. auch *Ullmann*, in: Riesenhuber, 2007, S. 301, 302; vgl. ferner *Heinemann*, in: FS Schricker, 2005, S. 53 ff.

468 *Haedicke*, in: Schulze/Zuleeg/Kadelbach, § 21 Rn. 2; *Streinz*, in: Riesenhuber, 2007, S. 11, 15 ff. m.w.N.

469 *Mestmäcker/Schweitzer*, § 26 Rn. 9 m.w.N.

von Wettbewerbsverzerrungen in der EU führen sowie zugleich eine Unterstützung für „Innovation und Wettbewerbsfähigkeit innerhalb des Binnenmarktes“ sein.[470]

Im Bereich des Urheberrechts spielt die einheitliche Bestimmung des Werkbegriffs zur Erreichung dieser Ziele eine entscheidende Rolle. Der Werkbegriff wurde dabei bislang nicht nur innerhalb der einzelnen EU-Mitgliedstaaten verschiedenartig definiert. Vielmehr wurde – wie vorstehend dargetan – auf nationaler Ebene bisher auch je nach Werkart ein teilweise unterschiedliches Schutzniveau angenommen und damit der Werkbegriff unterschiedlich ausgelegt. Ein EU-weit einheitlicher Werkbegriff kann einen wichtigen Beitrag zur Verwirklichung des Binnenmarktziels und zur Verhinderung von Wettbewerbsverzerrungen leisten.

III. Bisherige Harmonisierungen

Auch wenn nach wie vor kein einheitliches europäisches Urheberrecht existiert, so wird das nationale Urheberrecht bereits jetzt merklich durch die bisherigen urheberrechtlichen Rechtsakte der EU beeinflusst.

1. Primärrechtlicher Hintergrund und Kompetenzgrundlage des Art. 118 AEUV

Bis zu dem Inkrafttreten des Vertrages von Lissabon am 1. Dezember 2009[471] existierte auf EU-Ebene für den Bereich des geistigen Eigentums – und damit das Urheberrecht mit eingeschlossen – keine eigenständige Ermächtigungsgrundlage.[472] Um in einem bestimmten Bereich tätig werden zu können, bedarf die EU jedoch nach dem Grundsatz der begrenzten Einzelermächtigung (Art. 5 Abs. 1 S. 1

---

470 *Haedicke*, in: Schulze/Zuleeg/Kadelbach, § 21 Rn. 3; siehe etwa Erwägungsgrund 1 der Verordnung (EG) Nr. 40/94 des Rates vom 20. Dezember 1993 über die Gemeinschaftsmarke (ABl. EG L 11/1 vom 14.1.1994); Erwägungsgrund 1 der Richtlinie 2001/29/EG des Europäischen Parlaments und des Rates vom 22. Mai 2001 zur Harmonisierung bestimmter Aspekte des Urheberrechts und der verwandten Schutzrechte in der Informationsgesellschaft (ABl. EG L 167/10 vom 22.6.2001); Erwägungsgrund 1 der Richtlinie 2004/48/EG des Europäischen Parlaments und des Rates vom 29. April 2004 zur Durchsetzung der Rechte des geistigen Eigentums (ABl. EU L 195/16 vom 2.6.2004).

471 Näheres zum Vertrag von Lissabon bei *Herdegen*, Europarecht, § 4 Rn. 30 ff.

472 Ausführlich *Streinz*, in: Riesenhuber, 2007, S. 11, 32 ff.; ferner *Röttinger*, UFITA Bd. 1 (2001), 9, 22 ff.; *Schippan*, 1999, S. 15 ff.

EUV) einer Ermächtigungsnorm.[473] Es erfolgte ein Rückgriff auf die allgemeinen Kompetenzbestimmungen in Art. 53 Abs. 1 HS. 2, Art. 62 und Art. 114, 115 AEUV (vormals Art. 47 Abs. 2, Art. 55 und Art. 95, 94 EGV).[474] Zwar gaben die genannten Bestimmungen der EU an sich nur die Ermächtigung zum Erlass von Maßnahmen, die die Koordinierung und Angleichung von Rechtsvorschriften zur Förderung des freien Waren- und Dienstleistungsverkehrs sowie zur Errichtung und zum Gelingen des Binnenmarkts zum Gegenstand hatten.[475] Die allgemeinen Befugnisnormen wurden gleichwohl weit ausgelegt.[476] Beispielsweise erachtete der EuGH sie für die Richtlinie zur Harmonisierung des Urheberrechts in der Informationsgesellschaft[477] als ausreichende Rechtsgrundlage.[478]

Seit dem am 1. Dezember 2009 in Kraft getretenen Vertrag von Lissabon[479] verfügt die Europäische Union mit Art. 118 AEUV nun für den Bereich des geistigen Eigentums über eine eigenständige Kompetenzgrundlage,[480] die auch für den Bereich des Urheberrechts gilt.[481] Art. 118 AEUV ermächtigt zu „Maßnahmen zur

---

473 „Kompetenzausübungsschranken" sind dabei das Subsidiaritätsprinzip sowie (gegenüber den EU-Mitgliedstaaten) der Verhältnismäßigkeitsgrundsatz (Art. 5 Abs. 1 S. 1 EUV), *Streinz*, in: Riesenhuber, 2007, S. 11, 30 f.

474 *Haedicke*, in: Schulze/Zuleeg/Kadelbach, § 21 Rn. 6 und 16; *Holzmüller*, in: Schwarze, Art. 118 AEUV Rn. 4; ferner *Schack*, ZEuP 2000, 799; *Streinz*, in: Riesenhuber, 2007, S. 11, 32.

475 *v. Lewinski*, in: Walter, Europ. UrhR, Allgemeiner Teil, 1. Kapitel Rn. 13 ff.

476 *Haedicke*, in: Schulze/Zuleeg/Kadelbach, § 21 Rn. 19.

477 Richtlinie 2001/29/EG des Europäischen Parlaments und des Rates vom 22. Mai 2001 zur Harmonisierung bestimmter Aspekte des Urheberrechts und der verwandten Schutzrechte in der Informationsgesellschaft, ABl. EG L 167/10 vom 22.6.2001 (Umsetzungsfrist gemäß Art. 13 Abs. 1 der Richtlinie: 22.12.2002).

478 EuGH, Urteil vom 12.9.2006 – Rs. C-479/04 – Laserdisken (Laserdisken ApS/Kulturministeriet), Slg. 2006, I-8089 Rn. 31 f.; *Haedicke*, in: Schulze/Zuleeg/Kadelbach, § 21 Rn. 16.

479 Vertrag von Lissabon zur Änderung des Vertrags über die Europäische Union und des Vertrags zur Gründung der Europäischen Gemeinschaft (2007/C 306/1), unterzeichnet in Lissabon am 13.12.2007, ABl. EU C 306/01 vom 17.12.2007.

480 *Haedicke*, in: Schulze/Zuleeg/Kadelbach, § 21 Rn. 19; *Holzmüller*, in: Schwarze, Art. 118 AEUV Rn. 2; vgl. auch *Schack*, Rn. 155.

481 *Stieper*, in: Grabitz/Hilf/Nettesheim, Art. 118 AEUV Rn. 10 m.w.N.; *Holzmüller*, in: Schwarze, Art. 118 AEUV Rn. 10, die beide zu Recht ausführen, die Vorschrift klammere keinen Bereich des Urheberrechts (wie etwa das Urheberpersönlichkeitsrecht) aus, da dies weder vom Wortlaut gedeckt sei, noch dem Binnenmarktziel entspreche, sodass sie auch Rechtsgrundlage für die Schaffung eines unionseinheitlichen Urheberrechts wäre. Dem stehe auch nicht Art. 167 AEUV in Bezug auf die kulturelle Bedeutung

Schaffung europäischer Rechtstitel über einen einheitlichen Schutz der Rechte des geistigen Eigentums in der Union“. Unter Maßnahmen fallen alle Rechtsakte im Sinne des Art. 288 AEUV.[482] Ein Zurückgreifen auf die genannten allgemeinen Befugnisnormen, wie es vor dem Inkrafttreten des Vertrages von Lissabon nötig war, ist nunmehr nicht mehr erforderlich. Dies gilt auch für den Erlass reiner Harmonisierungsakte, mit denen keine unionsweiten Rechtstitel eingeführt werden.[483]

Ferner umfasst die gemeinsame Handelspolitik nunmehr mit Art. 207 Abs. 1 AEUV auch die „Handelsaspekte des geistigen Eigentums“.[484]

2. Sekundärrecht

Auf dem Gebiet des geistigen Eigentums lassen sich im Bereich des Sekundärrechts sektorübergreifende Harmonisierungsakte von dem urheberrechtsspezifischen Sekundärrecht unterscheiden.

a) Sektorübergreifendes Sekundärrecht

Zu den gebietsübergreifenden Harmonisierungsakten zählt etwa die am 1. Juli 2004 in Kraft getretene „Grenzbeschlagnahme-Verordnung“ (auch: „Produktpiraterie-Verordnung“),[485] welche die Rechtsgrundlage für das Tätigwerden der Zollbehörden an den EU-Außengrenzen gegen die Ein- bzw. Ausfuhr von schutzrechtsverletzenden Waren (rechtswidrige Vervielfältigungsstücke und Nachahmungen) ist.[486] Auch die Richtlinie zur Durchsetzung der Rechte des geistigen Eigentums[487] (sogenannte „Durchsetzungs-Richtlinie“) – in das nationale

---

des Urheberrechts entgegen, solange sich die Harmonisierung substantiell am Binnenmarktziel orientiere (Harmonisierung im Rahmen der Binnenmarktkompetenz); vgl. zu Letzterem auch *Streinz*, in: Riesenhuber, 2007, S. 11, 32 (zu Art. 151 EGV, dem heutigen Art. 167 AEUV); ferner *Riesenhuber*, in: Riesenhuber, 2007, S. 113, 117 f.

482 *Holzmüller*, in: Schwarze, Art. 118 AEUV Rn. 9.

483 *Holzmüller*, in: Schwarze, Art. 118 AEUV Rn. 18; so auch *Haedicke*, in: Schulze/Zuleeg/Kadelbach, § 21 Rn. 19; a.A. *Khan*, in: Geiger/Khan/Kotzur, Art. 118 AEUV Rn. 9.

484 *Schack*, Rn. 155, Fn. 44.

485 Verordnung (EG) Nr. 1383/2003 des Rates vom 22. Juli 2003 über das Vorgehen der Zollbehörden gegen Waren, die im Verdacht stehen, bestimmte Rechte geistigen Eigentums zu verletzen, und die Maßnahmen gegenüber Waren, die erkanntermaßen derartige Rechte verletzen, ABl. EU L 196/7 vom 2.8.2003.

486 *Haedicke*, in: Schulze/Zuleeg/Kadelbach, § 21 Rn. 28; vgl. § 111c UrhG zum Verfahren nach der Verordnung (EG) Nr. 1383/2003.

487 Richtlinie 2004/48/EG des Europäischen Parlaments und des Rates vom 29. April 2004 zur Durchsetzung der Rechte des geistigen Eigentums, ABl. EU L 195/16

Recht (verspätet) umgesetzt durch das Gesetz zur Verbesserung der Durchsetzung von Rechten des geistigen Eigentums vom 7. Juli 2008[488] – stellt einen solchen sektorübergreifenden harmonisierenden Rechtsakt dar. Die Durchsetzungs-Richtlinie soll den Inhabern von Rechten des geistigen Eigentums insbesondere die prozessuale Durchsetzung ihrer Rechte erleichtern.[489] Sie sieht überwiegend den im TRIPS-Abkommen bereits niedergelegten Standard vor und führt im Urheberrecht kaum zu Neuerungen.[490]

Zudem hat die Europäische Kommission im Jahre 2006 einen Richtlinienvorschlag zu strafrechtlichen Maßnahmen im Falle von vorsätzlichen gewerbsmäßigen Verletzungen von Rechten des geistigen Eigentums und der Teilnahme daran unterbreitet, um so gegen Nachahmungen und Produktpiraterie vorzugehen.[491] Schließlich ist im Bereich der sektorübergreifenden Harmonisierungsmaßnahmen noch auf die sogenannte „Rom-II-Verordnung“[492] hinzuweisen, welche das bis dahin bereits allgemein anerkannte Schutzlandprinzip ausdrücklich regelt, indem sie für Verletzungen von Rechten des geistigen Eigentums das Recht des Staates für anwendbar erklärt, für den der Schutz begehrt wird (Art. 8 Abs. 1 der Verordnung).[493]

---

vom 2.6.2004 – berichtigte Fassung – (Umsetzungsfrist: 29.4.2006, Art. 20 der Richtlinie); gemäß Erklärung der Kommission zu Artikel 2 der Richtlinie 2004/48/EG des Europäischen Parlaments und des Rates zur Durchsetzung der Rechte des geistigen Eigentums (2005/295/EG) – verbundener Rechtsakt – fällt das Urheberrecht in den Anwendungsbereich der Durchsetzungs-Richtlinie, ABl. EU L 94/37 vom 13.4.2005; kritisch (zum Richtlinienentwurf der Kommission) *Hoeren*, MMR 2003, 299 ff.

488 BGBl. 2008 I S. 1191.

489 Näheres bei *Haedicke*, in: Schulze/Zuleeg/Kadelbach, § 21 Rn. 29 f.; vgl. auch *Wandtke*, in: Wandtke/Bullinger, Einl. Rn. 72.

490 *v. Lewinski*, in: Limper/Musiol, FA-UMR, Kap. 3 Rn. 1019; ausführlich *Walter*, in: Riesenhuber, 2007, S. 243 ff.

491 Geänderter Vorschlag für eine Richtlinie des Europäischen Parlaments und des Rates über strafrechtliche Maßnahmen zur Durchsetzung der Rechte des geistigen Eigentums vom 26. April 2006, KOM (2006), 168 endgültig, ABl. EU C 303/92 vom 13.12.2006; siehe dazu den Standpunkt des Europäischen Parlaments vom 25. April 2007, ABl. EU C 74 E/527 vom 20.3.2008; *Haedicke*, in: Schulze/Zuleeg/Kadelbach, § 21 Rn. 31.

492 Verordnung (EG) Nr. 864/2007 des Europäischen Parlaments und des Rates vom 11. Juli 2007 über das auf außervertragliche Schuldverhältnisse anzuwendende Recht („Rom II“), ABl. EU L 199/40 vom 31.7. 2007.

493 *Haedicke*, in: Schulze/Zuleeg/Kadelbach, § 21 Rn. 32.

b) Urheberrechtsspezifisches Sekundärrecht: Überblick über die acht Urheberrechtsrichtlinien und ihre jeweilige Implementierung in das deutsche Recht

aa) Hintergrund

Anders als etwa im Marken- und Geschmacksmusterrecht, für die mit der Gemeinschaftsmarke sowie dem Gemeinschaftsgeschmacksmuster bereits einheitliche europäische Schutzrechte existieren und auch im Übrigen der stärkste durch Richtlinien geschaffene Grad an Harmonisierung besteht, ist bisher kaum von einem „Europäischen Urheberrecht" die Rede.[494] Gleichwohl hat eine sukzessive Harmonisierung durch den Erlass von bislang acht Richtlinien bereits eingesetzt, deren Vorgaben in das jeweilige nationale Recht umzusetzen waren und so zu einer Teilangleichung geführt haben.[495] Die Kommission möchte dabei eine Harmonisierung auf einem möglichst hohen Schutzniveau erreichen, da nur auf diese Weise „die Aufrechterhaltung und Entwicklung der Kreativität im Interesse der Autoren, der Kulturindustrie, der Verbraucher und der ganzen Gesellschaft sichergestellt werden können."[496]

Dabei handelt es sich aber eher um eine „punktuelle Angleichung nationaler Rechte"[497] und weniger um eine „einheitliche Konzeption".[498] Denn betroffen sind bisher nur die Teilbereiche des Urheberrechts, die für die Verwirklichung des Binnenmarktes eine wichtige Rolle spielen und bei denen eine fehlende Angleichung nationaler Vorschriften eine besondere Beeinträchtigung des Ziels des

494 *Haedicke*, in: Schulze/Zuleeg/Kadelbach, § 21 Rn. 9; siehe auch *Loewenheim*, in: Schricker/Loewenheim, Einl. Rn. 78.

495 *Loewenheim*, in: Schricker/Loewenheim, Einl. Rn. 78.

496 Erwägungsgrund 10 der „Schutzdauer-Richtlinie" (Richtlinie 93/98/EWG des Rates vom 29. Oktober 1993 zur Harmonisierung der Schutzdauer des Urheberrechts und bestimmter verwandter Schutzrechte, ABl. EG L 290/9 vom 24.11.1993) unter Bezugnahme auf die „Initiativen zum Grünbuch – Arbeitsprogramm der Kommission auf dem Gebiet des Urheberrechts und der verwandten Schutzrechte" vom 17. Januar 1991 (KOM (90), 584 endgültig); *Schack*, Rn. 144, der zudem verweist auf die „Informations-Richtlinie" (Richtlinie 2001/29/EG des Europäischen Parlaments und des Rates vom 22. Mai 2001 zur Harmonisierung bestimmter Aspekte des Urheberrechts und der verwandten Schutzrechte in der Informationsgesellschaft, ABl. EG L 167/10 vom 22.6.2001) und ihre Erwägungsgründe 9 und 11 („Unabhängigkeit und Würde der Urheber und der ausübenden Künstler"), Text der Erwägungsgründe ist wiedergegeben im Anhang.

497 *Haedicke*, in: Schulze/Zuleeg/Kadelbach, § 21 Rn. 9.

498 *Erdmann*, in: FS Loschelder, 2010, S. 61, 70.

gemeinsamen Marktes sowie starke Wettbewerbsverzerrungen zur Folge hätte.[499] Die bisher in die Wege geleitete Rechtsangleichung der mitgliedstaatlichen Urheberrechtssysteme ist demnach vor allem vor einem ökonomischen Hintergrund zu sehen, denn sie soll den gemeinsamen Markt voranbringen, dessen Verwirklichung fördern und Handelshemmnisse abbauen.[500]

Ein Teil der Richtlinien regelt bestimmte Schutzgegenstände und Verwertungsrechte (wie etwa die Computerprogramm-Richtlinie, die Datenbank-Richtlinie, die Vermiet- und Verleih-Richtlinie oder die Satelliten- und Kabel-Richtlinie), andere Richtlinien sind übergreifender angelegt (wie etwa die Schutzdauer-Richtlinie, die Informations-Richtlinie, oder die Richtlinie „Verwaiste Werke").[501] Das Urheberpersönlichkeitsrecht wird bislang in keiner Richtlinie behandelt.[502] Zur Erzielung eines einheitlichen Gesetzeswortlautes innerhalb der EU hat der deutsche Gesetzgeber die Richtlinienbestimmungen oftmals wortgetreu in das nationale Recht umgesetzt, das mittlerweile an vielen Stellen durch EU-Vorgaben geprägt und dementsprechend richtlinienkonform auszulegen ist.[503]

bb) Überblick

(1) Die Computerprogramm-Richtlinie

Die „Richtlinie 91/250/EWG vom 14. Mai 1991 über den Rechtsschutz von Computerprogrammen" („Computerprogramm-Richtlinie" oder auch „Software-Richtlinie")[504] stellt die erste urheberrechtsspezifische Richtlinie dar. Sie soll einen Beitrag zum Funktionieren des Binnenmarktes leisten und solche Wettbewerbsverzerrungen beseitigen und künftig verhindern, die aufgrund eines unterschiedlichen Rechtsschutzes von Computerprogrammen in den einzelnen

---

499 *Dreier*, in: Dreier/Schulze, Einl. Rn. 48; *Haedicke*, in: Schulze/Zuleeg/Kadelbach, § 21 Rn. 9.

500 *Wandtke*, in: Wandtke/Bullinger, Einl. Rn. 21.

501 *Riesenhuber*, in: Riesenhuber, 2007, S. 113, 123 f.; *Schack*, Rn. 154.

502 *Loewenheim*, GRUR Int. 1997, 285, 288; *Schack*, Rn. 143, der darauf hinweist, dass sich zwar erste Erwägungen zum Urheberpersönlichkeitsrecht im Grünbuch „Informationsgesellschaft" befinden (dort S. 65-68), die Kommission diesbezüglich gleichwohl weiterhin nichts unternehmen wolle; dazu auch *Loewenheim*, in: FS Kraft, 1998, S. 359, 364 f.

503 *Haedicke*, in: Schulze/Zuleeg/Kadelbach, § 21 Rn. 34.

504 Richtlinie des Rates vom 14. Mai 1991 über den Rechtsschutz von Computerprogrammen (91/250/EWG), ABl. EG L 122/42 vom 17.5.1991 (Umsetzungsfrist gemäß Art. 10 Abs. 1 der Richtlinie: 1.1.1993), kodifizierte Fassung: Richtlinie 2009/24/EG des Europäischen Parlaments und des Rates vom 23. April 2009 über den Rechtsschutz von Computerprogrammen, ABl. EU L 111/16 vom 5.5.2009.

Mitgliedstaaten eintreten können (siehe Erwägungsgründe 4 und 5 der Computerprogramm-Richtlinie[505]).

Mit der in der Computerprogramm-Richtlinie erfolgten Einordnung von Computerprogrammen als literarische Werke in das urheberrechtliche Schutzregime und der Ablehnung eines sui-generis-Schutzes wurde eine seit den 1960er-Jahren bestehende Diskussion über die rechtliche Einordung von Computerprogrammen beendet.[506] Ein ergänzender patent-, vertrags- oder wettbewerbsrechtlicher Schutz wird damit gleichwohl nicht ausgeschlossen (Art. 8 Abs. 1 der Richtlinie[507]).[508] Durch die einheitliche Festlegung der Schutzvoraussetzungen wurde zudem ein Mittelweg zwischen der sehr geringen Schutzschwelle im Vereinigten Königreich und den damals sehr hohen Schutzanforderungen in Deutschland gefunden.[509] Mit Einführung eines eigenständigen Abschnitts in §§ 69a ff. UrhG[510] erfolgte die überwiegend wörtliche Umsetzung der Richtlinie in das deutsche Recht – nicht zuletzt um eine möglichst einheitliche Auslegung der Bestimmungen zum Rechtsschutz von Computerprogrammen in den Mitgliedstaaten zu ermöglichen.[511] Mit den Sonderregeln der §§ 69a ff. UrhG als lex specialis zu den allgemeinen Urheberrechtsregelungen besteht somit „ein Stück europäisches Urheberrecht im UrhG".[512] Auf die allgemeinen urheberrechtlichen Vorgaben wird, soweit erforderlich, ausfüllend zurückgegriffen.[513]

---

505 Richtlinie 2009/24/EG, Text dieser Erwägungsgründe ist wiedergegeben im Anhang.

506 *Wiebe*, in: Spindler/Schuster, § 69a UrhG Rn. 1; *Haedicke*, in: Schulze/Zuleeg/Kadelbach, § 21 Rn. 35.

507 Richtlinie 2009/24/EG.

508 *Walter*, in: Walter, Europ. UrhR, Software-RL, Art. 1 Rn. 4 m.w.N.

509 *v. Lewinski*, in: Limper/Musiol, FA-UMR, Kap. 3 Rn. 1003; *Riesenhuber*, in: Riesenhuber, 2007, S. 113, 129; a.A. *Heinze*, 2 (2011) JIPITEC, 97 Rn. 21 m.w.N. (Orientierung am britischen Urheberrecht); *Haberstumpf*, in: Mestmäcker/Schulze § 69a Rn. 23 m.w.N. (Orientierung am britischen Urheberrecht nicht ohne weiteres klar und letztlich eher eine Orientierung am kontinentaleuropäischen Urheberrechtsverständnis annehmend).

510 Zweites Gesetz zur Änderung des Urheberrechtsgesetzes vom 9. Juni 1993 (BGBl. 1993 I S. 910), in Kraft getreten am 24. Juni 1993 (vgl. § 137d UrhG); ausführlich dazu *Dreier*, GRUR 1993, 781, 783 ff.

511 Amtl. Begr. zum Zweiten Gesetz zur Änderung des Urheberrechtsgesetzes vom 9. Juni 1993 (BGBl. 1993 I S. 910), BT-Drucksache 12/4022 vom 18. Dezember 1992, S. 8; *Schulte*, CR 1992, 588, 590 f., 593; *Haedicke*, in: Schulze/Zuleeg/Kadelbach, § 21 Rn. 36.

512 Amtl. Begr. zum Zweiten Gesetz zur Änderung des Urheberrechtsgesetzes vom 9. Juni 1993 (BGBl. 1993 I S. 910), BT-Drucksache 12/4022 vom 18. Dezember 1992, S. 8; *Loewenheim*, in: Schricker/Loewenheim, § 4 Rn. 34; *Schulte*, CR 1992, 588, 590, 593; siehe dazu ferner *Broy/Lehmann*, GRUR 1992, 419, 420 f.; *Eisenmann/Jautz*, Rn. 36.

513 *Wiebe*, in: Spindler/Schuster, § 69a UrhG Rn. 2.

(2) Die Vermiet- und Verleih-Richtlinie

Die „Richtlinie 92/100/EWG vom 19. November 1992 zum Vermietrecht und Verleihrecht sowie zu bestimmten dem Urheberrecht verwandten Schutzrechten im Bereich des geistigen Eigentums" („Vermiet- und Verleih-Richtlinie")[514] erging als zweite Richtlinie auf dem Gebiet des Urheberrechts. Sie stellte die erste Harmonisierungsmaßnahme der Europäischen Gemeinschaft im „klassischen Urheberrecht" dar und widmete sich grundlegend den verwandten Schutzrechten,[515] indem sie die Einführung der – in Deutschland damals bereits anerkannten – „vier europäischen Leistungsschutzrechte" (Leistungsschutz für ausübende Künstler, Tonträgerhersteller, Laufbildhersteller und Rundfunkunternehmer) vorsah.[516] Denn die Einführung eines Vermiet- und Verleihrechts für Leistungsschutzberechtigte schien nur dann sinnvoll, wenn diese auch Inhaber der entsprechenden Leistungsschutzrechte einschließlich des Vervielfältigungsrechts sind – was zum damaligen Zeitpunkt noch nicht in allen Mitgliedstaaten der Fall war.[517] Die Umsetzung der Richtlinie[518] führte in Deutschland unter anderem zu der Einführung eines ausschließlichen Vermietrechts (vgl. § 27 Abs. 1 UrhG), die Definition der „Vermietung" des Art. 1 Abs. 2 der Richtlinie fand in § 17 Abs. 3 S. 1 UrhG Eingang, die des „Verleihens" wurde in § 27 Abs. 2 S. 2 UrhG aufgenommen.[519] Für das Verleihen wurde lediglich der Kreis der Anspruchsberechtigten des bereits zuvor existierenden gesetzlichen Vergütungsanspruchs erweitert (§§ 27 Abs. 2, 3 UrhG).[520]

---

514 Richtlinie 92/100/EWG des Rates vom 19. November 1992 zum Vermietrecht und Verleihrecht sowie zu bestimmten dem Urheberrecht verwandten Schutzrechten im Bereich des geistigen Eigentums, ABl. EG L 346/61 vom 27.11.1992 (Umsetzungsfrist gemäß Art. 15 Abs. 1 der Richtlinie: 1.7.1994), kodifizierte Fassung: Richtlinie 2006/115/EG des Europäischen Parlaments und des Rates vom 12. Dezember 2006 zum Vermietrecht und Verleihrecht sowie zu bestimmten dem Urheberrecht verwandten Schutzrechten im Bereich des geistigen Eigentums, ABl. EU L 376/28 vom 27.12.2006.

515 *v. Lewinski*, in: Walter, Europ. UrhR, Vermiet- und Verleih-RL, vor Art. 1 Rn. 1.

516 *Haedicke*, in: Schulze/Zuleeg/Kadelbach, § 21 Rn. 38; *v. Lewinski*, in: Walter, Europ. UrhR, Vermiet- und Verleih-RL, Art. 6 Rn. 6.

517 *v. Lewinski*, in: Walter, Europ. UrhR, Vermiet- und Verleih-RL, vor Art. 1 Rn. 3.

518 Drittes Gesetz zur Änderung des Urheberrechtsgesetzes vom 23. Juni 1995 (BGBl. 1995 I S. 842), in Kraft getreten am 1. Juli 1995.

519 *v. Lewinski*, in: Limper/Musiol, FA-UMR, Kap. 3 Rn. 1007 f.

520 *Haedicke*, in: Schulze/Zuleeg/Kadelbach, § 21 Rn. 38.

(3) Die Satelliten- und Kabel-Richtlinie

Die dritte urheberrechtsspezifische Richtlinie ist die „Richtlinie 93/83/EWG vom 27. September 1993 zur Koordinierung bestimmter urheber- und leistungsschutzrechtlicher Vorschriften betreffend Satellitenrundfunk und Kabelweiterverbreitung" („Satelliten- und Kabel-Richtlinie").[521] Mit der Satelliten- und Kabel-Richtlinie wird dem Urheber das ausschließliche Recht der öffentlichen Wiedergabe seiner urheberrechtlich geschützten Werke über Satellit eingeräumt (Art. 2 der Richtlinie). Die Richtlinie hat sich dabei für das Sendelandprinzip entschieden:[522] Findet innerhalb der EU die öffentliche Wiedergabe über Satellit statt, gilt sie als ausschließlich in dem Mitgliedstaat erfolgt, in dem sie ausgeführt wurde (Art. 1 Abs. 2 lit. b der Richtlinie), mit der Folge, dass sich die Rechte des Urhebers an der Satellitensendung allein nach dem nationalen Urheberrecht des Sendelandes richten.[523] Umgesetzt wurden die Vorgaben des Art. 1 Abs. 2 der Richtlinie durch die Einführung von § 20a UrhG,[524] Art. 1 Abs. 2 lit. b der Richtlinie wurde in § 20a Abs. 3 UrhG umgesetzt.[525]

Die Richtlinie sieht ferner für das Recht der Kabelweiterverbreitung die Einführung der Verwertungsgesellschaftspflichtigkeit vor (Art. 9 der Richtlinie). Zugleich wird den Sendeunternehmen in Art. 10 der Richtlinie aber das Recht eingeräumt, die Rechte an ihren eigenen Sendungen auch ohne Verwertungsgesellschaften durchzusetzen. Diese Richtlinienvorgaben wurden in § 20b UrhG umgesetzt.[526]

(4) Die Schutzdauer-Richtlinie

Die „Richtlinie 93/98/EWG vom 29. Oktober 1993 zur Harmonisierung der Schutzdauer des Urheberrechts und bestimmter verwandter Schutzrechte"

---

521 Richtlinie 93/83/EWG des Rates vom 27. September 1993 zur Koordinierung bestimmter urheber- und leistungsschutzrechtlicher Vorschriften betreffend Satellitenrundfunk und Kabelweiterverbreitung, ABl. EG L 248/15 vom 6.10.1993 (Umsetzungsfrist gemäß Art. 14 Abs. 1 der Richtlinie: 1.1.1995).

522 Damit wird nicht im Sinne der Bogsch-Theorie auf sämtliche Empfängerländer abgestellt, *v. Lewinski*, in: Limper/Musiol, FA-UMR, Kap. 3 Rn. 1009.

523 *Schack*, Rn. 1061; *Haedicke*, in: Schulze/Zuleeg/Kadelbach, § 21 Rn. 40.

524 Viertes Gesetz zur Änderung des Urheberrechtsgesetzes vom 8. Mai 1998 (BGBl. 1998 I S. 902), in Kraft getreten am 1. Juni 1998; vgl. hierzu auch *Katzenberger*, in: Schricker/Loewenheim, vor §§ 120 ff. Rn. 142.

525 *v. Lewinski*, in: Limper/Musiol, FA-UMR, Kap. 3 Rn. 1009.

526 4. UrhG-ÄndG (s.o.); *v. Lewinski*, in: Limper/Musiol, FA-UMR, Kap. 3 Rn. 1010; *Haedicke*, in: Schulze/Zuleeg/Kadelbach, § 21 Rn. 39.

(„Schutzdauer-Richtlinie“)[527] stellt die vierte Richtlinie im Bereich des Urheberrechts dar. Sie zielt darauf ab, unter Gewährleistung eines hohen Schutzniveaus (vgl. Erwägungsgrund 11 der Richtlinie[528])[529] solche Wettbewerbsverzerrungen zu vermeiden, die aufgrund von unterschiedlichen Schutzfristen in den einzelnen Mitgliedstaaten auftreten können (siehe Erwägungsgrund 3 der Richtlinie[530]).[531]

Die in der Schutzdauer-Richtlinie jeweils festgelegte Schutzdauer stellt im Interesse der angestrebten Rechtsangleichung sowohl einen Mindest- als auch einen Maximalschutz dar.[532] Hierin liegt der wesentliche Unterschied zu den internationalen Urheberrechtskonventionen, die einen Mindestschutz festlegen, mit der Folge dass der nationale Gesetzgeber in diesem System durchaus längere Fristen

527 Richtlinie 93/98/EWG des Rates vom 29. Oktober 1993 zur Harmonisierung der Schutzdauer des Urheberrechts und bestimmter verwandter Schutzrechte, ABl. EG L 290/9 vom 24.11.1993 (Umsetzungsfrist gemäß Art. 13 Abs. 1 der Richtlinie: 1.7.1995), kodifizierte Fassung: Richtlinie 2006/116/EG des Europäischen Parlaments und des Rates vom 12. Dezember 2006 über die Schutzdauer des Urheberrechts und bestimmter verwandter Schutzrechte, ABl. EU L 372/12 vom 27.12.2006; diese wiederum geändert durch die Richtlinie 2011/77/EU des Europäischen Parlaments und des Rates vom 27. September 2011 zur Änderung der Richtlinie 2006/116/EG über die Schutzdauer des Urheberrechts und bestimmter verwandten Schutzrechte (ABl. EU L 265/1 vom 11.10.2011), mit der die Schutzdauer des Urheberrechts der ausübenden Künstler und Hersteller von Tonträgern von 50 auf 70 Jahre verlängert wird, um den Schutz der Künstler mehr dem Urheberschutz der Autoren anzupassen, siehe dazu http://ec.europa.eu/internal_market/copyright/term-protection/index_de.htm, abgerufen am 17.3.2013. Die Bundesregierung hat einen entsprechenden Gesetzentwurf zur Verlängerung der Schutzdauer von Rechten ausübender Künstler und Tonträgerhersteller am 31.10.2012 beschlossen, siehe dazu Pressemitteilung 373/2012 der Bundesregierung, abrufbar unter http://www.bundesregierung.de/Content/DE/Pressemitteilungen/BPA/2012/10/2012-10-31-bkm-urheberrecht.html, abgerufen am 17.3.2013.

528 Richtlinie 2006/116/EG, Text dieses Erwägungsgrundes ist wiedergegeben im Anhang.

529 So auch die Betonung der Kommission in ihrer Mitteilung „Initiativen zum Grünbuch – Arbeitsprogramm der Kommission auf dem Gebiet des Urheberrechts und der verwandten Schutzrechte“ vom 17. Januar 1991, KOM (90), 584 endgültig, auf welche Erwägungsgrund 10 der Richtlinie 93/98/EWG (welcher inhaltlich Erwägungsgrund 11 der Richtlinie 2006/116/EG entspricht) noch ausdrücklich Bezug genommen hatte; *Schack*, Rn. 144.

530 Richtlinie 2006/116/EG, Text dieses Erwägungsgrundes ist wiedergegeben im Anhang.

531 *Haedicke*, in: Schulze/Zuleeg/Kadelbach, § 21 Rn. 41; *Walter*, in: Walter, Europ. UrhR, Schutzdauer-RL, vor Art. 1 Rn. 1 m.w.N.; näher dazu auch *Katzenberger*, in: Schricker/Loewenheim, § 64 Rn. 13 ff.; ferner *Dietz*, GRUR Int. 1995, 670 ff.

532 *Haedicke*, in: Schulze/Zuleeg/Kadelbach, § 21 Rn. 41; *Walter*, in: Walter, Europ. UrhR, Schutzdauer-RL, vor Art. 1 Rn. 3.

wählen kann.[533] Art. 1 Abs. 1 der Schutzdauer-Richtlinie legt dagegen für sämtliche urheberrechtlich geschützte Werke die siebzigjährige Schutzfrist fest. Damit geht die Schutzdauer-Richtlinie insbesondere auch über die Mindestschutzdauer von 50 Jahren nach Art. 7 der Berner Konvention hinaus, die über die Verweisung auch mittelbar für das TRIPS-Abkommen Anwendung findet (Art. 9 TRIPS).[534]

Für die Leistungsschutzrechte (verwandte Schutzrechte) legt die Schutzdauer-Richtlinie in Art. 3 eine Schutzdauer von 50 Jahren fest. Mit der Richtlinie 2011/77/EU[535] wird die Schutzdauer der Rechte der ausübenden Künstler und der Hersteller von Tonträgern nun sogar auf siebzig Jahre verlängert, um den Schutz der Künstler mehr dem Urheberrechtsschutz der Autoren anzupassen.

Die Schutzdauer-Richtlinie befasst sich außerdem mit Einzelfragen der Schutzfristenbemessung und mit der Schutzdauer bei bestimmten Werkarten, insbesondere bei Filmwerken.[536]

Auch wenn es zur Umsetzung der Vorgaben der Schutzdauer-Richtlinie einiger Anpassungen und Änderungen im UrhG bedurfte,[537] mussten nicht alle Richtlinienvorgaben mehr in das deutsche Recht umgesetzt werden. So war die siebzigjährige Regelschutzfrist post mortem auctoris für urheberrechtlich geschützte Werke in Deutschland bereits mit dem deutschen Urheberrechtsgesetz 1965 eingeführt worden.[538]

(5) Die Datenbank-Richtlinie

Die fünfte Urheberrechtsrichtlinie ist die „Richtlinie 96/9/EG vom 11. März 1996 über den rechtlichen Schutz von Datenbanken" („Datenbank-Richtlinie").[539] Sie

---

533 *Walter*, in: Walter, Europ. UrhR, Schutzdauer-RL, vor Art. 1 Rn. 3.

534 *Haedicke*, in: Schulze/Zuleeg/Kadelbach, § 21 Rn. 41.

535 Richtlinie 2011/77/EU des Europäischen Parlaments und des Rates vom 27. September 2011 zur Änderung der Richtlinie 2006/116/EG über die Schutzdauer des Urheberrechts und bestimmter verwandten Schutzrechte (ABl. EU L 265/1 vom 11.10.2011); vgl. hierzu bereits vorstehende Ausführungen.

536 *Haedicke*, in: Schulze/Zuleeg/Kadelbach, § 21 Rn. 41; *v. Lewinski*, in: Limper/Musiol, FA-UMR, Kap. 3 Rn. 1011 f.

537 Drittes Gesetz zur Änderung des Urheberrechtsgesetzes vom 23. Juni 1995 (BGBl. 1995 I S. 842), in Kraft getreten am 1. Juli 1995; näher etwa *A. Nordemann*, in: Fromm/Nordemann, § 64 Rn. 6; *v. Lewinski*, in: Limper/Musiol, FA-UMR, Kap. 3 Rn. 1013; *Katzenberger*, in: Schricker/Loewenheim, § 64 Rn. 55; *Haedicke*, in: Schulze/Zuleeg/Kadelbach, § 21 Rn. 42.

538 *Haedicke*, in: Schulze/Zuleeg/Kadelbach, § 21 Rn. 42.

539 Richtlinie 96/9/EG des Europäischen Parlaments und des Rates vom 11. März 1996 über den rechtlichen Schutz von Datenbanken, ABl. EG L 77/20 vom 27.3.1996 (Umsetzungsfrist gemäß Art. 16 Abs. 1 der Richtlinie: 1.1.1998).

war die erste Richtlinie, die in dem durch den Vertrag von Maastricht neu eingeführten Mitentscheidungsverfahren (vormals Art. 251 EGV, nunmehr Art. 294 AEUV) zustande kam.[540]

Das erklärte Ziel der Datenbank-Richtlinie ist die Vermeidung von Wettbewerbsverzerrungen innerhalb der Gemeinschaft, die sich aufgrund von uneinheitlichen oder gar fehlenden Regelungen für den urheberrechtlichen Schutz von Datenbanken ergeben (vgl. Erwägungsgründe 1 bis 4 der Richtlinie[541]). Deshalb sieht die Datenbank-Richtlinie einheitliche Regelungen für einen urheberrechtlichen Schutz der Datenbank in den Mitgliedstaaten vor.

Unter den von der Richtlinie geschützten Datenbanken (Art. 1 Abs. 1 der Richtlinie) sind Sammlungen von Werken, Daten oder anderen unabhängigen Elementen zu verstehen, die systematisch oder methodisch angeordnet und einzeln mit elektronischen Mitteln oder auf andere Weise zugänglich sind (Art. 1 Abs. 2 der Richtlinie). Die Definition der Datenbank des Art. 1 Abs. 2 der Richtlinie wurde im Zuge der Richtlinienumsetzung[542] in § 4 Abs. 2 UrhG wörtlich übernommen und die schöpferische Datenbank als Sonderfall eines Sammelwerks gemäß § 4 Abs. 1 UrhG behandelt (s.o.).[543]

Außerdem wurde im Zuge der Umsetzung der Datenbank-Richtlinie ein neuer Abschnitt in das UrhG (§§ 87a ff. UrhG) eingefügt, der den sui-generis-Schutz für Datenbanken als verwandtes Schutzrecht regelt.[544] Danach tritt neben das Urheberrecht ein selbstständiges, in seinem Rechtsgrund vom Urheberrecht verschiedenes Leistungsschutzrecht des Datenbankherstellers als „Investitionsschutzrecht“,[545] wenn die Beschaffung, Überprüfung oder Darstellung der Datenbank eine nach Art und Inhalt wesentliche Investition erfordert (§ 87a Abs. 1 UrhG).[546] Dabei kommt es allein

540 *v. Lewinski*, in: Walter, Europ. UrhR, Datenbank-RL, vor Art. 1 Rn. 1.

541 Text dieser Erwägungsgründe ist wiedergegeben im Anhang.

542 Im Rahmen des Gesetzes zur Regelung der Rahmenbedingungen für Informations- und Kommunikationsdienste (Informations- und Kommunikationsdienste-Gesetz – IuKDG) vom 22. Juli 1997 (BGBl. 1997 I S. 1870, Art. 7 zur Änderung des Urheberrechtsgesetzes).

543 *Haedicke*, in: Schulze/Zuleeg/Kadelbach, § 21 Rn. 44.

544 *Dreier*, in: Dreier/Schulze, vor §§ 87a ff. Rn. 2; *Haedicke*, in: Schulze/Zuleeg/Kadelbach, § 21 Rn. 45; *Thum*, in: Wandtke/Bullinger, vor §§ 87a ff. Rn. 9 und 11.

545 *v. Lewinski*, in: Limper/Musiol, FA-UMR, Kap. 3 Rn. 1005; *Peifer*, in: Riesenhuber, 2007 S. 155, 166.

546 Zur Auslegung des Begriffs vgl. EuGH, Urteil vom 9.11.2004 – Rs. C-203/02 –The British Horseracing Board u.a., Slg. 2004, I-10415 Rn. 69 ff., 82; EuGH, Urteil vom 9.11.2004 – Rs. C-338/02 – Fixtures Marketing, Slg. 2004, I-10497 Rn. 34 ff.; *Dreier*,

auf den Gesichtspunkt der Investition an, nicht geprüft wird dagegen, ob die Leistung überhaupt schutzwürdig im Sinne einer wettbewerblichen Eigenart oder Individualität ist.[547] Die Verwertungsrechte des Datenbankherstellers regelt § 87b UrhG.

Beide Schutzrechte können nebeneinander bestehen und unterschiedlichen Inhabern zustehen.[548]Die Schaffung eines zweigleisigen europäischen Schutzsystems bestehend aus dem Urheberrecht auf der einen Seite und dem investitionsschützenden Leistungsschutzrecht als Recht sui generis auf der anderen Seite soll dazu beitragen, das Spannungsverhältnis zwischen dem traditionellen kulturpolitischen Urheberrecht („Droit d'auteur-System"[549]) und dem industriepolitisch ausgerichteten Copyright zu entschärfen.[550]

(6) Die Informations-Richtlinie

Als sechste urheberrechtliche Richtlinie erging die „Richtlinie 2001/29/EG vom 22. Mai 2001 zur Harmonisierung bestimmter Aspekte des Urheberrechts und der verwandten Schutzrechte in der Informationsgesellschaft" („Informations-Richtlinie").[551]

Mit der Richtlinie sollen zum einen die Entwicklungen der Informationsgesellschaft und die Fortschritte in der Informationstechnologie aufgefangen und berücksichtigt werden sowie ein gemeinsamer urheberrechtlicher Ansatz der Mitgliedsländer gefunden werden.[552] Ausgangspunkt bildeten hier das Grünbuch der Europäischen Kommission „Urheberrecht und verwandte Schutzrechte in der Informationsgesellschaft" vom 19. Juli 1995[553] sowie die daran anschließende Mitteilung der Europäischen Kommission „Initiativen zum Grünbuch über

---

in: Dreier/Schulze, § 87 a Rn. 11 ff.; *Vogel*, in: Schricker/Loewenheim, vor §§ 87a ff. Rn. 7, § 87 Rn. 40 ff.

547 *v. Gamm*, 2004, S. 74 f.; vgl. BGH, Urteil vom 6.5.1999 – I ZR 199/96 – Tele-Info-CD, GRUR 1999, 923, 925.

548 *v. Gamm*, 2004, S. 74 Fn. 328; *Loewenheim*, in: Schricker/Loewenheim, § 4 Rn. 32.

549 *Loewenheim*, GRUR Int. 1997, 285, 287.

550 *v. Gamm*, 2004, S. 74; ausführlich *Gaster*, in: Hoeren/Sieber/Holznagel, Teil 7.6 Rn. 36 ff.; *Leistner*, GRUR Int. 1999, 819 ff.; ferner *Loewenheim*, GRUR Int. 1997, 285, 287.

551 Richtlinie 2001/29/EG des Europäischen Parlaments und des Rates vom 22. Mai 2001 zur Harmonisierung bestimmter Aspekte des Urheberrechts und der verwandten Schutzrechte in der Informationsgesellschaft, ABl. EG L 167/10 vom 22.6.2001 (Umsetzungsfrist gemäß Art. 13 Abs. 1 der Richtlinie: 22.12.2002).

552 *Reinbothe*, EWS 2007, 193, 197; *Haedicke*, in: Schulze/Zuleeg/Kadelbach, § 21 Rn. 46.

553 Urheberrecht und verwandte Schutzrechte in der Informationsgesellschaft – Grünbuch der Europäischen Kommission vom 19. Juli 1995, KOM (95) 382 endgültig – nicht im Amtsblatt veröffentlicht; näher dazu *Röttinger*, UFITA Bd. 1 (2001), 9, 52 ff.

Urheberrecht und verwandte Schutzrechte in der Informationsgesellschaft“ vom 20. November 1996.[554]

Zum anderen dient die Richtlinie der Umsetzung der Vorgaben der beiden WIPO-Verträge WCT (WIPO-Urheberrechtsvertrag) und WPPT (WIPO-Vertrag über Darbietungen und Tonträger) in das EU-Recht (vgl. hierzu auch Erwägungsgrund 15 der Informations-Richtlinie[555]).[556]

Die Europäische Kommission bezeichnet die Informations-Richtlinie in ihrem Grünbuch „Urheberrechte in der wissensbestimmten Wirtschaft“ vom 16. Juli 2008 als den „wichtigsten europäischen Rechtsakt zum Urheberrecht“.[557] Unter Verweis auf Erwägungsgründe 10 und 11 der Richtlinie[558] führt sie ferner aus, dass eine „rigorose und wirksame Regelung zum Schutz von Urheberrechten und verwandten Schutzrechten [...] erforderlich [sei], damit Urheber und ausübende Künstler für ihre schöpferischen Leistungen eine Vergütung erhalten und Unternehmen wie Plattenfirmen oder Verlage ermutigt werden, die hierfür notwendigen Finanzmittel zur Verfügung zu stellen“.[559] Die Informations-Richtlinie sieht die Harmonisierung des Urheberrechts auf einem hohen Schutzniveau vor (siehe etwa Erwägungsgründe 4 und 9 der Richtlinie[560]) und möchte damit auch einen Beitrag zur Aufhebung und zukünftigen Verhinderung von Wettbewerbsverzerrungen leisten (siehe dazu Erwägungsgründe 6 und 7 der Richtlinie[561]).

Mit der Informations-Richtlinie wird dem Urheber ein umfassendes Ausschließlichkeitsrecht in Bezug auf die digitale Verwertung seiner Werke eingeräumt, insbesondere im Hinblick auf die Online-Verwertung seiner Werke (siehe Art. 2, Art. 3, Art. 4 der Richtlinie). Die Umsetzung der Richtlinie[562] führte unter

---

554 Mitteilung der Kommission vom 20. November 1996 – Initiativen zum Grünbuch über Urheberrecht und verwandte Schutzrechte in der Informationsgesellschaft, KOM (96) 568 endgültig – nicht im Amtsblatt veröffentlicht; näher *Hoeren*, MMR 2000, 515 f.; *Reinbothe*, EWS 2007, 193, 197; *Schippan*, 1999, S. 138 ff.

555 Text dieses Erwägungsgrundes ist wiedergegeben im Anhang.

556 *Hoeren*, MMR 2000, 515; *Hoeren*, APuZ 2005, 14; *Reinbothe*, EWS 2007, 193, 197.

557 Grünbuch der Kommission der Europäischen Gemeinschaften „Urheberrechte in der wissensbestimmten Wirtschaft“ vom 16.7.2008, KOM (2008) 466 endgültig, S. 3.

558 Text dieser Erwägungsgründe ist wiedergegeben im Anhang.

559 Grünbuch der Kommission der Europäischen Gemeinschaften „Urheberrechte in der wissensbestimmten Wirtschaft“ vom 16.7.2008, KOM (2008) 466 endgültig, S. 4.

560 Text dieser Erwägungsgründe ist wiedergegeben im Anhang.

561 Text dieser Erwägungsgründe ist wiedergegeben im Anhang.

562 Erste „Teilumsetzung“ durch das Gesetz zur Regelung des Urheberrechts in der Informationsgesellschaft vom 10. September 2003 (BGBl. 2003 I S. 1774), in Kraft getreten am 13. September 2003; zweite „Teilumsetzung“ im Rahmen des sogenannten

anderem zur Einführung des sogenannten „Online-Rechts“ in § 19a UrhG (Recht der öffentlichen Zugänglichmachung) als eigenständiges Recht der öffentlichen Wiedergabe nach § 15 Abs. 2 UrhG. Das Online-Recht war bis dahin als unbenanntes Verwertungsrecht der öffentlichen Wiedergabe eingeordnet worden.[563] Da es sich dabei um ein Recht der Werkwiedergabe in unkörperlicher Form handelt, tritt eine Erschöpfung des Online-Rechts nicht ein, denn § 17 Abs. 2 UrhG sieht eine solche nur bei der Verbreitung körperlicher Originale bzw. Vervielfältigungsstücke vor (vgl. Art. 3 Abs. 3 der Informations-Richtlinie).[564]

Die Richtlinie sieht ferner in Art. 5 eine Harmonisierung von Schrankenbestimmungen vor. Im Zuge der Richtlinienumsetzung kam es im UrhG insbesondere zur Änderung bzw. Einführung von folgenden Regelungen: § 44a (Vorübergehende Vervielfältigungshandlungen), § 45a (Vervielfältigungen zugunsten behinderter Menschen), § 51 (Zitate), § 52a (Öffentliche Zugänglichmachung für Unterricht und Forschung), § 52b (Wiedergabe von Werken an elektronischen Leseplätzen in öffentlichen Bibliotheken, Museen und Archiven), § 53a (Kopienversand auf Bestellung) und §§ 54 ff. UrhG (Vergütungsregelungen im Falle von Privatkopien).[565]

Die in der Richtlinie enthaltenen Bestimmungen zum Schutz technischer Maßnahmen und der zur Rechtewahrnehmung erforderlichen Informationen (Art. 6 und Art. 7 der Richtlinie) wurden in §§ 95a-95c UrhG umgesetzt.[566]

(7) Die Folgerechts-Richtlinie

Als siebte Richtlinie auf dem Gebiet des Urheberrechts erging die „Richtlinie 2001/84/EG vom 27. Januar 2001 über das Folgerecht des Urhebers des Originals eines Kunstwerks“ („Folgerechts-Richtlinie“).[567] Die Richtlinie räumt dem

---

„Zweiten Korbes“ durch das Zweite Gesetz zur Regelung des Urheberrechts in der Informationsgesellschaft vom 26. Oktober 2007 (BGBl. 2007 I S. 2513), in Kraft getreten am 1. Januar 2008; *Haedicke*, in: Schulze/Zuleeg/Kadelbach, § 21 Rn. 47.

563 BGH, Urteil vom 17.7.2003 – I ZR 259/00 – Paperboy, GRUR 2003, 958; *Haedicke*, in: Schulze/Zuleeg/Kadelbach, § 21 Rn. 48.

564 *Haedicke*, in: Schulze/Zuleeg/Kadelbach, § 21 Rn. 48; siehe ferner *v. Ungern-Sternberg*, in: Schricker/Loewenheim, § 19a Rn. 5; vgl. hierzu auch EuGH, Urteil vom 3.7.2012 – Rs. C-128/11 – UsedSoft GmbH/Oracle International Corp., abrufbar über InfoCuria – Rechtsprechung des Gerichtshofs: http://curia.europa.eu/ (noch nicht in Slg. veröffentlicht), ferner abgedruckt in GRUR Int. 2012, 759 ff.

565 *Haedicke*, in: Schulze/Zuleeg/Kadelbach, § 21 Rn. 48; weiterführend: *v. Lewinski*, in: Limper/Musiol, FA-UMR, Kap. 3 Rn. 1015 ff.

566 *Wandtke/Ohst*, in: Wandtke/Bullinger, § 95a Rn. 1, § 95c Rn. 1.

567 Richtlinie 2001/84/EG des Europäischen Parlaments und des Rates vom 27. September 2001 über das Folgerecht des Urhebers des Originals eines Kunstwerks, ABl.

Urheber bei einer nach der Erstveräußerung stattfindenden Veräußerung eines Werks der bildenden Kunst eine degressive Gewinnbeteiligung ein, die abhängig von der Höhe des Veräußerungserlöses ist.[568] Im Zuge der Richtlinienumsetzung[569] wurde die das Folgerecht („droit de suite") regelnde Vorschrift des § 26 UrhG teilweise abgeändert und angepasst.[570]

(8) Die Richtlinie „Verwaiste Werke"

Die „Richtlinie 2012/28/EU vom 25. Oktober 2012 über bestimmte zulässige Formen der Nutzung verwaister Werke" (Richtlinie „Verwaiste Werke")[571] stellt die jüngste Urheberrechtsrichtlinie dar. Mit ihr wird ein einheitlicher Rechtsrahmen für die Digitalisierung und Veröffentlichung „verwaister Werke" geschaffen, worunter solche Werke fallen, die zwar noch urheberrechtlich geschützt sind, deren Schöpfer jedoch nicht bekannt sind oder nicht gefunden oder nicht kontaktiert werden können, um eine Nutzungsgenehmigung zu erhalten.[572]

c) Weitere Richtlinienvorschläge und Vorhaben

Schließlich existieren noch weitere Richtlinienvorschlägen und Vorhaben auf dem Gebiet des Urheberrechts. Hierzu zählen etwa der „Vorschlag für eine Richtlinie über kollektive Wahrnehmung von Urheber- und verwandten Schutzrechten und

---

EG L 272/32 vom 13.10.2001 (Umsetzungsfrist gemäß Art. 12 Abs. 1 der Richtlinie: 1.1.2006).

568 *Haedicke*, in: Schulze/Zuleeg/Kadelbach, § 21 Rn. 50; ausführlich *Pfennig*, ZUM 2002, S. 195 ff.; ferner *Katzenberger*, GRUR Int. 2004, S. 20 ff.; *Walter*, in: Walter, Europ. UrhR, Folgerecht-RL, vor Art. 1 Rn. 1 ff.

569 Fünftes Gesetz zur Änderung des Urheberrechtsgesetzes vom 10. November 2006 (BGBl. 2006 I S. 2587), in Kraft getreten am 16. November 2006.

570 *Bullinger*, in: Wandtke/Bullinger, § 26 Rn. 4.

571 Richtlinie 2012/28/EU des Europäischen Parlaments und des Rates vom 25. Oktober 2012 über bestimmte zulässige Formen der Nutzung verwaister Werke, ABl. EU L 299/5 vom 27.10.2012 (Umsetzungsfrist gemäß Art. 9 Abs. 1 der Richtlinie: 29.10.2014); vgl. dazu Gesetzentwurf der Bundesregierung „Entwurf eines Gesetzes zur Nutzung verwaister und vergriffener Werke und einer weiteren Änderung des Urheberrechtsgesetzes", BT-Drucksache 17/13423 vom 8. Mai 2013; siehe dazu Gesetzesbeschluss des Deutschen Bundestages (BR-Drucksache 643/13 vom 30. August 2013), gebilligt durch den Bundesrat am 20. September 2013 (BR-Drucksache 643/13 (B)).

572 http://ec.europa.eu/internal_market/copyright/orphan_works/index_de.htm (Homepage der Europäischen Kommission, EU-Binnenmarkt/Urheberrechte und verwandte Schutzrechte/Verwaiste Werke), abgerufen am 20.10.2013.

die Vergabe von Mehrgebietslizenzen für die Online-Nutzung von Rechten an Musikwerken im Binnenmarkt“ vom 11. Juli 2012,[573] das „Grünbuch über den Online-Vertrieb von audiovisuellen Werken“ vom 13. Juli 2011[574] sowie Initiativen zur Digitalisierung und Zugänglichmachung vergriffener Werke, zu Vergütungsabgaben für die Privatkopie und zum Werke-Zugang für Menschen mit Lesebehinderung.[575]

In diesem Zusammenhang wird auch ausgeführt, mit der wachsenden Anzahl von Richtlinien könne es zwischen diesen zu immer mehr Ungereimtheiten und Widersprüchen kommen, welche nur durch eine Bereinigungsrichtlinie beseitigt werden können.[576]

IV. Dem acquis communautaire zu entnehmende Vorgaben für den Werkbegriff und das Merkmal der Gestaltungshöhe

Auch wenn demnach einige Bereiche des Urheberrechts auf europäischer Ebene bereits ausdrücklich durch Richtlinien angeglichen wurden und insoweit gegebenenfalls gar von einem „Europäischen Urheberrecht“ gesprochen werden kann, gilt dies bislang nicht für den Werkbegriff. Bis heute existiert kein ausdrücklicher europäischer Rechtsakt, der den Werkbegriff allgemein – d.h. für sämtliche Werkarten einheitlich – regelt.

Gleichwohl lassen sich – wie im Folgenden gezeigt werden wird – aus dem urheberrechtlichen acquis communautaire bereits jetzt einheitliche Grundsätze und Voraussetzungen eines europäischen Werkbegriffs herleiten. Im Vergleich zu den im deutschen Urheberrecht geltenden, insbesondere für Werke der angewandten Kunst recht hohen Schutzvoraussetzungen lassen die rechtlichen Entwicklungen auf europäischer Ebene eine Tendenz erkennen, die urheberrechtlichen

573 Vorschlag für eine Richtlinie des Europäischen Parlaments und des Rates über kollektive Wahrnehmung von Urheber- und verwandten Schutzrechten und die Vergabe von Mehrgebietslizenzen für die Online-Nutzung von Rechten an Musikwerken im Binnenmarkt (11.7.2012), COM(2012) 372 final, 2012/0180 (COD).

574 Grünbuch über den Online-Vertrieb von audiovisuellen Werken in der Europäischen Union: Chancen und Herausforderungen für den digitalen Binnenmarkt vom 13.7.2011, KOM(2011) 427 endgültig; Näheres dazu noch im Folgenden weiter unten.

575 Siehe dazu http://ec.europa.eu/internal_market/copyright/initiatives/index_de.htm (Homepage der Europäischen Kommission, EU-Binnenmarkt/Urheberrechte und verwandte Schutzrechte/Laufende Initiativen), abgerufen am 20.10.2013.

576 So *Schack*, Rn. 154; *Schack*, ZEuP 2000, 799, 803; *Schack*, in: Leistner, 2010, 173, 175.

Schutzanforderungen grundsätzlich eher niedrig anzusetzen.[577] Dies resultiert namentlich aus einem Teil der vorgenannten urheberrechtlichen Richtlinien sowie ferner aus einigen neueren EuGH-Entscheidungen. Diese Entwicklungen legen aus einer Vielzahl von Gründen die Existenz eines mittlerweile einheitlichen, für sämtliche Werkarten geltenden europäischen Werkbegriffs nahe.[578]

1. Vorgaben der Richtlinien

a) Vorgaben der Computerprogramm-Richtlinie[579]

Gemäß Art. 1 Abs. 3 S. 1 der Computerprogramm-Richtlinie werden Computerprogramme geschützt, wenn sie individuelle Werke in dem Sinne darstellen, dass sie das Ergebnis der eigenen geistigen Schöpfung ihres Urhebers sind. Zur Bestimmung ihrer Schutzfähigkeit sind gemäß Art. 1 Abs. 3 S. 2 der Richtlinie keine anderen Kriterien anzuwenden. Ferner führt Erwägungsgrund 8 der Richtlinie aus, dass qualitative oder ästhetische Vorzüge eines Computerprogramms nicht als Kriterium für die Beurteilung der Frage angewendet werden sollten, ob ein Programm ein individuelles Werk ist oder nicht.

Das Individualitätserfordernis einschließlich seiner niedrigen Schwelle wurde vor allem auf Drängen des Wirtschafts- und Sozialausschusses zur Sicherstellung des Harmonisierungserfolgs der Computerprogramm-Richtlinie in die Richtlinie aufgenommen, denn im ursprünglichen Richtlinienvorschlag der Kommission fehlte die Definition der Individualität im europäischen Sinne.[580] Art. 1 Abs. 3 S. 2 der Computerprogramm-Richtlinie wurde zudem auch speziell auf die Rechtslage in Deutschland zugeschnitten und im deutschen Recht in § 69a Abs. 3 UrhG umgesetzt.[581] Die Folge war, dass sich die deutschen Gerichte von ihrer bis dahin eher strengen Rechtspraxis zum Urheberrechtsschutz von Computerprogrammen[582]

577 *Erdmann*, in: FS Loschelder, 2010, S. 61, 72.

578 So auch *Schricker*, in: FS Kreile, 1994, S. 715, 719; *Loewenheim*, in: Schricker/Loewenheim, § 2 Rn. 33 f., 160; ferner *Ahlberg*, in: BeckOK UrhG, § 2 Rn. 112, 159 f.; zurückhaltender *Schulze*, in: Dreier/Schulze, § 2 Rn. 22, 32; a.A. *Erdmann*, in: FS Loschelder, 2010, S. 61, 72 f.

579 Fassung: Richtlinie 2009/24/EG.

580 *Heinze*, 2 (2011) JIPITEC, 97 Rn. 21; siehe Stellungnahme des Wirtschafts- und Sozialausschusses zu dem Vorschlag für eine Richtlinie des Rates über den Rechtsschutz von Computerprogrammen, ABl. EG C 329/4 vom 30.12.1989, S. 5 f.

581 *Dreier*, GRUR 1993, 781, 782; *v. Gamm*, 2004, S. 62 f.; *Koschtial*, GRUR 2004, 555, 560.

582 Etwa BGH, Urteil vom 9.5.1985 – I ZR 52/83 – Inkasso-Programm, GRUR 1985, 1041, 1048; BGH, Urteil vom 4.10.1990 – I ZR 139/89 – Betriebssystem, GRUR 1991, 449, 451; siehe auch *Erdmann/Bornkamm*, GRUR 1991, 877 f.

lösen mussten:[583] Wie erwähnt fiel die bis dahin für Computerprogramme erforderliche besondere Gestaltungshöhe infolge der Richtlinienvorgaben weg und die zu erreichende Gestaltungshöhe wurde auf ein geringes Maß herabsenkt.[584] Seitdem ist auch die kleine Münze nicht völlig banaler Computerprogramme („‚kleine Münze' des Programmschaffens"[585]) im deutschen Recht urheberschutzfähig.[586]

Die Computerprogramm-Richtlinie lässt demnach für einen Urheberrechtsschutz bereits die Erfüllung geringer Schutzvoraussetzungen und das Erreichen einer niedrigen Individualitätsschwelle genügen.[587]

Entscheidend für das Vorliegen eines urheberrechtsschutzfähigen Werks im Sinne der Computerprogramm-Richtlinie ist also allein, dass die Merkmale „eigene geistige Schöpfung" erfüllt sind. Auf die Erfüllung weiterer Kriterien, wie etwa das Erreichen einer besonderen Gestaltungshöhe, kommt es nicht an. Ob sich das niedrigschwellig angesetzte Erfordernis der Individualität im Rahmen der Computerprogramm-Richtlinie tendenziell zunächst eher an den Vorstellungen

---

583 *Heinze*, 2 (2011) JIPITEC, 97 Rn. 21, der darauf verweist, dass ein geringes Individualitätsmerkmal bereits gefordert wurde in dem (die Richtlinie „vorbereitenden") Grünbuch über Urheberrecht und die technologische Herausforderung – Urheberrechtsfragen, die sofortiges Handeln erfordern, 7. Juni 1988, KOM (88) 172 endgültig, S. 187 f., sowie in der Begründung zum ursprünglichen Kommissionsvorschlag (Vorschlag für eine Richtlinie des Rates über den Rechtsschutz von Computerprogrammen, KOM (88) 816 endgültig), ABl. EG C 91/4 vom 12.4.1989, S. 9; siehe ferner *Schulte*, CR 1992, 588, 591.

584 *A. Nordemann*, in: Loewenheim, § 6 Rn. 20; *Loewenheim*, in: Schricker/Loewenheim, § 69a Rn. 17 m.w.N.; *Haedicke*, in: Schulze/Zuleeg/Kadelbach, § 21 Rn. 37 m.w.N. Die amtliche Begründung sieht den Urheberrechtsschutz von Computerprogrammen als Regelfall und fehlende Schöpfungshöhe als Ausnahmefall vor, die Richtlinie erfordere „auch den Schutz der einfachen persönlichen Schöpfung, der sog. ‚kleinen Münze'", amtl. Begr. zum Zweiten Gesetz zur Änderung des Urheberrechtsgesetzes vom 9. Juni 1993 (BGBl. 1993 I S. 910), BT-Drucksache 12/4022 vom 18. Dezember 1992, S. 9 f.; *Handig*, UFITA Bd. 1 (2009), 55, 59 m.w.N.

585 BGH, Urteil vom 20.9.2012 – I ZR 90/09 – UniBasic-IDOS, GRUR 2013, 509, 510 Rn. 24 m.w.N.; *Dreier*, GRUR 1993, 781, 782; *Heinze*, 2 (2011) JIPITEC, 97 Rn. 22 m.w.N.

586 Siehe dazu BGH, Urteil vom 14.7.1993 – I ZR 47/91 – Buchhaltungsprogramm, GRUR 1994, 39 f. (zu intertemporalen Problemen des § 137d UrhG); BGH, Urteil vom 3.3.2005 – I ZR 111/02 – Fash 2000, GRUR 2005, 860, 861; *A. Nordemann*, in: Loewenheim, § 6 Rn. 16; ferner *Handig*, UFITA Bd. 1 (2009), 55, 59; *Schack*, Rn. 208; kritisch angesichts der „Verwendung qualitativer Prüfungskriterien" trotz Verbots *Hoeren*, in: Möhring/Nicolini, § 69a Rn. 16 (s.o.).

587 *Haedicke*, in: Schulze/Zuleeg/Kadelbach, § 21 Rn. 36.

des britischen oder des deutschen Urheberrechts ausgerichtet hat,[588] kann in Bezug auf das Begriffsverständnis hier erst einmal offenbleiben (Näheres dazu unten, unter IV. 2. f)), da es sich dabei ohnehin um EU-Vorgaben handelt, die autonom und nicht nach einem nationalen Begriffsverständnis auszulegen sind.[589]

b) Vorgaben der Schutzdauer-Richtlinie[590]

Wie erwähnt zielt die Schutzdauer-Richtlinie darauf ab, Wettbewerbsverzerrungen aufgrund unterschiedlich hoher Schutzdauern in den einzelnen Mitgliedstaaten zu verhindern.

Um die von der Richtlinie vorgegebenen Schutzdauer-Harmonisierungen möglich zu machen, musste der Schutz von Fotografien innerhalb der Europäischen Union einheitlich gefasst werden. Denn bis zum Erlass der Schutzdauer-Richtlinie war der Schutz von Fotografien in den einzelnen Mitgliedstaaten unterschiedlich ausgestaltet. So führt Erwägungsgrund 17 der Richtlinie 93/98/EWG dazu aus: „Der Schutz von Fotografien ist in den Mitgliedstaaten unterschiedlich geregelt. Damit die Schutzdauer für fotografische Werke insbesondere bei Werken, die aufgrund ihrer künstlerischen oder professionellen Qualität im Rahmen des Binnenmarkts von Bedeutung sind, ausreichend harmonisiert werden kann, muss der hierfür erforderliche Originalitätsgrad in der vorliegenden Richtlinie festgelegt werden."

Nach Art. 6 S. 1 der Richtlinie sind Fotografien dann geschützt, wenn sie individuelle Werke in dem Sinne darstellen, dass sie das Ergebnis der eigenen geistigen Schöpfung ihres Urhebers sind. Dabei sind nach Art. 6 S. 2 der Richtlinie zur Bestimmung ihrer Schutzfähigkeit keine anderen Kriterien anzuwenden. Erwägungsgrund 16 der Richtlinie[591] bestimmt dazu:

---

588 Pro Orientierung an britischem Urheberrecht: *Heinze*, 2 (2011) JIPITEC, 97 Rn. 21 m.w.N.; Orientierung am britischen Urheberrecht nicht ohne weiteres klar und letztlich eher eine Orientierung am kontinentaleuropäischen Urheberrechtsverständnis annehmend *Haberstumpf*, in: Mestmäcker/Schulze § 69a Rn. 23; Mischung: *v. Lewinski*, in: Limper/Musiol, FA-UMR, Kap. 3 Rn. 1003.

589 *Heinze*, 2 (2011) JIPITEC, 97 Rn. 21 m.w.N., der hier auch auf die Parallelen zu den Schutzvoraussetzungen der Richtlinie des Rates vom 16. Dezember 1986 über den Rechtsschutz der Topographien von Halbleitererzeugnissen (87/54/EWG), ABl. EG L 24/36 vom 27.1.1987 verweist, die lauten: „Ergebnis der eigenen geistigen Arbeit ihres Schöpfers" (siehe Art. 2 Abs. 2 S. 1 der „Halbleiter-Richtlinie"); siehe dazu auch Grünbuch über Urheberrecht und die technologische Herausforderung – Urheberrechtsfragen, die sofortiges Handeln erfordern, 7. Juni 1988, KOM (88) 172 endgültig, S. 188.

590 Fassung: Richtlinie 2006/116/EG.

591 2006/116/EG; der Text des Erwägungsgrundes ist im Anhang wiedergegeben und entspricht in diesem Punkt Erwägungsgrund 17 der Richtlinie 93/98/EWG.

„Im Sinne der Berner Übereinkunft ist ein fotografisches Werk als ein individuelles Werk zu betrachten, wenn es die eigene geistige Schöpfung des Urhebers darstellt, in der seine Persönlichkeit zum Ausdruck kommt; andere Kriterien wie z.B. Wert oder Zwecksetzung sind hierbei nicht zu berücksichtigen."

Obgleich es sich bei der in Rede stehenden Fotografie um eine von einem Computerprogramm grundverschiedene Werkart handelt, findet sich auch in der Schutzdauer-Richtlinie – wie bereits in der Computerprogramm-Richtlinie – zur Umschreibung der Werkvoraussetzungen erneut die Formulierung „individuelle Werke, die das Ergebnis der eigenen geistigen Schöpfung ihres Urhebers sind". Zu prüfen sind auch hier wieder nur die Merkmale „eigene geistige Schöpfung". Weitere Kriterien wie etwa eine besondere Gestaltungshöhe müssen auch hier nicht erfüllt sein.

Wie bei den Computerprogrammen bewirkten die Vorgaben der Schutzdauer-Richtlinie, dass der BGH auch im Bereich der Lichtbildwerke seine bis dahin praktizierte Rechtsanwendung aufgeben musste. Eine besondere Gestaltungshöhe, die in einem deutlichen Überragen über die durchschnittliche Gestaltungstätigkeit zum Ausdruck kommt, wird von dem BGH seitdem nicht mehr verlangt.[592]

c) Vorgaben der Datenbank-Richtlinie

Wie dargelegt sollen mit dem Erlass der Datenbank-Richtlinie Wettbewerbsverzerrungen in der EU reduziert werden, die aus uneinheitlichen oder fehlenden Regelungen für den urheberrechtlichen Schutz von Datenbanken resultieren.

Ausdrücklich wird in Erwägungsgrund 15 der Richtlinie[593] darauf hingewiesen, dass die Kriterien, ob eine Datenbank für den urheberrechtlichen Schutz in Betracht komme, darauf beschränkt sein sollten, dass der Urheber mit der Auswahl oder Anordnung des Inhalts der Datenbank eine eigene geistige Schöpfung vollbracht habe. Der Schutz beziehe sich auf die Struktur der Datenbank.

Nach Erwägungsgrund 16 der Richtlinie[594] sollten bei der Beurteilung, ob eine Datenbank für den urheberrechtlichen Schutz in Betracht komme, keine anderen Kriterien angewendet werden als „die Originalität im Sinne einer geistigen Schöpfung"; insbesondere sollte keine Beurteilung der Qualität oder des ästhetischen Wertes der Datenbank vorgenommen werden.

Aus diesem Grund bestimmt Art. 3 Abs. 1 S. 1 der Richtlinie den Schutzgegenstand einheitlich dergestalt, dass Datenbanken, die aufgrund der Auswahl oder Anordnung des Stoffes eine eigene geistige Schöpfung ihres Urhebers darstellen,

592 Z.B. BGH, Urteil vom 3.11.1999 – I ZR 55/97 – Werbefotos, GRUR 2000, 317, 318.
593 Text dieses Erwägungsgrundes ist im Anhang wiedergegeben.
594 Text dieses Erwägungsgrundes ist im Anhang wiedergegeben.

als solche urheberrechtlich geschützt werden. Weiter heißt es in Art. 3 Abs. 1 S. 2 der Richtlinie dann, dass bei der Bestimmung, ob sie für diesen Schutz in Betracht kommen, keine anderen Kriterien anzuwenden sind.

Die Richtlinienvorgabe des Art. 3 Abs. 1 S. 2 hat der deutsche Gesetzgeber anders als im Falle der Computerprogramm-Richtlinie nicht in das Urheberrechtsgesetz aufgenommen. Dies hat er damit begründet, dass bei Computerprogrammen ein besonderes Harmonisierungsziel darin gelegen habe, die in Deutschland vor Verabschiedung der Computerprogramm-Richtlinie von der Rechtsprechung aufgestellten erhöhten Anforderungen an die urheberrechtliche Gestaltungshöhe bei Computerprogrammen abzusenken, dagegen im Zusammenhang mit der Frage des urheberrechtlichen Schutzes von Datenbanken bzw. Sammelwerken diese Problemlage in Deutschland nicht vorhanden gewesen sei.[595]

Ferner ist darauf hinzuweisen, dass auch wenn in Art. 3 Abs. 1 S. 1 der Richtlinie die Formulierung „eigene geistige Schöpfung" zu finden ist, in § 4 Abs. 1 UrhG gleichwohl von „persönlicher geistiger Schöpfung" die Rede ist. § 4 Abs. 1 UrhG findet aufgrund der Einordnung des Datenbankwerks als Sammelwerk (§ 4 Abs. 2 S. 1 UrhG) Anwendung. Ein sachlicher Unterschied solle durch die fehlende gleichlautende Formulierung jedoch nicht zum Ausdruck gebracht werden.[596]

Festgehalten werden kann demnach auch hier, dass der europäische Gesetzgeber, um einen einheitlichen urheberrechtlichen Schutz von Datenbankwerken in der EU zu erreichen, für die Schutzbestimmungen erneut auf die bereits im Rahmen der Computerprogramm-Richtlinie sowie der Schutzdauer-Richtlinie verwendete Formulierung „eigene geistige Schöpfung" zurückgreift. Zudem weist auch die Datenbank-Richtlinie – ebenfalls wie die Computerprogramm-Richtlinie und die Schutzdauer-Richtlinie – ausdrücklich darauf hin, dass neben den genannten Voraussetzungen keine weiteren Kriterien erfüllt sein müssen, um ein urheberrechtsschutzfähiges Datenbankwerk annehmen zu können. Folglich untersagt der europäische Gesetzgeber auch hier, eine besondere Gestaltungshöhe als weiteres Kriterium zu verlangen.

---

595 Amtl. Begr. zum Informations- und Kommunikationsdienste-Gesetz vom 22. Juli 1997 (BGBl. 1997 I S. 1870), BT-Drucksache 13/7385 vom 9. April 1997, S. 43; *v. Gamm*, 2004, S. 72; *Handig*, UFITA Bd. 1 (2009), 55, 58.

596 Beschlussempfehlung und Bericht des Ausschusses für Bildung, Wissenschaft, Forschung, Technologie und Technikfolgenabschätzung (19. Ausschuss) zum Gesetzentwurf der Bundesregierung (BT-Drucksache 13/7385), BT-Drucksache 13/7934 vom 11. Juni 1997, S. 43; *v. Gamm*, 2004, S. 72.

d) Zwischenbilanz

Die Computerprogramm-Richtlinie, die Schutzdauer-Richtlinie und die Datenbank-Richtlinie legen ein einheitliches Begriffsverständnis des „Werks" zugrunde. Der europäische Gesetzgeber hat in diesen drei Richtlinien jeweils gleichlautende Schutzvoraussetzungen für die von den Richtlinien erfassten Werkarten benannt, indem er dort jeweils festgelegt hat, dass für deren Urheberrechtsschutzfähigkeit „eine eigene geistige Schöpfung" des Urhebers vorliegen muss.[597] Ferner wird dort explizit darauf hingewiesen, dass zur Bestimmung der Schutzfähigkeit keine weiteren Kriterien erforderlich sind.[598]

Die Vorgaben der drei Richtlinien lassen aufgrund ihrer Tendenz Folgerungen für einen einheitlichen für sämtliche Werkarten geltenden Werkbegriff zu.[599]

Als Kriterium für einen Urheberrechtsschutz wird nur Individualität in dem Sinne verlangt, dass „eine eigene geistige Schöpfung des Urhebers" vorliegen muss.[600] Weitere Kriterien sind zur Beantwortung der Frage der Individualität einer Schöpfung und damit zur Bemessung ihrer urheberrechtlichen Schutzfähigkeit nicht zu prüfen, insbesondere keine qualitativen oder ästhetischen Aspekte.[601] Folglich ist es mit europäischem Recht nicht vereinbar, zusätzliche Voraussetzungen wie etwa eine besondere Gestaltungshöhe zu verlangen, die in einem deutlichen Überragen über die Durchschnittsgestaltung zum Ausdruck kommen müsse.[602] Vielmehr ist auch der urheberrechtliche Schutz nicht völlig banaler Schöpfungen in Form der kleinen Münze durch die drei Richtlinien zwingend vorgesehen.

Keine andere Wertung in Bezug auf ein einheitliches Begriffsverständnis des „Werks" für sämtliche Werkarten folgt etwa daraus, dass für Computerprogramme und Fotografien nach der Formulierung in der jeweiligen Richtlinie ein Urheberrechtsschutz dann in Betracht kommt, „wenn sie individuelle Werke in dem Sinne darstellen, dass sie das Ergebnis der eigenen geistigen Schöpfung ihres Urhebers" sind (Art. 1

597 Vgl. dazu OLG Nürnberg, Urteil vom 27.3.2001 – 3 U 3760/00 – Dienstanweisung, GRUR-RR 2001, 225, 227; *A. Nordemann*, in: Loewenheim, § 9 Rn. 30.

598 *Riesenhuber*, in: Riesenhuber, 2007, S. 113, 140 f.; *Walter*, in: Walter, Europ. UrhR, Stand der Harmonisierung, 3. Kapitel Rn. 6; kritisch *Hoeren*, GRUR 1997, 866, 870.

599 *Walter*, in: Walter, Europ. UrhR, Stand der Harmonisierung, 3. Kapitel Rn. 6; siehe auch *A. Nordemann*, in: Fromm/Nordemann, § 2 Rn. 7; 38; a.A. *Schack*, ZEuP 2000, 799, 808.

600 *Walter*, in: Walter, Europ. UrhR, Stand der Harmonisierung, 3. Kapitel Rn. 6.

601 *Walter*, in: Walter, Europ. UrhR, Stand der Harmonisierung, 3. Kapitel Rn. 6; ferner *Ahlberg*, in: BeckOK UrhG, § 2 Rn. 70; kritisch *Hoeren*, GRUR 1997, 866, 870.

602 Vgl. dazu OLG Nürnberg, Urteil vom 27.3.2001 – 3 U 3760/00 – Dienstanweisung, GRUR-RR 2001, 225, 226 f.; *A. Nordemann*, in: Loewenheim, § 9 Rn. 30; ferner *Ahlberg*, in: BeckOK UrhG, § 2 Rn. 112, 159 f.

Abs. 3 S. 1 der Computerprogramm-Richtlinie, Art. 6 S. 1 der Schutzdauer-Richtlinie), hingegen für den urheberrechtlichen Schutz von Datenbanken die Datenbank-Richtlinie nur formuliert, es müsse sich um „eine eigene geistige Schöpfung ihres Urhebers" handeln (Art. 3 Abs. 1 S. 1 der Datenbank-Richtlinie), ohne dabei auch von „individuellen Werken" zu sprechen.[603] Die zusätzliche Umschreibung „individuelles Werk" in den beiden erstgenannten Richtlinien hat nämlich rein beschreibenden Charakter (im Sinne von: Individualität einer Kreation ist gegeben, wenn es sich um eine eigene geistige Schöpfung handelt) und erfüllt damit keinerlei weitere Merkmalsfunktion für einen Urheberrechtsschutz.

Auch im Hinblick auf den in Erwägungsgrund 16 der Schutzdauer-Richtlinie zu findenden zusätzlichen Hinweis auf die Persönlichkeit des Autors, die im Werk zum Ausdruck kommen müsse, ergibt sich gegenüber den beiden anderen Richtlinien inhaltlich keinerlei Abweichung,[604] da hierin lediglich eine Konkretisierung der Voraussetzungen „eigene geistige Schöpfung" liegt. Erwägungsgrund 16 der Schutzdauer-Richtlinie weist überdies selbst darauf hin, dass weitere Kriterien unbeachtlich sind.

Die Computerprogramm-Richtlinie, die Schutzdauer-Richtlinie und die Datenbank-Richtlinie legen mithin allesamt einen „reduzierten Originalitätsbegriff"[605] zugrunde. Walter führt hierzu ferner aus, Ausgangspunkt sei zunächst das weite britische Begriffsverständnis der Originalität, das lediglich verlange, dass es sich insoweit um eine „eigene Schöpfung des Urhebers" handeln müsse, als das Werk nicht kopiert sein dürfe.[606] Zugleich werde mit den drei Richtlinien auch ein „Kompromiss" mit der traditionell strengeren kontinentaleuropäischen Auffassung erzielt, indem daneben auch das Kriterium der „geistigen Schöpfung" zu erfüllen sei.[607]

Die Tatsache, dass es sich bei den drei durch die in Rede stehenden Richtlinien erfassten Werkarten um durchaus unterschiedliche Werktypen handelt, der

---

603 Vgl. *G. Schulze*, GRUR 2009, 1019, 1021.

604 *Leistner*, 2008, S. 11 Fn. 23; vgl. auch *Riesenhuber*, in: Riesenhuber, 2007, S. 113, 130.

605 *Walter*, in: Walter, Europ. UrhR, Stand der Harmonisierung, 3. Kapitel Rn. 6 f.; siehe auch *Riesenhuber*, in: Riesenhuber, 2007, S. 113, 139.

606 *Walter*, in: Walter, Europ. UrhR, Stand der Harmonisierung, 3. Kapitel Rn. 6; ferner *W. Nordemann/Nordemann-Schiffel*, in: Loewenheim, § 4 Rn. 7 m.w.N.

607 *Walter*, in: Walter, Europ. UrhR, Stand der Harmonisierung, 3. Kapitel Rn. 6; *Handig*, UFITA Bd. 1 (2009), 55, 57 f.; *Loewenheim*, GRUR Int. 1997, 285, 288; siehe auch *Leistner*, CMLR 46 (2009), 847, 849; kritisch dagegen *Schack*, Rn. 143, der von „faulen Kompromisse[n]" spricht, da sich damit weder für noch gegen das Schöpferprinzip entschieden, sondern nur versucht werde, über die grundlegenden Rechtsunterschiede hinwegzutäuschen.

europäische Gesetzgeber aber gleichwohl jeweils gleichlautende Voraussetzungen festgelegt hat, spricht ferner ebenfalls dafür, dass er bei der Bemessung des Urheberrechtsschutzes von einem für sämtliche Werkarten einheitlichen Schutzstandard und somit einheitlichen europäischen Werkbegriff ausgeht.[608]

Zwar habe die Europäische Kommission in Bezug auf die Übernahme der Schutzvoraussetzungen aus der Computerprogramm-Richtlinie bei den Schutzvoraussetzungen der Datenbank-Richtlinie auch darauf verwiesen, dass der schöpferische Prozess ähnlich sei und ferner Computerprogramme ein wesentlicher Bestandteil des Datenbankmanagements seien,[609] sodass hier eine gewisse Ähnlichkeit der Werkarten sicherlich nicht abgesprochen werden kann. Bereits zuvor wurde die Formulierung der Schutzvoraussetzungen der Computerprogramm-Richtlinie für Computerprogramme aber auch als Formulierung der Schutzvoraussetzungen für Lichtbildwerke in der Schutzdauer-Richtlinie übernommen. Lichtbildwerke können mit Computerprogrammen jedoch genauso wenig verglichen werden wie mit Datenbanken. Gleichwohl wurden für sie – trotz Wesensverschiedenheit – die gleichen Voraussetzungen formuliert.[610]

Mithin verfängt das Argument nicht, es handele sich hier um allein auf die genannten drei Werkarten zugeschnittene „Sonderregelungen, die sich nicht verallgemeinern [ließen]",[611] sodass „ein Schluss [...] auf einen allgemein gültigen Rechtsgrundsatz [...] nicht lege artis [wäre]".[612] Genauso wenig liegt hier eine „vorauseilende Korrektur einer bewährten Rechtsprechung"[613] vor. Denn auch wenn hier nicht lediglich eine einzelne Richtlinie zum Werkbegriff in Rede steht, in welcher die drei genannten Werkarten beispielhaft herausgegriffen werden,[614] so ist die Richtung, die der europäische Gesetzgeber eingeschlagen hat, gleichwohl klar erkennbar. Hier nun einzuwenden, es lägen eben gerade drei verschiedene Richtlinien vor, die die gezielte Regelung des Schutzes von Computerprogrammen, Fotografien und Datenbanken

---

608 OLG Nürnberg, Urteil vom 27.3.2001 – 3 U 3760/00 – Dienstanweisung, GRUR-RR 2001, 225, 227; *A. Nordemann*, in: Loewenheim, § 9 Rn. 30; *Riesenhuber*, in: Riesenhuber, 2007, S. 113, 138.

609 *Walter*, in: Walter, Europ. UrhR, Stand der Harmonisierung, 3. Kapitel Rn. 7.

610 *Walter*, in: Walter, Europ. UrhR, Stand der Harmonisierung, 3. Kapitel Rn. 7.

611 So aber *Erdmann*, in: FS Loschelder, 2010, S. 61, 73; ferner *Hoeren*, GRUR 1997, 866, 870; *Schack*, in: Leistner, 2010, 173, 175 f.; *v. Ungern-Sternberg*, GRUR 2010, 273; *Bullinger*, in: Wandtke/Bullinger, § 2 Rn. 13 f.; in der Tendenz auch *G. Schulze*, GRUR 2009, 1019, 1020 f.; vgl. zudem *Berger*, ZUM 2012, 353, 354.

612 So aber *v. Ungern-Sternberg*, GRUR 2010, 273.

613 So aber *Erdmann*, in: FS Loschelder, 2010, S. 61, 72 f.

614 So der Einwand bei *G. Schulze*, GRUR 2009, 1019, 1020.

zum Inhalt haben und auch nur darauf zu beschränken seien,[615] kann nicht überzeugen. Zwar wird richtigerweise auch darauf hingewiesen, dass im Falle einer analogen Rechtsanwendung von bislang bewusst auf Teilbereiche beschränkten Regelungen Vorsicht geboten sei.[616] Hier untermauert jedoch gerade die Verschiedenartigkeit der Schutzgegenstände die Analogiefähigkeit der in Rede stehenden Richtlinienvorgaben, denn dies zeigt, „wie breit die Basis für den Induktionsschluss von den besonderen Einzelregelungen auf den nunmehr anerkannten allgemeinen Werkbegriff ist“.[617] Mithin folgt die Verallgemeinerungsfähigkeit der in Rede stehenden Regelungen gerade auch aus dem Umstand der Unterschiedlichkeit der drei bislang ausdrücklich geregelten Werktypen. Hieraus lässt sich schließen, dass der europäische Gesetzgeber die Kriterien „eigene geistige Schöpfung“ für allgemeintauglich hält.

Demnach kann also festgehalten werden, dass bereits die drei genannten Richtlinien auf einen einheitlichen europäischen Werkbegriff mit einheitlicher Schutzuntergrenze hindeuten. Die Vorgaben künftiger Richtlinien zum Werkbegriff werden wohl in eine entsprechende Richtung gehen.[618] Werden weitere Richtlinien zu weiteren Werkarten erlassen, kann davon ausgegangen werden, dass diese die gleichen Voraussetzungen formulieren werden, wie sie bereits einheitlich für die ausdrücklich geregelten Werkarten bestehen.[619]

Zutreffend weisen Loewenheim und Nordemann außerdem darauf hin, dass auch dann, wenn ein solcher europäischer Werkbegriff zunächst nur für bestimmte Werkarten gelten sollte, es gleichwohl schwierig sei, auf nationaler Ebene an einem System mit verschiedenen Schutzschwellen festzuhalten, das im Zuge weiterer Harmonisierungsmaßnahmen ohnehin Stück für Stück anzupassen wäre.[620] Allein dies sei Grund genug, um auch im deutschen Recht dauerhaft eine einheitliche Schutzuntergrenze festzusetzen.[621]

---

615 *G. Schulze*, GRUR 2009, 1019, 1020 f.

616 *Walter*, in: Walter, Europ. UrhR, Stand der Harmonisierung, 3. Kapitel Rn. 4.

617 *Metzger*, GRUR 2012, 118, 121 m.w.N.; im Ergebnis auch *Handig*, ÖBl. 2010, 52, 53; eher kritisch *Heinze*, 2 (2011) JIPITEC, 97 Rn. 33 („nach wie vor nicht ausgelotet“).

618 *A. Nordemann*, in: Loewenheim, § 6 Rn. 20; *Schricker*, IIC 1995, 41, 46; *Walter*, in: Walter, Europ. UrhR, Stand der Harmonisierung, 3. Kapitel Rn. 6 f.; siehe auch *Loewenheim*, in: FS Kraft, 1998, S. 359, 363; zurückhaltender *Schulze*, in: Dreier/Schulze, § 2 Rn. 22, 32; *G. Schulze*, in: Hilty/Geiger, 2007, S. 117, 120.

619 *v. Lewinski*, in: Walter, Europ. UrhR, Datenbank-RL, Art. 3 Rn. 8 m.w.N.; *Walter*, in: Walter, Europ. UrhR, Stand der Harmonisierung, 3. Kapitel Rn. 7.

620 *Loewenheim*, GRUR Int. 2004, 765, 767; *A. Nordemann*, in: Loewenheim, § 6 Rn. 20.

621 *Loewenheim*, GRUR Int. 2004, 765, 767; *A. Nordemann*, in: Loewenheim, § 6 Rn. 20; *Loewenheim*, in: Schricker/Loewenheim, § 2 Rn. 33; in diesem Sinne

Wie überdies im folgenden Abschnitt gezeigt werden wird, wird die Verallgemeinerungsfähigkeit der Richtlinienvorgaben für sämtliche Werkarten nunmehr auch durch eine Reihe von in jüngerer Zeit ergangenen EuGH-Entscheidungen bestätigt. Denn die von dem europäischen Gesetzgeber eingeschlagene Richtung wird seit einiger Zeit auch von dem Europäischen Gerichtshof aufgegriffen und gestützt. Damit ist der Weg, den eine etwaige Vollharmonisierung im Hinblick auf den Werkbegriff nehmen wird, bereits aufgezeigt, sodass die Einflussmöglichkeit hierauf, ohnehin stark eingeschränkt sein dürfte.[622]

Folglich ist ein je nach Werkart unterschiedlich angelegtes Schutzniveau auch im deutschen Recht dauerhaft nicht mehr haltbar. Denn die sich aus den Richtlinienvorgaben ergebende einheitliche Interpretation des Werkbegriffs hat zur Folge, dass nicht nur zwischen den einzelnen Urheberrechtsrichtlinien keine Differenzierung erfolgen darf, sondern auch keine Anhaltspunkte für eine unterschiedliche Behandlung einzelner Werkarten bestehen.[623] In Anbetracht eines solchen einheitlichen europäischen Werkbegriffs ist auch das im deutschen Recht im Bereich der angewandten Kunst bislang praktizierte Ansetzen höherer Schutzmaßstäbe nicht mehr vertretbar. Vielmehr müssen für Werke der angewandten Kunst die gleichen Schutzvoraussetzungen gelten wie für alle anderen Werkarten.[624] Ein Festhalten an erhöhten Schutzanforderungen in Form einer besonderen Gestaltungshöhe ist deshalb mit einer die europäischen Vorgaben berücksichtigenden einheitlichen Auslegung des Werkbegriffs nicht in Einklang zu bringen.[625] Die genannten Vorgaben der Computerprogramm-Richtlinie, der Schutzdauer-Richtlinie sowie der Datenbank-Richtlinie legen nahe, dass von den deutschen Gerichten bei sämtlichen

---

auch OLG Nürnberg, Urteil vom 27.3.2001 – 3 U 3760/00 – Dienstanweisung, GRUR-RR 2001, 225, 227; vgl. zudem *Handig*, UFITA Bd. 1 (2009), 55, 56 f.; ferner *G. Schulze*, GRUR 2009, 1019, 1021 (Die Harmonisierung des Werkbegriffs sei „zwar durchaus wünschenswert und läge auch im Interesse des freien Warenverkehrs, damit Schutzdefizite zwischen den einzelnen Mitgliedstaaten weitgehend vermieden bleiben. …[Dies ließe sich] jedoch ohne eine auf den generellen Schutzgegestand Werk konkret ausgerichtete Richtlinie nicht erreichen. Die drei Richtlinien zum Schutz der Computerprogramme, Datenbanken und Fotografien verdeutlichen dies.“).

622 A.A. *Erdmann*, in: FS Loschelder, 2010, S. 61, 73.

623 *Handig*, GRUR Int. 2012, 9, 11.

624 *Handig*, GRUR Int. 2012, 9, 11; siehe auch *A. Nordemann*, in: FS Nordemann, 2004, S. 59, 67.

625 Vgl. dazu auch *G. Schulze*, GRUR 2009, 1019, 1021.

Werkarten – und nicht nur bei Computerprogrammen, Lichtbildwerken und Datenbankwerken[626] – keine erhöhte Gestaltungshöhe mehr verlangt werden darf.[627]

e) Konsequenzen aus der Informations-Richtlinie

Argumente für einen einheitlichen Werkbegriff liefert auch die Informations-Richtlinie aus dem Jahre 2001. Die Informations-Richtlinie hat wie erwähnt bislang die umfassendste Harmonisierung nach sich gezogen.[628] Gemäß Art. 1 Abs. 1 der Richtlinie ist Schutzgegenstand der Richtlinie „der rechtliche Schutz des Urheberrechts und der verwandten Schutzrechte im Rahmen des Binnenmarkts, insbesondere in Bezug auf die Informationsgesellschaft“.[629]

Wie bereits dargestellt werden durch die Informations-Richtlinie in den EU-Mitgliedstaaten Verwertungsrechte harmonisiert (Art. 2 bis 4 der Richtlinie) sowie bestimmte Schrankenregelungen vereinheitlicht (Art. 5 der Richtlinie). Insbesondere im Online-Zeitalter sind einheitliche Schrankenregelungen und Verwertungsrechte zur Verwirklichung des Binnenmarktes von größter Bedeutung – auch für die rechtliche Handhabbarkeit künftiger, zum gegenwärtigen Zeitpunkt noch nicht bekannter Werkarten.

Die Verwertungsrechte sowie Schrankenbestimmungen werden in der Informations-Richtlinie allgemein und nicht nur für bestimmte Werkarten geregelt.[630]

---

626 Etwa BGH, Urteil vom 14.7.1993 – I ZR 47/91 – Buchhaltungsprogramm, GRUR 1994, 39; BGH, Urteil vom 3.11.1999 – I ZR 55/97 – Werbefotos, GRUR 2000, 317, 318; BGH, Urteil vom 3.3.2005 – I ZR 111/02 – Fash 2000, GRUR 2005, 860, 861; vgl. auch BGH, Urteil vom 24.5.2007 – I ZR 130/04 – Gedichttitelliste I, GRUR Int. 2007, 1037, 1039 (zu Datenbankwerken und Datenbanken); vgl. hierzu auch OLG Nürnberg, Urteil vom 27.3.2001 – 3 U 3760/00 – Dienstanweisung, GRUR-RR 2001, 225, 226 f. (zu wissenschaftlichen Werken, die einem Gebrauchszweck dienen); *A. Nordemann*, in: Loewenheim, § 6 Rn. 16; anders aber noch BGH, Urteil vom 9.5.1985 – I ZR 52/83 – Inkasso-Programm, GRUR 1985, 1041, 1047 f.; vgl. hierzu auch *Hoeren*, CR 1991, 463 ff.

627 *Koschtial*, GRUR 2004, 555, 560; *Schricker*, IIC 1995, 41, 46; insbesondere zur Computerprogramm-Richtlinie *Dreier*, CR 1991, 577, 578; *Walter*, in: Walter, Europ. UrhR, Software-RL, Art. 1 Rn. 15.

628 *Metzger*, GRUR 2012, 118, 120.

629 Vgl. dazu auch Erwägungsgrund 1 der Richtlinie, in dem es heißt: „Der Vertrag [gemeint ist der Vertrag zur Gründung der Europäischen Gemeinschaft, Anm. d. Verf.] sieht die Schaffung eines Binnenmarkts und die Einführung einer Regelung vor, die den Wettbewerb innerhalb des Binnenmarkts vor Verzerrungen schützt. Die Harmonisierung der Rechtsvorschriften der Mitgliedstaaten über das Urheberrecht und die verwandten Schutzrechte trägt zur Erreichung dieser Ziele bei.“

630 *Metzger*, GRUR 2012, 118, 121.

Dabei stellt sich durchaus die Frage, wie die Bestimmungen der Richtlinie EU-weit einheitlich angewendet werden sollen, wenn nicht auch die Vorfrage des urheberrechtlichen Schutzgegenstandes – des zugrunde zu legenden Werkbegriffs – einheitlich beantwortet wird.[631] Denn um überhaupt zur Anwendung der urheberrechtlichen Verwertungsrechte und Schrankenbestimmungen zu gelangen, ist zunächst zu prüfen, ob die Voraussetzungen für das Vorliegen eines Werks im Sinne des Urheberrechts erfüllt sind und damit urheberrechtliche Vorschriften überhaupt greifen können. Deshalb ergibt sich Folgendes:

Werden durch die Informations-Richtlinie bereits werkartunabhängig eine Reihe von Verwertungsrechten sowie Schrankenbestimmungen harmonisiert, muss der europäische Gesetzgeber in gewisser Weise auch von einem einheitlichen Werkbegriff in der Europäischen Union ausgehen. Es wäre sonst nicht nachvollziehbar, dass auf der einen Seite Verwertungsrechte und Schranken durch Richtlinienvorgaben harmonisiert werden, während das „Einstiegskriterium", um überhaupt das Urheberrecht anwenden zu können – das Vorliegen eines „Werks" – nach wie vor den nationalen Bestimmungen der einzelnen Mitgliedstaaten unterfiele. Es erscheint deshalb nur konsequent, auch einen einheitlichen Werkbegriff als „gemeinsame Ausgangsbasis" zugrunde zu legen.

Zur Bestimmung dieser „Ausgangsbasis" kann auf bereits vorhandene Regelungen im urheberrechtlichen acquis communautaire zurückgegriffen werden, hier also insbesondere auf die Vorgaben der Computerprogramm-Richtlinie, der Schutzdauer-Richtlinie sowie der Datenbank-Richtlinie. Aus diesen können wie dargestellt bereits jetzt Vorgaben für einen einheitlichen europäischen Werkbegriff hergeleitet werden.

Auch Erwägungsgrund 20 der Informations-Richtlinie weist auf die Geltung und Heranziehung der bereits erlassenen Richtlinien hin, indem er formuliert: „Die vorliegende Richtlinie beruht auf den Grundsätzen und Bestimmungen, die in den einschlägigen geltenden Richtlinien bereits festgeschrieben sind, und zwar insbesondere in den Richtlinien 91/250/EWG[632], 92/100/EWG[633], 93/83/EWG[634],

---

631 Im Ergebnis so auch *Berger*, ZUM 2012, 353, 354; ferner *Handig*, ÖBl. 2010, 52, 53.

632 Richtlinie 91/250/EWG des Rates vom 14. Mai 1991 über den Rechtsschutz von Computerprogrammen (ABl. L 122 vom 17.5.1991, S. 42), Richtlinie geändert durch die Richtlinie 93/98/EWG.

633 Richtlinie 92/100/EWG des Rates vom 19. November 1992 über das Vermietrecht und das Verleihrecht sowie bestimmte dem Urheberrecht verwandte Schutzrechte im Bereich des geistigen Eigentums (ABl. L 346 vom 27.11.1992, S. 61), Richtlinie geändert durch die Richtlinie 93/98/EWG.

634 Richtlinie 93/83/EWG des Rates vom 27. September 1993 zur Koordinierung bestimmter urheber- und leistungsschutzrechtlicher Vorschriften betreffend Satellitenrundfunk und Kabelweiterverbreitung (ABl. L 248 vom 6.10.1993, S. 15).

93/98/EWG[635] und 96/9/EG[636]. Die betreffenden Grundsätze und Bestimmungen werden fortentwickelt und in den Rahmen der Informationsgesellschaft eingeordnet. Die Bestimmungen dieser Richtlinie sollten unbeschadet der genannten Richtlinien gelten, sofern diese Richtlinie nichts anderes bestimmt."

Erwägungsgrund 21 der Informations-Richtlinie verweist (zur Bestimmung des Umfangs der unter das Vervielfältigungsrecht fallenden Handlungen) überdies ebenfalls auf den acquis communautaire.[637]

Unter Berücksichtigung von Erwägungsgrund 20 (und 21) der Richtlinie können also auch im Anwendungsbereich der Informations-Richtlinie die Vorgaben der drei vorstehend näher behandelten Richtlinien für die Werkvoraussetzungen zugrunde gelegt werden.

f) Konsequenzen der Richtlinienvorgaben für die deutschen Gerichte als Rechtsanwender und die urheberrechtliche Behandlung von angewandter Kunst im deutschen Recht

Für Werke der Fotografie, Computerprogramme und Datenbankwerke gilt nach den Vorgaben der jeweils einschlägigen europäischen Urheberrechtsrichtlinie bereits jetzt ausdrücklich, dass sich die Schutzfähigkeit allein danach bestimmt, ob eine „eigene geistige Schöpfung" vorliegt. Zusätzliche Kriterien sind nicht zu berücksichtigen,[638] d.h. auch keine besondere Gestaltungshöhe.

Diese Tendenz der europäischen Urheberrechtsentwicklung ist im nationalen Recht entsprechend dem vorstehend Dargestellten auch bei anderen Werkarten zu beachten und darf nicht umgangen werden.[639] Denn die deutschen Gerichte sind im Rahmen ihrer Entscheidungsfindung über die bei ihnen anhängigen Rechtssachen zur europarechtskonformen (unionsrechtskonformen) Auslegung und Anwendung deutscher Rechtsnormen verpflichtet.[640] Nach diesem vom

---

635 Richtlinie 93/98/EWG des Rates vom 29. Oktober 1993 zur Harmonisierung der Schutzdauer des Urheberrechts und bestimmter verwandter Schutzrechte (ABl. L 290 vom 24.11.1993, S. 9).

636 Richtlinie 96/9/EG des Europäischen Parlaments und des Rates vom 11. März 1996 über den rechtlichen Schutz von Datenbanken (ABl. L 77 vom 27.3.1996, S. 20).

637 Text dieses Erwägungsgrundes ist wiedergegeben im Anhang.

638 Art. 6 S. 2 der Schutzdauer-Richtlinie; Art. 1 Abs. 3 S. 2 der Computerprogramm-Richtlinie; Art. 3 Abs. 1 S. 2 der Datenbank-Richtlinie.

639 *A. Nordemann*, in: Loewenheim, § 6 Rn. 16.

640 Z.B. EuGH, Urteil vom 26.9.2000 – Rs. C-262/97 – Engelbrecht, Slg. 2000, I-7321 Rn. 39; EuGH, Urteil vom 22.6.2010 – verbundene Rs. C-188/10 und C-189/10 – Melki und Abdeli, Slg. 2010, I-5667 Rn. 50 m.w.N.; *Nowak*, III Rn. 82.

EuGH entwickelten, den Verträgen immanenten Grundsatz[641] ist das nationale Recht nach bestimmten Maßstäben im Lichte des Unionsrechts auszulegen,[642] um „die volle Wirksamkeit des Unionsrechts" garantieren zu können.[643] Im Unterschied zu der vertragskonformen Auslegung von Begriffen und Normen, die sich auf Zielsetzungen höherrangiger Normen des Primärrechts beziehe,[644] sei die europarechtskonforme Auslegung methodenunabhängig.[645] Gegenstand der europarechtskonformen Auslegung ist die abstrakt-generelle Prüfung, „ob die Anwendung bzw. Rechtsfolge einer nationalen Norm mit dem im primären oder sekundären Unionsrecht direkt oder mittelbar zum Ausdruck kommenden Sinn und Zweck bzw. den dort verankerten Interessenentscheidungen und Wertungen vereinbar ist".[646]

Diese Pflicht zur europarechtskonformen Auslegung ist Ausdruck des Anwendungsvorrangs europäischer Vorgaben im weiteren Sinne[647] und setzt damit anders als der Anwendungsvorrang im engeren Sinne (schlicht als „Anwendungsvorrang" bezeichnet) nicht die unmittelbare Anwendung des Unionsrechts voraus.[648]

aa) Anwendungsvorrang (Anwendungsvorrang im engeren Sinne)

Nach dem Anwendungsvorrang im engeren Sinne ist im Falle widerstreitender Regelungsvorgaben von Unionsrecht und nationalem Recht von einem Vorrang des Unionsrechts auszugehen.[649] Untermauert wird dies durch die 17. Schlusserklärung

---

641 Z.B. EuGH, Urteil vom 5.10.2004 – verbundene Rs. C-397/01 bis C-403/01 – Pfeiffer u.a., Slg. 2004, I-8835 Rn. 114; EuGH, Urteil vom 4.7.2006 – Rs. C-212/04 – Adeneler u.a., Slg. 2006, I-6057 Rn. 109; EuGH, Urteil vom 19.1.2010 – Rs. C-555/07 – Kücükdeveci, Slg. 2010, I-365 Rn. 48; *Nowak*, III Rn. 82.

642 *Frenz*, Bd. 5, Kap. 13 § 1 Rn. 2197.

643 *Frenz*, Bd. 5, Kap. 4 § 7 Rn. 444; *Nowak*, III Rn. 82 m.w.N.

644 *Buck*, 1998, S. 186.

645 *Frenz*, Bd. 5, Kap. 4 § 7 Rn. 443; vgl. ferner *Schroeder*, JuS 2004, 180, 185 f.

646 *Frenz*, Bd. 5, Kap. 4 § 7 Rn. 444.

647 *Wegener*, in: Calliess/Ruffert, Art. 19 EUV Rn. 32; *Jarass/Beljin*, NVwZ 2004, 1, 2; näher zum Anwendungsvorrang im weiteren Sinne *Frenz*, Bd. 5, Kap. 2 § 4 Rn. 139 f.; *Jarass/Beljin*, NVwZ 2004, 1, 2 (insbesondere auch zu dessen Wirkung und Folgen).

648 *Frenz*, Bd. 5, Kap. 2 § 4 Rn. 139; *Jarass/Beljin*, NVwZ 2004, 1, 2.

649 *Voßkuhle*, NVwZ 2010, 1, 5; dazu BVerfGE 123, 267, 398 (Urteil vom 30.6.2009 – 2 BvE 2, 5/08, 2 BvR 1010, 1022, 1259/08, 182/09) – Lissabon.

der Regierungskonferenz zum Vertrag von Lissabon,[650] in der es dazu deklaratorisch heißt:[651]

„Die Konferenz weist darauf hin, dass die Verträge und das von der Union auf der Grundlage der Verträge gesetzte Recht im Einklang mit der ständigen Rechtsprechung des Gerichtshofs der Europäischen Union unter den in dieser Rechtsprechung festgelegten Bedingungen Vorrang vor dem Recht der Mitgliedstaaten haben.

Darüber hinaus hat die Konferenz beschlossen, dass das Gutachten des Juristischen Dienstes des Rates zum Vorrang in der Fassung des Dokuments 11197/07 (JUR 260) dieser Schlussakte beigefügt wird."[652]

Anders als im deutschen Recht, wo nach Art. 31 GG Bundesrecht Landesrecht bricht und nach der Lehre vom Geltungsvorrang die nachgeordnete Norm im Falle ihres Verstoßes gegen die höherrangige Norm insgesamt nichtig ist,[653] bleibt die nationale Rechtsnorm im Rahmen des Anwendungsvorrangs jedoch bestehen und gelangt lediglich nicht zur Anwendung.[654] Ein Geltungsvorrang entsprechend Art. 31 GG würde dagegen möglicherweise auch in Fällen ohne direkten

650 Erklärungen zur Schlussakte der Regierungskonferenz, die den am 13. Dezember 2007 unterzeichneten Vertrag von Lissabon angenommen hat, 17. Erklärung zum Vorrang, ABl. EU C 83/344 vom 30.3.2010.

651 *Braams*, in: Pernice (Hrsg.), S. 115, 132 f.; *Nowak*, III Rn. 83; *Obwexer*, in: Hummer/Obwexer, S. 95, 119 f.; *Voßkuhle*, NVwZ 2010, 1, 5.

652 Aus diesem zitiert die 17. Erklärung dann wie folgt: „Nach der Rechtsprechung des Gerichtshofs ist der Vorrang des EG-Rechts einer der Grundpfeiler des Gemeinschaftsrechts. Dem Gerichtshof zufolge ergibt sich dieser Grundsatz aus der Besonderheit der Europäischen Gemeinschaft. Zum Zeitpunkt des ersten Urteils im Rahmen dieser ständigen Rechtsprechung (Rechtssache 6/64, Costa gegen ENEL 15. Juli 1964 [...]) war dieser Vorrang im Vertrag nicht erwähnt. Dies ist auch heute noch der Fall. Die Tatsache, dass der Grundsatz dieses Vorrangs nicht in den künftigen Vertrag aufgenommen wird, ändert nichts an seiner Existenz und an der bestehenden Rechtsprechung des Gerichtshofs."; *Nowak*, III Rn. 83, Fn. 387.

653 *Frenz*, Bd. 5, Kap. 2 § 3 Rn. 127; *Zuleeg*, VVDStRL 53 (1994), 154, 159.

654 Grundlegend EuGH, Urteil vom 15.7.1964 – Rs. C-6/64 – Costa/E.N.E.L., Slg. 1964, 1253, 1269 ff.; EuGH, Urteil vom 17.12.1970 – Rs. C-11/70 – Internationale Handelsgesellschaft mbH/Einfuhr- und Vorratsstelle für Getreide und Futtermittel, Slg. 1970, 1125 Rn. 3; EuGH, Urteil vom 9.3.1978 – Rs. C-106/77 – Amministrazione delle finanze dello Stato/Simmenthal, Slg. 1978, 629 Rn. 17/18; EuGH, Urteil vom 22.10.1998 – verbundene Rs. C-10/97 bis C-22/97 – Ministero delle Finanze/IN.CO. GE.'90 u.a., Slg. 1998, I-6307 Rn. 19 f., 21; vgl. auch EuGH, Urteil vom 29.4.1999 – Rs. C-224/97 – Ciola, Slg. 1999, I-2517, Rn. 26, 29 ff.; *Geiger*, S. 223; *Gündisch/Wienhues*, 2003, S. 63 f.; *Nowak*, III Rn. 83 m.w.N.; Öhlinger, in: FS Ress, 2005, S. 685, 688 f.; *Streinz*, Europarecht, Rn. 220; *Voßkuhle*, NVwZ 2010, 1, 5; *Zuleeg*,

Unionsrechtsbezug Eingriffe in das nationale Rechtssystem zur Folge haben und damit zu weit gehen.[655] Dementsprechend hat der EuGH im Kollisionsfall auch nicht die Entscheidungsbefugnis über die Nichtigkeit von nationalem Recht.[656]

Der Vorrang des Unionsrechts gilt unterschiedslos für sämtliches Primär- und Sekundärrecht und ist in den Mitgliedstaaten von allen staatlichen Stellen zu beachten.[657] Der EuGH und das BVerfG gehen allerdings von einer unterschiedlichen Ausprägung des Anwendungsvorrangs aus:

So nimmt der EuGH aufgrund der Eigenständigkeit des Unionsrechts und zur Sicherstellung einer funktionsfähigen Unionsrechtsordnung (gewährleistet durch eine einheitliche Anwendung des Unionsrechts in den Mitgliedstaaten) einen absoluten Vorrang des EU-Rechts an, auch gegenüber dem Verfassungsrecht der Mitgliedstaaten.[658]

Dagegen nimmt das BVerfG einen unbeschränkten Vorrang des Unionsrechts nur in Bezug auf einfachgesetzliche nationale Rechtsnormen an, im Hinblick auf das Verfassungsrecht anerkennt es den unionsrechtlichen Vorrang dagegen nur in den Grenzen der Art. 23 GG und Art. 79 Abs. 3 GG.[659] Sollten diese nicht eingehalten werden, könne das EU-Recht für in Deutschland nicht anwendbar erklärt werden, mit der Folge der Nichtverdrängung nationalen Rechts.[660] Ein Tätigwerden des BVerfG komme aber

---

VVDStRL 53 (1994), 154, 161 m.w.N.; siehe ferner *Terhechte*, JuS 2008, 403, 404; vgl. aber auch *Grabitz*, 1966, S. 113 ff.

655 *Frenz*, Bd. 5, Kap. 2 § 3 Rn. 128 f. m.w.N.

656 *Frenz*, Bd. 5, Kap. 2 § 3 Rn. 130.

657 Siehe dazu EuGH, Urteil vom 9.3.1978 – Rs. C-106/77 – Amministrazione delle finanze dello Stato/Simmenthal, Slg. 1978, 629 Rn. 17/18; *Frenz*, Bd. 5, Kap. 2 § 4 Rn. 145, 148, 152; *Geiger*, S. 223; *Nettesheim*, in: Oppermann/Classen/Nettesheim, § 10 Rn. 34 f.

658 EuGH, Urteil vom 15.7.1964 – Rs. C-6/64 – Costa/E.N.E.L., Slg. 1964, 1253, 1269 ff.; EuGH, Urteil vom 17.12.1970 – Rs. C-11/70 – Internationale Handelsgesellschaft mbH/Einfuhr- und Vorratsstelle für Getreide und Futtermittel, Slg. 1970, 1125 Rn. 3; EuGH, Urteil vom 9.3.1978 – Rs. C-106/77 – Amministrazione delle finanze dello Stato/Simmenthal, Slg. 1978, 629 Rn. 17 ff.; EuGH, Urteil vom 19.6.1990 – Rs. C-213/89 – Factortame (The Queen/Secretary of State for Transport, ex parte Factortame), Slg. 1990, I-2433 Rn. 18 ff.; EuGH, Urteil vom 29.4.1999 – Rs. C-224/97 – Ciola, Slg. 1999, I-2517, Rn. 26, 29 ff. EuGH, Urteil vom 8.9.2010 – Rs. C-409/06 – Winner Wetten, Slg. 2000, I-8015 Rn. 53 ff., 61; *Frenz*, Bd. 5, Kap. 2 § 2 Rn. 103; *Nowak*, III Rn. 84; *Terhechte*, JuS 2008, 403; *Voßkuhle*, NVwZ 2010, 1, 5 m.w.N.; *Zuleeg*, VVDStRL 53 (1994), 154, 165; vgl. auch *Skouris*, EuGRZ 2008, 343, 344.

659 *Frenz*, Bd. 5, Kap. 2 § 2 Rn. 110.

660 BVerfGE 123, 267, 354, 397, 400 f. m.w.N. (Urteil vom 30.6.2009 – 2 BvE 2, 5/08, 2 BvR 1010, 1022, 1259/08, 182/09) – Lissabon; *Frenz*, Bd. 5, Kap. 2 § 2 Rn. 110; *Geiger*, S. 226 ff.

nur dann in Betracht, wenn die europäische Rechtsentwicklung generell unter den unabdingbar gebotenen Grundrechtsstandard absinke („Reservezuständigkeit“).[661] Das BVerfG geht demnach von einem „Kooperationsverhältnis“[662] mit dem EuGH aus.

Auch in der Literatur wird die Frage der Ausprägung des Anwendungsvorrangs rege diskutiert.[663] Im Rahmen der hier zu untersuchenden Fragestellung kommen die verschiedenen Sichtweisen jedoch nicht zum Tragen (schließlich ist vorliegend nicht zuletzt durch Art. 17 Abs. 2 der Grundrechte-Charta ein ausreichender Grundrechtsschutz auch auf unionsrechtlicher Ebene gewährleistet), sodass eine weitergehende Betrachtung und Auseinandersetzung mit der Ausprägung des Anwendungsvorrangs hier nicht erfolgen soll.

bb) Europarechtskonforme – einschließlich richtlinienkonforme – Auslegung (Anwendungsvorrang im weiteren Sinne)

Mithilfe der genannten europarechtskonformen Auslegung, die Ausdruck des „effet utile“-Grundsatzes ist (Erreichen der größtmöglichen Wirksamkeit des

---

661 *Voßkuhle*, NVwZ 2010, 1, 6; mit Verweis auf BVerfGE 73, 339, 376, 387 (Beschluss vom 22.10.1986 – 2 BvR 197/83) – Solange II; ausführlich dazu etwa *Tomuschat*, EuR 1990, 340 ff.; BVerfGE 89, 155, 174 f., 188 m.w.N. (Urteil vom 12.10.1993 – 2 BvR 2134, 2159/92) – Maastricht („ausbrechender Rechtsakt“); BVerfGE 102, 147, 162 ff. (Beschluss vom 7.6.2000 – 2 BvL 1/97) – Bananenmarktordnung = JZ 2000, 1155 ff., mit Anm. *Classen*, JZ 2000, 1157 ff.; *Mayer*, EuZW 2000, 685, 687 f.; BVerfGE 118, 79, 95 (Beschluss vom 13.3.2007 – 1 BvF 1/05) – Emissionshandel; BVerfGE 123, 267, 399, 401 (Urteil vom 30.6.2009 – 2 BvE 2, 5/08, 2 BvR 1010, 1022, 1259/08, 182/09) – Lissabon; siehe ferner *Limbach*, EuGRZ 2000, 417, 419 f.

662 BVerfGE 89, 155, 175 und Ls. 7 (Urteil vom 12.10.1993 – 2 BvR 2134, 2159/92) – Maastricht; *Oppermann*, DVBl. 1994, 901, 906 f.; vgl. auch *Cremer*, Der Staat 34 (1995), 268, 285 m.w.N.; *Kirchhof*, Beiheft 1/1991, 11, 24; *Kirchhof*, in: FS Herzog, 2009, S. 155, 157.

663 Siehe etwa *Grabenwarter*, in: v. Bogdandy/Bast, S. 121, 123 ff.; *Haratsch/Koenig/Pechstein*, Rn. 178 ff.; *Köck*, in: FS Ress, 2005, S. 557 ff.; *Mayer*, 2000, S. 74 f. m.w.N.; *Niedobitek*, VerwArch 2001, 58, 62 ff. (S. 66: „…so dass es im Ergebnis durchaus zutreffend ist, die Wirkung des Anwendungsvorrangs mit dem Satz zu beschreiben: ‚Gemeinschaftsrecht bricht nationales Recht.‘“); *Streinz*, in: FS Söllner, 2000, S. 1139, 1145 ff., insbesondere 1149 (Auch wenn die These „Gemeinschaftsrecht bricht nationales Recht“ so nicht zutreffe, da weder ein Geltungsvorrang noch ein Vorrang kraft Eigenständigkeit bestehe, beschreibe sie letztlich gleichwohl die praktischen Folgen des Vorrangs des Gemeinschaftsrechts für das nationale Recht zutreffend.); *Streinz*, Europarecht, Rn. 203 ff.; ferner *Schilling*, Der Staat 33 (1994), 555 ff.; *Störmer*, AöR 123 (1998), 54, 541, 546 ff.; *Voßkuhle*, NVwZ 2010, 1, 5 f.; siehe auch *Terhechte*, JuS 2008, 403 ff.

Unionsrechts), sollen Kollisionen von nationalem Recht und unionsrechtlichen Vorgaben frühzeitig verhindert werden.[664] Deshalb hat eine europarechtskonforme Auslegung noch vor dem Bemühen des Anwendungsvorrangs (im engeren Sinne) zu erfolgen, der erst zum Zuge kommt, wenn die Möglichkeit einer europarechtskonformen Auslegung des nationalen Rechts nicht (mehr) besteht.[665]

Einen wichtigen Unterfall der europarechtskonformen Auslegung stellt die richtlinienkonforme Auslegung des nationalen Rechts dar.[666] Danach haben sich die mitgliedstaatlichen Gerichte bei der im Rahmen der Anwendung des nationalen Rechts durchzuführenden Auslegung so weit wie möglich am Wortlaut und Zweck einer Richtlinie zu orientieren, um das für sämtliche Mitgliedstaaten verbindliche Richtlinienziel zu erreichen (vgl. Art. 288 Abs. 3 AEUV).[667] Die richtlinienkonforme Auslegung kann also als Fortsetzung der Umsetzungsverpflichtung begriffen werden und folgt damit aus der Richtlinie unmittelbar.[668] Ihre Grenze findet sie in der Auslegung contra legem,[669] wofür dann der Anwendungsvorrang im engeren Sinne Anwendung findet.[670]

Zwar existiert bislang gerade keine den Werkbegriff grundsätzlich regelnde Richtlinie, welche von den nationalen Gerichten bei der Prüfung des Vorliegens eines „Werks" und einer dabei eventuell vorzunehmenden Auslegung zu beachten wäre. Gleichwohl ist aber – wie vorstehend dargelegt – in einer Reihe von urheberrechtlichen Richtlinien die Tendenz eines einheitlichen europäischen Werkbegriffs erkennbar, da für unterschiedlichste Werkarten von den gleichen Schutzvoraussetzungen ausgegangen wird. Aufgrund der Pflicht zur europarechtskonformen Auslegung besteht für den deutschen Rechtsanwender bei der Bestimmung des Werkbegriffs und der Beurteilung der Gestaltungshöhe auch eine Berücksichtigungspflicht dieser Richtlinienvorgaben. Diese legen wie aufgezeigt gleichlautende Schutzvoraussetzungen und ein niedriges Maß an Gestaltungshöhe für sämtliche Werkarten nahe. Für Werke der angewandten Kunst bedeutete dies

---

664 *Frenz*, Bd. 5, Kap. 2 § 4 Rn. 155 m.w.N.

665 *Frenz*, Bd. 5, Kap. 2 § 4 Rn. 155 m.w.N.

666 *Nowak*, III Rn. 82; ausführlich *Frenz*, Bd. 5, Kap. 8 § 1 Rn. 978 ff; *Herrmann/Michl*, JuS 2009, 1065, 1068 ff.; Öhlinger, in: FS Ress, 2005, S. 685, 689.

667 Z.B. EuGH, Urteil vom 5.10.2004 – verbundene Rs. C-397/01 bis C-403/01 – Pfeiffer u.a., Slg. 2004, I-8835 Rn. 113; EuGH, Urteil vom 19.1.2010 – Rs. C-555/07 – Kücükdeveci, Slg. 2010, I-365 Rn. 48; *Nowak*, III Rn. 82 m.w.N.

668 *Frenz*, Bd. 5, Kap. 8 § 1 Rn. 978; vgl. auch *Röthel*, ZEuP 2009, 34, 47.

669 EuGH, Urteil vom 4.7.2006 – Rs. C-212/04 – Adeneler u.a., Slg. 2006, I-6057 Rn. 110; *Hoeren*, in: FS Loewenheim, 2009, S. 137, 140 f.

670 *Frenz*, Bd. 5, Kap. 2 § 4 Rn. 155 f.; vgl. *Herrmann/Michl*, JuS 2009, 1065, 1069 f.

im deutschen Recht in der Konsequenz eine Herabsenkung der Anforderungen an die zu erreichende Gestaltungshöhe und die Anerkennung der kleinen Münze.

2. Vorgaben der Rechtsprechung des EuGH

Die Existenz eines einheitlichen europäischen Werkbegriffs liegt ferner in Anbetracht einer Reihe von jüngeren EuGH-Entscheidungen nahe.

a) Rolle des EuGH im Unionsrechtsgefüge und Vorabentscheidungsverfahren nach Art. 267 AEUV

Für das Voranbringen der Harmonisierungen im europäischen Urheberrecht spielt auch der EuGH eine entscheidende Rolle, denn er übt mit seiner Rechtsprechung im Bereich des Urheberrechts einen erheblichen Einfluss aus. Aufgrund seiner eigenständigen „dynamischen Interpretationsmethode“[671] sei der EuGH neben der Kommission zum „Motor der Integration“[672]geworden und beeinflusse damit den Integrationsprozess in rechtsfortbildender und rechtsergänzender Tätigkeit.[673] Dies ist auch im Bereich des Immaterialgüterrechts einschließlich des Urheberrechts zu spüren.

Als „Hüter des Rechts“ wird der EuGH im Rahmen der an ihn gerichteten Klageverfahren tätig.[674] So hat der EuGH beispielsweise das Verhältnis von Immaterialgüterrechten und freiem Warenverkehr in der EU dadurch bedeutend mitgeprägt, dass er das Prinzip der gemeinschaftsweiten Erschöpfung des Verbreitungsrechts entwickelt hat („Grundsatz der EU-weiten Erschöpfung des Verbreitungsrechts“),[675] das in der Folge als allgemeiner Rechtsgrundsatz in einzelne

671 *Streinz*, Europarecht, Rn. 610; *Voßkuhle*, NVwZ 2010, 1, 3.

672 *Frenz*, Bd. 5, Kap. 13 § 1 Rn. 2215, der Ausdruck gehe zurück auf *Hallstein*, 1965, S. 9 (Dieser führt dort aus: In den Entscheidungen des Gerichtshofs der Gemeinschaften „lebt und wächst das Gemeinschaftsrecht“; er allein lege dieses letztlich verbindlich aus; er sei deshalb „ein Integrationsfaktor erster Ordnung“.); die Umschreibung Hallsteins („Integrationsfaktor erster Ordnung“) aufnehmend *Ipsen*, 1972, § 15 Rn. 26; ferner *Oppermann/Hiermaier*, JuS 1980, 782, 783 m.w.N. („Integrationsmotor“); *Middeke*, in: Rengeling/Middeke/Gellermann, § 4 Rn. 4; *Voßkuhle*, NVwZ 2010, 1, 3; kritisch *Streinz*, Europarecht, Rn. 170 m.w.N., 610; ebenso *Hirsch*, NJW 2000, 1817, 1820.

673 *Streinz*, Europarecht, Rn. 610; *Voßkuhle*, NVwZ 2010, 1, 3; vgl. hierzu auch *Leistner*, 2008, S. 62 f.; *Schack*, in: Leistner, 2010, 173, 183.

674 *Frenz*, Bd. 5, Kap. 13 § 1 Rn. 2175.

675 *Schack*, Rn. 145; *Loewenheim*, in: Schricker/Loewenheim, Einl. Rn. 76, 79 ff.; *Streinz*, in: Riesenhuber, 2007, S. 11, 19 ff.

Urheberrechtsrichtlinien und Verordnungen aufgenommen wurde.[676] Für das Urheberrecht tat er dies mit der „Polydor"-Entscheidung,[677] seiner ersten Entscheidung auf dem Gebiet des Urheberrechts.[678] Der EuGH entschied hier, dass der Parallelimport von urheberrechtskonform hergestellten Schallplatten aus anderen Mitgliedstaaten zulässig und von der Warenverkehrsfreiheit gedeckt sei und Beschränkungen nicht unter Hinweis auf Art. 36 AEUV zu rechtfertigen seien („europäischer Erschöpfungsgrundsatz").[679] Damit gab er zugleich zu verstehen, dass das Binnenmarktziel den „gewachsenen Strukturen der nationalen Immaterialgüterrechtsordnungen" vorgehe.[680]

Ein weiteres Beispiel für den Einfluss der EuGH-Rechtsprechung im Rahmen der Fortentwicklung des urheberrechtlichen acquis ist die Anwendung des allgemeinen Diskriminierungsverbots (Art. 18 AEUV) auf das Urheberrecht und die verwandten Schutzrechte.[681] So hat der EuGH für den Fall, dass in einem Mitgliedstaat bestimmte Rechte nur den inländischen Urhebern und ausübenden Künstlern gewährt werden, entschieden, dass sich die Urheber und ausübenden Künstler aus einem anderen Mitgliedstaat vor den nationalen Gerichten unmittelbar auf das Diskriminierungsverbot berufen können, um den gleichen Schutz wie Inländer zu verlangen.[682]

---

676 Siehe Art. 4 Abs. 2 der Computerprogramm-Richtlinie (Richtlinie 2009/24/EG), Art. 4 Abs. 2 der Informations-Richtlinie; *Metzger*, GRUR 2012, 118, 120; *Haedicke*, in: Schulze/Zuleeg/Kadelbach, § 21 Rn. 5, 24 ff.

677 EuGH, Urteil vom 8.6.1971 – Rs. C-78/70 – Polydor (Deutsche Grammophon/Metro SB), Slg. 1971, 487; zum Erschöpfungsgrundsatz und Art. 4 Abs. 2 der Computerprogramm-Richtlinie (Richtlinie 2009/24/EG) siehe zudem EuGH, Urteil vom 3.7.2012 – Rs. C-128/11 – UsedSoft GmbH/Oracle International Corp., abrufbar über InfoCuria – Rechtsprechung des Gerichtshofs: http://curia.europa.eu/ (noch nicht in Slg. veröffentlicht), ferner abgedruckt in GRUR Int. 2012, 759 ff.; zu Art. 4 Abs. 2 der Informations-Richtlinie siehe auch EuGH, Urteil vom 12.9.2006 – Rs. C-479/04 – Laserdisken (Laserdisken ApS/Kulturministeriet), Slg. 2006, I-8089; vgl. ferner *Hoeren*, GRUR 2010, 665 ff.

678 *Dietz*, in: FS 100 Jahre GRUR, 1991, S. 1445, 1456 ff. (Rn. 17 ff.); *Loewenheim*, in: Schricker/Loewenheim, Einl. Rn. 80.

679 EuGH, Urteil vom 8.6.1971 – Rs. C-78/70 – Polydor (Deutsche Grammophon/Metro SB), Slg. 1971, 487 Rn. 13; *Dietz*, in: FS 100 Jahre GRUR, 1991, S. 1445, 1456 f. (Rn. 18); *Metzger*, GRUR 2012, 118, 119; *Schack*, ZEuP 2000, 799, 801.

680 *Metzger*, GRUR 2012, 118, 119 f.

681 *Loewenheim*, in: Schricker/Loewenheim, Einl. Rn. 76.

682 EuGH, Urteil vom 20.10.1993 – verbundene Rs. C-92/92 und C-326/92 – Phil Collins (Collins und Patricia Im- und Export/Imtrat und EMI Electrola), Slg. 1993, I-5145 Rn. 32 f.; ausführlich *Winghardt*, 2001, S. 291 ff.; ferner *Ellins*, 1997, S. 304 ff.; *Loewenheim*,

Seit einigen Jahren erreichen den EuGH im Rahmen des Vorabentscheidungsverfahrens nach Art. 267 AEUV verstärkt Vorlagen zu Urheberrechtsfragen und zu den Urheberrechtsrichtlinien.[683] Dabei ist es des Öfteren auch der BGH, der dem EuGH Fragen zur Vorabentscheidung vorlegt.[684]

Nach Art. 267 Abs. 1 AEUV entscheidet der EuGH im Wege der Vorabentscheidung über die Auslegung der Verträge sowie über die Gültigkeit und die Auslegung der Handlungen der Organe, Einrichtungen oder sonstigen Stellen der Union, einschließlich des die Richtlinien umfassenden Sekundärrechts.[685] Dem Vorabentscheidungsverfahren liegt also das Prinzip des „Auslegungsmonopol[s] des EuGH"[686] zugrunde. Vorlageberechtigt nach Art. 267 Abs. 2 AEUV sind nationale Gerichte, denen sich eine derartige Frage im Rahmen eines von ihnen zu entscheidenden Rechtsstreits stellt. Letztinstanzliche Gerichte sind dabei zur Vorlage verpflichtet (Art. 267 Abs. 3 AEUV).[687]

Da der EuGH nicht oberste Instanz der nationalen Gerichte ist, fällt in seine Kompetenz dagegen nicht die Auslegung und Anwendung des nationalen Rechts, dies fällt allein in die Zuständigkeit der mitgliedstaatlichen Gerichte.[688]

Wenngleich den nationalen (Fach-)Gerichten die Anwendung sowie Durchsetzung des Unionsrechts obliegt,[689] können sie umgekehrt auch nicht die Gültigkeit von Unionsrecht infrage stellen – dies gilt wie bereits dargelegt grundsätzlich auch für das BVerfG.[690] Hegen sie Zweifel an der Anwendbarkeit von EU-Recht müssen

---

NJW 1994, 1046 ff.; *Ullmann*, in: Riesenhuber, 2007, S. 301, 309 ff.; siehe zudem EuGH, Urteil vom 6.6.2002 – Rs. C-360/00 – Ricordi, Slg. 2002, I-5089 Rn. 31 ff. (wonach aufgrund des Diskriminierungsverbots der im internationalen Urheberrecht erlaubte Schutzfristenvergleich gegenüber Angehörigen von EU- und EWR-Mitgliedstaaten untersagt ist); EuGH, Urteil vom 30.6.2005 – Rs. C-28/04 – Tod's und Tod's France/Heyraud, Slg. 2005, I-5781 Rn. 19; *Loewenheim*, in: Schricker/Loewenheim, Einl. Rn. 76.

683 *Metzger*, GRUR 2012, 118, 119.

684 *v. Ungern-Sternberg*, GRUR 2010, 273; siehe auch *Metzger*, GRUR 2012, 118, 125; *Ullmann*, in: Riesenhuber, 2007, S. 301, 307 ff.

685 *Metzger*, GRUR 2012, 118, 119; ausführlich zum Vorabentscheidungsverfahren *Skouris*, EuGRZ 2008, 343 ff.

686 *Köck*, in: FS Ress, 2005, S. 557, 568; vgl. *Schroeder*, JuS 2004, 180, 181 m.w.N.

687 *Rehbinder*, Rn. 1003.

688 *Frenz*, Bd. 5, Kap. 13 § 3 Rn. 2291; *Gaitanides*, in: von der Groeben/Schwarze, Art. 220 EG Rn. 65 f.; *Pechstein*, Prozessrecht, Rn. 18; *Schwarze*, in: Schwarze, Art. 227 AEUV Rn. 15 m.w.N.

689 *Frenz*, Bd. 5, Kap. 13 § 4 Rn. 2308; vgl. *Burgi*, 1996, S. 57 ff.; *Kadelbach*, KritV 1999, 378, 380, 400; *Kakouris*, CMLR 34 (1997), 1389, 1393 f.

690 Vgl. aber hierzu BVerfGE 123, 267, 353 f., 396 ff. (Urteil vom 30.6.2009 – 2 BvE 2, 5/08, 2 BvR 1010, 1022, 1259/08, 182/09) – Lissabon.

sie eine Vorlage an den EuGH in die Wege leiten, auch im Verfahren des einstweiligen Rechtsschutzes.[691] Zugleich haben die nationalen Gerichte bei der Anwendung des nationalen Rechts darauf zu achten, dass sich dieses im Einklang mit den europäischen Vorgaben befindet (Pflicht der Mitgliedstaaten zur Gemeinschaftstreue, nunmehr Unionstreue, Grundsatz der loyalen Zusammenarbeit gemäß Art. 4 Abs. 3 EUV).[692] Damit sind sie neben dem EuGH ebenfalls „Wächter des Europarechts".[693] Steht die Vereinbarkeit einer unionsrechtlichen Regelung mit einer anderen Vorgabe des Unionsrechts infrage, müssen die mitgliedstaatlichen Gerichte diese dem EuGH ebenfalls zur Entscheidung nach Art. 267 AEUV vorlegen (außer die Rechtsfrage ist aufgrund der bisherigen Rechtsprechung des EuGH eindeutig – sogenannte „acte-clair-Doktrin"[694] –, was jedoch angesichts der seitens des EuGH dafür aufgestellten sehr strengen Voraussetzungen einen eher seltenen Ausnahmefall darstellt[695]), dessen Aufgabe es ist, das Unionsrecht einheitlich auszulegen.[696]

Die Weiterentwicklung des europäischen Urheberrechts durch die Rechtsprechung des EuGH richtet sich also letztlich auch nach den Vorlagefragen der nationalen Gerichte („Zuführfunktion" der mitgliedstaatlichen Gerichte[697]).[698]

Institutionell betrachtet ist der EuGH dabei – anders als das BVerfG – Verfassungs- und bezogen auf das Urheberrecht oberstes europäisches Fachgericht zugleich.[699]

Metzger führt dazu ferner aus: Habe in den ersten Jahren nach Erlass und Inkrafttreten des Urheberrechtsgesetzes von 1965 vor allem das BVerfG mit seinen Entscheidungen wichtige Anstöße für die Weiterentwicklung des Urheberrechts gegeben, so habe der EuGH diese Funktion mit den Jahren immer mehr übernommen.[700]

---

691 Siehe dazu etwa EuGH, Urteil vom 21.2.1991 – verbundene Rs. C-143/88 und C-92/89 – Zuckerfabrik Süderdithmarschen und Zuckerfabrik Soest/Hauptzollamt Itzehoe und Hauptzollamt Paderborn, Slg. 1991, I-415 Rn. 23 ff.; BVerfG, Beschluss vom 7.12.2006 – 2 BvR 2428/06 – Sportwetten, NJW 2007, 1521, 1522; *Frenz*, Bd. 5, Kap. 13 § 3 Rn. 2293.

692 *Frenz*, Bd. 5, Kap. 13 § 3 Rn. 2296.

693 *Störmer*, AöR 123 (1998), 541, 572 m.w.N.

694 Vgl. *Oppermann/Hiermaier*, JuS 1980, 782, 789 m.w.N.

695 EuGH, Urteil vom 6.10.1982 – Rs. C-283/81 – CILFIT/Ministero della Sanità, Slg. 1982, 3415 Rn. 14, 16 ff.; *Frenz*, Bd. 5, Kap. 13 § 3 Rn. 2298 f.; näher dazu *Mayer*, in: v. Bogdandy/Bast, S. 559, 563; kritisch zur CILFIT-Entscheidung *Radermacher*, NVwZ 2004, 1415, 1420 m.w.N.

696 *Frenz*, Bd. 5, Kap. 13 § 3 Rn. 2298 f.

697 *Frenz*, Bd. 5, Kap. 13 § 4 Rn. 2304.

698 *Metzger*, GRUR 2012, 118, 119.

699 *Metzger*, GRUR 2012, 118, 119.

700 *Metzger*, GRUR 2012, 118.

Wie dargestellt ist die Prüfungskompetenz des BVerfG im harmonisierten Bereich heutzutage äußerst begrenzt[701] – wenn sie überhaupt noch angenommen werden kann (s.o.). Lehnen die ordentlichen Gerichte eine Vorlage an den EuGH ohne Begründung im Einzelnen ab, könne das BVerfG in einem solchen Fall nur noch die Verletzung des Rechts auf den gesetzlichen Richter gemäß Art. 101 Abs. 1 S. 2 GG rügen.[702]

Im Rahmen des Vorlageverfahrens obliegt dem EuGH lediglich die Beantwortung der für den konkreten Fall relevanten Rechtsfragen zu unionsrechtlichen Vorgaben. Den konkreten Fall entscheidet er dagegen nicht, denn die Anwendung in Form der Subsumtion des Einzelfalls unter die Norm einschließlich der Feststellung der dafür erforderlichen Tatsachen erfolgt durch das nationale Gericht, das die entsprechenden Vorgaben des EuGH zu berücksichtigen hat.[703]

b) Vorgehen des EuGH: Auslegung und richterliche Rechtsfortbildung im Rahmen der EuGH-Rechtsprechung

Der EuGH hat im Rahmen der ihm übertragenen Rechtswahrung das Unionsrecht auszulegen und anzuwenden (vgl. Art. 19 Abs. 1 S. 2 EUV). Dabei hat er auch auf eine einheitliche Auslegung und Anwendung des Unionsrechts in den Mitgliedstaaten zu achten.[704]

Im Rahmen der Auslegung nimmt der EuGH wie erwähnt stets nur eine Auslegung des Unionsrechts vor, nicht dagegen eine Auslegung von nationalen Rechtsvorschriften.[705]

Bei der Auslegung der primär- und sekundärrechtlichen Unionsnormen wendet der EuGH zum einen die in den Rechtsordnungen der Mitgliedstaaten allgemein anerkannten Auslegungsmethoden an (Wortlaut, Systematik, Sinn und Zweck,

---

701 *Metzger*, GRUR 2012, 118, 119; BVerfGE 73, 339, 387 (Beschluss vom 22.10.1986 – 2 BvR 197/83) – Solange II; zur Prüfungskompetenz im Falle von Richtlinien mit Umsetzungsspielraum: BVerfGE 118, 79, 95 ff. (Beschluss vom 13.3.2007 – 1 BvF 1/05) – Emissionshandel.

702 Siehe etwa BVerfG, Beschluss vom 30.8.2010 – 1 BvR 1631/08 – Drucker und Plotter, GRUR 2010, 999, 1000, siehe dazu auch Anm. *Dreier*, GRUR 2010, 1002, 1003; *Metzger*, GRUR 2012, 118, 119; siehe auch *Ullmann*, in: Riesenhuber, 2007, S. 301 f.

703 Std. Rspr., etwa EuGH, Urteil vom 28.3.1979 – Rs. C-222/78 – ICAP/Beneventi, Slg. 1979, 1163 Rn. 10 ff.; EuGH, Urteil vom 29.4.1982 – Rs. C-17/81 – Pabst & Richarz KG/Hauptzollamt Oldenburg, Slg. 1982, 1331 Rn. 12, 18; *Frenz*, Bd. 5, Kap. 13 § 3 Rn. 2300; *Oppermann/Hiermaier*, JuS 1980, 782, 789; *Radermacher*, NVwZ 2004, 1415, 1420; siehe ferner *Berger*, ZUM 2012, 353, 354.

704 *Frenz*, Bd. 5, Kap. 13 § 1 Rn. 2171; *Hallstein*, 1965, S. 9.

705 *Voßkuhle*, NVwZ 2010, 1, 5.

Entstehungsgeschichte),[706] berücksichtigt dabei zum anderen aber auch die aus dem Unionsrecht resultierenden Besonderheiten („unionsspezifischer Interpretationskanon").[707] Vergleichbar mit der verfassungskonformen Auslegung im nationalen Recht kommt außerdem das Gebot der primärrechtskonformen Auslegung des Sekundärrechts hinzu[708] – auch wenn es sich dabei nicht um eine Auslegungsmethode im eigentlichen Sinne handelt, sondern vielmehr aus der Rangordnung der Rechtsquellen folgt.[709]

Von der Auslegung ist die richterliche Rechtsfortbildung zu unterscheiden, wenngleich eine exakte Trennung oft nicht möglich ist.[710] Mithilfe der richterlichen Rechtsfortbildung ermittelt der EuGH auf interpretatorische Art und Weise europarechtliche Befugnisse und mitgliedstaatliche Pflichten, die in den Verträgen nicht ausdrücklich benannt bzw. dort nur stillschweigend festgelegt sind.[711] Somit geht die richterliche Rechtsfortbildung über die Auslegung im engeren Sinne hinaus und überschreitet zum Teil auch den Gesetzeswortlaut.[712]

Das Unionsrecht ist auf eine Rechtsfortbildung in besonderem Maße angewiesen. Deshalb kann der EuGH, auch wenn es an sich Aufgabe der Rechtsetzungsorgane ist, den ihnen durch die primärrechtlichen Verträge zugedachten Rechtsetzungsaufträgen nachzukommen, durchaus rechtsfortbildend eingreifen, wenn die Rechtsetzungsorgane ihren Auftrag (überhaupt) nicht oder verspätet oder nicht ausreichend erfüllen.[713] Aufgrund der „Lückenhaftigkeit"[714] des Unionsrechts und des „fragmentarischen Charakters des europäischen Primärrechts"[715] ist der Weg der richterlichen Rechtsfortbildung oftmals erforderlich, wie beispielsweise die Entwicklung der erwähnten allgemeinen Rechtsgrundsätze des

---

706 *Streinz*, Europarecht, Rn. 614; ausführlich zu den einzelnen Auslegungsmethoden des EuGH *Buck*, 1998; *Pechstein/Drechsler*, in: Riesenhuber, 2010, § 8 Rn. 17 ff; ferner *Schroeder*, JuS 2004, 180 ff.

707 *Haratsch/Koenig/Pechstein*, Rn. 473.

708 EuGH, Urteil vom 21.3.1991 – Rs. C-314/89 – Rauh/Hauptzollamt Nürnberg-Fürth, Slg. 1991, I-1647 Rn. 17; EuGH, Urteil vom 27.1.1994 – Rs. C-98/91 – Herbrink/Minister van Landbouw, Slg. 1994, I-223 Rn. 9 m.w.N.; *Streinz*, Europarecht, Rn. 615.

709 *Streinz*, Europarecht, Rn. 615.

710 *Streinz*, Europarecht, Rn. 611; siehe ferner *Pechstein/Drechsler*, in: Riesenhuber, 2010, § 8 Rn. 55; *Schroeder*, JuS 2004, 180, 184.

711 *Hobe*, Europarecht, § 10 Rn. 51.

712 *Hobe*, Europarecht, § 10 Rn. 51; ferner *Dänzer-Vanotti*, in: FS Everling, 1995, S. 205.

713 *Streinz*, Europarecht, Rn. 612.

714 *Haratsch/Koenig/Pechstein*, Rn. 469.

715 *Voßkuhle*, NVwZ 2010, 1, 3.

Unionsrechts[716] oder auch die Entwicklung der Gemeinschaftsgrundrechte (nunmehr Unionsgrundrechte)[717] oder des gemeinschaftsrechtlichen Staatshaftungsanspruchs[718] zeigen.[719] Dies wird auch durch das BVerfG explizit anerkannt.[720]

Gleichwohl kommt dem EuGH keine Universalbefugnis zu. Denn fehlen ausdrückliche Regelungen, so gilt nach wie vor der Grundsatz, dass deren Weiterentwicklung dem EuGH nur in dem Umfang erlaubt ist, wie es grundlegende Prinzipien des Unionsrechts und vor allem dessen einheitliche Geltung unbedingt erforderlich machen.[721] Gesetzeskorrigierendes Richterrecht ist unzulässig.[722] Gemäß dem funktionell-rechtlichen Gebot richterlicher Zurückhaltung hat der EuGH die Gestaltungsfreiheit der Gesetzgebungsorgane bei der Ausgestaltung der Vertragsbestimmungen zu achten – gleichwohl unter Berücksichtigung des Willens der Mitgliedstaaten als Vertragsparteien[723] – sowie ferner die den Verträgen zugrunde liegenden Rechtsgrundsätze zu respektieren.[724]

Das beschriebene Vorgehen des EuGH bei der Entscheidungsfindung ist auch im Rahmen der folgenden Entscheidungen zu sehen, die von besonderer Relevanz für den Werkbegriff sind. Das Gericht scheint dabei im Ergebnis von einem einheitlichen europäischen Werkbegriff (in dem bereits aufgezeigten Sinne) auszugehen.

---

716 *Haratsch/Koenig/Pechstein*, Rn. 469.

717 EuGH, Urteil vom 12.11.1969 – Rs. C-29/69 – Stauder (Stauder/Stadt Ulm), Slg. 1969, 419 Rn. 7.

718 EuGH, Urteil vom 19.11.1991 – verbundene Rs. C-6/90 und C-9-90 – Francovich (Francovich und Bonifaci/Italien), Slg. 1991, I-5357 Rn. 33 ff.

719 *Streinz*, Europarecht, Rn. 612 (mit weiteren Beispielen); weitere Beispiele auch bei *Hobe*, Europarecht, § 10 Rn. 52 m.w.N.; siehe auch EuGH, Urteil vom 5.2.1963 – Rs. C-26/62 – Van Gend en Loos/Administratie der Belastingen, Slg. 1963, 3, 25 ff.

720 *Voßkuhle*, NVwZ 2010, 1, 3; vgl. etwa BVerfGE 75, 223, 241 ff. (Beschluss vom 8.4.1987 – 2 BvR 687/85) – Kloppenburg; BVerfGE 123, 267, 397 f. (Urteil vom 30.6.2009 – 2 BvE 2, 5/08, 2 BvR 1010, 1022, 1259/08, 182/09) – Lissabon; BVerfGE 126, 286, 302 ff. (Beschluss vom 6.7.2010 – 2 BvR 2661/06) – Honeywell; *Pechstein/Drechsler*, in: Riesenhuber, 2010, § 8 Rn. 56; *Streinz*, Europarecht, Rn. 611; ferner *Hirsch*, NJW 2000, 1817, 1820.

721 *Hobe*, Europarecht, § 10 Rn. 53.

722 *Hobe*, Europarecht, § 10 Rn. 53; vgl. auch *Köck*, in: FS Ress, 2005, S. 557, 572 f.

723 *Streinz*, Europarecht, Rn. 613 m.w.N.

724 *Streinz*, Europarecht, Rn. 613; so der EuGH selbst etwa in: EuGH, Urteil vom 15.6.1978 – Rs. C-149/77 – Defrenne/Sabena, Slg. 1978, 1365 Rn. 19/23; EuGH, Urteil vom 26.4.1972 – Rs. C-92/71 – Interfood GmbH/Hauptzollamt Hamburg Ericus, Slg. 1972, 231 Rn. 5; vgl. auch *Haratsch/Koenig/Pechstein*, Rn. 469.

c) Einheitlicher europäischer Werkbegriff: Das „Infopaq/DDF"-Urteil des EuGH und die Folgeentscheidungen

aa) Die EuGH-Entscheidung „Infopaq/DDF"

Die erste in diesem Zusammenhang bedeutende Entscheidung des EuGH ist die sogenannte „Infopaq/DDF"-Entscheidung vom 16. Juli 2009.[725] Der EuGH hat in dieser Entscheidung zur teilweisen Vervielfältigung die für den urheberrechtlichen Schutz von Computerprogrammen, Fotografien und Datenbanken geltenden Werkkriterien „eigene geistigen Schöpfung" auch auf die im Fall streitgegenständlichen Schriftwerke (Zeitungs- und Zeitschriftenartikel) angewandt.[726]

Der Entscheidung lag folgender Sachverhalt zugrunde:[727]

Das klagende Unternehmen „Infopap" beobachtet und analysiert Printmedien. Insbesondere fertigt „Infopap" Zusammenfassungen von Artikeln dänischer Tageszeitungen und weiterer Zeitschriften an, die sie per E-Mail an ihre Kunden versendet. Ausgewählt werden die Artikel anhand der von den Kunden ausgesuchten Themen. Die DDF ist der Fachverband der dänischen Tageszeitungen, der unter anderem die Unterstützung seiner Mitglieder in Urheberrechtsfragen zum Zweck hat.

Die Klägerin unterhält ein sogenanntes „Datenerfassungsverfahren". Im Rahmen dessen werden die ausgewählten Artikel der dänischen Tageszeitungen und Zeitschriften zunächst manuell von den Mitarbeitern in einer elektronischen Datenbank registriert, in einem zweiten und dritten Schritt gescannt, in ein Textformat umgewandelt und als Textdateien gespeichert.[728] In einem vierten Schritt erfolgt die Analyse der Textdatei zum Auffinden vorab bestimmter Suchworte, die dann zur Vereinfachung der Lektüre des Artikels sowohl mit den fünf dem Suchwort vorangehenden Wörtern als auch mit den fünf ihm nachfolgenden Wörtern verbunden werden; dieser vierte Schritt endet damit, dass die Textdatei gelöscht wird.[729] Den fünften und zugleich auch letzten Schritt des Verfahrens stellt das Ausdrucken des dann aus insgesamt je elf Wörtern bestehenden Auszugs dar.[730]

---

725 EuGH, Urteil vom 16.7.2009 – Rs. C-5/08 – Infopaq/DDF, Slg. 2009, I-6569, ferner (auszugsweise) abgedruckt in GRUR 2009, 1041 ff. = EuZW 2009, 655 ff.

726 *v. Lewinski*, in: Limper/Musiol, FA-UMR, Kap. 3 Rn. 1017; *Schack*, Rn. 182 Fn. 8.

727 *G. Schulze*, GRUR 2009, 1019.

728 *G. Schulze*, GRUR 2009, 1019.

729 EuGH, Urteil vom 16.7.2009 – Rs. C-5/08 – Infopaq/DDF, Slg. 2009, I-6569 Rn. 20 f.

730 EuGH, Urteil vom 16.7.2009 – Rs. C-5/08 – Infopaq/DDF, Slg. 2009, I-6569 Rn. 13-21; *G. Schulze*, GRUR 2009, 1019.

Mit ihrer Klage vor den nationalen Gerichten begehrte die Klägerin die Feststellung, dass sie ihr Verfahren ohne die Zustimmung der jeweiligen Rechtsinhaber der Artikel betreiben dürfe. Die Parteien des Ausgangsverfahrens stritten dabei zum einen darüber, ob die letzten beiden Vervielfältigungsschritte Vervielfältigungshandlungen im Sinne von Art. 2 der Richtlinie 2001/29/EG (im Folgenden: Informations-Richtlinie) darstellen. Zum anderen stritten sie darüber, ob bezüglich aller in Rede stehenden Handlungen womöglich die Ausnahme vom Vervielfältigungsrecht gemäß Art. 5 Abs. 1 der Informations-Richtlinie greifen könne.[731]

Mit seiner Vorlage an den EuGH begehrte das dänische Gericht des Ausgangsverfahrens die Auslegung von den Vorgaben der Informations-Richtlinie. Zum einen ging es um die Klärung der Frage, ob die Speicherung und das anschließende Ausdrucken eines Textauszugs aus einem Zeitungsartikel, der aus einem Suchwort sowie den fünf vorangehenden und den fünf nachfolgenden Wörtern besteht, als geschützte Vervielfältigungshandlungen im Sinne von Art. 2 der Informations-Richtlinie anzusehen seien (in concreto, ob darin eine „teilweise Vervielfältigung" liege). Zum anderen befragte es den EuGH, ob Vervielfältigungsschritte, wie die des beschriebenen Datenerfassungsverfahrens, jeweils vorübergehende Vervielfältigungen gemäß Art. 5 Abs. 1 der Informations-Richtlinie darstellen.[732] Insgesamt legte das dänische Gericht dem EuGH dreizehn Fragen zur Vorabentscheidung vor.

Für die vorliegende Arbeit von Relevanz ist vor allem die erste der von dem EuGH zu überprüfenden Vorlagefragen, nämlich die Frage, ob die Übernahme von elf Wörtern aus einem Zeitungsartikel eine Vervielfältigung im Sinne des Art. 2 der Informations-Richtlinie darstellt.

Das Gericht hat dazu zunächst unter Hinweis auf eine einheitliche Anwendung des Gemeinschaftsrechts und den Gleichheitssatz ausgeführt, dass die Vorschrift des Art. 2 der Informations-Richtlinie autonom und EU-weit einheitlich auszulegen sei.[733] Denn zum einen fehle ein Verweis auf das Recht der Mitgliedstaaten; zum anderen folge dies auch aus den Erwägungsgründen 6 und 21 der Informations-Richtlinie.[734]

---

731 EuGH, Urteil vom 16.7.2009 – Rs. C-5/08 – Infopaq/DDF, Slg. 2009, I-6569 Rn. 25.

732 EuGH, Urteil vom 16.7.2009 – Rs. C-5/08 – Infopaq/DDF, Slg. 2009, I-6569 Rn. 26; *G. Schulze*, GRUR 2009, 1019.

733 EuGH, Urteil vom 6.2.2003 – Rs. C-245/00 – SENA, Slg. 2003, I-1251 Rn. 23 m.w.N.; EuGH, Urteil vom 7.12.2006 – Rs. C-306/05 – SGAE, Slg. 2006, I-11519 Rn. 31; EuGH, Urteil vom 16.7.2009 – Rs. C-5/08 – Infopaq/DDF, Slg. 2009, I-6569 Rn. 27; dazu *Handig*, UFITA Bd. 1 (2009), 55, 56 f.

734 EuGH, Urteil vom 16.7.2009 – Rs. C-5/08 – Infopaq/DDF, Slg. 2009, I-6569 Rn. 27 f.; Text dieser Erwägungsgründe ist wiedergegeben im Anhang.

Diese Verweisungen sind nachvollziehbar, denn Erwägungsgrund 6 der Richtlinie weist unter anderem darauf hin, dass rechtliche Unterschiede in den Mitgliedstaaten und damit verbundene Unsicherheiten bezüglich des Rechtsschutzes zu ungewollten Beschränkungen des freien Waren- und Dienstleistungsverkehrs führen können. Erwägungsgrund 21 der Informations-Richtlinie nimmt ausdrücklich auf den acquis communautaire Bezug, indem es dort heißt, dass zur Bestimmung der unter das Vervielfältigungsrecht im Sinne der Richtlinie fallenden Handlungen „der gemeinschaftliche Besitzstand zugrunde gelegt werden" sollte.

Mithin können im Rahmen einer richtlinienkonformen Rechtsanwendung in den Mitgliedstaaten in der Informations-Richtlinie verwendete, jedoch dort nicht definierte Begriffe, wie etwa der der teilweisen Vervielfältigung, nicht von den Mitgliedstaaten selbst näher bestimmt werden.[735]

Im Einzelnen hat der EuGH folgende Erwägungen angestellt:[736]

Da die Informations-Richtlinie selbst weder den Begriff der Vervielfältigung noch den der teilweisen Vervielfältigung definiere, bedürfe es einer Begriffsauslegung unter Berücksichtigung von Wortlaut und Systematik sowie der mit der Richtlinie insgesamt verfolgten Ziele und des Völkerrechts.[737]

Dabei ist der Anwendungs- und Schutzbereich der Informations-Richtlinie nur dann eröffnet, wenn die Vervielfältigung eines urheberrechtlich geschützten „Werks" in Rede steht. Denn – so der EuGH – auch für eine teilweise Vervielfältigung im Sinne von Art. 2 lit. a der Informations-Richtlinie müsse ein „Werk" als Schutzobjekt des Rechts des Urhebers übernommen worden sein.[738]

Die übernommenen, hier in Rede stehenden Textauszüge in Gestalt von je elf Wörtern aus Zeitungs- und Zeitschriftenartikeln müssen demnach selbst urheberrechtsschutzfähig sein, d.h. selbst urheberrechtlich geschützte Werke darstellen.

Folglich stellte sich in der „Infopaq/DDF"-Entscheidung die Frage, welche Voraussetzungen für die Annahme eines „Werks" erfüllt sein müssen.

Bei den streitgegenständlichen Textauszügen handelt es sich um Schriftwerke. Bislang existieren keine Richtlinie und auch keine anderweitigen europäischen

---

735 So auch EuGH, Urteil vom 16.7.2009 – Rs. C-5/08 – Infopaq/DDF, Slg. 2009, I-6569 Rn. 29 m.w.N.

736 EuGH, Urteil vom 16.7.2009 – Rs. C-5/08 – Infopaq/DDF, Slg. 2009, I-6569 Rn. 30-51.

737 EuGH, Urteil vom 16.7.2009 – Rs. C-5/08 – Infopaq/DDF, Slg. 2009, I-6569 Rn. 31 f. m.w.N.

738 EuGH, Urteil vom 16.7.2009 – Rs. C-5/08 – Infopaq/DDF, Slg. 2009, I-6569 Rn. 33; *Metzger*, GRUR 2012, 118, 121.

Vorgaben, die den Urheberrechtsschutz von Schriftwerken regeln, auf die der EuGH hätte zurückgreifen können.[739] Zudem galt es auch zu überdenken, ob der Begriff der Vervielfältigung überhaupt einheitlich bestimmt werden kann, wenn nicht auch der Werkbegriff einheitlichen Kriterien unterliegt. Schließlich sind die Vorgaben der Informations-Richtlinie zu den Verwertungsrechten allgemein und ohne jede Einschränkung auf sämtliche Werkarten anwendbar.[740] Denn Art. 2 lit. a der Informations-Richtlinie sieht die Regelung des Vervielfältigungsrechts „für Urheber in Bezug auf ihre Werke“ vor. Eine Einschränkung auf bestimmte Werkarten erfolgt dort nicht, genauso wie der die Ausnahmen und Beschränkungen regelnde Art. 5 der Informations-Richtlinie für „Werke“, d.h. für sämtliche Werkarten gilt.[741]

Mithin erscheint es einzig folgerichtig, innerhalb der Europäischen Union für sämtliche Werkarten einen einheitlichen europäischen Werkbegriff mit einheitlichen Voraussetzungen zugrunde zu legen.

Zur Beantwortung der in Rede stehenden Vorlagefrage und Bestimmung des Werkbegriffs hat sich der EuGH an völkerrechtlichen Vorgaben und den bereits vorhandenen Richtlinien orientiert.

Unter Heranziehung von Art. 2 Abs. 5 und 8 der Berner Übereinkunft hat er zunächst ausgeführt, dass Schutzgüter als Werke der Literatur und Kunst geschützt werden, wenn sie „geistige Schöpfungen“ darstellen.[742]

In diesem Zusammenhang wird kritisch angemerkt, aus der RBÜ ließen sich nicht Schutzvoraussetzungen für einen einheitlichen Werkbegriff herleiten.[743] Dieser Einwand lässt sich zwar auf den ersten Blick nicht ohne weiteres von der Hand weisen. So sieht die RBÜ, in die entsprechende Vorschläge ihrer Verbandsländer nicht aufgenommen wurden,[744] anders als beispielsweise § 2 Abs. 2 UrhG keine Kurzdefinition des Werkbegriffs vor. Auch wenn es in Bezug auf Sammlungen von Werken der Literatur und Kunst in Art. 2 Abs. 5 RBÜ heißt, dass sie geschützt sind, wenn sie wegen ihrer Stoffauswahl oder -anordnung „geistige Schöpfungen darstellen“, werden weitere Schutzvoraussetzungen für Werke der Literatur und Kunst (Art. 2 Abs. 1 RBÜ) in der RBÜ nicht genannt.[745] Diese festzulegen sei

---

739 *G. Schulze*, GRUR 2009, 1019.

740 *Metzger*, GRUR 2012, 118, 121.

741 So auch *G. Schulze*, GRUR 2009, 1019 f.

742 EuGH, Urteil vom 16.7.2009 – Rs. C-5/08 – Infopaq/DDF, Slg. 2009, I-6569 Rn. 34.

743 *G. Schulze*, GRUR 2009, 1019, 1020; *v. Ungern-Sternberg*, GRUR 2010, 273.

744 *Dreier*, in: Dreier/Hugenholtz, BC, Art. 2, S. 13, Punkt (d); *Nordemann/Vinck/Hertin*, Intern. UrhR, Art. 2 RBÜ Rn. 1; *Ricketson*, S. 230; *G. Schulze*, GRUR 2009, 1019, 1020; siehe auch *v. Lewinski*, in: Loewenheim, § 57 Rn. 22.

745 *G. Schulze*, GRUR 2009, 1019, 1020; siehe auch *Ricketson*, S. 230 f.

Sache der Verbandsstaaten, die damit auch verschieden hohe Schutzanforderungen verlangen können. Dies könne letztlich dazu führen, dass – trotz der Pflicht der Verbandsstaaten, sämtliche in Art. 2 RBÜ genannte Werkarten zu schützen – dasselbe Werk in einem Verbandsstaat mit eher niedrigen Schutzvoraussetzungen geschützt werde, dagegen in einem anderen Verbandsstaat mit eher hohen Schutzvoraussetzungen keinen Urheberrechtsschutz erfahre.[746] Genau hierin liegt jedoch der Grund, weshalb letztlich alle Werkarten die Merkmale „geistige Schöpfung" erfüllen müssen.[747] Diese Merkmale müssen zur Annahme eines Werkes immer erfüllt werden.

Damit sind die völkerrechtlichen Erwägungen des EuGH zur RBÜ auf den zweiten Blick durchaus nachvollziehbar und geeignet, die einheitlichen Schutzvoraussetzungen für einen einheitlichen Werkbegriff herzuleiten – wenngleich an dieser Stelle eine ausführlichere und gegebenenfalls auch ausdrücklichere Urteilsbegründung des EuGH durchaus begrüßenswert gewesen wäre.

Nach den Ausführungen zur RBÜ hat der EuGH in der „Infopaq/DDF"-Entscheidung dann im nächsten Schritt auf die Vorgaben der Art. 1 Abs. 3 der Richtlinie 91/250/EWG (im Folgenden: Computerprogramm-Richtlinie), Art. 3 Abs. 1 der Richtlinie 96/9/EG (im Folgenden: Datenbank-Richtlinie) sowie Art. 6 der Richtlinie 2006/116/EG (im Folgenden: Schutzdauer-Richtlinie) zurückgegriffen und die in diesen Richtlinienvorgaben vorhandenen Parallelen in den Formulierungen der urheberrechtlichen Schutzanforderungen für die drei dort geregelten Werkarten aufgegriffen: Danach werden „Werke wie Computerprogramme, Datenbanken oder Fotografien nur urheberrechtlich geschützt, wenn sie Originale in dem Sinne sind, dass es sich bei ihnen um eine eigene geistige Schöpfung ihres Urhebers handelt".[748] Dieser Grundsatz gelte auch im Rahmen der Informations-Richtlinie. Denn wie die Erwägungsgründe 4, 9, 10 und 11 sowie 20 der Informations-Richtlinie[749] zeigen, lege diese einen harmonisierten Rechtsrahmen fest, weshalb das Urheberrecht im Sinne des Art. 2 lit. a der Informations-Richtlinie nur hinsichtlich eines Schutzobjektes Anwendung finden könne, „bei dem es sich um ein Original in dem Sinne handelt, dass es eine eigene geistige Schöpfung seines Urhebers darstellt".[750]

746 *Nordemann/Vinck/Hertin*, Intern. UrhR, Art. 2 RBÜ Rn. 3; *G. Schulze*, GRUR 2009, 1019, 1020; vgl. *v. Ungern-Sternberg*, GRUR 2010, 273.

747 Einräumend *G. Schulze*, GRUR 2009, 1019, 1020.

748 EuGH, Urteil vom 16.7.2009 – Rs. C-5/08 – Infopaq/DDF, Slg. 2009, I-6569 Rn. 35.

749 Text dieser Erwägungsgründe ist wiedergegeben im Anhang.

750 EuGH, Urteil vom 16.7.2009 – Rs. C-5/08 – Infopaq/DDF, Slg. 2009, I-6569 Rn. 36 f.

Die drei genannten Werkarten werden demnach in den bereits existierenden Richtlinienbestimmungen zum Werkbegriff lediglich beispielhaft geregelt. Dies zeigt insbesondere auch der Gebrauch des Wortes „wie“ in der oben zitierten Formulierung des EuGH („Werke wie Computerprogramme, Datenbanken oder Fotografien“).[751]

Der EuGH hat folglich in der „Infopaq/DDF“-Entscheidung in autonomer Auslegung des Art. 2 der Informations-Richtlinie die bereits existierenden ausdrücklichen Richtlinienvorgaben für die urheberrechtliche Schutzfähigkeit der drei Werkarten Computerprogramme, Datenbanken und Fotografien für die bislang nicht ausdrücklich geregelten Schriftwerke (in concreto: Zeitungsartikel) herangezogen[752] und dabei zugleich allgemeine Ausführungen zu dem urheberrechtlichen Schutzobjekt „Werk“ und dessen Voraussetzungen getätigt. Die Merkmale „eigene geistige Schöpfung“ gelten demnach für sämtliche Werkarten gleichermaßen.

Der EuGH hat dann festgestellt, dass auch Teile eines Werkes urheberrechtlich geschützt sein und damit dem Schutz des Art. 2 lit. a der Informations-Richtlinie unterfallen können, wenn sie selbst eine eigene geistige Schöpfung ihres Urhebers darstellen. Denn weder die Informations-Richtlinie noch eine andere in diesem Zusammenhang relevante Richtlinie liefern Anhaltspunkte dafür, dass für Werkteile andere Bestimmungen gelten sollen als für das Gesamtwerk.[753] Folglich können die elf Wörter, wie sie in der Ausgangsfrage beschrieben sind, urheberrechtsschutzfähig sein, wenn sie selbst eine eigene geistige Schöpfung des Urhebers zum Ausdruck bringen.

Nach dem EuGH ist der Schutzumfang des Art. 2 der Informations-Richtlinie weitreichend.[754] Zur Bestimmung des konkreten Umfangs eines solchen Schutzes hat der EuGH zunächst die Erwägungsgründe 9, 10 und 11 der Informations-Richtlinie[755] herangezogen. Danach sei bei jeder Harmonisierung des Urheberrechts ein hohes Schutzniveau zu gewährleisten und die Urheber seien für die Nutzung ihrer Werke – wozu die Vervielfältigung zähle – angemessen zu vergüten, sodass sie weiter schöpferisch und künstlerisch tätig sein können. In diesem Sinne gebe auch Erwägungsgrund 21 der Informations-Richtlinie vor, dass die unter das Vervielfältigungsrecht fallenden Handlungen weit zu fassen seien, was sich auch in den in Art. 2 der Richtlinie

---

751 Kritisch hingegen *G. Schulze*, GRUR 2009, 1019, 1020.

752 *Schack*, Rn. 182 Fn. 8.

753 EuGH, Urteil vom 16.7.2009 – Rs. C-5/08 – Infopaq/DDF, Slg. 2009, I-6569 Rn. 38 f.; in diesem Sinne auch EuGH, Urteil vom 2.5.2012 – Rs. C-406/10 – SAS Institute (SAS Institute Inc./World Programming Ltd.), abrufbar über InfoCuria – Rechtsprechung des Gerichtshofs: http://curia.europa.eu/ (noch nicht in Slg. veröffentlicht), ferner (auszugsweise) abgedruckt in GRUR 2012, 814 ff., Rn. 65.

754 EuGH, Urteil vom 16.7.2009 – Rs. C-5/08 – Infopaq/DDF, Slg. 2009, I-6569 Rn. 43.

755 Text dieser Erwägungsgründe ist wiedergegeben im Anhang.

gewählten Formulierungen „unmittelbar oder mittelbar“, „vorübergehend oder dauerhaft“, „auf jede Art und Weise“ und „in jeder Form“ widerspiegele.[756]

Die in Rede stehenden elf Wörter der Ausgangsfrage können nach alledem dann urheberrechtlich geschützt sein, wenn sie selbst geeignet sind, eine Originalität zu vermitteln, indem sie einen Bestandteil des Werkes mitteilen, der als solcher Ausdruck der eigenen geistigen Schöpfung des Urhebers des (Gesamt-) Werks ist.[757] Dann können sie gleichsam Schutzobjekt des Art. 2 lit. a der Informations-Richtlinie sein, sodass im Hinblick auf das Speichern und das Ausdrucken eines aus elf Wörtern bestehenden Textauszugs im Rahmen des beschriebenen Datenerfassungsverfahrens teilweise Vervielfältigungshandlungen im Sinne der Richtlinienbestimmung des Art. 2 der Informations-Richtlinie angenommen werden können.[758] Dies zu prüfen, sei jedoch dem vorlegenden Gericht vorbehalten.[759]

Dabei bestimmt das vorlegende Gericht nicht etwa – wie fälschlicherweise zum Teil angenommen wird[760] – die Maßstäbe für das Vorliegen einer eigenen geistigen Schöpfung. Dies folgt bereits daraus, dass im Rahmen der autonomen und einheitlichen Auslegung des in der Informations-Richtlinie verwendeten Werkbegriffs die Mitgliedstaaten diesen nicht selbst definieren können,[761] sodass die Aufrechterhaltung eines Beurteilungsspielraums der nationalen Gerichte bei der Prüfung des Werkbegriffs mit unterschiedlichen Bemessungen je nach Werkart jedenfalls seit der „Infopaq/DDF“-Entscheidung nicht mehr mit europäischen Vorgaben vereinbar ist.[762]

756 EuGH, Urteil vom 16.7.2009 – Rs. C-5/08 – Infopaq/DDF, Slg. 2009, I-6569 Rn. 40 ff.; vgl. auch *Heinze*, 2 (2011) JIPITEC, 97 Rn. 33, der zusätzlich auf Erwägungsgrund 23 der Informations-Richtlinie verweist.

757 EuGH, Urteil vom 16.7.2009 – Rs. C-5/08 – Infopaq/DDF, Slg. 2009, I-6569 Rn. 47 (Rn. 44-46 führen näher zu den Voraussetzungen der eigenen geistigen Schöpfung bei Zeitungsartikeln als Werke der Literatur aus); siehe hierzu auch EuGH, Urteil vom 2.5.2012 – Rs. C-406/10 – SAS Institute (SAS Institute Inc./World Programming Ltd.), InfoCuria (http://curia.europa.eu/), Rn. 67.

758 Vgl. dazu auch Schlussanträge der Generalanwältin Verica Trstenjak vom 12.2.2009 – C-5/08, abgedr. BeckEuRS 2009, 488522, Rn. 58 f.: Identifikations- und Wiedererkennungselement müssten für die Annahme einer „teilweisen Vervielfältigung“ eines urheberrechtlich geschützten Werks gegeben sein.

759 EuGH, Urteil vom 16.7.2009 – Rs. C-5/08 – Infopaq/DDF, Slg. 2009, I-6569 Rn. 48, 51 sowie Urteilstenor zu 1.

760 So aber *G. Schulze*, GRUR 2009, 1019, 1021; *v. Ungern-Sternberg*, GRUR 2010, 273; vgl. auch *Heinze*, 2 (2011) JIPITEC, 97 Rn. 28 (Fn. 138).

761 Vgl. EuGH, Urteil vom 16.7.2009 – Rs. C-5/08 – Infopaq/DDF, Slg. 2009, I-6569 Rn. 27 ff. m.w.N.

762 So aber *v. Ungern-Sternberg*, GRUR 2010, 273.

Vielmehr ist damit die rechtliche Würdigung des Sachverhalts im konkreten Fall gemeint, die nach wie vor dem nationalen Gericht obliegt.[763]

Die weiteren vorgelegten Fragen zwei bis zwölf des dänischen Gerichts in der Entscheidung „Infopaq/DDF" betreffen die Ausnahmen sowie Beschränkungen des Vervielfältigungsrechts gemäß Art. 5 der Informations-Richtlinie und damit den Fall der ausnahmsweise nicht erforderlichen Zustimmung des Urheberrechtsinhabers zur Vervielfältigung. Als abweichende Richtlinienbestimmungen von einem in einer Richtlinie festgelegten allgemeinen Grundsatz sind die Vorgaben des Art. 5 nach ständiger EuGH-Rechtsprechung eng auszulegen.[764] Die weiteren Erwägungen des EuGH zu den Vorlagefragen zwei bis zwölf enthalten zum Werkbegriff keinerlei Ausführungen mehr, sodass an dieser Stelle auf diese nicht weiter eingegangen werden soll.

Es kann also festgehalten werden, dass jedenfalls mit der „Infopaq/DDF"-Entscheidung der bis dahin nach wie vor von vielen Seiten vertretenen Auffassung der Boden entzogen worden ist, mit Ausnahme der Schutzvoraussetzungen für die drei durch die genannten Richtlinien harmonisierten Werkarten, sei es den Mitgliedstaaten überlassen, welche Voraussetzungen sie entsprechend ihrer nationalen Gesetzesvorgaben und Rechtsprechung bei den übrigen Werkarten für einen Urheberrechtsschutz verlangen.[765]

Denn die von dem EuGH angestellten Erwägungen lassen auf eine Harmonisierung des Werkbegriffs über die von der Computerprogramm-Richtlinie, der Schutzdauer-Richtlinie und der Datenbank-Richtlinie erfassten Werkarten hinaus schließen. Nicht nur Computerprogramme, Fotografien und Datenbanken sollen demnach als Werke urheberrechtlich geschützt sein, „wenn sie Originale in dem Sinne sind, dass es sich bei ihnen um eine eigene geistige Schöpfung ihres Urhebers handelt". Vielmehr sollen die genannten Kriterien für sämtliche Werkarten zur Bestimmung der Werkeigenschaft gelten. Damit anerkennt der EuGH in der „Infopaq-DDF"-Entscheidung im Wege richterlicher Rechtsfortbildung einen allgemeinen Werkbegriff, wobei er sich methodisch der Bildung einer „Gesamtanalogie aus den genannten spezifischen Werkbegriffen" der drei in Rede stehenden Urheberrechtsrichtlinien bedient.[766]

Dabei ist es nicht zuletzt vor dem Hintergrund des vorrangigen Richtlinienziels der Harmonisierung auf einem hohen Schutzniveau – auf welches der EuGH in „Infopaq/DDF" wie erwähnt ebenfalls hinweist – und der Maßgabe der autonomen

---

763 So auch *Berger*, ZUM 2012, 353, 354.

764 EuGH, Urteil vom 16.7.2009 – Rs. C-5/08 – Infopaq/DDF, Slg. 2009, I-6569 Rn. 56 m.w.N.

765 Vgl. dazu auch *Handig*, UFITA Bd. 1 (2009), 55, 68 ff.; *Handig*, ÖBl. 2010, 52; tendenziell auch (wenngleich im Ergebnis letztlich wohl offengelassen) *G. Schulze*, GRUR 2009, 1019, der von einer möglichen „schleichenden Harmonisierung" spricht.

766 *Metzger*, GRUR 2012, 118, 121; siehe auch *Leistner*, JZ 2011, 1140, 1144.

sowie einheitlichen Auslegung von Begriffen einer Vorschrift des Unionsrechts (im Falle fehlender ausdrücklicher Verweisung auf das Recht der Mitgliedstaaten) sinnvoll, auf bereits vorhandene Regelungen zurückzugreifen und diese auf bislang noch nicht ausdrücklich geregelte Fälle entsprechend anzuwenden.[767]

Die in „Infopaq/DDF“ zugrunde gelegten Werkkriterien hat der EuGH in den folgenden vier Entscheidungen erneut angewandt.

bb) Die EuGH-Entscheidung „BSA/Kulturministerium“

Die nächste für den Werkbegriff relevante Entscheidung des EuGH nach „Infopaq/DDF“ ist die Entscheidung „BSA/Kulturministerium“ vom 22. Dezember 2010.[768]

Der EuGH legte hier denselben Werkbegriff wie in „Infopaq/DDF“ zugrunde, indem er zur Bestimmung der Werkeigenschaft der streitgegenständlichen Gestaltung abermals die Kriterien „eigene geistige Schöpfung“ heranzog.

Konkret hatte die „BSA/Kulturministerium“-Entscheidung die Schutzfähigkeit einer grafischen Benutzeroberfläche eines Computerprogramms zum Gegenstand.[769] Auch diese beurteilte der EuGH danach, ob sie eine eigene geistige Schöpfung ihres Urhebers darstellt.

In Rede standen dabei die Auslegung von Art. 1 Abs. 2 der Computerprogramm-Richtlinie (Richtlinie 91/250/EWG) sowie von Art. 3 Abs. 1 der Informations-Richtlinie (Richtlinie 2001/29/EG).

Der Entscheidung lag folgender Sachverhalt zugrunde:

Parteien des Ausgangsverfahrens, in dessen Rahmen das Vorabentscheidungsersuchen erging, waren die tschechische Softwareschutzvereinigung BSA (Bezpečnostní softwarová asociace – Svaz softwarové ochrany) und das Kulturministerium (Ministerstvo kultury). Die Parteien stritten um die Weigerung des Kulturministeriums, der BSA für die kollektive Verwaltung der vermögenswerten Urheberrechte an Computerprogrammen eine Erlaubnis zu erteilen.[770]

Das Kulturministerium hatte die Ablehnung des Antrags der BSA auf Erlaubniserteilung unter anderem damit begründet, dass nach dem tschechischen

767 *G. Schulze*, GRUR 2009, 1019, 1020.

768 EuGH, Urteil vom 22.12.2010 – Rs. C-393/09 – BSA/Kulturministerium (Bezpečnostní softwarová asociace – Svaz sotwarové ochrany/Ministerstvo kultury), Slg. 2010, I-13971, ferner (auszugsweise) abgedruckt in GRUR Int. 2011, 148 ff. = GRUR 2011, 220 ff.

769 Zu der Terminologie und den Begriffen „Computerprogramm“ sowie „grafische Benutzeroberfläche“ siehe *Marly*, GRUR 2011, 204 f.

770 EuGH, Urteil vom 22.12.2010 – Rs. C-393/09 – BSA/Kulturministerium (Bezpečnostní softwarová asociace – Svaz sotwarové ochrany/Ministerstvo kultury), Slg. 2010, I-13971 Rn. 2.

Urheberrechtsgesetz nur der Objekt- und Quellcode eines Computerprogramms geschützt werde, nicht dagegen das Ergebnis der Programmanzeige auf dem Monitor des Computers, weil die Benutzeroberfläche nur dem Schutz gegen unlauteren Wettbewerb unterliege.[771] Mit ihrer Klage machte die BSA geltend, dass die Benutzeroberfläche auch von der Definition des Computerprogramms des tschechischen Urheberrechtsgesetzes erfasst werde, denn ein Computerprogramm sei sowohl auf der Objektcode- bzw. Quellcode-Ebene als auch auf der Kommunikationsebene (Kommunikationsschnittstelle) wahrnehmbar. Nachdem die Klage abgewiesen wurde, legte die BSA Kassationsbeschwerde beim zuständigen obersten Verwaltungsgericht ein. Dabei trug sie auch vor, dass die Benutzung eines Computerprogramms im Falle seiner Anzeige auf den Benutzermonitoren gegeben sei, weshalb eine derartige Benutzung auch dem Schutz des Urheberrechts unterfallen müsse.[772]

Mit seiner Vorlage an den EuGH begehrte das tschechische Gericht des Ausgangsverfahrens die Auslegung von Vorgaben der Computerprogramm-Richtlinie sowie der Informations-Richtlinie. Es legte dem EuGH zwei Fragen zur Vorabentscheidung vor:

Mit der ersten der beiden Vorlagefragen wollte das vorlegende Gericht wissen, ob Art. 1 Abs. 2 der Richtlinie 91/250/EWG (im Folgenden: Computerprogramm-Richtlinie) dahin gehend auszulegen sei, dass für die Zwecke des urheberrechtlichen Schutzes eines Computerprogramms als Werk im Sinne des Urheberrechts nach dieser Richtlinie unter „alle Ausdrucksformen von Computerprogrammen“ auch die grafische Benutzeroberfläche eines Computerprogramms oder ein Teil davon falle.

Sollte dem so sein, so begehrte das tschechische Gericht mit der zweiten Vorlagefrage die Klärung, ob Fernsehrundfunk, mit dem es der Öffentlichkeit ermöglicht werde, die grafische Benutzeroberfläche eines Computerprogramms oder einen Teil davon sinnlich wahrzunehmen, ohne aber das Programm aktiv steuern zu können, eine öffentliche Wiedergabe eines Werks im Sinne des Urheberrechts oder eines Teils davon im Sinne von Art. 3 Abs. 1 der Richtlinie 2001/29/EG (im Folgenden: Informations-Richtlinie) darstelle.[773]

---

771 EuGH, Urteil vom 22.12.2010 – Rs. C-393/09 – BSA/Kulturministerium (Bezpečnostní softwarová asociace – Svaz sotwarové ochrany/Ministerstvo kultury), Slg. 2010, I-13971 Rn. 18.

772 EuGH, Urteil vom 22.12.2010 – Rs. C-393/09 – BSA/Kulturministerium (Bezpečnostní softwarová asociace – Svaz sotwarové ochrany/Ministerstvo kultury), Slg. 2010, I-13971 Rn. 19 f.

773 EuGH, Urteil vom 22.12.2010 – Rs. C-393/09 – BSA/Kulturministerium (Bezpečnostní softwarová asociace – Svaz sotwarové ochrany/Ministerstvo kultury), Slg. 2010, I-13971 Rn. 21.

Im Rahmen seiner Entscheidungsbegründung stellte der EuGH zunächst zu der ersten Vorlagefrage folgende Erwägungen an:[774]

Gemäß Art. 1 Abs. 1 der Computerprogramm-Richtlinie werden Computerprogramme als literarische Werke im Sinne der Berner Übereinkunft geschützt, wobei nach Art. 1 Abs. 2 der Richtlinie der Schutz für alle Ausdrucksformen von Computerprogrammen gilt.

Dazu führte der EuGH aus, die Computerprogramm-Richtlinie definiere selbst nicht, was unter dem Begriff „alle Ausdrucksformen von Computerprogrammen" zu verstehen sei. Unter Verweis auf die „Infopaq/DDF"-Entscheidung führte er dann aus, eine Begriffsdefinition sei deshalb hinsichtlich Wortlaut und Zusammenhang von Art. 1 Abs. 2 der Computerprogramm-Richtlinie, in dem der Begriff verwendet werde, sowie im Lichte der Ziele der gesamten Computerprogramm-Richtlinie und des Völkerrechts vorzunehmen.[775]

Unter Heranziehung der Berner Übereinkunft sowie Art. 10 Abs. 1 des TRIPS-Übereinkommens[776] und Erwägungsgrund 7 der Computerprogramm-Richtlinie[777] gelangt der EuGH dann zu dem Ergebnis, dass zwar der (für Menschen lesbare)[778] Quellcode und der Objektcode (Maschinenprogrammcode)[779] eines Computerprogramms dessen Ausdrucksformen seien und damit gemäß Art. 1 Abs. 2 der Computerprogramm-Richtlinie urheberrechtlich als Computerprogramme geschützt werden können. Denn – so der EuGH unter Bezugnahme auf die Schlussanträge des Generalanwalts[780] – sie erfüllen auch das zweite Definitionsmerkmal des Computerprogramms, nämlich dass „ihre Vervielfältigung die Vervielfältigung des Computerprogramms zur Folge hätte und

774 EuGH, Urteil vom 22.12.2010 – Rs. C-393/09 – BSA/Kulturministerium (Bezpečnostní softwarová asociace – Svaz sotwarové ochrany/Ministerstvo kultury), Slg. 2010, I-13971 Rn. 29 ff.

775 EuGH, Urteil vom 22.12.2010 – Rs. C-393/09 – BSA/Kulturministerium (Bezpečnostní softwarová asociace – Svaz sotwarové ochrany/Ministerstvo kultury), Slg. 2010, I-13971 Rn. 30; EuGH, Urteil vom 16.7.2009 – Rs. C-5/08 – Infopaq/DDF, Slg. 2009, I-6569 Rn. 32 m.w.N.

776 Nach Art. 10 Abs. 1 des TRIPS-Übereinkommens werden Computerprogramme, gleichviel, ob sie in Quellcode oder in Maschinenprogrammcode (Objektcode) ausgedrückt sind, als Werke der Literatur nach der Berner Übereinkunft geschützt.

777 Wonach der Begriff „Computerprogramm" sowohl in Software als auch in Hardware integrierte Programme umfasse; *Heinze*, 2 (2011) JIPITEC, 97 Rn. 5.

778 *Heinze*, 2 (2011) JIPITEC, 97 Rn. 5.

779 *Heinze*, 2 (2011) JIPITEC, 97 Rn. 5.

780 Schlussanträge des Generalanwalts Yves Bot vom 14.10.2010 – C-393/09, abgedr. BeckEuRS 2010, 524342, Rn. 61.

auf diese Weise der Computer zur Ausführung seiner Funktion veranlasst werden könnte".[781] Dieses Argument hat bislang in europäischen Urheberrechtsfragen keine entscheidende Rolle gespielt.[782]

Hingegen unterfiele – auch unter Berücksichtigung der Erwägungsgründe 10 und 11 der Computerprogramm-Richtlinie[783] – die in Rede stehende grafische Benutzeroberfläche nicht dem spezifischen Schutz durch das Urheberrecht für Computerprogramme nach Art. 1 Abs. 1 der Computerprogramm-Richtlinie. Denn als Interaktionsschnittstelle, die eine Kommunikation zwischen dem Computerprogramm und dem Benutzer ermögliche und daher nicht das Computerprogramm vervielfältige, sondern lediglich ein Programmelement zur Benutzung des Programms darstelle, handele es sich bei ihr nicht um eine Ausdrucksform eines Computerprogramms im Sinne von Art. 1 Abs. 2 der Computerprogramm-Richtlinie.[784]

Geprüft werden könne aber, ob die grafische Benutzeroberfläche eines Computerprogramms dem „allgemeinen Urheberrechtsschutz[...] der Richtlinie 2001/29"[785] (also der Informations-Richtlinie) unterfallen könne. Denn der EuGH könne trotz der Beschränkung der Vorlagefrage seitens des vorlegenden Gerichts auf die Auslegung von Art. 1 Abs. 2 der Computerprogramm-Richtlinie dem vorlegenden Gericht alle Hinweise zur Auslegung des Unionsrechts geben, die für dieses im Rahmen der

781 EuGH, Urteil vom 22.12.2010 – Rs. C-393/09 – BSA/Kulturministerium (Bezpečnostní softwarová asociace – Svaz sotwarové ochrany/Ministerstvo kultury), Slg. 2010, I-13971 Rn. 38; *Heinze*, 2 (2011) JIPITEC, 97 Rn. 5.

782 *Marly*, GRUR 2011, 204, 207.

783 Erwägungsgrund 10 der RL 91/250/EWG lautet: „Die Teile des Programms, die eine solche Verbindung und Interaktion zwischen den Elementen von Software und Hardware ermöglichen sollen, sind allgemein als ‚Schnittstellen' bekannt."; Erwägungsgrund 11 der RL 91/250/EWG lautet: „Diese funktionale Verbindung und Interaktion ist allgemein als ‚Interoperabilität' bekannt. Diese Interoperabilität kann definiert werden als die Fähigkeit zum Austausch von Informationen und zur wechselweitigen Verwendung der ausgetauschten Informationen."

784 EuGH, Urteil vom 22.12.2010 – Rs. C-393/09 – BSA/Kulturministerium (Bezpečnostní softwarová asociace – Svaz sotwarové ochrany/Ministerstvo kultury), Slg. 2010, I-13971 Rn. 31-42; in diesem Sinne auch EuGH, Urteil vom 2.5.2012 – Rs. C-406/10 – SAS Institute (SAS Institute Inc./World Programming Ltd.), InfoCuria (http://curia.europa.eu/), Rn. 38.

785 EuGH, Urteil vom 22.12.2010 – Rs. C-393/09 – BSA/Kulturministerium (Bezpečnostní softwarová asociace – Svaz sotwarové ochrany/Ministerstvo kultury), Slg. 2010, I-13971 Rn. 44.

Entscheidung des bei ihm anhängigen Verfahrens nützlich sein können, unabhängig davon, ob es darauf bei seiner Fragestellung Bezug genommen habe oder nicht.[786]

Damit eröffnet der EuGH die Möglichkeit eines „zweigleisigen Schutzes",[787] wie er auch schon in einigen US-amerikanischen Entscheidungen angenommen wurde und der auch in Deutschland Befürworter findet: Steuerungsbezogenen Elementen könnte ein Urheberrechtsschutz nach den speziellen Regelungen für Computerprogramme zuteil werden (Programmschutz), wohingegen nicht steuerungsbezogene Elemente (audiovisuelle Darstellung) nach den allgemeinen Urheberrechtsvorschriften geschützt werden könnten.[788]

Nach der „Infopaq/DDF"-Entscheidung könne – so der EuGH dann weiter – der Urheberrechtsschutz der Informations-Richtlinie nur in Bezug auf ein Werk zur Anwendung gelangen, „das ein Original in dem Sinne ist, dass es sich bei ihm um eine geistige Schöpfung seines Urhebers handelt".[789] Bei der grafischen Benutzeroberfläche muss es sich also für einen urheberrechtlichen Werkschutz nach der Informations-Richtlinie um eine geistige Schöpfung des Urhebers handeln.[790]

Wie bereits in der „Infopaq/DDF"-Entscheidung weist der EuGH auch hier darauf hin, dass die Beurteilung des konkreten Falls dem nationalen Gericht obliege, welches in Bezug auf das Originalitätskriterium[791] insbesondere die Anordnung oder spezifische Konfiguration aller Komponenten zu berücksichtigen habe, aus denen sich die grafische Benutzeroberfläche zusammensetze.[792]

---

786 EuGH, Urteil vom 22.12.2010 – Rs. C-393/09 – BSA/Kulturministerium (Bezpečnostní softwarová asociace – Svaz sotwarové ochrany/Ministerstvo kultury), Slg. 2010, I-13971 Rn. 43; vgl. EuGH, Urteil vom 26.4.2007 – Rs. C-392/05 – Alevizos, Slg. 2007, I-3505 Rn. 64 m.w.N.

787 *Marly*, GRUR 2011, 204, 207.

788 *Heinze*, 2 (2011) JIPITEC, 97 Rn. 34; *Marly*, GRUR 2011, 204, 207; siehe auch *Lindhorst*, Anm. EuGH, C-393/09 – BSA/Kulturministerium, GRUR-Prax 2011, 61.

789 EuGH, Urteil vom 22.12.2010 – Rs. C-393/09 – BSA/Kulturministerium (Bezpečnostní softwarová asociace – Svaz sotwarové ochrany/Ministerstvo kultury), Slg. 2010, I-13971 Rn. 45.

790 EuGH, Urteil vom 22.12.2010 – Rs. C-393/09 – BSA/Kulturministerium (Bezpečnostní softwarová asociace – Svaz sotwarové ochrany/Ministerstvo kultury), Slg. 2010, I-13971 Rn. 44 ff.

791 Der Generalanwalt spricht in seinen Schlussanträgen hier gar von „Schöpfungshöhe", Schlussanträge des Generalanwalts Yves Bot vom 14.10.2010 – C-393/09, abgedr. BeckEuRS 2010, 524342, Rn. 75 f., 84; vgl. hierzu auch *Heinze*, 2 (2011) JIPITEC, 97 Rn. 27.

792 EuGH, Urteil vom 22.12.2010 – Rs. C-393/09 – BSA/Kulturministerium (Bezpečnostní softwarová asociace – Svaz sotwarové ochrany/Ministerstvo kultury), Slg. 2010, I-13971 Rn. 47 f.

Werde aber der Ausdruck der Komponenten der grafischen Benutzeroberfläche durch ihre technische Funktion vorgegeben, könne das Originalitätskriterium nicht angenommen werden, so der EuGH unter Bezugnahme auf die Schlussanträge des Generalanwalts. Denn dann stehe für die Umsetzung der Idee nur eine derart beschränkte Anzahl von Möglichkeiten zur Verfügung, dass Idee und Ausdruck zusammenfallen, sodass der Urheber in einem solchen Falle nicht seinen schöpferischen Geist in origineller Weise zum Ausdruck bringen und ein Ergebnis erzielen könne, bei dem es sich um eine eigene geistige Schöpfung dieses Urhebers handele.[793]

Metzger merkt hierzu an, dies erinnere an die Lehre vom Gestaltungsspielraum und den Ausschluss technisch bedingter Gestaltungsmerkmale entsprechend Art. 6 Abs. 2, 8 Abs. 1 Gemeinschaftsgeschmacksmuster-Verordnung (GGV).[794] Heinze[795] weist ferner darauf hin, in der Beschränkung für technisch vorgegebene Ausdrucksformen und der seitens des EuGH gewählten Formulierung „Idee und Ausdruck zusammenfallen" könne auch eine Anlehnung an die im US-amerikanischen Urheberrecht geltende „Merger-Doktrin" gesehen werden.[796]

Festgehalten werden kann an dieser Stelle, dass zwar nach dem EuGH eine grafische Benutzeroberfläche dem allgemeinen Urheberrechtsschutz der Informations-Richtlinie unterfallen und als Werk Urheberrechtsschutz genießen kann – jedoch nur dann, „wenn sie eine eigene geistige Schöpfung ihres Urhebers darstellt."[797] Der EuGH hat damit den Urheberrechtsschutz für Computerprogramme einschließlich seiner Voraussetzungen „in das allgemeine Urheberrecht verlängert".[798]

---

793 EuGH, Urteil vom 22.12.2010 – Rs. C-393/09 – BSA/Kulturministerium (Bezpečnostní softwarová asociace – Svaz sotwarové ochrany/Ministerstvo kultury), Slg. 2010, I-13971 Rn. 48 ff.; vgl. hierzu auch *Heinze*, 2 (2011) JIPITEC, 97 Rn. 23.

794 *Metzger*, GRUR 2012, 118, 121 f.; vgl. hierzu etwa BGH, Urteil vom 28.9.2011 – I ZR 23/10 – Kinderwagen, GRUR 2012, 512, 517 Rn. 36; BGH, Urteil vom 12.7.2012 – I ZR 102/11 – Kinderwagen II, GRUR Int. 2013, 280, 283 Rn. 46; ferner *Hartwig*, GRUR 2012, 769 ff.; zum „Spielraum"-Begriff im urheberrechtlichen Kontext siehe *Strömholm*, GRUR Int. 1989, 15, 16 ff.; *Strömholm*, GRUR Int. 1996, 529, 530 ff.; *Ulmer*, UrhR, 3. Auflage (1980), S. 124; ferner *Loewenheim*, in: Schricker/Loewenheim, § 2 Rn. 29.

795 *Heinze*, 2 (2011) JIPITEC, 97 Rn. 27, 15 m.w.N.

796 *Heinze*, 2 (2011) JIPITEC, 97 Rn. 27, 15 m.w.N.; zur „Merger-Doktrin" siehe etwa *Grützmacher*, in: Wandtke/Bullinger, § 69a Rn. 22 m.w.N.; vgl. ferner *Handig*, ÖBl. 2010, 52, 55.

797 EuGH, Urteil vom 22.12.2010 – Rs. C-393/09 – BSA/Kulturministerium (Bezpečnostní softwarová asociace – Svaz sotwarové ochrany/Ministerstvo kultury), Slg. 2010, I-13971 Rn. 51 sowie Urteilstenor zu 1.

798 *Heinze*, 2 (2011) JIPITEC, 97 Rn. 34.

Den von ihm für das europäische Urheberrecht erstmals in der „Infopaq-DDF"-Entscheidung zugrunde gelegten einheitlichen Werkbegriff[799] hat der EuGH auch im Rahmen der Beantwortung der zweiten Vorlagefrage herangezogen.[800] Da ihre Begründung im Einzelnen für die Untersuchungsfrage dieser Arbeit jedoch keine weiteren Vorgaben enthält, soll sie an dieser Stelle nicht näher behandelt werden.

Bemerkenswert ist, dass der EuGH hier anders als noch in der „Infopaq/DDF"-Entscheidung keine weiteren Ausführungen oder Herleitungen zu den Merkmalen „eigene geistige Schöpfung" vornimmt, sondern diese ohne weiteres aus der „Infopaq/DDF"-Entscheidung für die Definition des europäischen Werbegriffs übernimmt und damit den mit „Infopaq/DDF" begonnenen Weg fortsetzt.[801] Gleichzeitig ergänzt der EuGH in der „BSA/Kulturministerium"-Entscheidung die genannten Kriterien und nimmt schrittweise Anpassungen vor.[802]

cc) Die EuGH-Entscheidung „Football Association Premier League und Murphy"

Auch in der Entscheidung „Football Association Premier League und Murphy" vom 4. Oktober 2011[803] hat der EuGH zur Bestimmung der Werkeigenschaft die Kriterien des in der „Infopaq/DDF"-Entscheidung zugrunde gelegten Werkbegriffs herangezogen. Damit verfolgt er seinen eingeschlagenen Weg der autonomen Auslegung und Begriffsbestimmung des „Werks" konsequent weiter und nimmt zugleich eine weitere Präzisierung der einzelnen Kriterien vor.[804]

In der Entscheidung „Football Association Premier League und Murphy" stand das Inverkehrbringen und die Verwendung von Decodiervorrichtungen im

---

799 *Heinze*, 2 (2011) JIPITEC, 97 Rn. 26 spricht von einem „offenen Werkbegriff", den der EuGH für das Europäische Urheberrecht entwickelt habe.

800 EuGH, Urteil vom 22.12.2010 – Rs. C-393/09 – BSA/Kulturministerium (Bezpečnostní softwarová asociace – Svaz sotwarové ochrany/Ministerstvo kultury), Slg. 2010, I-13971 Rn. 56.

801 *Heinze*, 2 (2011) JIPITEC, 97 Rn. 33 f.; *Metzger*, GRUR 2012, 118, 121.

802 *Heinze*, 2 (2011) JIPITEC, 97 Rn. 33 f.: „In der Erweiterung des Blickwinkels auf die Funktion, den Charakter und andere das Ausgangswerk wesentlich prägende Elemente könnte der größte Beitrag von BSA zur Fortentwicklung des Europäischen Urheberrechts liegen."; *Metzger*, GRUR 2012, 118, 121.

803 EuGH, Urteil vom 4.10.2011 – verbundene Rs. C-403/08 und C-429/08 – Football Association Premier League und Murphy, abrufbar über InfoCuria – Rechtsprechung des Gerichtshofs: http://curia.europa.eu/ (noch nicht in Slg. veröffentlicht), ferner (auszugsweise) abgedruckt in GRUR Int. 2011, 1063 ff. = GRUR 2012, 156 ff.

804 *Leistner*, JZ 2011, 1140, 1144 und 1148.

Vereinigten Königreich in Rede, welche Zugang zu den Satellitenrundfunkdiensten eines Sendeunternehmens gewähren, mit dessen Erlaubnis hergestellt und in Verkehr gebracht wurden, jedoch gegen dessen Willen außerhalb des geografischen Bereichs verwendet wurden, für den sie ausgeliefert worden waren.[805]

Als Betreiberin der „Premier League“, der führenden Profifußballliga für in England ansässige Fußballklubs, vermarktet die „Football Association Premier League Ltd.“ (im Folgenden: FAPL) die Rechte zur Fernsehausstrahlung und räumt Rundfunkanstalten ausschließliche Rechte für Gebiete ein, die gewöhnlich einem Mitgliedstaat entsprechen.[806] Die Rundfunkanstalten müssen zur Wahrung der gebietsabhängigen Exklusivität ihr Satellitensignal verschlüsseln und dürfen dieses über Satellit nur den Abonnenten im zugewiesenen Gebiet übermitteln.[807]

Hierbei war etwa der von einer griechischen Rundfunkanstalt für in Griechenland ansässige Abonnenten angebotene Zugang deutlich günstiger als der von der Rundfunkanstalt im Vereinigten Königreich gewährte Zugang. Zur Kostenersparnis beim Empfang der Fußballspielübertragungen starteten deshalb einige Pub-Besitzer im Vereinigten Königreich den Versuch, die Exklusivität zu umgehen, indem sie die zur Entschlüsselung notwendige Karte und Decoderbox einer ausländischen Rundfunkanstalt, wie etwa der griechischen, bei einem Händler erwarben.

Die FAPL – als eine der klagenden Parteien des Ausgangsverfahrens – sah durch das beschriebene Vorgehen ihre Interessen beeinträchtigt, da dadurch die Exklusivität und somit der Wert der Lizenzrechte in Mitleidenschaft gezogen würden.[808] Deshalb erhob sie gemeinsam mit den für die Übertragung der Spiele in Griechenland verantwortlichen Unternehmen drei Klagen beim High Court of Justice (England & Wales), Chancery Division,[809] die sie als Musterprozesse ansah. Zwei davon richteten sich gegen Anbieter, die Gastwirtschaften Zubehör und Satelliten-Decoderkarten zur Verfügung stellen, welche den Empfang von Sendungen

---

805 EuGH, Urteil vom 4.10.2011 – verbundene Rs. C-403/08 und C-429/08 – Football Association Premier League und Murphy, InfoCuria (http://curia.europa.eu/), Rn. 2.

806 EuGH, Urteil vom 4.10.2011 – verbundene Rs. C-403/08 und C-429/08 – Football Association Premier League und Murphy, InfoCuria (http://curia.europa.eu/), Rn. 30; Schlussanträge der Generalanwältin Juliane Kokott vom 03.02.2011 – C-403/08 und C-429/08, abgedr. BeckEuRS 2011, 620116, Rn. 2; *Handig*, GRUR Int. 2012, 9.

807 *Handig*, GRUR Int. 2012, 9.

808 EuGH, Urteil vom 4.10.2011 – verbundene Rs. C-403/08 und C-429/08 – Football Association Premier League und Murphy, InfoCuria (http://curia.europa.eu/), Rn. 43.

809 Näher dazu Schlussanträge der Generalanwältin Juliane Kokott vom 03.02.2011 – C-403/08 und C-429/08, abgedr. BeckEuRS 2011, 620116, Rn. 37 ff.

ausländischer Rundfunkanstalten (einschließlich der griechischen) ermöglichen, die die „Premier League"-Spiele live ausstrahlen.[810]

Mit der dritten Klage ging die FAPL gegen Gastwirte und Betreiber von vier Gastwirtschaften vor, die Live-Übertragungen von „Premier League"-Spielen gezeigt haben und dazu ausländische Decodiervorrichtungen verwendet haben.[811]

Die FAPL trug verschiedene Rechtsverletzungen vor. Unter anderem führte sie Verletzungen ihrer Urheberrechte in Bezug auf das oben beschriebene Vorgehen an.[812] Die Beklagten sahen die Klagen als unbegründet an, da sie keine Piraten-Decoderkarten benutzten, weil sämtliche Karten in einem anderen Mitgliedstaat ausgegeben und auf den Markt gebracht worden seien.[813]

Parallel dazu wurde in einem anderen Verfahren die Gastwirtschaftsbetreiberin Karen Murphy deshalb strafrechtlich belangt, weil sie in ihrer Gastwirtschaft die Decoderkarte eines griechischen Anbieters nutze, um die von diesem übertragenen Rundfunksendungen von „Premier League"-Begegnungen zu empfangen und zu zeigen.[814] Die gegen ihre Verurteilung eingelegte Berufung blieb im Wesentlichen ohne Erfolg. Die in der daraufhin eingelegten Revision beim High Court of Justice vertretene Ansicht der Frau Murphy entsprach den o.g. Argumenten der Beklagten in den drei von der FAPL lancierten Klagen.[815]

Der High Court of Justice (England & Wales), Chancery Division hat in den drei von der FAPL lancierten Klagen das Verfahren ausgesetzt und dem EuGH verschiedene Fragen zur Vorabentscheidung vorgelegt.[816]

---

810 EuGH, Urteil vom 4.10.2011 – verbundene Rs. C-403/08 und C-429/08 – Football Association Premier League und Murphy, InfoCuria (http://curia.europa.eu/), Rn. 44.

811 EuGH, Urteil vom 4.10.2011 – verbundene Rs. C-403/08 und C-429/08 – Football Association Premier League und Murphy, InfoCuria (http://curia.europa.eu/), Rn. 45.

812 EuGH, Urteil vom 4.10.2011 – verbundene Rs. C-403/08 und C-429/08 – Football Association Premier League und Murphy, InfoCuria (http://curia.europa.eu/), Rn. 46 ff.

813 EuGH, Urteil vom 4.10.2011 – verbundene Rs. C-403/08 und C-429/08 – Football Association Premier League und Murphy, InfoCuria (http://curia.europa.eu/), Rn. 49.

814 EuGH, Urteil vom 4.10.2011 – verbundene Rs. C-403/08 und C-429/08 – Football Association Premier League und Murphy, InfoCuria (http://curia.europa.eu/), Rn. 50 ff.

815 EuGH, Urteil vom 4.10.2011 – verbundene Rs. C-403/08 und C-429/08 – Football Association Premier League und Murphy, InfoCuria (http://curia.europa.eu/), Rn. 53.

816 EuGH, Urteil vom 4.10.2011 – verbundene Rs. C-403/08 und C-429/08 – Football Association Premier League und Murphy, InfoCuria (http://curia.europa.eu/), Rn. 54.

Genauso hat der High Court of Justice (England & Wales), Queen's Bench Division (Administrative Court) das Verfahren in der Sache „Murphy" ausgesetzt und dem EuGH ebenfalls eine Reihe von Fragen zur Vorabentscheidung vorgelegt.[817]

Der EuGH hat die beiden Rechtssachen miteinander verbunden.

Der EuGH hatte sich in dem Vorabentscheidungsverfahren vor allem mit der Zulässigkeit der von der FAPL praktizierten Lizenzvergabe auseinanderzusetzen und dabei insbesondere zu prüfen, ob sich die FAPL dabei auf Urheberrechte berufen kann.[818]

Konkret hatte sich der EuGH mit der Frage zu befassen, ob britischen Pub-Besitzern der Empfang von durch griechische Satellitenfernsehanbieter ausgestrahlten Fußballspielen der englischen „Premier League" verboten werden könne, wenn sie dafür von diesen vermarktete und nach England importierte Decoder verwenden.[819]

Dabei konnte ein derartiges Verbot nur in Betracht kommen, wenn die primärrechtlich gewährte Dienstleistungsfreiheit in zulässiger Weise beschränkt werden konnte. Eine Beschränkung der gemäß Art. 56 AEUV gewährten Dienstleistungsfreiheit ist nur dann gerechtfertigt, wenn zwingende Gründe des Allgemeinwohls dies erfordern und die Beschränkung geeignet ist, das mit ihr verfolgte Ziel zu erreichen und dabei zugleich nicht über das dafür erforderliche Maß hinausgeht.[820] Zwingende Gründe des Allgemeinwohls können auch in dem Schutz von Rechten des geistigen Eigentums liegen.[821]

Folglich stellte sich die Frage, ob die FAPL Inhaberin solcher Rechte war, die eine Beschränkung des freien Dienstleistungsverkehrs rechtfertigen konnten.[822]

Der EuGH prüfte hier das Greifen eines Urheberrechtsschutzes. Die Frage lautete dabei, ob die in Rede stehenden Fußballspiele urheberrechtlich geschützte Werke sein können. Dies könne – so der EuGH – nur dann der Fall sein, wenn es

---

817 EuGH, Urteil vom 4.10.2011 – verbundene Rs. C-403/08 und C-429/08 – Football Association Premier League und Murphy, InfoCuria (http://curia.europa.eu/), Rn. 55.

818 *Handig*, GRUR Int. 2012, 9.

819 *Metzger*, GRUR 2012, 118, 120.

820 EuGH, Urteil vom 5.3.2009 – Rs. C-222/07 – UTECA, Slg. 2009, I-1407 Rn. 25 m.w.N.; EuGH, Urteil vom 4.10.2011 – verbundene Rs. C-403/08 und C-429/08 – Football Association Premier League und Murphy, InfoCuria (http://curia.europa.eu/), Rn. 93.

821 EuGH, Urteil vom 18.3.1980 –Rs. C-62/79 – Coditel (Coditel/Ciné Vog Films), Slg. 1980, 881 Rn. 15 f.; EuGH, Urteil vom 20.1.1981 – verbundene Rs. C-55/80 und C-57/80 – Musik-Vertrieb Membran und K-tel International/GEMA, Slg. 1981, 147 Rn. 9, 12; siehe zu diesen beiden Urteilen etwa *Reischl*, in: Ress (Hrsg.), 1989, S. 45, 46 ff.; EuGH, Urteil vom 4.10.2011 – verbundene Rs. C-403/08 und C-429/08 – Football Association Premier League und Murphy, InfoCuria (http://curia.europa.eu/), Rn. 94.

822 EuGH, Urteil vom 4.10.2011 – verbundene Rs. C-403/08 und C-429/08 – Football Association Premier League und Murphy, InfoCuria (http://curia.europa.eu/), Rn. 95.

sich bei dem jeweiligen Spiel um ein Original in dem Sinne handele, dass es eine eigene geistige Schöpfung seines Urhebers darstelle.[823]

Im Ergebnis lehnte der EuGH dann die Werkeigenschaft der „Premier League"-Spiele ab. Dies hat er damit begründet, dass Sportereignisse nicht solche geistige Schöpfungen darstellen können, die als Werke im Sinne der „Urheberrechtsrichtlinie" (womit die Informations-Richtlinie gemeint ist[824]) eingeordnet werden können. Dies treffe insbesondere auf Fußballspiele zu, deren Spielregeln der künstlerischen Freiheit im Sinne des Urheberrechts keinen Raum ließen.[825] Folglich sei vorliegend ein urheberrechtlicher Schutz von Sportereignissen abzulehnen,[826] zugleich kommen auch keine anderweitigen Schutzrechte aus dem Bereich des geistigen Eigentums in Betracht.[827]

Im Ergebnis lehnte der EuGH deshalb ein Verbot und die Möglichkeit auf Seiten der FAPL zur Beschränkung der Dienstleistungsfreiheit (Art. 56 AEUV) ab.[828] Die Dienstleistungsfreiheit rechtfertige den Empfang der Satellitensendungen in der gesamten Europäischen Union.[829] Dazu stellte er noch eine Reihe von weiteren Erwägungen an, die jedoch für die im Rahmen dieser Arbeit zu untersuchende Fragestellung nicht von Relevanz sind.

---

823 EuGH, Urteil vom 4.10.2011 – verbundene Rs. C-403/08 und C-429/08 – Football Association Premier League und Murphy, InfoCuria (http://curia.europa.eu/), Rn. 97, mit Verweis auf EuGH, Urteil vom 16.7.2009 – Rs. C-5/08 – Infopaq/DDF, Slg. 2009, I-6569 Rn. 37.

824 EuGH, Urteil vom 4.10.2011 – verbundene Rs. C-403/08 und C-429/08 – Football Association Premier League und Murphy, InfoCuria (http://curia.europa.eu/), Rn. 1.

825 EuGH, Urteil vom 4.10.2011 – verbundene Rs. C-403/08 und C-429/08 – Football Association Premier League und Murphy, InfoCuria (http://curia.europa.eu/), Rn. 98; vgl. dazu auch *Handig*, GRUR Int. 2012, 9, 12; *Leistner*, JZ 2011, 1140, 1144; *Peifer*, GRUR-Prax 2011, 435, 436.

826 Der EuGH führte in diesem Zusammenhang auch aus, dass das Unionsrecht jedoch einer nationalen Regelung grundsätzlich nicht entgegenstünde, die Sportereignisse unter dem Gesichtspunkt des Schutzes des geistigen Eigentums schützte, EuGH, Urteil vom 4.10.2011 – verbundene Rs. C-403/08 und C-429/08 – Football Association Premier League und Murphy, InfoCuria (http://curia.europa.eu/), Rn. 102 ff.; dazu *Hoeren/Bilek*, CR 2011, 735, 737.

827 EuGH, Urteil vom 4.10.2011 – verbundene Rs. C-403/08 und C-429/08 – Football Association Premier League und Murphy, InfoCuria (http://curia.europa.eu/), Rn. 99.

828 EuGH, Urteil vom 4.10.2011 – verbundene Rs. C-403/08 und C-429/08 – Football Association Premier League und Murphy, InfoCuria (http://curia.europa.eu/), Rn. 106 ff. sowie GRUR Int. 2011, 1063, 1064 Ls. 3; *Handig*, GRUR Int. 2012, 9 f.; *Leistner*, JZ 2011, 1140, 1141 f.

829 *Metzger*, GRUR 2012, 118, 120; vgl. auch ausführlich *Leistner*, JZ 2011, 1140, 1141 f.

Festgehalten werden kann demnach, dass der EuGH auch in der Entscheidung „Football Association Premier League und Murphy“ zur Bestimmung der Werkeigenschaft der in Rede stehenden Fußballspiele erneut die in der „Infopaq-DDF“-Entscheidung erstmals angewandten und in der „BSA/Kulturministerium“-Entscheidung präzisierten Werkkriterien herangezogen hat. Dazu hat er ausgeführt, es müsse sich für die Einordnung als „Werk“ um ein Original in dem Sinne handeln, dass es „eine eigene geistige Schöpfung seines Urhebers“ darstelle.

Interessant ist hierbei, dass der EuGH – wie auch schon in der „BSA/Kulturministerium“-Entscheidung und anders als noch in der Entscheidung „Infopaq/DDF“ – erneut keine weitere Herleitung des Werkbegriffs vornimmt. Vielmehr geht er hier ohne weiteres von den genannten Vorgaben von „Infopaq/DDF“ aus, was zeigt, dass er damit wohl einen werkübergreifenden einheitlichen europäischen Werkbegriff annimmt. Dabei fällt auch eine weitere Formulierung des EuGH ins Auge, nämlich dass es sich um ein Werk „im Sinne der Urheberrechtsrichtlinie“ handeln müsse. Dies erinnert an seine Formulierung in der „BSA/Kulturministerium“-Entscheidung, wonach zu prüfen war, ob die dort in Rede stehende Gestaltung „in den Genuss des allgemeinen Urheberrechtsschutzes nach der Richtlinie 2001/29“[830] kommen konnte. Der EuGH geht hier also offensichtlich von der Existenz eines allgemeinen Urheberrechtsschutzes aus, dem ein allgemeiner einheitlicher Werkbegriff zugrunde liegt.

Auch die Generalanwältin Kokott zieht im Übrigen in ihren Schlussanträgen im Zusammenhang mit der Frage nach dem Begriff der (teilweisen) Vervielfältigung den allgemeinen einheitlichen europäischen Werkbegriff aus „Infopaq/DDF“ heran: Sie führt unter Verweis auf „Infopaq/DDF“ aus, dass das Urheberrecht alle Teile eines Werks umfasst, die eine eigene geistige Schöpfung ihres Urhebers darstellen.[831]

Der EuGH weist in der Entscheidung „Football Association Premier League und Murphy“ zudem darauf hin, dass eine einheitliche Begriffsbestimmung für die „Einheit und Kohärenz der Unionsrechtsordnung“ notwendig sei. Deshalb müssen die in sämtlichen Richtlinien verwendeten Begriffe dieselbe Bedeutung haben, außer der Unionsgesetzgeber habe in einem konkreten gesetzgeberischen Kontext einen anderen Willen zum Ausdruck gebracht.[832] Hier wird klar erkennbar, dass der EuGH

---

830 EuGH, Urteil vom 22.12.2010 – Rs. C-393/09 – BSA/Kulturministerium (Bezpečnostní softwarová asociace – Svaz sotwarové ochrany/Ministerstvo kultury), Slg. 2010, I-13971 Rn. 44.

831 Schlussanträge der Generalanwältin Juliane Kokott vom 03.02.2011 – C-403/08 und C-429/08, abgedr. BeckEuRS 2011, 620116, Rn. 78 ff., unter Verweis auf EuGH, Urteil vom 16.7.2009 – Rs. C-5/08 – Infopaq/DDF, Slg. 2009, I-6569 Rn. 37 ff.

832 EuGH, Urteil vom 4.10.2011 – verbundene Rs. C-403/08 und C-429/08 – Football Association Premier League und Murphy, InfoCuria (http://curia.europa.eu/), Rn. 188.

an seiner bereits in der „Infopaq/DDF“-Entscheidung ausdrücklich dargetanen Sicht festhalten will, eine einheitliche Interpretation der in den urheberrechtlichen Richtlinien verwendeten Begriffe vorzunehmen und nicht nach den einzelnen Richtlinien zu differenzieren.[833] Handig bemerkt hierzu überdies, hier komme zudem sehr deutlich das Interesse des EuGH an einer Harmonisierung des Urheberrechts zum Ausdruck.[834]

dd) Die EuGH-Entscheidung „Painer/Standard“

Auch in der Entscheidung „Painer/Standard“ vom 1. Dezember 2011[835] knüpft der EuGH zur Beurteilung der urheberrechtlichen Schutzfähigkeit einer Porträtfotografie an die Werkkriterien der „Infopaq/DDF“-Entscheidung an. Diese nimmt er auch hier als Ausgangspunkt für die Vornahme weiterer Präzisierungen und für die Fortführung seiner bisherigen Rechtsprechung zum Werkbegriff.[836]

Der EuGH hatte in der Entscheidung darüber zu befinden, ob Porträtfotografien Urheberrechtsschutz zukommen kann.[837] Die Klägerin des Ausgangsverfahrens, Frau Painer, eine selbstständige Fotografin, die unter anderem Kinder in Kindergärten und Horten fotografiert, hatte in Erfüllung eines entsprechenden Auftrags Fotografien von dem späteren Entführungsopfer Natascha K. in einem Kinderhort angefertigt. Nach Herstellung der Bilder hatte die Klägerin diese dann mit ihrem Namen versehen und verkauft. Mit dem Kaufpreis waren jedoch nur die Fotoabzüge abgegolten, Dritten wurden dadurch keinerlei Rechte an den Bildern eingeräumt, genauso wenig wie die Klägerin damit ihre Zustimmung zu einer Veröffentlichung der Fotografien gab.[838]

Im Jahre 1998 wurde Natascha K. entführt, woraufhin die zuständigen Sicherheitsbehörden die in Rede stehenden Bilder zu einem Fahndungsaufruf einsetzten.[839]

833 *Handig*, GRUR Int. 2012, 9, 10 m.w.N.; EuGH, Urteil vom 16.7.2009 – Rs. C-5/08 – Infopaq/DDF, Slg. 2009, I-6569 Rn. 35.

834 *Handig*, GRUR Int. 2012, 9, 14.

835 EuGH, Urteil vom 1.12.2011 – Rs. C-145/10 – Painer/Standard (Eva-Maria Painer/Standard VerlagsGmbH u.a.), abrufbar über InfoCuria – Rechtsprechung des Gerichtshofs: http://curia.europa.eu/ (noch nicht in Slg. veröffentlicht), ferner (auszugsweise) abgedruckt in GRUR Int. 2012, 158 ff. = GRUR 2012, 166 ff. = EuZW 2012, 182 ff.

836 Siehe dazu *Metzger*, GRUR 2012, 118, 122.

837 *Roth*, Anm. EuGH, C-145/10 – Painer/Standard, EuZW 2012, 189.

838 EuGH, Urteil vom 1.12.2011 – Rs. C-145/10 – Painer/Standard (Eva-Maria Painer/Standard VerlagsGmbH u.a.), InfoCuria (http://curia.europa.eu/), Rn. 27-29.

839 EuGH, Urteil vom 1.12.2011 – Rs. C-145/10 – Painer/Standard (Eva-Maria Painer/Standard VerlagsGmbH u.a.), InfoCuria (http://curia.europa.eu/), Rn. 30; vgl. auch *Roth*, Anm. EuGH, C-145/10 – Painer/Standard, EuZW 2012, 189.

Nachdem Natascha K. im Jahre 2006 die Flucht gelungen war, wurden die streitgegenständlichen Bilder vor ihrem ersten öffentlichen Auftritt ohne Angabe der Urheberschaft von insgesamt fünf verschiedenen Verlagen in Zeitungen, Zeitschriften sowie im Internet veröffentlicht. Überdies veröffentlichten einige Verlage eine digitale Bearbeitung eines Porträtbildes („Phantombild"), um bis zu dem ersten öffentlichen Auftritt von Natascha K. ein Bild ihres vermuteten Aussehens zu zeigen. Die Verlage hatten ihrerseits behauptet, die Fotografien von einer Presseagentur erhalten zu haben, wobei von diesen weder die Klägerin noch eine andere Person als Urheberin benannt worden sei.[840]

Gegen die Verwendung der in Rede stehenden Fotografien und des Phantombilds seitens der Verlage hat sich die Klägerin mit ihrer Klage im Rahmen des Ausgangsrechtsstreits gewandt. Dabei hat sie die beklagten Verlage auf Unterlassung der Verwendung der Bilder in der dargestellten Art und Weise ohne ihre Zustimmung sowie ohne Nennung ihrer Urheberschaft in Anspruch genommen sowie ferner Rechnungslegung, Leistung eines angemessenen Entgelts und Schadensersatz beantragt.[841] Nachdem im Rahmen des von ihr zugleich verfolgten einstweiligen Rechtsschutzverfahrens von dem zuständigen Gericht entschieden worden war, dass die Beklagten des Ausgangsverfahrens das Phantombild ohne die Zustimmung der Klägerin veröffentlichen durften, hat das für das Klageverfahren zuständige Gericht das Verfahren ausgesetzt und dem EuGH eine Reihe von Vorlagefragen unterbreitet.[842]

Das im einstweiligen Rechtsschutzverfahren zuständige Gericht hatte argumentiert, dass es sich bei der dem Phantombild als Vorbild dienenden Fotografie zwar um ein urheberrechtlich geschütztes Lichtbildwerk handele. Gleichwohl liege in der Erstellung und Veröffentlichung des Phantombilds nicht eine seitens der Klägerin als Urheberin des Lichtbildwerkes zustimmungspflichtige Bearbeitung. Vielmehr sei hierin eine freie Benutzung zu erkennen, für die es keinerlei Zustimmung bedürfe.[843] Dabei bestimme die schöpferische Leistung der Vorlage, ob eine zustimmungspflichtige Bearbeitung oder eine freie Benutzung gegeben sei. Eine freie Benutzung könne umso seltener in Erwägung gezogen werden, desto

---

840 EuGH, Urteil vom 1.12.2011 – Rs. C-145/10 – Painer/Standard (Eva-Maria Painer/ Standard VerlagsGmbH u.a.), InfoCuria (http://curia.europa.eu/), Rn. 33-36; vgl. auch *Roth*, Anm. EuGH, C-145/10 – Painer/Standard, EuZW 2012, 189.

841 EuGH, Urteil vom 1.12.2011 – Rs. C-145/10 – Painer/Standard (Eva-Maria Painer/ Standard VerlagsGmbH u.a.), InfoCuria (http://curia.europa.eu/), Rn. 37 f.

842 EuGH, Urteil vom 1.12.2011 – Rs. C-145/10 – Painer/Standard (Eva-Maria Painer/ Standard VerlagsGmbH u.a.), InfoCuria (http://curia.europa.eu/), Rn. 39-43.

843 EuGH, Urteil vom 1.12.2011 – Rs. C-145/10 – Painer/Standard (Eva-Maria Painer/ Standard VerlagsGmbH u.a.), InfoCuria (http://curia.europa.eu/), Rn. 41.

ausgeprägter die schöpferische Leistung der Vorlage sei.[844] Da eine Porträtaufnahme wie die streitgegenständliche nur wenig individuelle Gestaltungsmöglichkeit für den Fotograf ließe, sei der Urheberrechtsschutz für die in Rede stehende Fotografie entsprechend eng. Ferner handele es sich bei dem in Rede stehenden Phantombild, das auf der Grundlage dieser Fotografie hergestellt worden sei, um ein „neues, unabhängiges und selbst urheberrechtlich geschütztes Werk".[845]

Vor diesem Hintergrund hat das vorlegende Gericht im Rahmen des an den EuGH gerichteten Vorabentscheidungsersuchens unter anderem die folgende, für diese Arbeit und den einheitlichen europäischen Werkbegriff relevante Frage gestellt (vierte Vorlagefrage):

„Sind Art. 1 Abs. 1 in Verbindung mit Art. 5 Abs. 5 der Richtlinie 2001/29 und Art. 12 der Berner Übereinkunft insbesondere unter Bedacht auf Art. 1 des Zusatzprotokolls vom 20. März 1952 zur am 4. November 1950 in Rom unterzeichneten Europäischen Konvention zum Schutz der Menschenrechte und Grundfreiheiten und Art. 17 der Charta der Grundrechte der Europäischen Union dahin auszulegen, dass Lichtbildwerke und/oder Lichtbilder, insbesondere Porträtaufnahmen, einen ‚schwächeren' oder gar keinen urheberrechtlichen Schutz vor Bearbeitungen genießen, weil diese im Hinblick auf die ‚realistische Aufnahme' eine zu geringe Gestaltungsmöglichkeit aufweisen?"[846]

Es fragte also, ob es zutreffend sei, dass die Beklagten des Ausgangsverfahrens keiner Zustimmung von Frau Painer zur Veröffentlichung des aus einer Porträtaufnahme angefertigten Phantombildes bedurften, weil einer Fotografie wie der Porträtaufnahme aufgrund der lediglich geringen Gestaltungsmöglichkeiten ein schwächerer oder gar kein Schutz zukomme.[847]

Der EuGH hat die Vorlagefrage dergestalt ausgelegt, dass das vorlegende Gericht wissen möchte, ob Art. 6 der Richtlinie 93/98 (also der Schutzdauer-Richtlinie a.F.)[848] dahin auszulegen sei, dass eine Porträtfotografie nach dieser Bestimmung

---

844 EuGH, Urteil vom 1.12.2011 – Rs. C-145/10 – Painer/Standard (Eva-Maria Painer/ Standard VerlagsGmbH u.a.), InfoCuria (http://curia.europa.eu/), Rn. 42.

845 EuGH, Urteil vom 1.12.2011 – Rs. C-145/10 – Painer/Standard (Eva-Maria Painer/ Standard VerlagsGmbH u.a.), InfoCuria (http://curia.europa.eu/), Rn. 42.

846 EuGH, Urteil vom 1.12.2011 – Rs. C-145/10 – Painer/Standard (Eva-Maria Painer/ Standard VerlagsGmbH u.a.), InfoCuria (http://curia.europa.eu/), Rn. 43.

847 EuGH, Urteil vom 1.12.2011 – Rs. C-145/10 – Painer/Standard (Eva-Maria Painer/ Standard VerlagsGmbH u.a.), InfoCuria (http://curia.europa.eu/), Rn. 85.

848 Die Richtlinie 93/98 sei zwar, so der EuGH, durch die Richtlinie 2006/116/EG kodifiziert und aufgehoben worden, gelte jedoch aufgrund des Zeitraums, in den der Sachverhalt falle, trotzdem für den Ausgangsrechtsstreits weiterhin, EuGH, Urteil

urheberrechtlich geschützt sein könne, und, falls ja, ob dieser Schutz wegen der bei solchen Fotografien vermeintlich zu geringen künstlerischen Gestaltungsmöglichkeiten insbesondere hinsichtlich der Regelung über die Vervielfältigung des Werkes in Art. 2 lit. a der Richtlinie 2001/29 (also der Informations-Richtlinie) schwächer sei als der Schutz, der anderen, insbesondere fotografischen Werken zukomme.[849]

Zur Beantwortung der Frage, ob wirklichkeitsgetreuen Fotografien wie Porträtaufnahmen ein Urheberrechtsschutz nach Art. 6 der Richtlinie 93/98 (der Schutzdauer-Richtlinie a.F.) zukommen kann, hat der EuGH zunächst auf das „Infopaq/DDF"-Urteil zurückgegriffen und ausgeführt, dass danach das Urheberrecht nur in Bezug auf ein Schutzobjekt – wie eine Fotografie – angewendet werden könne, bei dem es sich um „ein Original in dem Sinne handelt, dass es eine eigene geistige Schöpfung seines Urhebers darstellt".[850]

Sodann hat er zur näheren Bestimmung, wann eine solche eigene geistige Schöpfung des Urhebers vorliege, den – Anklänge an die Prägetheorie enthaltenden[851] – Erwägungsgrund 17 der Richtlinie 93/98 (der Schutzdauer-Richtlinie a.F.)[852] herangezogen, in dem es unter anderem heißt:

„Im Sinne der Berner Übereinkunft ist ein fotografisches Werk als ein individuelles Werk zu betrachten, wenn es die eigene geistige Schöpfung des Urhebers darstellt, in der seine Persönlichkeit zum Ausdruck kommt; andere Kriterien wie z.B. Wert oder Zwecksetzung sind hierbei nicht zu berücksichtigen."

---

vom 1.12.2011 – Rs. C-145/10 – Painer/Standard (Eva-Maria Painer/Standard VerlagsGmbH u.a.), InfoCuria (http://curia.europa.eu/), Rn. 18 f.

849 EuGH, Urteil vom 1.12.2011 – Rs. C-145/10 – Painer/Standard (Eva-Maria Painer/Standard VerlagsGmbH u.a.), InfoCuria (http://curia.europa.eu/), Rn. 86.

850 EuGH, Urteil vom 1.12.2011 – Rs. C-145/10 – Painer/Standard (Eva-Maria Painer/Standard VerlagsGmbH u.a.), InfoCuria (http://curia.europa.eu/), Rn. 87; vgl. hierzu auch Schlussanträge der Generalanwältin Verica Trstenjak vom 12.4.2011 – C-145/10, abgedr. BeckRS 2011, 80392, Rn. 119 ff., die dort zunächst auf die Vorgaben des Art. 6 der Schutzdauer-Richtlinie (a.F. und n.F.) verweist, wonach Fotografien dann urheberrechtlich geschützt seien, wenn sie individuelle Werke in dem Sinne sind, dass sie das Ergebnis der eigenen geistigen Schöpfung ihres Urhebers darstellen, wobei Art. 6 S. 2 der Richtlinien bestimme, dass zur Bestimmung der Schutzfähigkeit von Fotografien keine anderen Kriterien anzuwenden sind. Die Generalanwältin weist ferner – ebenfalls unter Heranziehung der Entscheidung „Infopaq/DDF" – darauf hin, dass es sich bei dem Begriff des „individuellen Werks" um einen autonom auszulegenden Begriff des Unionsrechts handelt, Rn. 120.

851 So *Metzger*, GRUR 2012, 118, 122 zu Erwägungsgrund 16 der Schutzdauer-Richtlinie 2006/116, der an dieser Stelle wortgleich mit Erwägungsgrund 17 der Schutzdauer-Richtlinie 93/98 ist.

852 Entspricht Erwägungsgrund 16 der Schutzdauer-Richtlinie 2006/116.

Es müsse demnach – so der EuGH – in der Gestaltung auch die „Persönlichkeit“[853] des Urhebers zum Ausdruck kommen.

Voraussetzung für den Urheberrechtsschutz einer Gestaltung ist also das Vorliegen einer „eigenen geistigen Schöpfung des Urhebers“, in der „seine Persönlichkeit zum Ausdruck kommt“.[854]

Dies ist nach dem EuGH „dann der Fall, wenn der Urheber bei der Herstellung des Werkes seine schöpferischen Fähigkeiten zum Ausdruck bringen konnte, indem er frei kreative Entscheidungen trifft“.[855] Dabei verweist der EuGH explizit auf die Entscheidung „Football Association Premier League und Murphy“,[856] in welcher er „im Umkehrschluss“[857] den Urheberrechtsschutz von Sportereignissen (in concreto: Fußballspielen) mit der Begründung abgelehnt hatte, dass es sich bei diesen nicht um geistige Schöpfungen handele, die als Werke im Sinne der „Urheberrechtsrichtlinie“[858] eingeordnet werden können. Denn ihre Spielregeln ließen „für eine künstlerische Freiheit im Sinne des Urheberrechts“ keinen Raum.[859]

Hingegen habe der Urheber bei der Herstellung einer Porträtfotografie auf mehrfache Weise und zu unterschiedlichen Zeitpunkten die Möglichkeit, frei kreative Entscheidungen zu treffen.[860] So könne er über die Gestaltung, die Haltung des zu Porträtierenden, die Beleuchtung, den Bildausschnitt und den Blickwinkel genauso

---

853 Die Generalanwältin spricht in ihren Schlussanträgen von der Erforderlichkeit, dass der Fotograf durch Nutzung vorhandener Gestaltungsspielräume der Fotografie eine „persönliche Note“ gegeben haben müsse; Schlussanträge der Generalanwältin Verica Trstenjak vom 12.4.2011 – C-145/10, abgedr. BeckRS 2011, 80392, Rn. 124, 132, vgl. auch Ziff. 4 ihres Entscheidungsvorschlags.

854 EuGH, Urteil vom 1.12.2011 – Rs. C-145/10 – Painer/Standard (Eva-Maria Painer/Standard VerlagsGmbH u.a.), InfoCuria (http://curia.europa.eu/), Rn. 88; vgl. auch *Metzger*, GRUR 2012, 118, 122.

855 EuGH, Urteil vom 1.12.2011 – Rs. C-145/10 – Painer/Standard (Eva-Maria Painer/Standard VerlagsGmbH u.a.), InfoCuria (http://curia.europa.eu/), Rn. 89.

856 EuGH, Urteil vom 1.12.2011 – Rs. C-145/10 – Painer/Standard (Eva-Maria Painer/Standard VerlagsGmbH u.a.), InfoCuria (http://curia.europa.eu/), Rn. 89.

857 EuGH, Urteil vom 1.12.2011 – Rs. C-145/10 – Painer/Standard (Eva-Maria Painer/Standard VerlagsGmbH u.a.), InfoCuria (http://curia.europa.eu/), Rn. 89.

858 Gemeint ist hiermit wie erwähnt die Informations-Richtlinie.

859 EuGH, Urteil vom 4.10.2011 – verbundene Rs. C-403/08 und C-429/08 – Football Association Premier League und Murphy, InfoCuria (http://curia.europa.eu/), Rn. 98.

860 EuGH, Urteil vom 1.12.2011 – Rs. C-145/10 – Painer/Standard (Eva-Maria Painer/Standard VerlagsGmbH u.a.), InfoCuria (http://curia.europa.eu/), Rn. 90.

entscheiden wie er bei der Anfertigung des Abzugs zwischen unterschiedlichen Entwicklungstechniken oder auch den Einsatz von Software wählen könne.[861]

In der Folge kommt der EuGH dann zu dem Schluss, dass aufgrund dieser unterschiedlichen Entscheidungen der Urheber einer Porträtfotografie dem geschaffenen Werk seine „persönliche Note“ verleihen könne, sodass ihm zur Entfaltung seiner schöpferischen Fähigkeiten ausreichend Spielraum zur Verfügung stehe.[862]

Deshalb, so der EuGH, könne einer Fotografie Urheberrechtsschutz gemäß Art. 6 der Richtlinie 93/98 (der Schutzdauer-Richtlinie a.F.) zukommen, wenn sie eine „eigene geistige Schöpfung des Urhebers darstellt, in der dessen Persönlichkeit zum Ausdruck kommt und die sich in dessen bei ihrer Herstellung getroffenen freien kreativen Entscheidungen ausdrückt“.[863] Dies im Einzelfall zu prüfen, sei dann Aufgabe des nationalen Gerichts.[864]

Der damit gewährte Schutz sei auch nicht schwächer als bei anderen Werken oder Werkarten, einschließlich anderer fotografischer Werke. Dies ergebe sich nicht zuletzt aus Art. 2 lit. a der Richtlinie 2001/29 (der Informations-Richtlinie), wonach dem Urheber eines geschützten Werkes das ausschließliche Recht zustehe, die unmittelbare oder mittelbare, vorübergehende oder dauerhafte Vervielfältigung des Werkes auf jede Art und Weise und in jeder Form ganz oder teilweise zu erlauben oder zu verbieten. Deshalb, so der EuGH auch unter Verweis auf das „Infopaq/DDF“-Urteil, müsse der von der Regelung gewährte Schutz weitreichend sein.[865] Zudem ergeben sich weder aus der Informations-Richtlinie noch aus einer anderen an dieser Stelle relevanten Richtlinie Gründe dafür, dass der Schutzumfang von den künstlerischen Gestaltungsmöglichkeiten bei der Werkerstellung je nach Werkart abhängig sein sollte.[866]

---

861 EuGH, Urteil vom 1.12.2011 – Rs. C-145/10 – Painer/Standard (Eva-Maria Painer/Standard VerlagsGmbH u.a.), InfoCuria (http://curia.europa.eu/), Rn. 91.

862 EuGH, Urteil vom 1.12.2011 – Rs. C-145/10 – Painer/Standard (Eva-Maria Painer/Standard VerlagsGmbH u.a.), InfoCuria (http://curia.europa.eu/), Rn. 92 f.

863 EuGH, Urteil vom 1.12.2011 – Rs. C-145/10 – Painer/Standard (Eva-Maria Painer/Standard VerlagsGmbH u.a.), InfoCuria (http://curia.europa.eu/), Rn. 94.

864 EuGH, Urteil vom 1.12.2011 – Rs. C-145/10 – Painer/Standard (Eva-Maria Painer/Standard VerlagsGmbH u.a.), InfoCuria (http://curia.europa.eu/), Rn. 94.

865 EuGH, Urteil vom 16.7.2009 – Rs. C-5/08 – Infopaq/DDF, Slg. 2009, I-6569 Rn. 43; EuGH, Urteil vom 1.12.2011 – Rs. C-145/10 – Painer/Standard (Eva-Maria Painer/Standard VerlagsGmbH u.a.), InfoCuria (http://curia.europa.eu/), Rn. 96.

866 EuGH, Urteil vom 1.12.2011 – Rs. C-145/10 – Painer/Standard (Eva-Maria Painer/Standard VerlagsGmbH u.a.), InfoCuria (http://curia.europa.eu/), Rn. 97.

Damit kommt der EuGH zu dem Ergebnis, dass Art. 6 der Richtlinie 93/98 (Schutzdauer-Richtlinie a.F.) dahin gehend auszulegen sei, dass er den Urheberrechtsschutz einer Fotografie dann einräumen könne, wenn diese – was von dem mitgliedstaatlichen Gericht im Einzelfall zu prüfen sei – eine eigene geistige Schöpfung des Urhebers darstelle, in der dessen Persönlichkeit zum Ausdruck komme und die sich in dessen bei ihrer Herstellung getroffenen freien kreativen Entscheidungen ausdrücke. Erfülle das Porträtfoto diese Werkvoraussetzungen, so sei der gewährte Schutz nicht schwächer als bei anderen Werken – einschließlich fotografischer Werke.[867] Genauso wie bei sämtlichen Werkarten bedarf es also auch bei Fotografien keines besonderen Maßes an Schöpfungshöhe.[868] Damit ist der gewährte Schutz für alle Werkarten gleich stark.[869]

Diese in dem Urteil „Painer/Standard“ dargetane Sicht des EuGH verdient Zustimmung. Denn zum einen kann aus dem europäischen Recht ein unterschiedlicher urheberrechtlicher Schutzumfang in Abhängigkeit von dem „künstlerischen Grad“ des jeweiligen Werks nicht hergeleitet werden.[870] Zum anderen bestünde die Gefahr gravierender Rechtsunsicherheiten, würde man schützenswertere Werke von weniger schützenswerten Werken unterscheiden, was überdies auch in der Rechtsanwendung „äußerst unpraktikabel“ wäre und einer einheitlichen Rechtsanwendung zuwiderliefe.[871]

Es lässt sich also festhalten, dass der EuGH in der Entscheidung „Painer/Standard“ die von ihm in der „Infopaq/DDF“-Entscheidung herangezogenen Kriterien präzisiert hat, indem er klargestellt hat, dass es zur Annahme einer eigenen geistigen Schöpfung etwas mehr bedürfe, als „dass etwas das Ergebnis menschlicher Mühe im Sinne

---

867 EuGH, Urteil vom 1.12.2011 – Rs. C-145/10 – Painer/Standard (Eva-Maria Painer/Standard VerlagsGmbH u.a.), InfoCuria (http://curia.europa.eu/), Rn. 99 sowie Urteilstenor zu 2; vgl. hierzu auch Schlussanträge der Generalanwältin Verica Trstenjak vom 12.4.2011 – C-145/10, abgedr. BeckRS 2011, 80392, Rn. 123 f., die noch einmal darauf hinweist, dass entsprechend der Klarstellung in Art. 6 S. 2 der Schutzdauer-Richtlinien weitere Kriterien nicht vorliegen müssten; deshalb sei eine bestimmte künstlerische Qualität genauso wenig gefordert wie eine Neuheit, auch auf den Zweck, den Aufwand und die Kosten komme es nicht an. Deshalb seien die Anforderungen für einen Urheberrechtsschutz einer Fotografie nach den Schutzdauer-Richtlinien nicht allzu hoch.

868 *Roth*, Anm. EuGH, C-145/10 – Painer/Standard, EuZW 2012, 189 m.w.N.; vgl. auch *A. Nordemann*, in: Loewenheim, § 9 Rn. 147.

869 Vgl. *Metzger*, GRUR 2012, 118, 122; *Roth*, Anm. EuGH, C-145/10 – Painer/Standard, EuZW 2012, 189.

870 *Roth*, Anm. EuGH, C-145/10 – Painer/Standard, EuZW 2012, 189.

871 *Roth*, Anm. EuGH, C-145/10 – Painer/Standard, EuZW 2012, 189.

des englischen „skill and labour“-Tests ist“.[872] Metzger weist ferner darauf hin, durch das Abstellen auf die Möglichkeit der Kreativität beim Schaffensprozess nehme der EuGH zugleich die Grundidee der Lehre vom Gestaltungsspielraum in seine Überlegungen mit auf („Spielraumtheorie“[873]) und erteile damit zugleich der insbesondere im 19. Jahrhundert vorhandenen Ansicht, in der Gestaltung müssten sich „tatsächlich Rudimente der Urheberpersönlichkeit“[874] wiederfinden, eine klare Absage.[875]

Der EuGH hat mit der Entscheidung „Painer/Standard“ eine weitere für sämtliche Werkarten geltende Präzisierung seiner bisherigen Rechtsprechung zum Werkbegriff vorgenommen und diese näher ausgeformt. Im Hinblick auf die Präzisierung des EuGH, dass in der Gestaltung auch die Persönlichkeit des Urhebers zum Ausdruck kommen müsse, jedoch nun von einem „ergänzten Test“ oder gar einer „Modifizierung“[876] zu sprechen, trifft nicht den Kern der Entscheidung.

Denn der EuGH hat damit nicht ein zusätzliches eigenständiges Kriterium zur Bestimmung des Vorliegens eines „Werks“ entwickelt, sondern vielmehr die bereits vorhandenen Kriterien aus der „Infopaq/DDF“-Entscheidung („eigene geistige Schöpfung des Urhebers“) konkretisiert. Mithin kann davon ausgegangen werden, dass der EuGH in künftigen urheberrechtlichen Entscheidungen und sich dabei ergebenden Fragen zum Werkbegriff die dargestellten Entwicklungen einschließlich der vorgenommenen Präzisierungen aufgreifen sowie fortführen und, wo nötig, ausbauen wird.[877]

Interessant ist überdies, dass der EuGH im Rahmen seiner Ausführungen zu der Zulässigkeit der vorliegend relevanten vierten Vorlagefrage formuliert, dass die Unterscheidung von freier Bearbeitung und zustimmungspflichtiger Vervielfältigung davon abhängt „ob und inwieweit ein solcher Gegenstand nach den unionsrechtlichen Kriterien geschützt ist“.[878] Wie bereits in den vorangegangenen,

---

872 So *Metzger*, GRUR 2012, 118, 122, der darauf verweist, dass so auch die Anmerkung zu Art. 1.1 des „Wittem-Projekts“ laute (Näheres zu diesem noch weiter unten); vgl. auch EuGH, Urteil vom 1.3.2012 – Rs. C-604/10 – Football Dataco/Yahoo (Football Dataco Ltd. u.a./Yahoo! UK Ltd.), InfoCuria (http://curia.europa.eu/), GRUR Int. 2012, 435 ff. = GRUR 2012, 386 ff. = EuZW 2012, 308 ff. (Ausführungen dazu im nächsten Punkt).

873 *Berger*, ZUM 2012, 353, 355; vgl. auch *Leistner*, GRUR 2011, 761, 763; zum „Spielraum“-Begriff im urheberrechtlichen Kontext siehe *Strömholm*, GRUR Int. 1989, 15, 16 ff.; *Strömholm*, GRUR Int. 1996, 529, 530 ff.; *Ulmer*, UrhR, 3. Auflage (1980), S. 124; ferner *Loewenheim*, in: Schricker/Loewenheim, § 2 Rn. 29.

874 *Metzger*, GRUR 2012, 118, 122.

875 *Metzger*, GRUR 2012, 118, 122.

876 So die beiden Termini bei *Metzger*, GRUR 2012, 118, 122.

877 Vgl. *Metzger*, GRUR 2012, 118, 122.

878 EuGH, Urteil vom 1.12.2011 – Rs. C-145/10 – Painer/Standard (Eva-Maria Painer/Standard VerlagsGmbH u.a.), InfoCuria (http://curia.europa.eu/), Rn. 69.

vorstehend dargestellten Entscheidungen erkennbar geworden ist, scheint der EuGH also von der Existenz eben solcher einheitlicher Vorgaben (für den Werkbegriff) auszugehen. Auch dies spricht für den Umstand, dass ein EU-weit einheitlicher Werkbegriff existiert.

ee) Die EuGH-Entscheidung „Football Dataco/Yahoo"

Schließlich soll an dieser Stelle noch die EuGH-Entscheidung „Football Dataco/Yahoo" vom 1. März 2012[879] erwähnt werden. In dieser hatte der EuGH über die urheberrechtliche Schutzfähigkeit von Fußballspielplänen als Datenbank im Sinne der Richtlinie 96/9 (im Folgenden: Datenbank-Richtlinie) zu befinden.

Der Entscheidung lag folgender Sachverhalt zugrunde:

Im Ausgangsrechtsstreit wandten sich mehrere Vertreter verschiedener englischer und schottischer Fußballliga-Verbände (im Folgenden: Football Dataco u.a.) gemeinsam gegen die unentgeltliche Verwendung der von ihnen in einem bestimmten Verfahren ausgearbeiteten Spielpläne für die Begegnungen der englischen und der schottischen Fußballmeisterschaft. Die im Zuge dieses Verfahrens vorgenommene Erstellung der Spielpläne erfolgt dabei in mehreren Abschnitten – sowohl unter Zuhilfenahme einer bestimmten Software als auch von Hand:[880]

Im ersten Abschnitt fertigen die Mitarbeiter der jeweiligen Verbände eine Spieltabelle für die Meisterschaftsbegegnungen der ersten Liga und einen groben Spielplan für die anderen Ligen, um dann unter Berücksichtigung weiterer Komponenten eine Liste mit möglichen Terminen für Spielbegegnungen zu erstellen.

Im zweiten Abschnitt verschicken die Verbände an die jeweiligen Vereine zu den erstellten Spielplänen Fragebögen, auf welchen sich Anfragen zu den Spieltagen sowie zu Spielpaarungen befinden. Im Anschluss werden die Antworten auf die Fragebögen ausgewertet, wobei etwa 200 Anfragen pro Saison gestellt werden.

Im dritten Abschnitt werden die „Reihenfolge der Begegnungen" sowie die „Spielpaarungen" festgelegt. Das Festlegen der Reihenfolge der Begegnungen soll jedem Verein die bestmögliche Abfolge von Heimspielen und Auswärtsbegegnungen unter Berücksichtigung organisatorischer Vorgaben und der ausgewerteten Vereinsanfragen ermöglichen.

---

879 EuGH, Urteil vom 1.3.2012 – Rs. C-604/10 – Football Dataco/Yahoo (Football Dataco Ltd. u.a./Yahoo! UK Ltd.), abrufbar über InfoCuria – Rechtsprechung des Gerichtshofs: http://curia.europa.eu/ (noch nicht in Slg. veröffentlicht), ferner (auszugsweise) abgedruckt in GRUR Int. 2012, 435 ff. = GRUR 2012, 386 ff. = EuZW 2012, 308 ff.

880 Ausführlich EuGH, Urteil vom 1.3.2012 – Rs. C-604/10 – Football Dataco/Yahoo (Football Dataco Ltd. u.a./Yahoo! UK Ltd.), InfoCuria (http://curia.europa.eu/), Rn. 13-18.

In der Folge erstellt ein Mitarbeiter eines externen Unternehmens eine Spielpaarungstabelle durch das händische Eintragen der Mannschaften in die Tabelle. Nach dem Ausloten der verschiedenen Spielpaarungsoptionen kommt er letztlich zu dem Spielplanentwurf, der alle Interessen – soweit es geht – berücksichtigt. Hierzu nutzt er eine Software, in die er die Angaben über die Reihenfolge der Begegnungen und der Spielpaarungstabelle eingibt und so die Spielplanfassung erzeugt.

Im letzten Abschnitt überprüfen der externe Mitarbeiter und die Mitarbeiter der jeweiligen Verbände noch einmal von Hand den Spielplanentwurf, wobei auch hier eine Software zu Hilfe genommen wird, um letzte Probleme zu beseitigen. Eine Besprechung mit der Arbeitsgruppe für Spielpläne sowie eine weitere mit Polizeivertretern soll zu der endgültigen inhaltlichen Festlegung des Spielplans führen. In der Saison 2008/09 kam es in dem letzten Abschnitt zu 56 Änderungen.[881]

Football Dataco u.a. als Kläger des Ausgangsverfahrens waren der Ansicht, dass ihnen an den Spielplänen für die englische und die schottische Fußballmeisterschaft sowohl ein Schutzrecht sui generis im Sinne von Art. 7 der Datenbank-Richtlinie als auch ein Urheberrecht nach Art. 3 der Datenbank-Richtlinie sowie ein Urheberrecht nach dem britischen Recht des geistigen Eigentums zustehe. Die Beklagten des Ausgangsverfahrens (Yahoo u.a.) waren dagegen der Ansicht, dass der Klägerin derlei Rechte an den Spielplänen nicht zustünden, weshalb sie sich zur unentgeltlich Benutzung der Spielpläne im Rahmen ihrer Tätigkeiten berechtigt sahen.[882]

Das erstinstanzliche Gericht nahm einen urheberrechtlichen Schutz gemäß Art. 3 der Datenbank-Richtlinie mit der Begründung an, dass die Ausarbeitung der Spielpläne ein erhebliches Maß an schöpferischer Arbeit erfordere. Ein Schutz durch die anderen beiden Rechte stehe der Klägerin dagegen nicht zu.[883]

Das vorlegende Gericht (hier: der Court of Appeal (England & Wales), Civil Division) teilte zwar die Ansicht der ersten Instanz in dem Punkt, dass ein Schutzrecht sui generis im Sinne von Art. 7 der Datenbank-Richtlinie hier nicht gegeben sei. Zweifel hatte es jedoch bezüglich der Frage, ob die Spielpläne tatsächlich gemäß Art. 3 der Datenbank-Richtlinie urheberrechtlich geschützt werden können, genauso wie es sich nicht sicher war, ob ein Urheberrechtsschutz der „Spielpläne

881 EuGH, Urteil vom 1.3.2012 – Rs. C-604/10 – Football Dataco/Yahoo (Football Dataco Ltd. u.a./Yahoo! UK Ltd.), InfoCuria (http://curia.europa.eu/), Rn. 13-18.

882 EuGH, Urteil vom 1.3.2012 – Rs. C-604/10 – Football Dataco/Yahoo (Football Dataco Ltd. u.a./Yahoo! UK Ltd.), InfoCuria (http://curia.europa.eu/), Rn. 20 f.

883 EuGH, Urteil vom 1.3.2012 – Rs. C-604/10 – Football Dataco/Yahoo (Football Dataco Ltd. u.a./Yahoo! UK Ltd.), InfoCuria (http://curia.europa.eu/), Rn. 22.

nach britischen Rechtsvorschriften aus der Zeit vor der Richtlinie unter anderen Voraussetzungen als denen des Art. 3 der Richtlinie“ in Betracht kommen konnte.[884]

Deshalb hat der Court of Appeal das Verfahren ausgesetzt und dem EuGH eine Reihe von Fragen zur Vorabentscheidung vorgelegt:[885]

Mit der ersten Vorlagefrage begehrte das vorlegende Gericht die Klärung, wie „der Ausdruck ‚Datenbanken, die aufgrund der Auswahl oder Anordnung des Stoffes eine eigene geistige Schöpfung ihres Urhebers darstellen‘ in Art. 3 Abs. 1 der Richtlinie 96/9 zu verstehen“ sei. Dabei wollte das vorlegende Gericht insbesondere wissen, ob „die geistigen Anstrengungen und die Sachkenntnis[886], die die Erzeugung von Daten voraussetzt, auszuschließen“ seien (erste Vorlagefrage lit. a) sowie, ob die „Auswahl oder Anordnung“ beinhalte, „dass den bereits vorhandenen Daten eine wesentliche Bedeutung hinzugefügt wird (wie bei der Festlegung des Datums einer Fußballbegegnung)“ (erste Vorlagefrage lit. b) und ferner, ob die „‚eigene geistige Schöpfung des Urhebers‘ mehr als einen bedeutenden Arbeitsaufwand und bedeutende Sachkenntnis des Urhebers“ erfordere, und wenn ja, was dafür notwendig sei (erste Vorlagefrage lit. c).

Mit der zweiten Vorlagefrage wollte das vorlegende Gericht erfahren, ob „die Richtlinie 96/9 nationale Urheberrechte an Datenbanken, die in der Richtlinie nicht vorgesehen sind“ ausschließe.[887]

Der EuGH hat im Rahmen der Beantwortung der ersten Vorlagefrage unter anderem folgende Erwägungen angestellt:

Zunächst weist er darauf hin, dass er bereits zuvor festgestellt habe, dass ein Fußballspielplan als Datenbank gemäß Art. 1 Abs. 2 der Datenbank-Richtlinie urheberrechtlich geschützt sein könne.[888] Sodann erläutert er, dass das Schutzrecht des Art. 3 Abs. 1 der Datenbank-Richtlinie (Urheberrecht) auf der einen Seite und das des Art. 7 Abs. 1 der Datenbank-Richtlinie (Schutzrecht sui generis) auf der anderen Seite zwei voneinander verschiedene Schutzrechte seien, denen jeweils

---

884 EuGH, Urteil vom 1.3.2012 – Rs. C-604/10 – Football Dataco/Yahoo (Football Dataco Ltd. u.a./Yahoo! UK Ltd.), InfoCuria (http://curia.europa.eu/), Rn. 22 f.

885 EuGH, Urteil vom 1.3.2012 – Rs. C-604/10 – Football Dataco/Yahoo (Football Dataco Ltd. u.a./Yahoo! UK Ltd.), InfoCuria (http://curia.europa.eu/), Rn. 24.

886 „significant labour and skill“, vgl. Schlussanträge des Generalanwalts Paolo Mengozzi vom 15.12.2011 – C-604/10, abgedr. BeckRS 2011, 81917, Rn. 33.

887 EuGH, Urteil vom 1.3.2012 – Rs. C-604/10 – Football Dataco/Yahoo (Football Dataco Ltd. u.a./Yahoo! UK Ltd.), InfoCuria (http://curia.europa.eu/), Rn. 24.

888 EuGH, Urteil vom 9.11.2004 – Rs. C-444/02 – Fixtures Marketing, Slg. 2004, I-10549 Rn. 33-36; EuGH, Urteil vom 1.3.2012 – Rs. C-604/10 – Football Dataco/Yahoo (Football Dataco Ltd. u.a./Yahoo! UK Ltd.), InfoCuria (http://curia.europa.eu/), Rn. 26.

ein unterschiedlicher Schutzgegenstand und andere Anwendungsvoraussetzungen zugrunde liegen.[889]

Daraufhin führt der EuGH zu den Voraussetzungen für einen Schutz nach Art. 3 Abs. 1 der Datenbank-Richtlinie wie folgt aus:

Eine Datenbank im Sinne von Art. 1 Abs. 2 der Datenbank-Richtlinie werde gemäß Art. 3 Abs. 1 der Richtlinie urheberrechtlich geschützt, „wenn sie aufgrund der Auswahl oder Anordnung des Stoffes eine eigene geistige Schöpfung ihres Urhebers darstellt".[890] Dem urheberrechtlichen Schutz der Datenbank-Richtlinie unterfiele jedoch nur die Struktur der Datenbank. Der Inhalt der Datenbank werde hingegen von dem Schutz nicht umfasst, genauso wenig wie „die den Inhalt bildenden Elemente" (siehe Art. 3 Abs. 2 in Verbindung mit Erwägungsgrund 15 der Datenbank-Richtlinie[891]).[892]

Dabei könne sich der hier in Rede stehende urheberrechtliche Schutz nicht auf die Daten selbst beziehen, sondern nur die Zusammenstellung der Daten umfassen, „die aufgrund der Auswahl oder Anordnung ihres Inhalts geistige Schöpfungen bilden" (vgl. Art. 10 Abs. 2 des Übereinkommens über handelsbezogene Aspekte der Rechte des geistigen Eigentums (TRIPS) und Art. 5 des WIPO-Urheberrechtsvertrags), wobei sich dies nur auf die Datenstruktur und nicht den -inhalt beziehe, also nicht auf „die Erzeugung der in der Datenbank enthaltenen Daten". Damit, so der EuGH, können für die Datenerzeugung aufgewendete geistige Anstrengungen und Sachkenntnisse bei der Beurteilung des Vorliegens einer im Sinne der Datenbank-Richtlinie urheberrechtsschutzfähigen Datenbank keine Rolle spielen.[893]

Unter Heranziehung seiner Entscheidungen „Infopaq/DDF", „BSA/Kulturministerium", „Football Association Premier League und Murphy" und „Painer/Standard" sowie von Erwägungsgrund 16 der Datenbank-Richtlinie[894] führt der EuGH dann

---

889 EuGH, Urteile vom 9.11.2004 – Rs. C-46/02 – Fixtures Marketing, Slg. 2004, I-10365 Rn. 43-47; Rs. C-338/02 – Fixtures Marketing, Slg. 2004, I-10497 Rn. 32-36; Rs. C-444/02 – Fixtures Marketing, Slg. 2004, I-10549 Rn. 48-52; EuGH, Urteil vom 1.3.2012 – Rs. C-604/10 – Football Dataco/Yahoo (Football Dataco Ltd. u.a./Yahoo! UK Ltd.), InfoCuria (http://curia.europa.eu/), Rn. 27 f.

890 EuGH, Urteil vom 1.3.2012 – Rs. C-604/10 – Football Dataco/Yahoo (Football Dataco Ltd. u.a./Yahoo! UK Ltd.), InfoCuria (http://curia.europa.eu/), Rn. 29.

891 Text dieses Erwägungsgrundes ist wiedergegeben im Anhang.

892 EuGH, Urteil vom 1.3.2012 – Rs. C-604/10 – Football Dataco/Yahoo (Football Dataco Ltd. u.a./Yahoo! UK Ltd.), InfoCuria (http://curia.europa.eu/), Rn. 30.

893 Ausführlich EuGH, Urteil vom 1.3.2012 – Rs. C-604/10 – Football Dataco/Yahoo (Football Dataco Ltd. u.a./Yahoo! UK Ltd.), InfoCuria (http://curia.europa.eu/), Rn. 31-36 m.w.N.

894 Text dieses Erwägungsgrundes ist wiedergegeben im Anhang.

aus, der Begriff der eigenen geistigen Schöpfung des Urhebers verweise zudem auf das Kriterium der Originalität.[895] Zur Ausfüllung des Originalitätskriteriums greift der EuGH dann ebenfalls auf die genannten Entscheidungen zurück und erklärt – unter Verweis auf seine Ausführungen in „Infopaq/DDF“, „BSA/Kulturministerium“ und „Painer/Standard“ – das Kriterium sei bei der Erstellung einer Datenbank erfüllt, „wenn ihr Urheber über die Auswahl oder Anordnung der in ihr enthaltenen Daten seine schöpferischen Fähigkeiten in eigenständiger Weise zum Ausdruck bringt, indem er freie und kreative Entscheidungen trifft [...] und ihr damit seine ‚persönliche Note‘ verleiht“.[896]

Seinen Ausführungen in „BSA/Kulturministerium“ und „Football Association Premier League und Murphy“ entsprechend weist der EuGH zudem darauf hin, sollte die künstlerische Freiheit bei der Erstellung der Datenbank[897] aufgrund technischer Erwägungen, Regeln oder Zwänge nicht entfaltet werden können, könne das Kriterium der Originalität nicht angenommen werden.[898]

---

895 EuGH, Urteil vom 1.3.2012 – Rs. C-604/10 – Football Dataco/Yahoo (Football Dataco Ltd. u.a./Yahoo! UK Ltd.), InfoCuria (http://curia.europa.eu/), Rn. 37, der dort verweist auf EuGH, Urteile vom 16.7.2009 – Rs. C-5/08 – Infopaq/DDF, Slg. 2009, I-6569 Rn. 35, 37 und 38; vom 22.12.2010 – Rs. C-393/09 – BSA/Kulturministerium (Bezpečnostní softwarová asociace – Svaz sotwarové ochrany/Ministerstvo kultury), Slg. 2010, I-13971 Rn. 45; vom 4.10.2011 – verbundene Rs. C-403/08 und C-429/08 – Football Association Premier League und Murphy, InfoCuria (http://curia.europa.eu/), Rn. 97; vom 1.12.2011 – Rs. C-145/10 – Painer/Standard (Eva-Maria Painer/Standard VerlagsGmbH u.a.), InfoCuria (http://curia.europa.eu/), Rn. 87.

896 EuGH, Urteil vom 1.3.2012 – Rs. C-604/10 – Football Dataco/Yahoo (Football Dataco Ltd. u.a./Yahoo! UK Ltd.), InfoCuria (http://curia.europa.eu/), Rn. 38; EuGH, Urteile vom 16.7.2009 – Rs. C-5/08 – Infopaq/DDF, Slg. 2009, I-6569 Rn. 45; vom 22.12.2010 – Rs. C-393/09 – BSA/Kulturministerium (Bezpečnostní softwarová asociace – Svaz sotwarové ochrany/Ministerstvo kultury), Slg. 2010, I-13971 Rn. 50; vom 1.12.2011 – Rs. C-145/10 – Painer/Standard (Eva-Maria Painer/Standard VerlagsGmbH u.a.), InfoCuria (http://curia.europa.eu/), Rn. 89 und 92; so auch schon der Ausdruck der Generalanwältin Verica Trstenjak in ihren Schlussanträgen vom 12.4.2011 zu „Painer“ – C-145/10, abgedr. BeckRS 2011, 80392, Rn. 124, 132, vgl. auch Ziff. 4 ihres Entscheidungsvorschlags.

897 Generalanwalt Paolo Mengozzi spricht in seinen Schlussanträgen davon, dass die Datenbank durch ein „kreatives Element“ gekennzeichnet sein müsse, Schlussanträge vom 15.12.2011 – C-604/10, abgedr. BeckRS 2011, 81917, Rn. 35.

898 EuGH, Urteil vom 1.3.2012 – Rs. C-604/10 – Football Dataco/Yahoo (Football Dataco Ltd. u.a./Yahoo! UK Ltd.), InfoCuria (http://curia.europa.eu/), Rn. 39; vom 22.12.2010 – Rs. C-393/09 – BSA/Kulturministerium (Bezpečnostní softwarová asociace – Svaz sotwarové ochrany/Ministerstvo kultury), Slg. 2010, I-13971 Rn. 48 f.;

Für die Beurteilung der urheberrechtlichen Schutzfähigkeit einer Datenbank nach der Datenbank-Richtlinie sei das einzig maßgebende Kriterium die Originalität – was sich aus Art. 3 Abs. 1 und Erwägungsgrund 16 der Datenbank-Richtlinie ergebe. Die Originalität könne auch nicht mit dem bedeutenden Arbeitsaufwand und der bedeutenden Sachkenntnis in Bezug auf die Erstellung der Datenbank gerechtfertigt werden, wenn die getroffene Auswahl oder Anordnung der in der Datenbank enthaltenen Daten keinen eigenständigen Ausdruck der schöpferischen Freiheit ihres Urhebers darstelle, selbst wenn durch die getroffene Auswahl oder Anordnung den Daten eine „wesentliche Bedeutung beigefügt" werde. Ob die Voraussetzungen im Einzelfall vorliegen, sei, so der EuGH wie bereits in den vorangegangenen Entscheidungen, von dem nationalen Gericht im Einzelfall zu überprüfen.[899]

Deshalb, so der EuGH abschließend, sei Art. 3 Abs. 1 der Datenbank-Richtlinie dahin auszulegen, „dass eine ‚Datenbank' im Sinne von Art. 1 Abs. 2 der Richtlinie durch das in dieser vorgesehene Urheberrecht geschützt wird, sofern die Auswahl oder Anordnung der in der Datenbank enthaltenen Daten einen eigenständigen Ausdruck der schöpferischen Freiheit ihres Urhebers darstellt, was vom nationalen Gericht zu prüfen ist".[900]

Festgehalten werden kann also, dass der EuGH auch in der Entscheidung „Football Dataco/Yahoo" seine mit den Entscheidungen „Infopaq/DDF", „BSA/Kulturministerium", „Football Association Premier League und Murphy" und „Painer/Standard" eingeschlagene Linie zum Werkbegriff weiter fortführt, indem er auch hier die in den vorangegangenen Entscheidungen zugrunde gelegten Kriterien heranzieht.

Kurz eingegangen werden soll zudem noch auf die Ausführungen des EuGH zur zweiten Vorlagefrage, auf die er antwortete, dass die Datenbank-Richtlinie dahin auszulegen sei, dass sie – abgesehen von der Übergangsbestimmung des Art. 14 Abs. 2 der Datenbank-Richtlinie zur Handhabung von Datenbanken, die vor der Richtlinienveröffentlichung nach nationalen Rechtsvorschriften unter anderen Voraussetzungen geschützt waren – nationalen Rechtsvorschriften entgegenstehe, durch die eine von der Definition des Art. 1 Abs. 2 der Richtlinie erfasste Datenbank unter anderen

---

vom 4.10.2011 – verbundene Rs. C-403/08 und C-429/08 – Football Association Premier League und Murphy, InfoCuria (http://curia.europa.eu/), Rn. 98.

899 EuGH, Urteil vom 1.3.2012 – Rs. C-604/10 – Football Dataco/Yahoo (Football Dataco Ltd. u.a./Yahoo! UK Ltd.), InfoCuria (http://curia.europa.eu/), Rn. 40-43, 46; vgl. zum Originalitätskriterium auch Schlussanträge des Generalanwalts Paolo Mengozzi vom 15.12.2011 – C-604/10, abgedr. BeckRS 2011, 81917, Rn. 36 ff.

900 EuGH, Urteil vom 1.3.2012 – Rs. C-604/10 – Football Dataco/Yahoo (Football Dataco Ltd. u.a./Yahoo! UK Ltd.), InfoCuria (http://curia.europa.eu/), Rn. 45 sowie Urteilstenor zu 1.

Voraussetzungen als denen des Art. 3 Abs. 1 der Richtlinie urheberrechtlich geschützt werde.[901] Der EuGH verwies im Rahmen seiner hierbei angestellten Erwägungen insbesondere auf das erklärte Richtlinienziel der Beseitigung von Rechtsunterschieden in den Mitgliedstaaten zur Förderung des Binnenmarktes, des freien Waren- und Dienstleistungsverkehrs sowie der Entwicklung eines Informationsmarktes in der Europäischen Union (Erwägungsgründe 1 bis 4 der Datenbank-Richtlinie[902]), dem auch die in Art. 3 der Datenbank-Richtlinie vorgegebene Harmonisierung der Schutzvoraussetzungen von Datenbanken dienen solle (Erwägungsgrund 60 der Datenbank-Richtlinie[903]).[904]

Auch hieraus kann der Schluss gezogen werden, dass sich die Bestimmung des Werkbegriffs künftig einheitlich und einzig nach den dargestellten europäischen Vorgaben zu richten hat – abgesehen von sich aus möglichen Übergangstatbeständen ergebenden Abweichungen.[905]

ff) Zwischenergebnis

Nachdem der EuGH seine Sicht auf den Werkbegriff einschließlich der Handhabung der Kriterien erstmals in der „Infopaq/DDF"-Entscheidung ausdrücklich dargetan hat, hat er den Begriff und seine Merkmale in der Folge noch weiter konkretisiert. So hat er in den Entscheidungen „BSA/Kulturministerium", „Football Association Premier League und Murphy", „Painer/Standard" sowie „Football Dataco/Yahoo" die in der „Infopaq/DDF"-Entscheidung genannten Werkkriterien herangezogen und weitere Präzisierungen vorgenommen.[906] Dabei wendet er unter anderem die Vorgaben der Computerprogramm-Richtlinie, der Schutzdauer-Richtlinie und der Datenbank-Richtlinie auch auf eben solche Werkarten an, die von den drei genannten Richtlinien nicht ausdrücklich geregelt werden und kommt so zu der Annahme eines autonom auszulegenden, einheitlichen europäischen Werkbegriffs.[907]

---

901 EuGH, Urteil vom 1.3.2012 – Rs. C-604/10 – Football Dataco/Yahoo (Football Dataco Ltd. u.a./Yahoo! UK Ltd.), InfoCuria (http://curia.europa.eu/), Rn. 50-52 sowie Urteilstenor zu 2.

902 Text dieser Erwägungsgründe ist wiedergegeben im Anhang.

903 Text dieses Erwägungsgrundes ist wiedergegeben im Anhang.

904 EuGH, Urteil vom 1.3.2012 – Rs. C-604/10 – Football Dataco/Yahoo (Football Dataco Ltd. u.a./Yahoo! UK Ltd.), InfoCuria (http://curia.europa.eu/), Rn. 48-50.

905 Vgl. dazu auch Schlussanträge des Generalanwalts Paolo Mengozzi vom 15.12.2011 – C-604/10, abgedr. BeckRS 2011, 81917, Rn. 51.

906 Vgl. *Leistner*, JZ 2011, 1140, 1144; ferner *van Eechoud*, 3 (2012) JIPITEC, 60 Rn. 24 ff.

907 So auch *Handig*, UFITA Bd. 2 (2010), 385, 387; *Leistner*, JZ 2011, 1140, 1148; *Ohly*, in: Leistner, 2010, 190, 197.

Diese Rechtsentwicklung auf europäischer Ebene hat auch – wie sogleich noch dargetan werden wird – einen erheblichen Einfluss auf die (zukünftige) Handhabung des Werkbegriffs durch den nationalen Rechtsanwender, insbesondere im Bereich der angewandten Kunst.

Im Wege richterlicher Rechtsfortbildung hat der EuGH die Frage nach dem im Falle urheberrechtlicher Fragestellungen zugrunde zu legenden Werkbegriff nunmehr beantwortet und damit eine über lange Zeit bestehende Lücke auf europäischer Ebene geschlossen.[908] Dabei hat er sich im Rahmen der oben dargelegten Auslegungsgrundsätze und Vorgaben für die richterliche Rechtsfortbildung im EU-Recht bewegt. Die Festlegung und weitere Konkretisierung der Eckpunkte eines EU-weit einheitlich geltenden Werkbegriffs waren notwendig, um die im Vorlagewege gestellten Rechtsfragen der mitgliedstaatlichen Gerichte zu beantworten. So wäre etwa die Beantwortung der Frage nach dem Vorliegen einer Vervielfältigung im Sinne der Informations-Richtlinie ohne die vorherige Klärung des im Ausgangspunkt zugrunde zu legenden Werkbegriffs nicht möglich gewesen.

gg) Europäischer Werkbegriff nach dem EuGH

Mit seiner mit der „Infopaq/DDF“-Entscheidung eingeleiteten Rechtsprechung zum Werkbegriff gibt der EuGH die einzelnen zu prüfenden Werkkriterien vor. Wie in der Regel üblich ist die auf Seiten des EuGH vorgenommene Auslegung der unionsrechtlichen Regelungen auch hier gekennzeichnet durch eine autonome und einheitliche Begriffsbestimmung.[909] Auszugehen ist demnach von einem einheitlichen europäischen Werkbegriff mit folgender Begriffsdefinition:

Eine Gestaltung ist dann urheberrechtlich geschützt, wenn sie ein individuelles Werk in dem Sinne darstellt, dass es sich um eine eigene geistige Schöpfung des Urhebers handelt. Der Begriff der „eigenen geistigen Schöpfung des Urhebers“ verweist dabei auf das Kriterium der Originalität, welches erfüllt ist, wenn der Urheber der Gestaltung seine „persönliche Note“ verleiht, indem er freie und

908 *Metzger*, GRUR 2012, 118, 125 f.; ferner *Berger*, ZUM 2012, 353, 355; kritisch *G. Schulze*, GRUR 2009, 1019, 1021.

909 Vgl. EuGH, Urteil vom 16.7.2009 – Rs. C-5/08 – Infopaq/DDF, Slg. 2009, I-6569 Rn. 27; *Handig*, GRUR Int. 2012, 9, 10 m.w.N.; *Ohly*, in: Leistner, 2010, 190, 197; ferner *Leistner*, JZ 2011, 1140, 1147.

kreative Entscheidungen trifft.[910] Weitere Kriterien sind nicht zu prüfen. An das Originalitätskriterium werden demnach keine allzu hohen Maßstäbe angesetzt.

d) Folgen für den deutschen Rechtsanwender: Bedeutung und Wirkung der im Rahmen des Vorabentscheidungsverfahrens vorgenommenen Auslegung durch den EuGH und Berücksichtigungspflicht durch die nationalen Gerichte

Die in den Entscheidungen getätigten Aussagen des EuGH zum Werkbegriff sind von den deutschen Gerichten zu berücksichtigen. Denn die Rechtsprechung des EuGH ist von den rechtsanwendenden nationalen Gerichten im Rahmen ihrer Entscheidungsfindung stets umfassend zu beachten.[911]

aa) Bindungswirkung der Auslegungsurteile des EuGH

Im Zusammenhang mit Auslegungsurteilen des EuGH gilt, dass das letztinstanzliche nationale Gericht an die Auslegung des EuGH gebunden ist.[912] Dies kann im Umkehrschluss daraus gefolgert werden, dass das mitgliedstaatliche Gericht, wenn es von der Auslegung abweichen möchte, die Rechtsfrage dem EuGH zur erneuten Entscheidung vorlegen muss.[913]

Eine ausdrückliche Aussage zu der Bindungswirkung der von ihm im Vorabentscheidungswege getroffenen Auslegungsurteile für die Instanzgerichte hat der EuGH bisher zwar noch nicht getätigt.[914] Gleichwohl liefern seine Äußerungen zur zeitlichen Wirkung von Auslegungsurteilen auch Anhaltspunkte für die Frage der Bindungswirkung:[915] Die Auslegung durch den EuGH erläutere und verdeutliche demnach, in welchem Sinn und mit welcher Tragweite die jeweilige Vorschrift seit ihrem Inkrafttreten zu verstehen sei. Daraus folge, dass die Gerichte die Vorschrift in dieser Auslegung auch auf Rechtsverhältnisse, die vor Erlass des auf das

---

910 Siehe ausführlich EuGH, Urteil vom 1.3.2012 – Rs. C-604/10 – Football Dataco/Yahoo (Football Dataco Ltd. u.a./Yahoo! UK Ltd.), InfoCuria (http://curia.europa.eu/), Rn. 37 f.

911 Vgl. BVerfGE 123, 267, 398 (Urteil vom 30.6.2009 – 2 BvE 2, 5/08, 2 BvR 1010, 1022, 1259/08, 182/09) – Lissabon; *v. Danwitz*, 2008, S. 293 f.; *Frenz*, Bd. 5, Kap. 13 § 4 Rn. 2300.

912 *Frenz*, Bd. 5, Kap. 20 § 6 Rn. 3406; ferner *Ehricke*, in: Streinz, Art. 267 AEUV Rn. 68; *Schwarze*, in: Schwarze, Art. 267 AEUV Rn. 71.

913 EuGH, Urteil vom 6.10.1982 – Rs. C-283/81 – CILFIT/Ministero della Sanità, Slg. 1982, 3415 Rn. 21; *Frenz*, Bd. 5, Kap. 20 § 6 Rn. 3406; *Schwarze*, in: Schwarze, Art. 267 AEUV Rn. 71; *Ehricke*, in: Streinz, Art. 267 AEUV Rn. 68.

914 *Frenz*, Bd. 5, Kap. 20 § 6 Rn. 3406.

915 *Frenz*, Bd. 5, Kap. 20 § 6 Rn. 3406.

Ersuchen um Auslegung ergangenen Urteils entstanden sind, anwenden können und müssen, wenn alle sonstigen Sachurteilsvoraussetzungen für das nationale Gericht vorliegen.[916] Hier nimmt der EuGH also eine Bindungswirkung an, ohne zwischen letztinstanzlichen und unterinstanzlichen Gerichten zu unterscheiden.[917]

Auch in der Literatur wird unter Berücksichtigung der „Leitfunktion des Vorabentscheidungsurteils" und aus Gründen der „Prozessökonomie" jedenfalls überwiegend eine (tatsächliche) erga-omnes-Bindungswirkung der Auslegungsurteile des EuGH angenommen.[918] Denn weiche ein unterinstanzliches Gericht von einem Auslegungsurteil des EuGH ab, sei damit in der Regel ein Berufungs- bzw. Revisionsgrund zugunsten der unterlegenen Partei gegeben und für das letztinstanzliche Gericht entstünde erneut die Pflicht zur Vorlage der streitigen Frage an den EuGH.[919]

Zwar war der Werkbegriff im Rahmen der vorstehend dargestellten Entscheidungen nicht unmittelbar Gegenstand der jeweiligen Auslegungsfrage. Gleichwohl konnte sich der EuGH zu den jeweiligen Vorlagefragen nur dann äußern, wenn er zuvor den zugrunde zu legenden Werkbegriff festgelegt hatte. Mithin hat

---

916 EuGH, Urteil vom 27.3.1980 – Rs. C-66, 127 und 128/79, Slg. 1980, 1237 Rn. 9 – Salumi; EuGH, Urteil vom 22.10.1998 – verbundene Rs. C-10/97 bis C-22/97 – Ministero delle Finanze/IN.CO.GE.'90 u.a., Slg. 1998, I-6307 Rn. 23 m.w.N.; EuGH, Urteil vom 6.3.2007 – Rs. C-292/04 – Meilicke u.a., Slg. 2007, I-1835 Rn. 34 m.w.N.; *Frenz*, Bd. 5, Kap. 20 § 6 Rn. 3406.

917 *Frenz*, Bd. 5, Kap. 20 § 6 Rn. 3406.

918 *Frenz*, Bd. 5, Kap. 20 § 6 Rn. 3407, der zudem auf die z.T. uneinheitliche Terminologie verweist, siehe etwa *Bieber/Epiney/Haag*, § 9 Rn. 102 („tatsächlich rechtsbildende Kraft", keine Bindungswirkung erga omnes, sondern „Präjudizwirkung"); so auch *Gaitanides*, in: von der Groeben/Schwarze, Art. 234 EG Rn. 93; ebenso *Middeke*, in: Rengeling/Middeke/Gellermann, § 10 Rn. 89 m.w.N.; siehe ferner *Dörr/Mager*, AöR 125 (2000), 386, 410 m.w.N. („faktische Präjudizwirkung"); *Haratsch/Koenig/Pechstein*, Rn. 570; *Herdegen*, Europarecht, § 9 Rn. 35; *Hoeren*, in: FS Loewenheim, 2009, S. 137, 141; *Oppermann/Hiermaier*, JuS 1980, 782, 790 (nur inter-partes-Wirkung, aber gleichwohl „faktische Bindung der Gemeinschaftsorgane und der Organe der Mitgliedstaaten"); *Ehricke*, in: Streinz, Art. 267 AEUV Rn. 69; *Schwarze*, in: Schwarze, Art. 267 AEUV Rn. 71.

919 *Frenz*, Bd. 5, Kap. 20 § 6 Rn. 3407 f. m.w.N.; *Middeke*, in: Rengeling/Middeke/Gellermann, § 10 Rn. 89; *Ehricke*, in: Streinz, Art. 267 AEUV Rn. 72; vgl. hierzu auch *Wegener*, in: Calliess/Ruffert, Art. 267 AEUV Rn. 49 („Auch wenn eine Vorlage bei Zweifeln an der Richtigkeit einer durch den EuGH entwickelten Auslegung in der Sache anzuraten ist, dürfte eine Pflicht zur Vorlage – trotz der sich daraus ergebenden Einschränkungen der einheitlichen Anwendung des Unionsrechts – mit Rücksicht auf die in Art. 267 Abs. 2 AEUV verankerte sachliche Unabhängigkeit der Untergerichte zu verneinen sein.").

der EuGH im Rahmen der vorgenommenen Auslegung auch Äußerungen zum Werkbegriff getätigt, die von den mitgliedstaatlichen Gerichten zu beachten sind.

Es lässt sich also festhalten, dass in der Europäischen Union ein einheitlicher Werkbegriff existiert, der von den nationalen Gerichten im Rahmen ihrer Rechtsprechung zu beachten und anzuwenden ist.

Damit ist jedoch nicht – wie fälschlicherweise teilweise angenommen wird – eine Beurteilung nach den Maßstäben des jeweiligen eigenen nationalen Urheberrechts durch das mitgliedstaatliche Gericht gemeint.[920] So wird unzutreffenderweise teilweise argumentiert, aufgrund der auf Seiten der nationalen Gerichte bestehenden Konkretisierungs- und Anwendungsbefugnis sei weiterhin in den einzelnen Mitgliedstaaten ein unterschiedliches Schutzniveau haltbar.[921] Dies ist jedoch nicht richtig. Wie den vorstehend dargestellten EuGH-Entscheidungen zu entnehmen ist, hat das nationale Gericht allein zu prüfen, ob die Voraussetzungen des von dem EuGH ausdrücklich vorgeschriebenen einheitlichen Werkbegriffs im konkreten Fall vorliegen. Denn – wie auch in den dargestellten EuGH-Entscheidungen klar zum Ausdruck kommt – der EuGH entscheidet nicht den jeweiligen Einzelfall, sondern gibt nur eine Antwort auf die sich dabei in Bezug auf das Unionsrecht stellenden Rechtsfragen.[922] Die Durchsetzung der Vorgaben des Unionsrechts erfolgt durch die nationalen Fachgerichte, die diese bei der Rechtsanwendung im Einzelfall zu berücksichtigen haben,[923] d.h., die Anwendung der von dem EuGH im Entscheidungstenor vorgegebenen Auslegungskriterien auf den zu entscheidenden Sachverhalt erfolgt allein durch das vorlegende Gericht.[924] Neben der Rechtsanwendung in Form der Subsumtion des Falles unter die Rechtsnorm obliegt dem nationalen Gericht auch die dafür erforderliche Tatsachenfeststellung.[925]

Die Mitgliedstaaten der EU sind überdies zur Anerkennung und Durchsetzung auch solcher Entscheidungen des EuGH verpflichtet, die im Widerspruch zu den Entscheidungen ihrer eigenen nationalen Gerichte stehen.[926] Die mitgliedstaatlichen

---

920 In diese Richtung aber etwa *Leistner*, GRUR 2011, 761, 763; *Leistner*, JZ 2011, 1140, 1144.

921 So aber *Leistner*, GRUR 2011, 761 f., 763, insbesondere auch Fn. 32; *Leistner*, JZ 2011, 1140, 1144 m.w.N., 1148.

922 *Frenz*, Bd. 5, Kap. 13 § 4 Rn. 2300.

923 *Frenz*, Bd. 5, Kap. 13 § 3 Rn. 2294.

924 *Haratsch/Koenig/Pechstein*, Rn. 569 m.w.N.

925 EuGH, Urteil vom 29.4.1982 – Rs. C-17/81 – Pabst & Richarz KG/Hauptzollamt Oldenburg, Slg. 1982, 1331 Rn. 12; *Frenz*, Bd. 5, Kap. 13 § 4 Rn. 2300.

926 Vgl. *Frenz*, Bd. 5, Kap. 26 § 1 Rn. 4066; *Karpenstein*, in: Grabitz/Hilf//Nettesheim, Art. 274 AEUV Rn. 15.

Gerichte haben keine Abwehrfunktion inne, die ihnen eine Beschränkung des Einflusses des Unionsrechts auf das innerstaatliche Recht erlauben würde.[927]

bb) Bedeutung des einheitlichen europäischen Werkbegriffs für die Werke der angewandten Kunst und den deutschen Rechtsanwender

Im Rahmen der vorliegenden Entscheidungen hat der EuGH den zugrunde zu legenden Werkbegriff im Wege richtlinienkonformer Rechtsfortbildung unter Beachtung teleologischer Aspekte hergeleitet und entwickelt und ist somit zu einem für sämtliche Werkarten einheitlichen Werkbegriff mit durchweg gleichlautenden, tendenziell eher niedrigen Schutzvoraussetzungen gelangt. Infolge der Pflicht der mitgliedstaatlichen Gerichte zur Beachtung und Umsetzung der Vorgaben der EuGH-Entscheidungen ist die vorstehend dargestellte, für den Werkbegriff relevante Rechtsprechung des EuGH auch für die deutschen Gerichte verbindlich und muss bei der Bestimmung des Werkbegriffs im Rahmen der Rechtsanwendung von diesen beachtet werden. Da der Werkbegriff wie dargetan ein einheitlicher ist, ist das Anlegen unterschiedlicher Schutzmaßstäbe nicht mehr zulässig, sodass folglich auch für Werke der angewandten Kunst keine höhere Gestaltungshöhe mehr verlangt werden darf. Vielmehr fällt jedenfalls von nun an auch hier die kleine Münze in den Schutzbereich des Urheberrechts.

Die Annahme abgesenkter Schutzanforderungen aufgrund eines EU-weit einheitlichen Werkbegriffs für sämtliche Werkarten hat demnach insbesondere für den Bereich der angewandten Kunst enorme Auswirkungen. Denn damit muss auch in Deutschland einer größeren Anzahl von Werken der angewandten Kunst („Gebrauchskunst“[928]) Urheberrechtsschutz zuteil werden.[929] Die höheren Schutzanforderungen für Werke der angewandten Kunst können aufgrund des harmonisierten Werkbegriffs nicht mehr beibehalten werden.[930] Auf die seitens des BVerfG in der Entscheidung „Laufendes Auge“ erklärte verfassungsrechtliche Vereinbarkeit des Erfordernisses einer höheren Schöpfungshöhe bei Werken der angewandten Kunst kommt es damit nicht mehr an.

Somit dürften etwa auch die in der Praxis bestehenden erheblichen Schwierigkeiten mit Möbelimitationen aus Italien weniger auftreten, da diese durch den einheitlichen Werkbegriff – genauso wie z.B. in Deutschland, Frankreich oder England – auch in Italien nicht mehr hergestellt, angeboten und verbreitet werden

927 *Frenz*, Bd. 5, Kap. 13 § 4 Rn. 2302.
928 *Heinze*, 2 (2011) JIPITEC, 97 Rn. 30.
929 Siehe *G. Schulze*, GRUR 2009, 1019, 1021.
930 Vgl. *Handig*, UFITA Bd. 1 (2009), 55, 69 m.w.N.

dürfen.[931] Denn der Werkbegriff ist aufgrund seiner EU-weiten Einheitlichkeit in sämtlichen EU-Mitgliedstaaten anzuwenden und zu beachten.[932]

e) Methodik des EuGH bei der Werkbegriffsbestimmung

Bei der Bildung des einheitlichen europäischen Werkbegriffs legt der EuGH im Ausgangspunkt die Informations-Richtlinie zugrunde. Beginnend mit einer völkerrechtskonformen Auslegung (siehe dazu Erwägungsgrund 15 der Richtlinie), welche – so Leistner – seit der „SGAE"-Entscheidung einen wesentlichen Bestandteil der Auslegung der Informations-Richtlinie durch den EuGH darstelle,[933] legt er die Richtlinie dann systematisch, nämlich im Gesamtgefüge der bisherigen Urheberrechtsrichtlinien (siehe dazu Erwägungsgrund 20 der Richtlinie), sowie teleologisch, d.h. mit Blick auf die mit ihr verfolgten Ziele, aus.[934]

f) EU-Werkbegriff nach dem EuGH: Mischung aus „Copyright"-Ansatz und „Droit d'auteur"-Sicht

Zentrales Schlagwort des einheitlichen europäischen Werkbegriffs ist die „Originalität".[935] Das Originalitätskriterium entscheidet letztlich über einen möglichen

---

931 *G. Schulze*, GRUR 2009, 1019, 1021; siehe ferner *Donle/Held/Nordemann-Schiffel/Nordemann*, GRUR Int. 2012, 995, 1000; *Goldmann/Möller*, GRUR 2009, 551, 557; vgl. dazu auch EuGH, Urteil vom 17.4.2008 – C-456/06 – Peek & Cloppenburg KG/Cassina SpA, Le-Corbusier-Möbel, Slg. 2008, I-2731; ferner EuGH, Urteil vom 27.1.2011 – Rs. C-168/09 – Flos/Semeraro (Flos SpA/Semeraro Casa e Famiglia SpA), Slg. 2011, I-181 Rn. 34 ff.; siehe dazu auch Schlussanträge des Generalanwalts Niilo Jääskinen vom 29.3.2012 – C-5/11 – Donner (Strafverfahren Titus Donner); abgedr., BeckRS 2012, 81397, Rn. 31; EuGH, Urteil vom 21.6.2012 – Rs. C-5/11 – Donner (Strafverfahren gegen Titus Alexander Jochen Donner), GRUR Int. 2012, 766 ff.; BGH, Urteil vom 15.2.2007 – I ZR 114/04 – Wagenfeld-Leuchte, GRUR 2007, 871 ff.; BGH, Urteil vom 22.1.2009 – I ZR 247/03 – Le-Corbusier-Möbel II, GRUR 2009, 840 ff.; letztere Entscheidung besprochen von *G. Schulze*, GRUR 2009, 812 ff.; siehe ferner BGH, Urteil vom 11.10.2012 – 1 StR 213/10 – Italienische Bauhausmöbel, GRUR 2013, 62 ff.; dazu *Donle*, GRUR-Prax 2013, 16 (Entscheidungsbesprechung); siehe auch *Fuchs*, 1996, S. 205 f.; *Ullmann*, in: Riesenhuber, 2007, S. 301, 312 ff.

932 *G. Schulze*, GRUR 2009, 1019, 1021; ferner *Fuchs*, 1996, S. 205 f.

933 *Leistner*, JZ 2011, 1140, 1147 Fn. 86; EuGH, Urteil vom 7.12.2006 – Rs. C-306/05 – SGAE, Slg. 2006, I-11519 Rn. 35 ff.; ausführlich dazu *Leistner*, CMLR 46 (2009), 847, 857 ff.; ferner *Hoeren*, in: FS Loewenheim, 2009, S. 137, 142 ff.; *Rosenkranz*, EuZW 2007, 238 ff., 241.

934 *Leistner*, JZ 2011, 1140, 1147.

935 *Loewenheim*, GRUR Int. 1997, 285, 292; ferner *Handig*, ÖBl. 2010, 52, 55.

Urheberrechtsschutz einer Gestaltung oder über deren Gemeinfreiheit. Dabei deutet eine nicht oder kaum vorhandene Anzahl an Ausgestaltungsmöglichkeiten darauf hin, dass der Freiraum für Originalität fehlt.[936] Stehen sich im Falle einer möglichen Monopolisierung bestimmter Formgestaltungen die Interessen Dritter – etwa anderer Kreativer oder der Allgemeinheit – und die Interessen des Gestalters gegenüber, so beantwortet das Originalitätskriterium die Frage nach dem Freihaltebedürfnis bestimmter Formgestaltungen.[937]

Bislang existierten in den EU-Mitgliedstaaten je nach Rechtstradition[938] im Hinblick auf das für einen Urheberrechtsschutz zu erfüllende „Originalitätsniveau" unterschiedliche Standards.[939] So sei – so der Generalanwalt Mengozzi in seinen Schlussanträgen in der Rechtssache „Football Dataco/Yahoo" – in den traditionell common law-geprägten Mitgliedstaaten wie etwa dem Vereinigten Königreich hierfür der Aufwand an „‚Arbeit, [Sachkenntnis] oder Anstrengung' (labour, skill or effort)" entscheidend, wohingegen für einen Urheberrechtsschutz in den durch die kontinentale Tradition geprägten Mitgliedstaaten das Werk „ein Element an Kreativität" besitzen bzw. „in irgendeiner Art und Weise die Persönlichkeit seines Autors zum Ausdruck" bringen müsse.[940]

In den Schutzvoraussetzungen des von dem EuGH mit Beginn der „Infopaq/DDF"-Entscheidung angenommenen und seitdem weiterentwickelten einheitlichen europäischen Werkbegriffs nähern sich die beiden unterschiedlichen Rechtstraditionen des primär wirtschaftlich ausgerichteten, d.h. industriebezogenen und das Werk in den Vordergrund stellenden Copyright-Systems („Investitionsschutzprinzip" des Copyright Law[941]) und des Droit d'auteur-Systems, das in der überwiegenden Zahl der kontinentaleuropäischen Urheberrechtssysteme zu finden und eben an der Persönlichkeit des Urhebers ausgerichtet ist („Schöpferprinzip" des Urheberrechts[942]),[943] mitsamt ihren Werkvoraussetzungen einander

936 *Handig*, GRUR Int. 2012, 9, 12 m.w.N.

937 *Handig*, GRUR Int. 2012, 9, 12.

938 Vgl. hierzu auch *Ellins*, 1997, S. 254 ff.

939 Schlussanträge des Generalanwalts Paolo Mengozzi vom 15.12.2011 – C-604/10, abgedr. BeckRS 2011, 81917, Rn. 36 (zum Urheberrechtsschutz einer Datenbank); siehe hierzu auch *Dreier*, in: Schricker/Bastian/Dietz (Hrsg.), S. 17, 21 f.

940 Schlussanträge des Generalanwalts Paolo Mengozzi vom 15.12.2011 – C-604/10, abgedr. BeckRS 2011, 81917, Rn. 36 (zum Urheberrechtsschutz einer Datenbank); ferner *Ellins*, 1997 S. 88, 90 ff.; *Reinbothe*, EWS 2007, 193, 199.

941 *Ellins*, 1997, S. 104, 108 ff.

942 *Ellins*, 1997, S. 104, 108 ff.

943 *Reinbothe*, EWS 2007, 193, 199; ausführlich zu den beiden unterschiedlichen Schutzkonzepten etwa *Ellins*, 1997, S. 76 ff., 85 ff.; *Peifer*, 2001, S. 62 ff.; *Wandtke*, in: FS

an.[944] Der EuGH scheint bei der Herleitung und anschließenden Präzisierung des europäischen Werkbegriffs weder den Voraussetzungen des einen Systems noch den Voraussetzungen des anderen Systems den Vorzug zu geben. Die von ihm angenommene EU-weit einheitlich geltende Begriffsbestimmung des „Werks" geht von einer tendenziell eher niedrigen Schutzhöhe aus und stellt dabei eine Mischung aus Copyright- und Droit d'auteur-Ansatz dar: So verlangen die meisten kontinentaleuropäischen Urheberrechtssysteme eine sich in einer schöpferischen Leistung manifestierende „Individualität". Im Common Law wird dagegen eine „originality" gefordert, womit die Voraussetzung umschrieben wird, dass das Werk („work") von dem Urheber und nicht von jemand anderem herrühren muss.[945] Zudem müsse das Werk das Ergebnis eines Minimums an „judgement, skill and labour" sein – so eine in der britischen Rechtsprechung oftmals wiederzufindende Formulierung.[946] Wenngleich die an die einzelnen Bestandteile angelegten Anforderungen nicht sehr hoch sind – so genüge für den Urheberrechtsschutz einer Fotografie etwa schon der für die Aufnahme aufgebrachte geringe Aufwand – ist das Triviale oder völlig Unbedeutende gleichwohl auch im Rahmen des Copyright-Systems nicht urheberrechtlich geschützt (sogenanntes „De Minimis-Prinzip").[947]

Bereits der europäische Gesetzgeber hat bei den für den Werkbegriff einschlägigen Richtlinienvorgaben einen „Kompromiss"[948] zwischen den beiden Rechtssystemen gewählt und einen Mittelweg eingeschlagen, als er zunächst in der Computerprogramm-Richtlinie sowie in der Folge auch in der Schutzdauer-Richtlinie und der Datenbank-Richtlinie in Bezug auf den jeweiligen Schutzgegenstand festlegte, es müsse sich um individuelle Werke in dem Sinne handeln, dass sie das Ergebnis der eigenen geistigen Schöpfung ihres Urhebers darstellen, wobei zur Bestimmung ihrer Schutzfähigkeit keine anderen Kriterien anzuwenden seien

---

Rehbinder, 2002, S. 389; vgl. ferner *Koelman*, IIC 2004, 603 f.; *Loewenheim*, in: FS Kraft, 1998, S. 359, 360 ff.; *Möller*, ZUM 1990, 65 ff.

944 *Loewenheim*, GRUR Int. 1997, 285, 287 und 292; im Ergebnis etwas zurückhaltender *Ellins*, 1997, S. 105.

945 *Loewenheim*, GRUR Int. 1997, 285, 287 f.; *Loewenheim*, in: FS Kraft, 1998, S. 359, 362; vgl. *Walter*, in: Walter, Europ. UrhR, Software-RL, Art. 1 Rn. 14.

946 *Handig*, UFITA Bd. 1 (2009), 55, 60 m.w.N.; *Loewenheim*, GRUR Int. 1997, 285, 287 f.; *Loewenheim*, in: FS Kraft, 1998, S. 359, 362; vgl. *Walter*, in: Walter, Europ. UrhR, Software-RL, Art. 1 Rn. 14.

947 *Handig*, UFITA Bd. 1 (2009), 55, 60 Fn. 30 m.w.N.

948 *Handig*, UFITA Bd. 1 (2009), 55, 57 f. m.w.N.; so z.B. auch schon *Dreier*, CR 1991, 577, 578; *Lesshafft/Ulmer*, CR 1991, 519, 524; *Zech*, 1999, S. 253.

(Art. 1 Abs. 3 der Computerprogramm-Richtlinie, Art. 6 der Schutzdauer-Richtlinie, Art. 3 Abs. 1 der Datenbank-Richtlinie).[949] Diese Sicht auf den von dem europäischen Gesetzgeber gewählten Richtlinienansatz und die Annahme einer „Mischung aus beiden Rechtssystemen“ wird gleichwohl nicht allseits geteilt:

So will etwa Handig in dem gefundenen Kompromiss eine Tendenz in Richtung des Schöpfungsprinzips ausmachen,[950] da seiner Ansicht nach zum einen die Verwendung des Wortes „Schöpfung“ impliziere, dass nicht bloß etwas „nicht [...] kopiert“ werde, so wie es etwa bei dem Begriff des „original“ im britischen „Copyright, Designs and Patents Act 1988“ (CDPA 1988) der Fall sei, für dessen Erfüllung „[t]he work should not be copied but should originate from the author“.[951] Zum anderen spreche eben auch die Vorgabe des Erwägungsgrundes 16 der Schutzdauer-Richtlinie 2006/116/EG,[952] nach welcher in der Schöpfung auch die „Persönlichkeit [des Urhebers] zum Ausdruck“ kommen solle, für das Schöpfungsprinzip sowie ferner zugleich dafür, dass die Anforderungen an den Werkbegriff nicht zu niedrig anzulegen seien.[953]

Hingegen will etwa Walter in der durch den europäischen Gesetzgeber gewählten Formulierung „eigene geistige Schöpfung des Urhebers“ eine „Kompromissformel ... [eines] ... Europäischen Originalitätsbegriffs“[954] ausmachen, deren Tendenz jedoch eher in Richtung des britischen Common Law-Ansatzes gehe.[955] So hatte er bereits zu der Computerprogramm-Richtlinie ausgeführt, dass der von dem europäischen Gesetzgeber dort aufgenommene Begriff der „geistigen Schöpfung“ zwar den in den kontinentaleuropäischen Urheberrechtsgesetzen zu findenden Formulierungen entspreche und zugleich die weitere Umschreibung „eigene Schöpfung des Urhebers“ dem britischen Urheberrecht entnommen sei.[956] Jedoch übernehme – so Walter – dieser Kompromiss gleichwohl eher die

949 *Loewenheim*, GRUR Int. 1997, 285, 288.

950 In der Tendenz bereits *Loewenheim*, in: FS Kraft, 1998, S. 359, 362 f.

951 *Handig*, UFITA Bd. 1 (2009), 55, 57, 59 f. m.w.N., 63 f.

952 Dieser entspricht dem oben bereits angesprochenen Erwägungsgrund 17 der Richtlinie 93/98/EWG (Schutzdauer-Richtlinie a.F.), vgl. etwa obige Ausführungen zu der EuGH-Entscheidung „Painer/Standard“.

953 *Handig*, UFITA Bd. 1 (2009), 55, 57; *Handig*, UFITA Bd. 2 (2010), 385, 389 ff.

954 *Walter*, in: Fallenböck/Galla/Stockinger, S. 19, 27; ferner *Handig*, UFITA Bd. 1 (2009), 55, 58.

955 *Walter*, in: Walter, Europ. UrhR, Software-RL, Art. 1 Rn. 10, 14 m.w.N.; siehe ferner Stand der Harmonisierung, 3. Kapitel Rn. 6 f.; siehe auch *Marly*, 1995, S. 123; vgl. zudem *Handig*, UFITA Bd. 1 (2009), 55, 58.

956 *Walter*, in: Walter, Europ. UrhR, Software-RL, Art. 1 Rn. 14 m.w.N.

Wesensmerkmale des britischen Urheberrechts, insbesondere weil die Umschreibung „eigene Schöpfung des Urhebers" – anders als die Umschreibung „geistige Schöpfung" – keine „differenzierte Interpretation" zulasse und die Individualität auch dadurch relativiert werde, wenn es in Art. 1 Abs. 3 der Computerprogramm-Richtlinie hierzu heißt, sie sei „in dem Sinne" zu verstehen, dass es sich um das Ergebnis der eigenen geistigen Schöpfung des Urhebers handeln müsse.[957]

Zugleich hat Walter jedoch auch ausgeführt, die Unterschiede zwischen den beiden Rechtssystemen seien bei näherer Betrachtung gar nicht derart gravierend, wie es zuweilen angenommen werde.[958] So lasse sich das Erfordernis des Aufbringens von „skill and labour" auch als das Verlangen eines gewissen „Mindestmaßes an geistiger Tätigkeit und einer – wenn auch reduzierten – Eigenart" deuten, was etwa im britischen Recht durch die Umschreibung „some quality or character" zum Ausdruck komme.[959] Auch im US-amerikanischen Recht könne ein Urheberrechtsschutz nicht mehr allein aufgrund der Mühen bei der Leistungserstellung („sweat of the brow") begründet werden.[960] Gleichzeitig anerkenne das kontinentaleuropäische Urheberrecht, insbesondere auch in Deutschland, wiederum (zumindest teilweise) den Schutz der kleinen Münze[961] – die bislang strengen Anforderungen für Werke der angewandten Kunst in Deutschland einmal außen vor gelassen.

Reinbothe nimmt schließlich gar eine Differenzierung nach Richtlinien vor:[962] So sei in der Computerprogramm-Richtlinie sowie in der Datenbank-Richtlinie eher der industriebezogene Ansatz des Copyright-Systems erkennbar, wohingegen die Schutzdauer-Richtlinie eher in die Richtung des Droit d'auteur-Systems weise.[963]

Der Ansatz des EuGH zum europäischen Werkbegriff in den dargetanen Entscheidungen stellt jedenfalls eine Mischung aus beiden Rechtssystemen dar: Dem

---

957 *Walter*, in: Walter, Europ. UrhR, Software-RL, Art. 1 Rn. 14.

958 *Walter*, in: Walter, Europ. UrhR, Software-RL, Art. 1 Rn. 15; vgl. auch *Koelman*, IIC 2004, 603, 637 f.; ferner *Peifer*, in: Riesenhuber, 2007, S. 155, 177.

959 *Walter*, in: Fallenböck/Galla/Stockinger, S. 19, 21, 26 f.; *Walter*, in: Walter, Europ. UrhR, Software-RL, Art. 1 Rn. 15 m.w.N.; siehe ferner *Marly*, 1995, S. 87 f.

960 *Walter*, in: Walter, Europ. UrhR, Software-RL, Art. 1 Rn. 15 m.w.N; siehe U.S. Supreme Court, Urteil vom 27.3.1991 – Weiße Seiten (Feist Publications, Inc. v. Rural Telephone Service Company, Inc.), GRUR Int. 1991, 933, 935 (dargetan von *Hoebbel*); ferner *Hoeren*, CR 1991, 463, 464 f.; *Hoeren*, GRUR 1997, 866, 870; siehe auch *Dreier*, in: Schricker/Bastian/Dietz (Hrsg.), S. 17, 23.

961 *Walter*, in: Walter, Europ. UrhR, Software-RL, Art. 1 Rn. 15.

962 Wenngleich es sich hierbei um eine allgemeine Einordnung und Bewertung der Richtlinien handelt, die nicht speziell auf die Richtlinienvorgaben zu den Schutzvoraussetzungen für die jeweils in Rede stehende Werkart bezogen ist.

963 *Reinbothe*, EWS 2007, 193, 199.

Werkbegriff zugrunde gelegt werden dabei weder die Minimalanforderungen des britischen Rechts noch die höheren Schutzanforderungen des kontinentaleuropäischen Rechts, die – wie etwa auch im deutschen Recht – eine überdurchschnittliche gestalterische Leistung fordern.[964] Vielmehr wird ein Ausgleich zwischen beiden Rechtskonzeptionen hergestellt.[965] Zwar bedarf es auch nach dem Begriffsverständnis des EuGH eines gewissen Mindestmaßes an Individualität (Originalität), um die Voraussetzungen des einheitlichen Werkbegriffs annehmen zu können („persönliche Note"). Dieses ist jedoch nicht zu hoch anzusetzen.

Angesichts dieser für sämtliche Werkarten geltenden einheitlichen Begriffsbestimmung des EuGH gilt auch im deutschen Recht für sämtliche Werkarten der Schutz der kleinen Münze[966] – und damit auch für Werke der angewandten Kunst.

g) Geäußerte Kritik sowie Vorbehalte nach der „Infopaq/DDF"-Entscheidung und den Folgeurteilen des EuGH und Entkräftung der Kritik

Die dargetane Rechtsprechung des EuGH zum Werkbegriff ist nicht ohne Kritik geblieben. Dies ist nicht zuletzt vor dem Hintergrund einer generellen Kritik an der „Machtfülle" des EuGH zu sehen.[967] Frenz weist darauf hin, es werde gar von einem „Europa der Richter" oder einer „Regierung der Richter" gesprochen, verbunden mit der Aufforderung, den EuGH zu stoppen.[968] Betrachtet man jedoch die sich aus Art. 258 ff. AEUV ergebenden Zuständigkeiten des EuGH genauer, so zeigt sich, dass diese – auch inhaltlich – beschränkt sind.[969] Damit erscheint die Sorge vor der Macht des EuGH nicht ohne weiteres begründet.

aa) Möglichkeit der bloßen „Mindestharmonisierung"

Teilweise wird in Bezug auf die dargetane Entscheidungspraxis des EuGH, beginnend mit der „Infopaq/DDF"-Entscheidung, vorgebracht, es stelle sich die

964 *Loewenheim*, GRUR Int. 1997, 285, 288.

965 Vgl. *Loewenheim*, GRUR Int. 1997, 285, 292.

966 Siehe dazu *Loewenheim*, GRUR Int. 1997, 285, 289.

967 Ausführlich *Frenz*, Bd. 5, Kap. 13 § 1 Rn. 2226 ff.; vgl. hierzu auch BVerfGE 123, 267, 353 f. (Urteil vom 30.6.2009 – 2 BvE 2, 5/08, 2 BvR 1010, 1022, 1259/08, 182/09) – Lissabon.

968 *Herzog/Gerken*, DRiZ 2009, 141 ff. (S. 141: „Frage, ob die exzessive Rechtsprechung des EuGH künftig wieder einer strengeren Kontrolle durch das Bundesverfassungsgericht unterworfen wird oder ob das Bundesverfassungsgericht seine Wächterfunktion endgültig aufgeben will"); siehe hierzu *Frenz*, Bd. 5, Kap. 13 § 1 Rn. 2226.

969 *Frenz*, Bd. 5, Kap. 13 § 1 Rn. 2228 f.; *Mayer*, in: Grabitz/Hilf/Nettesheim, Art. 19 EUV Rn. 4.

Frage, ob es sich dabei nur um eine „Mindestharmonisierung“[970] in dem Sinne handele, dass lediglich Mindestanforderungen für die Schutzfähigkeit sämtlicher Werkarten benannt werden, ohne die Zulässigkeit höherer Schutzanforderungen für bestimmte Werkarten auszuschließen, wie sie beispielsweise bei Werken der angewandten Kunst im deutschen Recht gelten.[971]

Diese Interpretation greift letztlich jedoch zu kurz. Denn zum einen lässt sich eine derartige Intention des EuGH weder dem „Infopaq/DDF“-Urteil noch den Folgeentscheidungen entnehmen. Zum anderen würde eine „Mindestharmonisierung“ am Ende im Vergleich zu der vorherigen Rechtslage keinerlei Neuerungen mit sich bringen; der Werkbegriff wäre dann weiterhin uneinheitlich und würde letztlich nach dem nationalen Recht der Mitgliedstaaten beurteilt. Wäre dies tatsächlich die Auffassung des EuGH, so wäre die Herleitung des Werkbegriffs insbesondere unter Bezugnahme auf die Richtlinien in der Entscheidung „Infopaq/DDF“ nicht notwendig gewesen. Vielmehr hätte zur Beantwortung der Frage nach dem zugrunde zu legenden Werkbegriff ein Verweis auf die nationalen Rechtsordnungen genügt. Genau dies hat der EuGH jedoch aus guten Gründen gerade nicht getan.

Zu Recht wird in diesem Zusammenhang darauf hingewiesen, dass eine Harmonisierung des Vervielfältigungsrechts, welches Gegenstand der „Infopaq/DDF“-Entscheidung war und das nach dem Grünbuch „Informationsgesellschaft“ das „Kernstück des Urheber- und Leistungsschutzrechts“[972] darstelle, nicht machbar gewesen wäre, wenn auf den jeweiligen nationalen Werkbegriff verwiesen worden wäre.[973]

Deshalb ist es auch nicht richtig, wenn vorgetragen wird, die aufgestellten Kriterien, nach denen es für die Originalität oder Individualität genügt, wenn eine eigene geistige Schöpfung vorliegt, sagten noch nichts darüber aus, wie hoch oder wie niedrig die Schutzschwelle letztlich anzusetzen sei und ob die kleine Münze in Deutschland weiter abgewertet werden müsse.[974] Denn genau durch den entwickelten einheitlichen Werkbegriff wird ja auch die Schutzschwelle festgelegt und die kleine Münze für sämtliche Werkarten anerkannt. Nach den Richtlinienvorgaben und den vom EuGH in seinen Entscheidungen ebenfalls herangezogenen Erwägungsgründen der Richtlinien sind zur Prüfung der Originalität außer den

970 *v. Lewinski*, in: Limper/Musiol, FA-UMR, Kap. 3 Rn. 1017.

971 *v. Ungern-Sternberg*, GRUR 2010, 273; siehe hierzu *v. Lewinski*, in: Limper/Musiol, FA-UMR, Kap. 3 Rn. 1017.

972 Grünbuch „Informationsgesellschaft“ (S. 49), worauf *Loewenheim*, GRUR Int. 1997, 285, 288 verweist.

973 *Metzger*, GRUR 2012, 118, 121.

974 So aber *Metzger*, GRUR 2012, 118, 121.

genannten Kriterien „eigene geistige Schöpfung“ und „persönliche Note“ keine weiteren Kriterien heranzuziehen.

Wie bereits dargetan nimmt das jeweilige mitgliedstaatliche Gericht bei der Prüfung der Werkvoraussetzungen nicht eine Beurteilung nach den Maßstäben seines eigenen nationalen Urheberrechts vor.[975] Vielmehr legt es die von dem EuGH aufgestellten Kriterien seiner Beurteilung zugrunde, die es dann im jeweiligen Einzelfall inhaltlich ausfüllt und konkretisiert. Denn der EuGH liefert im Zuge der dargestellten Rechtsprechung für die Prüfung des Werkbegriffs eben nicht bloße „strukturelle Leitlinien nebst abstrakten Ausgangskriterien“.[976]

bb) Möglichkeit der Kompetenzüberschreitung durch den EuGH

Andere werfen im Zusammenhang mit der Entscheidungspraxis des EuGH zum Werkbegriff seit der „Infopaq/DDF“-Entscheidung die Frage auf, ob hier eine Kompetenzüberschreitung seitens des EuGH gegenüber den Rechtssetzungsorganen gegeben sei[977] und der EuGH entgegen den Vorgaben des Gewaltenteilungsprinzips legislative Aufgaben wahrnehme.[978]

Die Folge dessen wäre, dass der Werkbegriff nicht harmonisiert, sondern etwa in der Entscheidung „Infopaq/DDF“ nur festgestellt worden sei, dass auch ein Werkteil schutzfähig sein könne, wenn es die jeweiligen Kriterien für den Werkschutz an sich erfülle.[979] Die Ausführungen des EuGH müssten dann so verstanden werden, dass ein Werkteil nur dann im Sinne des Urheberrechts vervielfältig werden könne, wenn es für sich schutzfähig sei, was im Falle von Computerprogrammen, Datenbanken und Fotografien eine eigene geistige Schöpfung voraussetze und bei den noch nicht harmonisierten Werkarten die Erfüllung der Voraussetzungen des nationalen Urheberrechts erfordere.[980]

Auch wenn der Einwand auf den ersten Blick – insbesondere im Hinblick auf das Gewaltenteilungsprinzip – nicht völlig aus der Luft gegriffen zu sein scheint und damit nicht ohne weiteres von der Hand zu weisen ist, greift er letztlich nicht durch.

975 *Berger*, ZUM 2012, 353, 354; in diese Richtung aber etwa *Leistner*, JZ 2011, 1140, 1144.

976 So *Leistner*, JZ 2011, 1140, 1144 (vgl. dazu auch dortige Fn. 47 f. m.w.N.); siehe ferner *Leistner*, GRUR 2011, 761, 763.

977 *v. Lewinski*, in: Limper/Musiol, FA-UMR, Kap. 3 Rn. 1017; *G. Schulze*, GRUR 2009, 1019, 1021.

978 Diese Kritik nicht teilend *Frenz*, Bd. 5, Kap. 13 § 1 Rn. 2230.

979 *v. Lewinski*, in: Limper/Musiol, FA-UMR, Kap. 3 Rn. 1017; *G. Schulze*, GRUR 2009, 1019, 1021.

980 *G. Schulze*, GRUR 2009, 1019, 1021.

Zu berücksichtigen ist hier vor allem Folgendes:

Bisher weist das europäische Urheberrecht eine „inselartige Struktur“ auf, d.h., dass bislang nur Teilaspekte im Urheberrecht vereinheitlicht sind. Viele Bereiche hat der europäische Gesetzgeber dagegen bisher noch gar nicht angetastet oder nicht umfassend harmonisiert. Eine solche Struktur bringt zwangsläufig Schwierigkeiten bei der Rechtsanwendung mit sich, sodass Klärungen durch den EuGH notwendig sind.

Deshalb kommt es im Bereich des europäischen Urheberrechts immer wieder dazu, dass der EuGH mit seiner Rechtsprechung wichtige Impulse gibt und Rechtsfragen im Wege richterlicher Rechtsfortbildung beantwortet. Dies hat er bereits in einer Reihe von urheberrechtlichen Kernthemen getan, wie die bereits erwähnten Beispiele der Anwendung des Diskriminierungsverbotes oder die Entwicklung des europäischen Erschöpfungsgrundsatzes zeigen.

Die ihm in den fünf dargestellten Entscheidungen vorgelegten Rechtsfragen hätte der EuGH ohne die Entwicklung eines autonomen Werkbegriffs nicht beantworten können, sodass er aktiv werden musste und dazu sowohl zwischen den Richtlinienbestimmungen als auch zwischen den verschiedenen Richtlinien Querverbindungen gebildet hat.[981]

Ferner wird in diesem Zusammenhang richtigerweise vorgetragen, im Bereich der richterlichen Rechtsfortbildung durch den EuGH ließen sich durchaus andere Beispiele finden (wie etwa die Anerkennung europäischer Grundrechte[982] oder die Anerkennung der mitgliedstaatlichen Staatshaftung[983]), welche die beschriebene urheberrechtliche Entwicklung „als weniger revolutionär“ erscheinen ließen.[984]

In der hier vorliegenden richterlichen Rechtsfortbildung des EuGH ist kein Verstoß gegen das Gewaltenteilungsprinzip zu erkennen, denn die Kernkompetenz der gesetzgebenden Gewalt wird durch sie nicht angetastet oder gar infrage gestellt,[985] zumal der EuGH im Rahmen der von ihm vorgenommenen Herleitung des Werkbegriffs unter anderem auf Richtlinienregelungen und damit Vorgaben des europäischen Gesetzgebers Bezug nimmt.

---

981 So *Metzger*, GRUR 2012, 118, 121 und 126.

982 EuGH, Urteil vom 12.11.1969 – Rs. C-29/69 – Stauder (Stauder/Stadt Ulm), Slg. 1969, 419 Rn. 7; EuGH, Urteil vom 17.12.1970 – Rs. C-11/70 – Internationale Handelsgesellschaft mbH/Einfuhr- und Vorratsstelle für Getreide und Futtermittel, Slg. 1970, 1125 Rn. 3 f.

983 EuGH, Urteil vom 19.11.1991 – verbundene Rs. C-6/90 und C-9-90 – Francovich (Francovich und Bonifaci/Italien), Slg. 1991, I-5357 Rn. 33 ff.

984 *Metzger*, GRUR 2012, 118, 126.

985 Siehe *Frenz*, Bd. 5, Kap. 13 § 1 Rn. 2231, der zudem für das deutsche Verfassungsrecht verweist auf *Schmidt-Aßmann*, in: Isensee/Kirchhof, HStR II, § 26 Rn. 66.

Wie bereits erwähnt gab es auch zuvor schon vergleichbare Situationen: So hat beispielsweise auch der zunächst von dem EuGH entwickelte europäische Erschöpfungsgrundsatz letztlich Eingang in die europäische Gesetzgebung gefunden (siehe Art. 4 Abs. 2 der Computerprogramm-Richtlinie (Richtlinie 2009/24/EG), Art. 4 Abs. 2 der Informations-Richtlinie).

Zudem darf nicht vergessen werden, dass gerade auf dem Gebiet des Urheberrechts oftmals widerstreitende Interessen und unterschiedliche Rechtstraditionen aufeinander treffen. Diese auf Legislativebene gegeneinander abzuwägen und miteinander in Einklang zu bringen, ist häufig nicht ohne weiteres möglich, sodass der Erlass urheberrechtlicher Rechtsakte einige Zeit in Anspruch nehmen kann. Deshalb müsse der EuGH oftmals selbst aktiv werden, er habe „vielfach […] keine andere Wahl, um einem „déni de justice“ [= Justizverweigerung/Rechtsverweigerung, Anm. d. Verf.] zu entgehen“.[986] Viele Rechtsetzungsverfahren sind im Laufe der Jahre aufgrund der Erweiterung der Union und der zu beachtenden Interessen von nunmehr 28 Mitgliedstaaten komplexer und deshalb oftmals langwieriger geworden, worin ein wichtiger Grund für die im Vergleich zu den Anfängen der Europäischen Union häufiger anzutreffende Rechtsfortbildung auf Seiten des EuGH liegt.[987] Dies führt dazu, dass die Rechtsprechung des EuGH teilweise dem Bereich der Legislativen recht nahekommt („rechtsschöpferisch[e]“[988] Rechtsprechung).[989]

Dass der EuGH überdies anders als etwa der BGH nicht über spezialisierte Zuständigkeiten nach einem bestimmten Geschäftsverteilungsplan verfügt (vgl. Art. 9 §§ 1, 2 EuGH-Verfahrensordnung),[990] mag zudem kritisiert werden und zu Rufen nach einer Spezialisierung in Form einer Spezialkammer oder eines Spezialgerichts führen,[991] auch im Bereich „Gewerblicher Rechtsschutz und Urheberrecht“.[992]

---

986 *Metzger*, GRUR 2012, 118, 126 m.w.N.

987 *Frenz*, Bd. 5, Kap. 13 § 1 Rn. 2233; *Mayer*, in: Grabitz/Hilf/Nettesheim, Art. 19 EUV Rn. 70; vgl. auch *Hirsch*, NJW 2000, 1817, 1821 f.

988 *Ipsen*, 1972, § 15 Rn. 24.

989 *Frenz*, Bd. 5, Kap. 13 § 1 Rn. 2234; *Mayer*, in: Grabitz/Hilf/Nettesheim, Art. 19 EUV Rn. 31, 70; *Gaitanides*, in: von der Groeben/Schwarze, Art. 220 EG Rn. 64; *Oppermann*, DVBl. 1994, 901, 905 f.

990 Siehe hierzu *Wegener*, in: Calliess/Ruffert, Art. 251 AEUV Rn. 4 Fn. 7; *Metzger*, GRUR 2012, 118, 119 und 126.

991 Siehe dazu etwa *Metzger*, GRUR 2012, 118, 126; *Schack*, in: Leistner, 2010, 173, 185 f.; *Tilmann*, GRUR 2011, 1096 ff.

992 Siehe etwa die beiden Vorschläge der Kommission der Europäischen Gemeinschaften vom 23.12.2003 „für einen Beschluss des Rates zur Übertragung der

Für den Bereich des Gemeinschaftspatents hat das Europäische Parlament am 11. Dezember 2012 im Zuge der Verabschiedung des sogenannten „EU-Patentpaketes“ eine Entschließung zum einheitlichen Patentgericht mit Hauptsitz in Paris verabschiedet („Internationales Übereinkommen zur Schaffung eines Einheitlichen Patentgerichts“), nachdem 25 der damals noch 27 EU-Mitgliedstaaten die „Schaffung eines einheitlichen Patents“ im Wege der Verstärkten Zusammenarbeit beschlossen hatten (nicht beteiligt waren Spanien und Italien).[993]

Zwar liegt die Frage nach Spezialisierungen mit dem Anwachsen der Unionstätigkeit auf der Hand.[994] Gleichwohl ist nicht ohne weiteres garantiert, dass eine Spezialisierung einherginge mit einer Stärkung des EuGH als Urheberrechtsgericht. Vielmehr lässt sich die gegenwärtige Situation auch als Chance begreifen: Auf diese Weise wird eine unverstellte europarechtlich geprägte Sicht auf urheberrechtliche Fragestellungen ermöglicht, die dazu dienen kann, die bisherigen Urheberrechtsstrukturen zu überdenken und neu zu ordnen.[995]

Zuständigkeit in Gemeinschaftspatentsachen auf den Gerichtshof“, KOM (2003) 827 endgültig, sowie „für einen Beschluss des Rates zur Errichtung des Gemeinschaftspatentgerichts und betreffend das Rechtsmittel vor dem Gericht erster Instanz“, KOM (2003) 828 endgültig, insbesondere S. 7 sowie S. 38, wo es heißt: „Schließlich spricht nichts dagegen, dass der Rechtsmittelkammer für Patentsachen gemäß Artikel 50 Absatz 2 der Satzung andere Fälle z. B. im Zusammenhang mit Gemeinschaftsmarken oder -geschmacksmustern zugewiesen werden, sofern das Fallaufkommen dies zulässt.“; *Streinz*, Europarecht Rn. 413; vgl. auch *Leistner*, 2008, S. 69 m.w.N.

993 Beschluss des Rates 2011/167/EU vom 10.3.2011 „über die Ermächtigung zu einer Verstärkten Zusammenarbeit im Bereich der Schaffung eines einheitlichen Patentschutzes“, ABl. L 76 vom 22.3.2011, S. 53; Pressemitteilung des EU-Parlaments von 11.12.2012, abrufbar unter: http://www.europarl.europa.eu/news/de/pressroom/content/20121210IPR04506/html/Parlament-verabschiedet-einheitlichen-EU-Patentschutz, abgerufen am 18.12.2012; EuGH – (anhängige) verbundene Rs. C-274/11 und C-295/11 – Königreich Spanien (C-274/11) und Italienische Republik (C-295/11) gegen Rat der Europäischen Union; siehe dazu Schlussanträge des Generalanwalts Yves Bot vom 11.12.2012 – C-274/11, C-295/11, abrufbar über InfoCuria – Rechtsprechung des Gerichtshofs: http://curia.europa.eu/; *Holzmüller*, in: Schwarze, Art. 118 AEUV Rn. 6.

994 So *Streinz*, Europarecht, Rn. 413.

995 So auch *Metzger*, GRUR 2012, 118, 126.

V. Ergebnis: Unterschiedliche Anforderungen an die Gestaltungshöhe mit den Vorgaben des urheberrechtlichen acquis communautaire unvereinbar – Herabsenkung der Anforderungen an die Gestaltungshöhe bei Werken der angewandten Kunst

Innerhalb der Europäischen Union existiert mittlerweile ein einheitlicher europäischer Werkbegriff, der ohne Ausnahme für sämtliche Werkarten gilt und von den mitgliedstaatlichen Gerichten im Rahmen der Rechtsanwendung zu beachten ist. Dieser EU-Werkbegriff resultiert wie aufgezeigt aus dem urheberrechtlichen acquis communautaire, nämlich aus verschiedenen Richtlinienvorgaben sowie aus einer Reihe jüngerer EuGH-Entscheidungen. Er legt einheitliche Voraussetzungen für einen Urheberrechtsschutz fest und gebietet, ein einheitliches, tendenziell niedriges Maß an Schöpfungshöhe bei sämtlichen Werkarten zu verlangen: Urheberrechtlich geschützt werden Gestaltungen demnach als individuelle Werke, wenn sie eine eigene geistige Schöpfung des Urhebers darstellen und in ihnen dabei eine gewisse „persönliche Note" zum Ausdruck kommt. Weitere Kriterien sind nicht zu prüfen – insbesondere keine qualitativen oder ästhetischen Kriterien.

Für das deutsche Recht bedeutet dies, dass für die verschiedenen Werkarten nicht mehr wie bislang unterschiedliche Anforderungen an die Schöpfungshöhe gestellt werden dürfen, sodass insbesondere bei den Werken der angewandten Kunst die für einen Urheberrechtsschutz verlangte deutlich überdurchschnittliche Gestaltungshöhe aufzugeben ist. Die Annahme unterschiedlicher Anforderungen an die Schöpfungshöhe ist zwar wie dargelegt bereits aus einer Reihe von anderen Gründen als nicht vertretbar anzusehen. Nunmehr ist das Verlangen eines deutlichen Überragens über die Durchschnittsgestaltertätigkeit jedoch jedenfalls mit den Vorgaben des urheberrechtlichen acquis communautaire und der Rechtsprechung des EuGH nicht mehr vereinbar und folglich spätestens jetzt aufzugeben.

VI. „Wittem-Projekt" und Vorgaben des acquis communautaire für den Werkbegriff

Im Übrigen soll an dieser Stelle der Hinweis nicht fehlen, dass auch von den in der „Wittem-Gruppe" („Wittem-Projekt") zusammengeschlossenen europäischen Urheberrechtsexperten im Rahmen ihres Vorschlags eines Europäischen

Urheberrechts-Gesetzeswerkes („European Copyright Code“) im April 2010[996] zur näheren Bestimmung des dort zu findenden Werkbegriffs der acquis communautaire herangezogen wurde.[997]

So heißt es in Art. 1.1 (1) des European Copyright Code des Wittem-Projekts zu dem Schutzgegenstand „works“: „Copyright subsists in a work, that is to say, any expression within the field of literature, art or science in so far as it constitutes its author's own intellectual creation.“

Was unter dem Terminus „author's own intellectual creation“ zu verstehen ist, wird in der dazugehörigen Fußnote 7 näher ausgeführt, wo es heißt: „The term 'the author's own intellectual creation' is derived from the acquis (notably for computer programs, databases and photographs). It can be interpreted as the "average" European threshold, presuming it is set somewhat higher than skill and labour. This is possible if emphasis is put on the element of creation. For factual and functional works, the focus will be more on a certain level of skill (judgement) and labour, whereas for productions in the artistic field the focus will be more on personal expression.“

Auch die Wittem-Gruppe scheint demnach von einer Mischung aus Copyright- und Droit d'auteur-Ansatz auszugehen.

---

996 Zu finden unter www.copyrightcode.eu (zuletzt abgerufen am 23.10.2013); näher dazu *Dreier*, ZEuP 2011, 831 ff.; ferner *Kuhlen*, 2 (2011) JIPITEC, 18 Rn. 1 ff.

997 *Dreier*, ZEuP 2011, 831, 837 ff.; siehe auch *Kuhlen*, 2 (2011) JIPITEC, 18 Rn. 11 ff.; *Metzger*, GRUR 2012, 118, 121 Fn. 29 m.w.N.

5. Teil: Zusammenfassung der Ergebnisse, sich daraus ergebende Konsequenzen und Schlussfolgerungen

A. Ergebnisse

Das Erfordernis einer deutlich höheren Schöpfungshöhe bei Werken der angewandten Kunst ist aus einer Vielzahl von Gründen rechtlich nicht (mehr) haltbar.

So greifen bereits die von den Befürwortern deutlich höherer Anforderungen an die Schöpfungshöhe bei Werken der angewandten Kunst üblicherweise angeführten Argumente des Freihaltebedürfnisses, der langen urheberrechtlichen Schutzdauer, des Gebrauchszwecks sowie des bestehenden (auffangenden) Geschmacksmusterschutzes allesamt nicht durch.

Jedenfalls ist aber das Erfordernis einer die Durchschnittsgestaltertätigkeit deutlich überragenden Schöpfungshöhe bei Werken der angewandten Kunst nicht mit den sich aus dem urheberrechtlichen acquis communautaire ergebenden Vorgaben und der Rechtsprechung des EuGH vereinbar. Unter Berücksichtigung der europäischen Urheberrechtsentwicklungen ist vielmehr von einer einheitlichen Schutzuntergrenze für sämtliche Werkarten auszugehen. Denn in der EU existiert mittlerweile ein für sämtliche Werkarten geltender einheitlicher europäischer Werkbegriff, der von den nationalen Gerichten zu beachten ist und der die Annahme einheitlicher, tendenziell eher niedriger Anforderungen an die Schöpfungshöhe gebietet.

Die Tendenz eines einheitlichen EU-Werkbegriffs ist bereits in einer Reihe verschiedener urheberrechtsspezifischer Richtlinienvorgaben erkennbar. Seine Existenz zeigt sich jedoch ausdrücklich in mehreren jüngeren EuGH-Entscheidungen. Folglich sind die im deutschen Recht an die Schöpfungshöhe bei Werken der angewandten Kunst angelegten Maßstäbe herabzusenken.

B. Folgen

Nach alledem ist eine einheitliche Interpretation des Werkbegriffs geboten. Hiermit verbunden ist nicht eine vollständige Abschaffung des Merkmals der

Gestaltungshöhe, wie sie teilweise bereits verlangt worden ist (s.o.).[998] Vielmehr hat der einheitliche europäische Werkbegriff zur Folge, dass für sämtliche Werkarten einheitlich eine eher niedrige Gestaltungshöhe zu verlangen ist. Die Beibehaltung des Kriteriums der Gestaltungshöhe erscheint dabei zur Umschreibung der Voraussetzung sinnvoll, dass ein Mindestmaß an Individualität gleichwohl weiterhin bei jeder Werkart erforderlich ist.[999]

Folglich ist bei Werken der angewandten Kunst eine Herabsenkung der bislang erhöhten Anforderungen an die Gestaltungshöhe vorzunehmen und auch hier – wie schon seit Langem verlangt[1000] – der Schutz der kleinen Münze anzuerkennen.

C. Hinweise auf ein Überdenken des Urheberrechtsschutzes von angewandter Kunst unter Aufgreifen der europäischen Urheberrechtsentwicklungen: Die „Seilzirkus"-Entscheidung des BGH

Die dargestellten Entwicklungen und Vorgaben des urheberrechtlichen acquis communautaire zum Werkbegriff sind auch an dem BGH nicht spurlos vorbeigezogen.

In der „Seilzirkus"-Entscheidung aus dem Jahre 2011[1001] hat der BGH die vorstehend aufgezeigten Tendenzen der europäischen Urheberrechtsentwicklung aufgegriffen und sich am Rande in einem obiter dictum zu der Frage einer dauerhaften Herabsetzung der Anforderungen an die Gestaltungshöhe bei Werken der angewandten Kunst geäußert.

In dem konkret zu entscheidenden Fall hat er gleichwohl einen urheberrechtlichen Schutz der streitgegenständlichen Gestaltung verneint – jedoch aus anderen Gründen. In Rede stand hier die Frage der urheberrechtlichen Schutzfähigkeit von als „Seilzirkus" bezeichneten Kletternetzen für Kinderspielplätze. Der BGH kam zu dem Ergebnis, dass es sich bei diesen Kletternetzen nicht um Schöpfungen individueller Prägung und damit nicht um Werke der angewandten Kunst handele.[1002]

998 Siehe etwa *Schricker*, in: FS Kreile, 1994, S. 715, 720 f.; ferner *Zech*, 1999, S. 251 ff.
999 *A. Nordemann*, in: Fromm/Nordemann, § 2 Rn. 38.
1000 S.o. sowie stellvertretend etwa *A. Nordemann*, in: Fromm/Nordemann, § 2 Rn. 150 m.w.N.
1001 BGH, Urteil vom 12.5.2011 – I ZR 53/10 – Seilzirkus, GRUR 2012, 58 ff.
1002 BGH, Urteil vom 12.5.2011 – I ZR 53/10 – Seilzirkus, GRUR 2012, 58, 61 Rn. 26.

Die Verneinung des Urheberrechtsschutzes hat er damit begründet, dass bei einem Gebrauchsgegenstand nur solche Merkmale Urheberrechtsschutz als Werk der angewandten Kunst im Sinne des § 2 Abs. 1 Nr. 4 UrhG begründen könnten, welche „nicht allein technisch bedingt, sondern auch künstlerisch gestaltet“[1003] seien. Deshalb genieße eine Gestaltung dann keinen Urheberrechtsschutz, wenn sie allein aus zwar frei wählbaren oder austauschbaren, aber technisch bedingten Merkmalen bestehe und keine künstlerische Leistung erkennen lasse.[1004] Allein durch die Ausnutzung eines handwerklich-konstruktiven Gestaltungsspielraums oder durch den Austausch eines technischen Merkmals durch ein anderes entstehe noch kein eigenschöpferisches Kunstwerk.[1005] Deshalb müsse, wer für einen Gebrauchsgegenstand Urheberrechtsschutz als Werk der angewandten Kunst im Sinne des § 2 Abs. 1 Nr. 4 UrhG beanspruche, genau und deutlich darlegen, inwieweit der Gebrauchsgegenstand über seine von der Funktion vorgegebene Form hinaus künstlerisch gestaltet sei.[1006]

Eine für einen urheberrechtlichen Schutz erforderliche persönliche geistige Schöpfung im Sinne von § 2 Abs. 2 UrhG sei dort ausgeschlossen, wo für eine künstlerische Gestaltung kein Raum sei, weil die Gestaltung durch technische Erfordernisse vorgegeben sei.[1007] Nur solche Merkmale eines Gebrauchsgegenstandes könnten – so der BGH – einen Urheberrechtsschutz begründen, die nicht allein technisch bedingt, sondern auch künstlerisch gestaltet seien.[1008] Technisch bedingt seien diejenigen Merkmale eines Gebrauchsgegenstandes, ohne die er nicht funktionieren könne.[1009] Dazu zählten sowohl Merkmale, die bei gleichartigen Erzeugnissen aus technischen Gründen zwingend verwendet werden müssten, als auch

1003 BGH, Urteil vom 12.5.2011 – I ZR 53/10 – Seilzirkus, GRUR 2012, 58, 61 Rn. 19.

1004 Vgl. hierzu auch BGH, Urteil vom 23.1.1981 – I ZR 48/79 – Rollhocker, GRUR 1981, 517, 518 f.

1005 BGH, Urteil vom 12.5.2011 – I ZR 53/10 – Seilzirkus, GRUR 2012, 58, dortiger Ls. 1, 61 Rn. 30.

1006 BGH, Urteil vom 14.5.2009 – I ZR 98/06 – Tripp-Trapp-Stuhl, GRUR 2009, 856, 861 Rn. 45; BGH, Urteil vom 12.5.2011 – I ZR 53/10 – Seilzirkus, GRUR 2012, 58, dortiger Ls. 2, 61 Rn. 25 m.w.N.

1007 BGH, Urteil vom 12.5.2011 – I ZR 53/10 – Seilzirkus, GRUR 2012, 58, 60 Rn. 20.

1008 BGH, Urteil vom 12.5.2011 – I ZR 53/10 – Seilzirkus, GRUR 2012, 58, 60 Rn. 19.

1009 BGH, Urteil vom 12.5.2011 – I ZR 53/10 – Seilzirkus, GRUR 2012, 58, 60 Rn. 20; *Schulze*, in: Dreier/Schulze, § 2 Rn. 47; zum Merkmal der „technischen Bedingtheit“ vgl. auch *Zentek*, 2008, S. 110 ff.; *Zentek*, Anm. I ZR 53/10 – Seilzirkus, ZUM 2012, 42.

Merkmale, welche zwar aus technischen Gründen verwendet würden, jedoch frei wählbar oder austauschbar seien.[1010]

Hierbei – so der BGH – sei zudem zu beachten, dass im System des geistigen Eigentums technisch bedingte Merkmale, die nicht (mehr) als technische Erfindungen Patentschutz oder Gebrauchsmusterschutz genießen, hinsichtlich des öffentlichen Interesses an einer ungehinderten technischen Entwicklung grundsätzlich frei verwendbar sein sollen (arg. ex Art. 3 Abs. 1 lit. e Nr. ii Marken-Richtlinie, Art. 7 Abs. 1 lit. e Nr. ii GMV und § Abs. 2 Nr. 2 MarkenG; .Art. 7 Abs. 1 der Richtlinie 98/71/EG über den rechtlichen Schutz von Mustern und Modellen, § 3 Abs. 1 Nr. 1 GeschmMG und Art. 8 Abs. 1 GGV). Dadurch sei es dem Inhaber eines Markenrechts oder Geschmacksmusterrechts im öffentlichen Interesse verwehrt, technische Lösungen für sich zu monopolisieren, weshalb es widersprüchlich wäre, wenn technisch bedingte Merkmale urheberrechtlich schutzfähig wären und der Urheber den freien Stand der Technik für sich monopolisieren könnte.[1011] Deshalb komme nach der Rechtsprechung des BGH ein Urheberrechtsschutz für Gebrauchsgegenstände nur in Betracht, wenn die Gestaltung nicht nur die Verkörperung einer technischen Lösung darstelle, sondern einen durch eine künstlerische Leistung geschaffenen ästhetischen Gehalt aufweise.[1012]

Der BGH führt dann aus, dass zwar auch eine Gestaltung, die lediglich eine technische Lösung verkörpere, eine ästhetische Wirkung haben könne. Urheberrechtlich geschützt sei jedoch nur die Gestaltung, die auf einer künstlerischen Leistung beruhe.[1013] Das künstlerische Element müsse dabei weder in schmückendem Beiwerk liegen noch müsse der ästhetische Gehalt gegenüber dem Gebrauchszweck überwiegen. Vielmehr bestehe die Urheberrechtsschutzfähigkeit auch bei einem überwiegenden Gebrauchszweck und könne auch dann gegeben

---

1010 BGH, Urteil vom 12.5.2011 – I ZR 53/10 – Seilzirkus, GRUR 2012, 58, 60 Rn. 20; BGH, Urteil vom 28.5.2009 – I ZR 124/06 – LIKEaBIKE, GRUR 2010, 80, 82 Rn. 27.

1011 BGH, Urteil vom 12.5.2011 – I ZR 53/10 – Seilzirkus, GRUR 2012, 58, 60 Rn. 21 m.w.N.; vgl. auch *Handig*, GRUR Int. 2012, 9, 12 Fn. 53, der zudem verweist auf BGH, Urteil vom 12.3.1987 – I ZR 71/85 – Warenzeichenlexika, GRUR 1987, 704, 706.

1012 BGH, Urteil vom 27.11.1956 – I ZR 57/55 – Europapost, GRUR 1957, 291, 293; BGH, Urteil vom 12.5.2011 – I ZR 53/10 – Seilzirkus, GRUR 2012, 58, 60 Rn. 22 m.w.N.; kritisch *Zentek*, Anm. I ZR 53/10 – Seilzirkus, ZUM 2012, 42, 43.

1013 BGH, Urteil vom 12.5.2011 – I ZR 53/10 – Seilzirkus, GRUR 2012, 58, 60 Rn. 22; *Ulmer*, UrhR, 3. Auflage (1980), S. 150.

sein, wenn der ästhetische Gehalt in die ihrem Zweck gemäß gestaltete Gebrauchsform eingegangen sei; maßgebend sei allein, ob der ästhetische Gehalt als solcher ausreiche, damit von einer künstlerischen Leistung gesprochen werden könne.[1014]

Die Darlegungslast für das Vorliegen einer persönlichen geistigen Schöpfung trage im urheberrechtlichen Verletzungsprozess der Kläger, der dabei nicht nur das betreffende Werk vorzulegen, sondern auch die konkreten Gestaltungselemente darzulegen habe, aus denen sich der urheberrechtliche Schutz ergeben solle.[1015]

Bei Gebrauchsgegenständen, die bestimmten technischen Anforderungen genügen müssen und technisch bedingte Gestaltungsmerkmale aufweisen, seien die Möglichkeiten einer künstlerisch-ästhetischen Ausformung zwar nicht ausgeschlossen, jedoch regelmäßig eingeschränkt, sodass sich bei derartigen Formgestaltungen in besonderem Maße die Frage stelle, ob die gewählte Form durch den Gebrauchszweck technisch bedingt sei.[1016]

Im konkreten Fall verneinte der BGH letztlich bereits das Vorliegen einer künstlerischen Qualität und damit im Ergebnis auch einen Urheberrechtsschutz für die streitgegenständliche Gestaltung.[1017]

Wenngleich der BGH folglich in der „Seilzirkus"-Entscheidung auch nicht mehr eine Prüfung des Merkmals der Gestaltungshöhe vorzunehmen hatte, so hat er am Rande gleichwohl die Frage aufgeworfen, ob langfristig gerade auch im Hinblick auf die europäische Urheberrechtsentwicklung an der bisherigen Rechtsprechung festgehalten werden könne, wonach bei Werken der angewandten Kunst höhere Anforderungen an die Gestaltungshöhe eines Werkes zu stellen seien als bei Werken der zweckfreien bildenden Kunst.[1018]

1014 BGH, Urteil vom 27.11.1956 – I ZR 57/55 – Europapost, GRUR 1957, 291, 293; BGH, Urteil vom 29.3.1957 – I ZR 236/55 – Ledigenheim, GRUR 1957, 391, 392 f.; BGH, Urteil vom 27.2.1961 – I ZR 127/59 – Stahlrohrstuhl I, GRUR 1961, 635, 637 f.; BGH, Urteil vom 21.5.1969 – I ZR 42/67 – Vasenleuchter, GRUR 1972, 38, 39; BGH, Urteil vom 12.5.2011 – I ZR 53/10 – Seilzirkus, GRUR 2012, 58, 60 Rn. 22; siehe hierzu *Donle/Held/Nordemann-Schiffel/Nordemann*, GRUR Int. 2012, 995, 997.

1015 BGH, Urteil vom 10.10.1973 – I ZR 93/72 – Sessel, GRUR 1974, 740, 741; BGH, Urteil vom 14.11.2002 – I ZR 199/00 – Staatsbibliothek, GRUR 2003, 231, 233; BGH, Urteil vom 12.5.2011 – I ZR 53/10 – Seilzirkus, GRUR 2012, 58, 61 Rn. 24.

1016 BGH, Urteil vom 12.5.2011 – I ZR 53/10 – Seilzirkus, GRUR 2012, 58, 61 Rn. 24 m.w.N.

1017 Kritisch *Zentek*, Anm. I ZR 53/10 – Seilzirkus, ZUM 2012, 42, 43.

1018 BGH, Urteil vom 12.5.2011 – I ZR 53/10 – Seilzirkus, GRUR 2012, 58, 62 Rn. 33 ff.

Auch wenn er die Frage hier erst einmal unbeantwortet ließ, so erscheint es dennoch bemerkenswert, dass er zugleich ausdrücklich offengelassen hat, ob er an seiner bisherigen Rechtsprechung hierzu langfristig festhalten werde.[1019]

Im Rahmen seiner Ausführungen hat der BGH zunächst noch einmal die wesentlichen Punkte seiner bisherigen Rechtsprechung unter Bezugnahme auf die oben bereits erläuterte „Stufentheorie“ wie folgt zusammengefasst:[1020]

Bei Werken der zweckfreien bildenden Kunst, genauso wie bei literarischen und musikalischen Werken, sei der Schutz einfacher Schöpfungen in Form der kleinen Münze anerkannt. Hingegen müsse bei Werken der angewandten Kunst, soweit sie einem Geschmacksmusterschutz zugänglich sind, ein deutliches Überragen der Durchschnittsgestaltung gegeben sein, was damit begründet werde, dass sich das Urheberrecht und das Geschmackmusterrecht nicht wesensmäßig, sondern nur graduell unterschieden. Da sich bereits die geschmacksmusterschutzfähige Gestaltung von der nicht geschützten Durchschnittsgestaltung abheben müsse, also von dem rein Handwerksmäßigen und Alltäglichen, werde für die Urheberrechtsschutzfähigkeit ein noch weiterer Abstand in Form des deutlichen Überragens über die Durchschnittsgestaltung verlangt. Deshalb sei für den Urheberrechtsschutz ein höherer schöpferischer Eigentümlichkeitsgrad zu fordern als bei lediglich geschmacksmusterfähigen Gegenständen, wobei die Grenze zwischen beiden nicht zu niedrig anzusetzen sei.[1021]

Sodann hat der BGH in der „Seilzirkus“-Entscheidung auf folgende der gegen diese Rechtsprechung vorgebrachten und oben bereits ausführlich erläuterten Argumente verwiesen:[1022]

Zum einen werde eingewandt, aus der Neugestaltung des Geschmacksmusterrechts durch das Geschmacksmusterreformgesetz vom 12. März 2004[1023], welches die Richtlinie 98/71/EG über den rechtlichen Schutz von Mustern und Modellen umgesetzt habe, folge, dass sich das Geschmacksmusterrecht nicht mehr als Unterbau

---

1019 BGH, Urteil vom 12.5.2011 – I ZR 53/10 – Seilzirkus, GRUR 2012, 58, 62 Rn. 33; siehe hierzu auch Anm. *Bullinger*, GRUR-Prax 2011, 536.

1020 BGH, Urteil vom 12.5.2011 – I ZR 53/10 – Seilzirkus, GRUR 2012, 58, 62 Rn. 34; vgl. hierzu auch *Donle/Held/Nordemann-Schiffel/Nordemann*, GRUR Int. 2012, 995, 997.

1021 Std. Rspr., etwa BGH, Urteil vom 22.6.1995 – I ZR 119/93 – Silberdistel, GRUR 1995, 581, 582 m.w.N.; BGH, Urteil vom 12.5.2011 – I ZR 53/10 – Seilzirkus, GRUR 2012, 58, 62 Rn. 34; bestätigt durch BVerfG, Beschluss vom 26.1.2005 – 1 BvR 157/02 – Laufendes Auge, GRUR 2005, 410 ff.

1022 BGH, Urteil vom 12.5.2011 – I ZR 53/10 – Seilzirkus, GRUR 2012, 58, 62 Rn. 35.

1023 Gesetz zur Reform des Geschmacksmusterrechts (Geschmacksmusterreformgesetz), BGBl. 2004 I S. 390.

zum Urheberrecht eigne, da nunmehr zwischen den beiden Schutzrechten kein Stufenverhältnis mehr bestehe. Der Gesetzgeber habe mit dem Geschmacksmusterrecht ein eigenständiges gewerbliches Schutzrecht schaffen und den engen Bezug zum Urheberrecht aufheben wollen. Urheberrechts- und Geschmacksmusterschutz schlössen einander also nicht aus, sondern könnten nebeneinander bestehen.[1024]

Zum anderen verweist der BGH auf das in diesem Zusammenhang ebenfalls angeführte Argument der europäischen Urheberrechtsentwicklung, wonach diese Anlass gebe, auch bei Werken der angewandten Kunst nicht mehr von einer höheren Schutzuntergrenze auszugehen.[1025]

Ob die genannten Argumente durchgreifen und (langfristig) zu einer Änderung der langjährigen Rechtsprechung des BGH zu urheberrechtlichen Fragen im Bereich der angewandten Kunst führen können, hat das Gericht in der „Seilzirkus"-Entscheidung letztlich (erst einmal) offengelassen.

Zugleich hat der BGH aber an dieser Stelle auch noch einmal das von ihm zuvor Dargetane betont: Selbst wenn bei Werken der angewandten Kunst keine höheren Anforderungen an die Gestaltungshöhe als bei Werken der zweckfreien Kunst zu stellen wären, so wäre bei der Beurteilung der Gestaltungshöhe eines Werkes der angewandten Kunst gleichwohl zu beachten, dass die ästhetische Wirkung der Gestaltung einen Urheberrechtsschutz nur begründen könne, soweit sie nicht dem Gebrauchszweck geschuldet und technisch bedingt sei, sondern auf einer künstlerischen Leistung beruhe.[1026] Dies könne zur Folge haben, dass ein Werk der angewandten Kunst, welches eine genauso große ästhetische Wirkung wie ein Werk der zweckfreien Kunst ausübe, anders als dieses keinen Urheberrechtsschutz genieße.[1027]

Bemerkenswert an der von dem BGH in der „Seilzirkus"-Entscheidung vorgenommenen Prüfung ist, dass er den Prüfungs- und Diskussionsschwerpunkt nicht – wie sonst bei Fragen des Urheberrechtsschutzes von Werken der angewandten Kunst üblich – auf das Merkmal der Gestaltungshöhe legt, sondern diesen vorverlagert auf das Merkmal der (allgemeinen) Individualität. Im konkreten Fall versagt er der in Rede stehenden Gestaltung den urheberrechtlichen Schutz als Werk der

1024 BGH, Urteil vom 12.5.2011 – I ZR 53/10 – Seilzirkus, GRUR 2012, 58, 62 Rn. 35.

1025 BGH, Urteil vom 12.5.2011 – I ZR 53/10 – Seilzirkus, GRUR 2012, 58, 62 Rn. 35 m.w.N.

1026 BGH, Urteil vom 12.5.2011 – I ZR 53/10 – Seilzirkus, GRUR 2012, 58, 62 Rn. 36; vgl. hierzu auch *Donle/Held/Nordemann-Schiffel/Nordemann*, GRUR Int. 2012, 995, 997.

1027 BGH, Urteil vom 12.5.2011 – I ZR 53/10 – Seilzirkus, GRUR 2012, 58, 62 Rn. 36.

angewandten Kunst im Sinne des § 2 Abs. 1 Nr. 4 UrhG wegen angeblich fehlender Individualität.

Die Erwägungen des BGH können nun auf zwei verschiedene Arten verstanden werden:

Auf der einen Seite ließe sich daraus folgern, der BGH wolle damit schlichtweg eine künftige Anpassung seiner Rechtsprechung an die europäische Urheberrechtsentwicklung in Aussicht stellen und den daraus folgenden Schutz der kleinen Münze im Bereich der angewandten Kunst anerkennen. Deutete man die in Rede stehenden Ausführungen des BGH in diesem Sinne, so ergäbe sich aus diesen für den generellen Schutzumfang der kleinen Münze im Urheberrecht im Vergleich zu dem bereits bestehenden Schutzumfang jedoch kaum etwas Neues. Denn es können eben wie bereits dargestellt nur diejenigen Merkmale einer Gestaltung in den Genuss eines urheberrechtlichen Schutzes gelangen, die ein Mindestmaß an Individualität aufweisen. Nicht sonderlich individuellen Gestaltungen (d.h. Gestaltungen mit geringen individuellen Merkmalen) kommt deshalb auch nur ein geringer Schutzumfang zu, welcher sich dann auf die gerade noch als individuell einordbaren Gestaltungsmerkmale bezieht.

Auf der anderen Seite ließen sich die hier in Rede stehenden Ausführungen des BGH in der „Seilzirkus"-Entscheidung auch als ein (verstecktes) Festhalten an den höheren Anforderungen an die Gestaltungshöhe bei Werken der angewandten Kunst deuten: Zwar hielte der BGH damit dann wie aufgezeigt langfristig nicht mehr ausdrücklich an den erhöhten Voraussetzungen fest – nicht zuletzt aufgrund der europäischen Urheberrechtsentwicklungen. Indem er aber für den Urheberrechtsschutz eines Designs eine über die von der Funktion des Gebrauchsgegenstandes vorgegebene Form hinausgehende „künstlerische Gestaltung" des Gegenstandes verlangte, nähme er letztlich eine inhaltlich vergleichbare Prüfung vor und tauschte nur die Überschrift des Prüfungspunktes für die Begründung der tendenziell eher zurückhaltenden Annahme eines Urheberrechtsschutzes für Werke der angewandten Kunst aus (bloße „Umetikettierung"). Im Ergebnis würde er auf diese Weise letztlich inhaltlich an den erhöhten Anforderungen für Werke der angewandten Kunst im deutschen Recht festhalten.[1028] Denn damit ließe der BGH Werken der angewandten Kunst nach wie vor nicht ohne weiteres einen urheberrechtlichen Schutz zukommen.

In Anbetracht der vorstehend genannten Gründe und der europäischen Urheberrechtsentwicklungen kann der BGH zwar langfristig auch im Bereich der angewandten Kunst einen Urheberrechtsschutz wohl nicht mehr mit der Begründung

---

1028 Ähnlich *Zentek*, Anm. I ZR 53/10 – Seilzirkus, ZUM 2012, 42, 45.

des Fehlens einer deutlich überragenden Gestaltungshöhe versagen. Gleichwohl wird er aber unter Umständen den eingeschränkten Urheberrechtsschutz für Werke der angewandten Kunst dadurch versuchen aufrechtzuerhalten, dass er im Rahmen der Individualität eine besondere „künstlerische Qualität" verlangt. Auf diese Weise würde er unter einer anderen Überschrift zu einem ähnlichen Ergebnis gelangen, nämlich den Urheberrechtsschutz für Gestaltungen im Bereich der angewandten Kunst nur im Falle des Erfüllens besonderer Voraussetzungen anzunehmen. Auch dies wäre jedoch – wie sich aus dem vorstehend Dargetanen ergibt – mit den einheitlichen Voraussetzungen des für sämtliche Werkarten geltenden Werkbegriffs nicht in Einklang zu bringen.

Kommende Entscheidungen werden zeigen, wie sich der BGH in seiner Rechtsprechung künftig hierzu aufstellen wird.

D. Bedeutung für die Weiterentwicklung des urheberrechtlichen acquis communautaire

I. Langfristig Niederlegung des einheitlichen EU-Werkbegriffs in einer ausdrücklichen Regelung

Wenngleich wie dargestellt bereits jetzt ein einheitlicher europäischer Werkbegriff in der Europäischen Union existiert, erscheint es gleichwohl langfristig sinnvoll, für den Werkbegriff eine ausdrückliche, in einem europäischen Rechtsakt verankerte Regelung zu treffen.[1029] Angesichts der herausragenden Bedeutung des Werkbegriffs im urheberrechtlichen System – an ihm entscheidet sich wie erwähnt, ob das Urheberrecht überhaupt zur Anwendung kommt – ist ein Akt des EU-Gesetzgebers zur einheitlichen Regelung des Werkbegriffs zum einen aus Klarstellungs- und Rechtssicherheitsgründen hilfreich (rechtlicher Aspekt). Zum anderen hat der Werkbegriff im Rahmen der Verwirklichung des EU-Binnenmarktes eine Schlüsselrolle inne, sodass auch vor diesem Hintergrund eine explizite Regelung dauerhaft sinnvoll erscheint ((wirtschafts-)politischer Aspekt). Hinzu kommt, dass damit auch der Kritik der mangelnden demokratischen Legitimation im Hinblick auf die rechtsfortbildende Rechtsprechung des EuGH wirksam entgegengetreten werden kann (rechtlich-politischer Aspekt).

1029 Vgl. dazu *G. Schulze*, GRUR 2009, 1019, 1021.

1. Regelungsmöglichkeiten

Dem europäischen Gesetzgeber stehen hierzu gemäß Art. 288 AEUV verschiedene Handlungsinstrumente zur Verfügung. Für das hier in Rede stehende Regelungsvorhaben zum EU-Werkbegriff kommen insbesondere die Verordnung sowie die Richtlinie in Betracht.

a) Die Verordnung (Art. 288 Abs. 2 AEUV)

Die Verordnung hat gemäß Art. 288 Abs. 2 S. 1 AEUV allgemeine Geltung. Sie ist in allen ihren Teilen verbindlich und gilt unmittelbar in jedem Mitgliedstaat (Art. 288 Abs. 2 S. 2 AEUV). Hierzu bedarf es weder eines innerstaatlichen Transformationsaktes noch einer nationalen Bekanntgabe des Rechtsaktes.[1030] Adressaten der Verordnung sind die Union und ihre Einrichtungen, die EU-Mitgliedstaaten und ihre Institutionen sowie natürliche und juristische Personen in den EU-Mitgliedstaaten.[1031]

Aus der unmittelbaren Geltung der Verordnung folgt, dass ihre Bestimmungen von den nationalen Verwaltungsbehörden und Gerichten beachtet und vollzogen werden müssen.[1032] Entgegenstehendes innerstaatliches Recht wird von der Verordnung verdrängt und findet im Sinne des Anwendungsvorrangs keine Anwendung, solange die Verordnung in Kraft ist.[1033] Die Verordnung wird hierbei Teil der nationalen Rechtsordnung, ohne ihre unionsrechtliche Eigenart einzubüßen.[1034]

b) Die Richtlinie (Art. 288 Abs. 3 AEUV)

Die Richtlinie ist für jeden Mitgliedstaat, an den sie gerichtet wird, hinsichtlich des zu erreichenden Ziels verbindlich, überlässt jedoch den innerstaatlichen Stellen die Wahl der Form und der Mittel (Art. 288 Abs. 3 AEUV).

Anders als im Falle der Verordnung sind Adressaten der Richtlinie also zunächst allein die Mitgliedstaaten, die diese „vollständig, genau und innerhalb der [dort] gesetzten Frist“[1035] in nationales Recht umzusetzen haben (vgl. Art. 4 Abs. 3

1030 *Hobe*, Europarecht, § 10 Rn. 26.

1031 *Hobe*, Europarecht, § 10 Rn. 24; *Nettesheim*, in: Oppermann/Classen/Nettesheim, § 9 Rn. 81.

1032 *Streinz*, Europarecht, Rn. 470 ff.

1033 *Nettesheim*, in: Oppermann/Classen/Nettesheim, § 9 Rn. 80.

1034 *Streinz*, Europarecht, Rn. 470.

1035 *Haratsch/Koenig/Pechstein*, Rn. 383.

EUV).[1036] Damit wird die Richtlinie regelmäßig erst nach einem zweistufigen Rechtsetzungsverfahren in den Mitgliedstaaten unmittelbar wirksam.[1037]

Bei der Transformation der Richtlinienvorgaben in das nationale Recht haben die Mitgliedstaaten die Form und die Mittel zu wählen, die die praktische Wirksamkeit der Richtlinie bestmöglich sicherstellen.[1038] Der EuGH räumt den Mitgliedstaaten dabei einen gewissen Wertungsspielraum ein,[1039] der vor allem dann zur Anwendung gelangt, wenn der nationale Gesetzgeber über die Mindestvorgaben der Richtlinie hinausgeht.[1040] Die Nichtbeachtung von Richtlinienvorgaben (Verpflichtungen, Fristen) kann ein Mitgliedstaat nicht mit Bestimmungen, Übungen oder Umständen seiner eigenen Rechtsordnung rechtfertigen.[1041] Denn Maßstab ist die Unionsebene.[1042]

2. Vorzugswürdiger Regelungsakt hier: Die Verordnung

Bislang wurden Rechtsangleichungen im Bereich des geistigen Eigentums, so auch im urheberrechtlichen Bereich (dort sogar ausschließlich), zumeist durch Richtlinien vorgenommen (Art. 115 i.V.m. Art. 288 Abs. 3 AEUV).[1043] Denn durch Richtlinien können wie erwähnt die nationalen Schutzrechtssysteme einander angeglichen werden, ohne dass sie ihre Eigenständigkeit und Territorialität verlieren.[1044] Für die Verwirklichung des Binnenmarktes liegt jedoch genau darin der

---

1036 *Haratsch/Koenig/Pechstein*, Rn. 383.

1037 *Hobe*, Europarecht, § 10 Rn. 28.

1038 *Haratsch/Koenig/Pechstein*, Rn. 385 m.w.N.

1039 EuGH, Urteil vom 8.5.2008 – Rs. C-491/06 – Danske Svineproducenter, Slg. 2008, S. I-3339 Rn. 31.

1040 *Haratsch/Koenig/Pechstein*, Rn. 385.

1041 EuGH, Urteil vom 21.6.1988 – Rs. C-283/86 – Kommission/Belgien, Slg. 1988, 3271 Rn. 7; EuGH, Urteil vom 13.12.1990 – Rs. C-240/89 – Kommission/Italien, Slg. 1990, I-4853 Rn. 6; *Haratsch/Koenig/Pechstein*, Rn. 383.

1042 *Haratsch/Koenig/Pechstein*, Rn. 383; EuGH, Urteil vom 8.10.1996 – verbundene Rs. C-178/94, C-179/94, C-188/94, C-189/94 und C-190/94 – Dillenkofer u.a./ Bundesrepublik Deutschland, Slg. 1996, I-4845 Rn. 54 m.w.N. (zur Verlängerung einer Frist für die Umsetzung einer Richtlinie: „... besteht [...] der einzige mit dem Gemeinschaftsrecht zu vereinbarende Weg für den betreffenden Mitgliedstaat darin, die geeigneten Schritte auf Gemeinschaftsebene zu unternehmen, um das zuständige Gemeinschaftsorgan zu der notwendigen Verlängerung der Frist zu veranlassen.“).

1043 *Haedicke*, in: Schulze/Zuleeg/Kadelbach, § 21 Rn. 6.

1044 *Haedicke*, in: Schulze/Zuleeg/Kadelbach, § 21 Rn. 6.

wesentliche Nachteil,[1045] der im Falle der Einführung einheitlicher europäischer Schutzrechte mithilfe von Verordnungen nicht vorhanden ist.[1046]

Auch für die ausdrückliche Regelung des EU-Werkbegriffs erweist sich die Verordnung gegenüber der Richtlinie letztlich als das zweckmäßigere Regelungsinstrument zur Schaffung eines europäischen Rechtstitels gemäß Art. 118 AEUV[1047], und dies aus einer Reihe von Gründen:

Die Verordnung findet wie erwähnt unmittelbar mit ihrem Inkrafttreten in den Mitgliedstaaten Anwendung, es bedarf anders als im Falle der Richtlinie keines weiteren Transformationsaktes in den Mitgliedstaaten. Die Mitgliedstaaten haben damit in Bezug auf die Verordnungsregelung auch keinen eigenen Gestaltungsspielraum mehr inne.

Da die Kriterien des EU-Werkbegriffs ohnehin keinen Spielraum nach oben oder unten zulassen und dem hier in Rede stehenden zu erlassenden Rechtsakt wie erwähnt unter anderem Klarstellungs-, Rechtssicherheits- sowie Legitimationserwägungen zugrunde liegen, sollte der einheitliche Standard der Schutzvoraussetzungen für ein „Werk" im EU-Rechtsraum durch eine die nationalen Vorgaben zum jeweiligen Werkbegriff endgültig aufhebende und diese ersetzende „EU-Werkbegriffs-Verordnung" direkt vorgegeben werden. Im Falle einer Richtlinienregelung bestünde die erneute Gefahr der unterschiedlichen Handhabung der Richtlinienvorgaben in den Mitgliedstaaten, was letztlich doch keine vollständige Einheitlichkeit und Übereinstimmung bei den Werkvoraussetzungen bedeuten könnte.[1048]

Auch auf anderen Gebieten des geistigen Eigentums hat sich der Gebrauch von Verordnungen zur Einführung eigenständiger Gemeinschaftsschutzrechte mit Blick auf das Binnenmarktziel bereits bewährt, wie die Gemeinschaftsmarken-Verordnung sowie die Gemeinschaftsgeschmacksmuster-Verordnung zeigen.[1049] Zwar waren die nationalen Marken- und Geschmacksmusterrechte mitsamt ihren Schutzrechtsvoraussetzungen bereits zuvor mithilfe von Richtlinien einander angeglichen worden; sie existieren auch heutzutage weiterhin autonom neben den beiden Gemeinschaftsrechten („Prinzip der Koexistenz").[1050] Dieses Nebeneinander ist jedoch vor allem

---

1045 Vgl. *Berger*, ZUM 2012, 353, 361; ferner *Schack*, ZEuP 2000, 799, 800.

1046 *Haedicke*, in: Schulze/Zuleeg/Kadelbach, § 21 Rn. 7.

1047 Vgl. hierzu *Holzmüller*, in: Schwarze, Art. 118 AEUV Rn. 9.

1048 Vgl. *Schack*, in: Leistner, 2010, 173, 182.

1049 Näheres zur Gemeinschaftsmarken-VO und Gemeinschaftsgeschmacksmuster-VO bei *Haedicke*, in: Schulze/Zuleeg/Kadelbach, § 21 Rn. 59 ff., 66 ff.; siehe ferner *Schack*, in: Leistner, 2010, 173, 179.

1050 *Stieper*, in: Grabitz/Hilf/Nettesheim, Art. 118 AEUV Rn. 19 f.; *Schramm*, 2005, S. 94 ff.: Neben dem „Grundsatz der Koexistenz" (zweigleisiges System) zählen

deshalb möglich, weil es sich bei diesen beiden Schutzrechten um „Registerrechte“ handelt – von dem (gerade einmal drei Jahre lang gewährten) nicht eingetragenen Gemeinschaftsgeschmacksmuster einmal abgesehen. Die Registrierungspflicht (d.h. Anmeldung und Eintragung) als formelle Entstehungsvoraussetzung des jeweiligen Schutzrechts ermöglicht die Koexistenz der beiden Schutzrechtssysteme von nationalem und EU-System. Der potentielle Schutzrechtsinhaber kann sich bewusst für das eine oder das andere System oder auch beide Systeme entscheiden und entsprechende Anmeldungen vornehmen.[1051] Wird nicht angemeldet, nicht eingetragen o.ä. existiert (im Grundsatz) auch kein Schutzrecht.[1052]

Hierin liegt jedoch der entscheidende Unterschied zum Urheberrecht. Dieses ist ein formlos gewährtes Recht, es entsteht mit dem Schöpfungsakt.[1053] Ähnlich wie im Falle des nicht eingetragenen (Gemeinschafts-)Geschmacksmusters erscheint hier ein Nebeneinander von nationalem und europäischem Urheberrecht wenig brauchbar, da der Urheber mit Schöpfung des Werks „stets zwei [voneinander] unabhängige Schutzrechte an demselben Schutzgegenstand erhielte“.[1054] Die parallele Geltung eines nationalen und eines europäischen Urheberrechts wäre in Anbetracht der fehlenden Registerpflicht und des damit einhergehenden fehlenden Wahlrechts des Schutzrechtsinhabers nicht praktikabel.[1055] Deshalb kann die dauerhafte Lösung nur in der Schaffung eines einheitlichen europäischen Urheberrechtssystems liegen, welches nicht neben die nationalen Rechtssysteme tritt, sondern diese ersetzt.[1056]

---

der „Grundsatz der Autonomie“ (Schutzrecht ist ein unionales, unabhängig von den Rechtsordnungen der Mitgliedstaaten bestehendes Recht) sowie der „Grundsatz der Einheitlichkeit“ (Schutzrecht hat dieselbe Wirkung in der gesamten Union) zu den wesentlichen Grundsätzen dieser supranationalen Schutzrechte; vgl. ferner *Ohly*, ZEuP 2004, 296, 299 m.w.N.

1051 *Gaster*, ZUM 2006, 8, 14; *Hilty*, IIC 2004, 760, 768 f.

1052 Ausgegangen wird hier nur von der „klassischen“ Grundkonstellation; auf andere Möglichkeiten, wie die Eintragungsversagung, den Widerspruch, die nachträgliche Löschung oder etwa die Markenentstehung kraft Benutzung, soll hier nicht eingegangen werden.

1053 *Gaster*, ZUM 2006, 8, 14; *Stieper*, in: Grabitz/Hilf/Nettesheim, Art. 118 AEUV Rn. 20; *Hilty*, IIC 2004, 760, 769; *Hilty*, in: Leistner, 2010, 123, 161.

1054 *Stieper*, in: Grabitz/Hilf/Nettesheim, Art. 118 AEUV Rn. 20; *Hilty*, IIC 2004, 760, 769.

1055 *Stieper*, in: Grabitz/Hilf/Nettesheim, Art. 118 AEUV Rn. 20; ferner *Hilty*, IIC 2004, 760, 769; *Schack*, ZEuP 2000, 799, 818.

1056 *Dietz*, GRUR Int. 1995, 670, 686; *Dietz*, ZUM 1998, 438, 451; *Stieper*, in: Grabitz/Hilf/Nettesheim, Art. 118 AEUV Rn. 20, 38; *Hilty*, IIC 2004, 760, 769; *Hilty*,

Die damit langfristig ohnehin „unvermeidlich[e]“[1057] Vollharmonisierung in Gestalt eines einheitlichen europäischen Urheberrechts kann durch den Erlass eines einzigen Rechtsakts oder auch schrittweise durch mehrere Verordnungen vollzogen werden.[1058] Auftaktrechtsakt und ein erster Schritt in diese Richtung könnte eine Verordnung zum EU-Werkbegriff sein.

Dies wäre zugleich ein weiterer wichtiger Schritt zur Überwindung des Territorialitätsprinzips in der Europäischen Union, das „mit seinem Bündel nationaler Schutzrechte“[1059] nach wie vor das Funktionieren des Binnenmarkts behindert[1060] und Rechtsunsicherheiten bei der grenzüberschreitenden Verwertung mit sich bringt.[1061] Innerhalb der EU als einheitlichem Wirtschaftsraum kann das Territorialitätsprinzip dauerhaft nicht überleben, hier müssen Ausschließlichkeitsrechte an Immaterialgütern einheitlich geregelt sein, um sie im Binnenraum effektiv nutzen zu können,[1062] insbesondere auch in Anbetracht des permanent wachsenden Online-Vertriebs von urheberrechtlich geschützten Werken.[1063]

„Das Spannungsverhältnis zwischen Territorialität und Binnenmarkt“[1064] kann letztlich nur durch ein einheitliches europäisches Urheberrecht aufgehoben werden.[1065]

---

in: Leistner, 2010, 123, 161; *Kreile/Becker*, ZUM 1992, 581, 583; *Kreile/Becker*, GRUR Int. 1994, 901, 903; *Leistner*, 2008, S. 64 ff.; *Lucas*, in: FS Schricker, 2005, S. 435, 444 f.; *Schack*, Rn. 155; *Schack*, ZeuP 2000, 799, 818; *Schack*, in: Leistner, 2010, 173, 179; vgl. auch *Dietz*, in: FS 100 Jahre GRUR, 1991, S. 1445, 1479 f. (Rn. 55), 1474 ff. (Rn. 48 ff.); ferner *Peifer*, GRUR Int. 2010, 671, 675; zurückhaltender und im Ergebnis offener *Dreier*, in: Riesenhuber, 2007, S. 39, 67 f.; *Dreier*, ZEuP 2011, 831, 850; *Peifer*, in: Riesenhuber, 2007 S. 155, 173, 178 f.; a.A. *v. Lewinski*, in: Riesenhuber, 2007, S. 215, 240.

1057 *Schack*, in: Leistner, 2010, 173, 179 m.w.N., 184 ff. („Umfang“ und „zeitlicher Rahmen“ einer solchen Vereinheitlichung); siehe auch *Schack*, Rn. 155; *Schack*, in: FS Kropholler, 2008, S. 651, 669; zurückhaltender *Riesenhuber*, in: Riesenhuber, 2007, S. 113, 153.

1058 *Schack*, in: Leistner, 2010, 173, 187; vgl. auch *Würfel*, 2005, S. 191.

1059 *Schack*, in: Leistner, 2010, 173, 179.

1060 *Schack*, in: Leistner, 2010, 173, 179; *Stieper*, in: Grabitz/Hilf/Nettesheim, Art. 118 AEUV Rn. 8; *Leistner*, CMLR 46 (2009), 847, 883 f.; vgl. auch *Peifer*, ZUM 2006, 1, 4.

1061 *Stieper*, in: Grabitz/Hilf/Nettesheim, Art. 118 AEUV Rn. 37 m.w.N.

1062 *Schack*, Rn. 920; *Schack*, in: Leistner, 2010, 173, 179; ferner *Berger*, ZUM 2012, 353, 354; *Deringer*, NJW 1985, 513, 517.

1063 *Stieper*, in: Grabitz/Hilf/Nettesheim, Art. 118 AEUV Rn. 37; siehe hierzu auch *Dreier*, ZeuP 2011, 831, 835.

1064 *Stieper*, in: Grabitz/Hilf/Nettesheim, Art. 118 AEUV Rn. 8.

1065 *Schack*, in: Leistner, 2010, 173, 179, 188; vgl. *Schack*, in: FS Kropholler, 2008, S. 651, 669; im Ergebnis dagegen offener *Dreier*, ZEuP 2011, 831, 850.

II. Grünbuch der Kommission vom 13. Juli 2011

Auch die Europäische Kommission hat in ihrem „Grünbuch über den Online-Vertrieb von audiovisuellen Werken in der Europäischen Union“ vom 13. Juli 2011[1066] das Erfordernis einheitlicher urheberrechtlicher Regelungen thematisiert, womöglich gar in einer Gesamtkodifizierung. So hat sie darin ausgeführt, im Rahmen ihrer neuen Strategie zum Schutz der Rechte des geistigen Eigentums vom Mai 2011[1067] die Schaffung eines „umfassenden einheitlichen Europäischen Urheberrechtskodexes“ geprüft zu haben. Dieser könnte auf der Kodifizierung der bereits existierenden urheberrechtlichen EU-Richtlinien basieren, wobei die Erforderlichkeit weiterer, darüber hinausgehender Harmonisierungen zugleich geprüft werde. Dabei böte sich auch die Gelegenheit, eine Aktualisierung der Urheberrechtsausnahme- und Beschränkungsregelungen der Informations-Richtlinie zu prüfen.[1068]

Neben den Erwägungen zu einem einheitlichen Europäischen Urheberrechtskodex finden sich in besagtem Grünbuch der Kommission auch Ausführungen, wonach zusätzlich zu dem Kodex die „Machbarkeit eines fakultativen einheitlichen Urheberrechtstitels auf der Grundlage von Artikel 118 AEUV“[1069] geprüft werden könnte, welcher „auf freiwilliger Basis bereitgestellt werden und neben den nationalen Titeln bestehen“[1070] könnte. Dies ließe sich – so die Kommission – dergestalt ausgestalten, dass künftige Autoren oder Produzenten audiovisueller Werke die Möglichkeit zur Registrierung ihrer Werke erhielten, um „dann einen

---

1066 Grünbuch über den Online-Vertrieb von audiovisuellen Werken in der Europäischen Union: Chancen und Herausforderungen für den digitalen Binnenmarkt vom 13.7.2011, KOM (2011) 427 endgültig, S. 14; vgl. auch *Tilmann*, GRUR 2011, 1096, 1098.

1067 Mitteilung der Kommission an das Europäische Parlament, den Rat, den Europäischen Wirtschafts- und Sozialausschuss und den Ausschuss der Regionen: Ein Binnenmarkt für Rechte des geistigen Eigentums – Förderung von Kreativität und Innovation zur Gewährleistung von Wirtschaftswachstum, hochwertigen Arbeitsplätzen sowie erstklassigen Produkten und Dienstleistungen in Europa vom 24.5.2011, KOM (2011) 287 endgültig, S. 14.

1068 „Grünbuch über den Online-Vertrieb von audiovisuellen Werken in der EU“, KOM (2011) 427 endgültig, S. 14.

1069 „Grünbuch über den Online-Vertrieb von audiovisuellen Werken in der EU“, KOM (2011) 427 endgültig, S. 14 Fn. 57, mit dem Verweis auf die Mitteilung der Kommission „Ein Binnenmarkt für Rechte des geistigen Eigentums“, KOM (2011) 287, S. 11, siehe dort insbesondere S. 14.

1070 „Grünbuch über den Online-Vertrieb von audiovisuellen Werken in der EU“, KOM (2011) 427 endgültig, S. 14.

einzigen, in der gesamten EU gültigen Titel zu erhalten".[1071] Die Kommission weist jedoch zugleich darauf hin, dass die „Machbarkeit, die tatsächliche Nachfrage nach einem solchen Titel und seine greifbaren Vorteile sowie die Auswirkungen seiner Anwendung parallel zum bestehenden Gebietsschutz [...] gründlich geprüft werden [müssen]".[1072]

Unter Berücksichtigung des unter dem vorangegangen Punkt Erläuterten ist jedoch die Umsetzbarkeit und der praktische Nutzen eines Nebeneinanders von einem derartigen EU-Titel und dem jeweiligen nationalen (formlos gewährten) Urheberrecht[1073] eher kritisch zu betrachten. Mit Blick auf Art. 5 Abs. 2 RBÜ sollte zudem die Gewährung eines Urheberrechtsschutzes – auch in Abgrenzung zu den gewerblichen Schutzrechten im Bereich des geistigen Eigentums – nicht von Formalvorgaben abhängig gemacht werden. Art. 5 Abs. 2 RBÜ verbietet den Verbandsstaaten zwar nicht, formale Erfordernisse einzuführen, die die Inländer binden, sondern legt nur fest, dass die Urheberrechtsgewährung gegenüber Angehörigen anderer Verbandsstaaten nicht an die Erfüllung formeller Voraussetzungen gebunden sein darf.[1074] Gleichwohl kommt aber in der Vorschrift ein urheberrechtlicher Grundsatz zum Ausdruck, nämlich dass im Bereich des Urheberrechts an sich von formalen Erfordernissen abgesehen werden sollte.[1075] Vor dem Hintergrund der im Rahmen dieser Arbeit zu untersuchenden Fragestellung soll dies hier jedoch nicht weiter erörtert werden.

1071 „Grünbuch über den Online-Vertrieb von audiovisuellen Werken in der EU", KOM (2011) 427 endgültig, S. 14.

1072 „Grünbuch über den Online-Vertrieb von audiovisuellen Werken in der EU", KOM (2011) 427 endgültig, S. 14.

1073 Siehe etwa auch die Ausführung in der amtl. Begr. zum Zweiten Gesetz zur Änderung des Urheberrechtsgesetzes vom 9. Juni 1993 (BGBl. 1993 I S. 910), BT-Drucksache 12/4022 vom 18. Dezember 1992, S. 9 f.

1074 *Pauli*, NK RBÜ, Rn. 6.

1075 Vgl. dazu auch *Hilty*, IIC 2004, 760, 769.

6. Teil: Schlussbetrachtung

A. Résumé und Ausblick

In der Europäischen Union existiert mittlerweile ein einheitlicher europäischer Werkbegriff, der für sämtliche Werkarten – und damit auch für Werke der angewandten Kunst – gleichlautende, tendenziell eher niedrig anzusetzende Werkkriterien und somit auch einheitliche, tendenziell eher niedrige Anforderungen an die Gestaltungshöhe vorschreibt. Der EU-Werkbegriff ist von den deutschen Gerichten im Rahmen ihrer Entscheidungsfindungen zu beachten.

Im deutschen Recht künftig weiterhin eine deutlich höhere Gestaltungshöhe bei Werken der angewandten Kunst zu verlangen, verstieße folglich gegen die sich aus dem acquis communautaire ergebenden Vorgaben zum einheitlichen europäischen Werkbegriff. Zugleich ist die Annahme erhöhter Anforderungen an die Gestaltungshöhe bei Werken der angewandten Kunst wie dargestellt auch aus einer Vielzahl von anderen Gründen nicht (mehr) haltbar.

Der einheitliche europäische Werkbegriff kommt zum einen den Designern zugute. Er ist wichtig für ihr Überleben als Kreative, denn er bedeutet für sie, dass ihre Designs künftig leichter als urheberrechtliche Werke geschützt werden und sie damit für ihre künstlerische Leistung eine angemessene Entlohnung erhalten können.

Zum anderen kommt der einheitliche europäische Werkbegriff auch der Verwirklichung des Binnenmarkts zugute. Denn er bildet die Grundlage für einheitliche urheberrechtliche Schutzstandards in den EU-Mitgliedstaaten und kann so zu einem Abbau von Handelshemmnissen und einer Verhinderung von Wettbewerbsverzerrungen in der Europäischen Union beitragen.

Einer etwaigen Sorge vor einem künftig zu weitreichenden, zulasten der Allgemeinheit gehenden Urheberrechtsschutz könnte einzelfallabhängig im Rahmen einer großzügigeren Auslegung der urheberrechtlichen Schrankenbestimmungen (§§ 44a ff. UrhG) entgegengetreten werden.[1076] Auf diese Weise könnte die Forderung nach einer gewissen öffentlichen Teilhabe an urheberrechtlich geschützten

1076 *Hoeren/Herring*, MMR 2011, 500, 503; zurückhaltender *Wandtke*, GRUR 2002, 1, 5 ff.; vgl. hierzu ferner *G. Schulze*, in: Riesenhuber, 2007, S. 181, 200 f.

Werken mit Blick auf die Sozialbindung des Urheberrechts[1077] (Art. 14 Abs. 2 GG) ein Stück weit aufgefangen werden.[1078] So mag es einerseits heutzutage nicht mehr zeitgemäß erscheinen, bei urheberrechtlichen Fragestellungen allein die Sicht und die Interessen des Urhebers zugrunde zu legen, sondern es ist vielmehr auch von einem gewissen Teilhaberecht der Allgemeinheit an urheberrechtlich geschützten Werken auszugehen. Andererseits erschiene die Betrachtung des Urheberrechts allein unter der Überschrift „Information Law"[1079] ebenso wenig angebracht und würde der weiterhin sehr wohl bestehenden Vorrechtsstellung des Urhebers an dem von ihm geschaffenen Werk ebenfalls nicht gerecht werden. Eine Möglichkeit, beide Sichtweisen miteinander zu verbinden, könnte deshalb in einer großzügigeren Auslegung der Schrankenregelungen im jeweils konkreten Fall bestehen – unter Umständen auch verbunden mit einer zusätzlichen Erweiterung der Schrankenbestimmungen[1080] –, in welcher beide Positionen im Rahmen einer Güter- und Interessenabwägung (praktische Konkordanz) angemessen berücksichtigt werden („Balancemodell"[1081]).[1082]

So hat der EuGH zwar in der „Infopaq/DDF"-Entscheidung auf den Grundsatz der engen Schrankenauslegung rekurriert,[1083] hierzu in der Folge jedoch auch ergänzt, dieser Grundsatz habe keinen Einfluss darauf, dass die Interpretation der Schranken in der Informationsgesellschaft jedenfalls nichts an ihrer praktischen

---

1077 Vgl. hierzu auch *Wandtke*, ZUM 2005, 769, 773 m.w.N.

1078 Vgl. *Hoeren/Herring*, MMR 2011, 500, 501; *Metzger*, in: Leistner, 2010, 101, 121; vgl. zudem *Dreier*, ZEuP 2011, 831, 838; zurückhaltender *Wandtke*, GRUR 2002, 1, 5 ff.

1079 Siehe hierzu *Hoeren*, APuZ 2005, 14, 15; *Hoeren*, in: Hilty/Geiger, 2007, S. 265, 266 f., der dort jeweils darauf hinweist, dass in diese Richtung aber eine Strömung weise, welche insbesondere in den USA eine starke Anhängerschaft gefunden habe (Informationen als „common heritage of mankind") und wonach das Urheberrecht eine „Ausnahmeerscheinung" sei.

1080 *Hoeren*, GRUR-Prax 2011, 27, 29; siehe auch *Leistner/Hansen*, GRUR 2008, 479, 486.

1081 *Hoeren*, APuZ 2005, 14, 15 f.; *Hoeren*, in: Hilty/Geiger, 2007, S. 265, 267 ff.

1082 *Hoeren*, GRUR 1997, 866, 868, 871; *Hoeren*, APuZ 2005, 14, 16; *Hoeren*, in: Hilty/Geiger, 2007, S. 265, 267; siehe ferner *Ch. Geiger*, GRUR Int. 2004, 815, 818 f. m.w.N.; *Hoeren/Herring*, MMR 2011, 500, 502 f.; *Leistner/Hansen*, GRUR 2008, 479, 485.

1083 EuGH, Urteil vom 16.7.2009 – Rs. C-5/08 – Infopaq/DDF, Slg. 2009, I-6569 Rn. 56 ff.; *Leistner*, JZ 2011, 1140, 1145; kritisch dazu etwa *Metzger*, in: Leistner, 2010, 101, 118; dieser Grundsatz wird von der Rechtsprechung auch dem deutschen Urheberrechtsgesetz zugrunde gelegt, siehe etwa *G. Schulze*, in: Riesenhuber, 2007, S. 181, 200 m.w.N.

Wirksamkeit ändern dürfe.[1084] Hier müsse ein angemessener Rechts- und Interessenausgleich zwischen den Rechtsinhabern und den Nutzern hergestellt werden.[1085]

Trotz der zumindest traditionell geltenden Prämisse der eher engen, am Wortlaut des Gesetzes ausgerichteten Schrankenauslegung – mit Blick auf ihren Charakter als Ausnahmebestimmungen („orthodoxe Auffassung“[1086])[1087] – könnte also im Einzelfall gleichwohl eine nicht ganz so strenge, dem Nutzungs- und Informationsinteresse der Allgemeinheit dienende Auslegung vorgenommen werden.[1088]

B. Die „Geburtstagszug“-Entscheidung des BGH vom 13.11.2013

Nach Fertigstellung und offizieller Einreichung dieser Arbeit hat der BGH mit dem Urteil „Geburtstagszug“ am 13. November 2013[1089] entschieden, dass für einen urheberrechtlichen Schutz von Werken der angewandten Kunst grundsätzlich keine anderen Anforderungen mehr zu verlangen seien als für einen Urheberrechtsschutz von Werken der zweckfreien bildenden Kunst oder literarischen und

1084 EuGH, Urteil vom 4.10.2011 – verbundene Rs. C-403/08 und C-429/08 – Football Association Premier League und Murphy, InfoCuria (http://curia.europa.eu/), Rn. 163 f.; *Leistner*, JZ 2011, 1140, 1145 (Dies komme der „ähnlich abgewogenen Grundhaltung“ des BGH wieder näher und bringe den „EuGH vom vermeintlich eingeschlagenen Holzweg einer kategorisch engen Schrankenauslegung wieder zurück in den inzwischen doch deutlich differenzierteren mainstream der europäischen Urheberrechtsdiskussion“); vgl. auch *G. Schulze*, in: Riesenhuber, 2007, S. 181, 200 f.

1085 EuGH, Urteil vom 4.10.2011 – verbundene Rs. C-403/08 und C-429/08 – Football Association Premier League und Murphy, InfoCuria (http://curia.europa.eu/), Rn. 163 f.; näher *Leistner*, JZ 2011, 1140, 1145, 1148.

1086 *Hoeren*, APuZ 2005, 14, 15; *Hoeren*, in: Hilty/Geiger, 2007, S. 265 f. m.w.N.

1087 *Metzger*, in: Leistner, 2010, 101, 108, 110.

1088 *Hoeren/Herring*, MMR 2011, 500, 503, die zudem ausführen, das öffentliche Interesse könnte anerkanntermaßen gegebenenfalls auch schon im Rahmen der Auslegung der dem Urheber gewährten Befugnisse Berücksichtigung finden, was sich zumindest dann anbiete, wenn mangels Erfüllung der Voraussetzungen die Schrankenregelungen gar nicht zur Anwendung kommen; BGH, Urteil vom 20.3.2003 – I ZR 117/00 – Gies-Adler, GRUR 2003, 956, 957.

1089 BGH, Urteil vom 13.11.2013 – I ZR 143/12 – Geburtstagszug, GRUR 2014, 175 ff.

musikalischen Werken.[1090] Ausreichend sei das Erreichen einer Gestaltungshöhe, welche es nach Auffassung der für Kunst empfänglichen und mit Kunstanschauungen einigermaßen vertrauten Kreise rechtfertige, von einer „künstlerischen" Leistung zu sprechen; eines deutlichen Überragens der Durchschnittsgestaltung bedürfe es hingegen nicht.[1091]

Der BGH gibt damit seine bisherige Rechtsprechung zum Urheberrechtsschutz von Werken der angewandten Kunst ausdrücklich auf.[1092]

Er führt zudem aus, im Rahmen der Bemessung der Gestaltungshöhe sei zu beachten, dass die ästhetische Wirkung der Gestaltung nur zu einem Urheberrechtsschutz führen könne, wenn sie nicht aus dem Gebrauchszweck, sondern aus einer künstlerischen Leistung resultiere.[1093] Ferner sei im Falle einer geringen Gestaltungshöhe der Schutzbereich des Werkes entsprechend eng.[1094]

Wenngleich die Entscheidung in ihrem Ergebnis nachdrücklich zu begrüßen ist, so erscheint die Entscheidungsbegründung nur in Teilen überzeugend. Der BGH stützt die Aufgabe seiner bisherigen Rechtsprechung nämlich ausschließlich auf die im Jahre 2004 erfolgte Reform und Neuausrichtung des Geschmacksmusterrechts. Die Entwicklungen im europäischen Urheberrecht gäben hingegen – so der BGH – nicht zwingend Anlass für eine Rechtsprechungsänderung. Diese stünden dem Erfordernis einer besonderen Gestaltungshöhe für einen urheberrechtlichen Schutz von Werken angewandter Kunst nicht entgegen.[1095]

Der BGH führt hierzu zunächst aus, die in der Richtlinie 2001/29/EG (Informations-Richtlinie) geregelten Verwertungsrechte nähmen zwar auf ein Werk als Schutzobjekt Bezug, die Richtlinie selbst lege jedoch nicht die Voraussetzungen für die Annahme eines Werks fest.[1096] Der EuGH sei in Anbetracht des durch die

1090 BGH, Urteil vom 13.11.2013 – I ZR 143/12 – Geburtstagszug, GRUR 2014, 175, dortiger Ls. 1, 177 Rn. 26.

1091 BGH, Urteil vom 13.11.2013 – I ZR 143/12 – Geburtstagszug, GRUR 2014, 175, dortiger Ls. 1, 177 Rn. 25 f.

1092 BGH, Urteil vom 13.11.2013 – I ZR 143/12 – Geburtstagszug, GRUR 2014, 175, dortiger Ls. 1, unter Verweis auf die Aufgabe von BGH, Urteil vom 22.6.1995 – I ZR 119/93 – Silberdistel, GRUR 1995, 581.

1093 BGH, Urteil vom 13.11.2013 – I ZR 143/12 – Geburtstagszug, GRUR 2014, 175, dortiger Ls. 2, 179 Rn. 41 m.w.N.

1094 BGH, Urteil vom 13.11.2013 – I ZR 143/12 – Geburtstagszug, GRUR 2014, 175, dortiger Ls. 2, 179 Rn. 41 m.w.N.

1095 BGH, Urteil vom 13.11.2013 – I ZR 143/12 – Geburtstagszug, GRUR 2014, 175, 177 Rn. 26 f. m.w.N.

1096 BGH, Urteil vom 13.11.2013 – I ZR 143/12 – Geburtstagszug, GRUR 2014, 175, 177 Rn. 28.

Informations-Richtlinie festgelegten harmonisierten Rechtsrahmens des Urheberrechts aber zu der Annahme gelangt, dass sich der der Informations-Richtlinie zugrunde zu legende Werkbegriff nach denselben Vorgaben bestimme wie die in der Computerprogramm-Richtlinie (Richtlinie 2009/24/EG), der Datenbank-Richtlinie (Richtlinie 96/9/EG) sowie der Schutzdauer-Richtlinie (Richtlinie 2006/116/EG) festgelegten Vorgaben.[1097] Folglich sei nach dem EuGH die Informations-Richtlinie auf ein Schutzobjekt anzuwenden, das ein Original in dem Sinne darstelle, dass es sich dabei um eine eigene geistige Schöpfung seines Urhebers handele.[1098] Deshalb – so der BGH – könnten Verwertungsrechte im Sinne der Informations-Richtlinie auch an einem Werk der angewandten Kunst nur bestehen, wenn dieses eine eigene geistige Schöpfung des Urhebers darstelle.[1099]

Für einen Urheberrechtsschutz von Computerprogrammen, Datenbankwerken und Lichtbildwerken gelte zwar nach den Vorgaben der jeweils einschlägigen Urheberrechts-Richtlinie,[1100] dass keine anderen Kriterien als die der „eigenen geistigen Schöpfung" anzuwenden seien, was bedeute, dass eine besondere Gestaltungshöhe bei diesen Werkarten nicht verlangt werden dürfe.[1101] Für andere Werkarten sei eine derartige Einschränkung im Urheberrecht der Europäischen Union jedoch nicht vorgesehen.[1102] Die Annahme des EuGH in der „Infopaq/DDF"-Entscheidung, wonach bereits elf aufeinander folgende Wörter eines Zeitungsartikels eine geistige Schöpfung darstellen könnten, lasse nicht darauf schließen, dass auch für den urheberrechtlichen Schutz von Sprachwerken oder anderen Werkarten keine besondere Gestaltungshöhe verlangt werden dürfe.[1103]

1097 BGH, Urteil vom 13.11.2013 – I ZR 143/12 – Geburtstagszug, GRUR 2014, 175, 177 f. Rn. 28 f.; siehe Art. 1 Abs. 3 S. 1 der Computerprogramm-Richtlinie (Richtlinie 2009/24/EG); Art. 3 Abs. 1 S. 1 der Datenbank-Richtlinie (Richtlinie 96/9/EG); Art. 6 S. 1 der Schutzdauer-Richtlinie (Richtlinie 2006/116/EG).

1098 BGH, Urteil vom 13.11.2013 – I ZR 143/12 – Geburtstagszug, GRUR 2014, 175, 178 Rn. 29 m.w.N.

1099 BGH, Urteil vom 13.11.2013 – I ZR 143/12 – Geburtstagszug, GRUR 2014, 175, 178 Rn. 29.

1100 Art. 1 Abs. 3 S. 2 der Computerprogramm-Richtlinie (Richtlinie 2009/24/EG); Art. 3 Abs. 1 S. 2 der Datenbank-Richtlinie (Richtlinie 96/9/EG); Art. 6 S. 2 der Schutzdauer-Richtlinie (Richtlinie 2006/116/EG).

1101 BGH, Urteil vom 13.11.2013 – I ZR 143/12 – Geburtstagszug, GRUR 2014, 175, 178 Rn. 30 m.w.N.

1102 BGH, Urteil vom 13.11.2013 – I ZR 143/12 – Geburtstagszug, GRUR 2014, 175, 178 Rn. 31.

1103 BGH, Urteil vom 13.11.2013 – I ZR 143/12 – Geburtstagszug, GRUR 2014, 175, 178 Rn. 31 m.w.N.

Eine nähere Begründung, weshalb eine derartige Schlussfolgerung nicht möglich sein sollte, gibt der BGH jedoch nicht. Die Ausführungen sind auch deshalb nicht vollends nachvollziehbar, weil der EuGH in der „Infopaq/DDF"-Entscheidung zunächst die Frage beantwortet hat, welche Voraussetzungen grundsätzlich für die Annahme eines Werks erfüllt sein müssen, um erst dann die Frage zu beantworten, unter welchen Voraussetzungen auch Teile eines Werks urheberrechtlich geschützt werden können. Ferner stellt „Infopaq/DDF" die erste Entscheidung in einer Reihe von EuGH-Entscheidungen dar, die in einer Gesamtschau auf die Existenz eines einheitlichen europäischen Werkbegriffs schließen lassen.

Nicht nachvollziehbar ist zudem, weshalb die Vorgaben „eigene geistige Schöpfung" der Computerprogramm-Richtlinie, der Datenbank-Richtlinie und der Schutzdauer-Richtlinie im Rahmen der Anwendung der Informations-Richtlinie auf Werke der angewandten Kunst greifen sollen, hingegen die Maßgabe, dass daneben keine weiteren Kriterien anzuwenden sind, nur für die Bestimmung der Schutzfähigkeit von Computerprogrammen, Datenbankwerken und Lichtbildwerken gelten soll.

Der BGH verweist in seiner Begründung ferner darauf, dass der EuGH die Prüfung der Frage, ob es sich bei einem Gegenstand um eine eigene geistige Schöpfung des Urhebers nach den vom ihm gebildeten Maßstäben handele, den nationalen Gerichten überlassen habe.[1104] Dies ist zwar richtig, bedeutet jedoch nicht – wie im Rahmen dieser Arbeit ausführlich dargetan wurde –, dass das jeweilige nationale Gericht hierbei die Maßstäbe seines eigenen nationalen Urheberrechts anzulegen hat. Da der EuGH eben nicht den Einzelfall entscheidet, hat vielmehr das mitgliedstaatliche Gericht den Sachverhalt zu würdigen und bei der konkreten Rechtsanwendung zu prüfen, ob die Voraussetzungen zur Annahme eines Werks im Sinne des EU-Werkbegriffs im Einzelfall vorliegen.

Schließlich verweist der BGH in seiner Begründung auf Art. 17 S. 2 der Geschmacksmuster-Richtlinie (Richtlinie 98/71/EG), wonach der einzelne Mitgliedstaat den Umfang und die Bedingungen eines neben einem Geschmacksmusterschutz bestehenden Urheberrechtsschutzes, einschließlich der erforderlichen Gestaltungshöhe, festlege.[1105]

Auch dieser Einwand des BGH ist jedoch nicht vollends überzeugend. Denn zum einen wird hier selbst für den Fall der Anerkennung einer weiterhin

1104 BGH, Urteil vom 13.11.2013 – I ZR 143/12 – Geburtstagszug, GRUR 2014, 175, 178 Rn. 31 m.w.N.

1105 BGH, Urteil vom 13.11.2013 – I ZR 143/12 – Geburtstagszug, GRUR 2014, 175, 178 Rn. 32.

existierenden Regelungsbefugnis der Mitgliedstaaten keine Aussage dergestalt getroffen, dass für Werke der angewandten Kunst andere Schutzvoraussetzungen (in Form einer erhöhten Gestaltungshöhe) zu gelten hätten als für andere Werkarten. Zum anderen stammt die Geschmacksmuster-Richtlinie bereits aus dem Jahre 1998 und damit aus einer Zeit, die deutlich vor den in den letzten Jahren ergangenen EuGH-Entscheidungen zum einheitlichen europäischen Werkbegriff liegt.[1106]

Gleichwohl ist dem BGH vollends zuzustimmen, wenn er ausführt, eine Aufgabe seiner Rechtsprechung zum Urheberrechtsschutz von Werken der angewandten Kunst ergebe sich mit Blick auf die Neufassung des Geschmacksmusterrechts durch das Geschmacksmusterreformgesetz aus dem Jahre 2004 und den Wegfall des Stufenverhältnisses zwischen Geschmacksmusterrecht und Urheberrecht.[1107]

1106 Eine andere Wertung folgt auch nicht aus EuGH, Urteil vom 27.1.2011 – Rs. C-168/09 – Flos/Semeraro (Flos SpA/Semeraro Casa e Famiglia SpA), Slg. 2011, I-181 Rn. 35 ff., wonach ein kumulativer Urheberrechts- und Geschmacksmusterschutz möglich ist und auf die der BGH verweist, BGH, Urteil vom 13.11.2013 – I ZR 143/12 – Geburtstagszug, GRUR 2014, 175, 178 Rn. 32, 179 Rn. 39.

1107 BGH, Urteil vom 13.11.2013 – I ZR 143/12 – Geburtstagszug, GRUR 2014, 175, 178 f. Rn. 33 f. m.w.N.; seit dem 1. Januar 2014 „Gesetz über den rechtlichen Schutz von Design“ (Designgesetz), mit dem u.a. auch die Umbenennung des „Geschmacksmusters“ in „eingetragenes Design“ einherging, siehe dazu Gesetz zur Modernisierung des Geschmacksmustergesetzes sowie zur Änderung der Regelungen über die Bekanntmachungen zum Ausstellungsschutz vom 10. Oktober 2013 (BGBl. 2013 I S. 3799).

Anhang

A. **Zur Computerprogramm-Richtlinie** (Richtlinie 2009/24/EG des Europäischen Parlaments und des Rates vom 23. April 2009 über den Rechtsschutz von Computerprogrammen[1108])

Erwägungsgrund 4 der Computerprogramm-Richtlinie lautet:
„Bestimmte Unterschiede des in den Mitgliedstaaten gewährten Rechtsschutzes von Computerprogrammen haben direkte und schädliche Auswirkungen auf das Funktionieren des Binnenmarktes in Bezug auf Computerprogramme.“

Erwägungsgrund 5 der Computerprogramm-Richtlinie lautet:
„Bestehende Unterschiede, die solche Auswirkungen haben, müssen beseitigt und die Entstehung neuer Unterschiede muss verhindert werden. Unterschiede, die das Funktionieren des Binnenmarktes nicht in erheblichem Maße beeinträchtigen, müssen jedoch nicht beseitigt und ihre Entstehung muss nicht verhindert werden.“

B. **Zur Schutzdauer-Richtlinie** (Richtlinie 2006/116/EG des Europäischen Parlaments und des Rates vom 12. Dezember 2006 über die Schutzdauer des Urheberrechts und bestimmter verwandter Schutzrechte[1109])

Erwägungsgrund 3 der Schutzdauer-Richtlinie lautet:
„Diese Rechtslage und die längere Schutzdauer in einigen Mitgliedstaaten führen dazu, dass die geltenden einzelstaatlichen Vorschriften über die Schutzdauer des Urheberrechts und der verwandten Schutzrechte Unterschiede aufweisen, die den freien Warenverkehr sowie den freien Dienstleistungsverkehr behindern und

---

1108 ABl. EU L 111/16 vom 5.5.2009.
1109 ABl. EU L 372/12 vom 27.12.2006.

die Wettbewerbsbedingungen im Gemeinsamen Markt verfälschen können. Es ist daher im Hinblick auf das reibungslose Funktionieren des Binnenmarkts erforderlich, die Rechtsvorschriften der Mitgliedstaaten zu harmonisieren, damit in der gesamten Gemeinschaft dieselbe Schutzdauer gilt."

Erwägungsgrund 11 der Schutzdauer-Richtlinie lautet:
„Das Schutzniveau des Urheberrechts und der verwandten Schutzrechte muss hoch sein, da diese Rechte die Grundlage für das geistige Schaffen bilden. Der Schutz dieser Rechte erlaubt es, die Aufrechterhaltung und Entwicklung der Kreativität im Interesse der Autoren, der Kulturindustrie, der Verbraucher und der ganzen Gesellschaft sicherzustellen."

Erwägungsgrund 16 der Schutzdauer-Richtlinie lautet:
„Der Schutz von Fotografien ist in den Mitgliedstaaten unterschiedlich geregelt. Im Sinne der Berner Übereinkunft ist ein fotografisches Werk als ein individuelles Werk zu betrachten, wenn es die eigene geistige Schöpfung des Urhebers darstellt, in der seine Persönlichkeit zum Ausdruck kommt; andere Kriterien wie z. B. Wert oder Zwecksetzung sind hierbei nicht zu berücksichtigen. Der Schutz anderer Fotografien kann durch nationale Rechtsvorschriften geregelt werden."

C. **Zur Datenbank-Richtlinie** (Richtlinie 96/9/EG des Europäischen Parlaments und des Rates vom 11. März 1996 über den rechtlichen Schutz von Datenbanken[1110])

Erwägungsgrund 1 der Datenbank-Richtlinie lautet:
„Ein ausreichender rechtlicher Schutz von Datenbanken besteht zur Zeit nicht in allen Mitgliedstaaten. Wird ein solcher Schutz gewährt, so weist er unterschiedliche Merkmale auf."

Erwägungsgrund 2 der Datenbank-Richtlinie lautet:
„Ein derartiger unterschiedlicher rechtlicher Schutz durch die Rechtsvorschriften der Mitgliedstaaten wirkt sich unmittelbar nachteilig auf das Funktionieren des Binnenmarktes für Datenbanken aus, insbesondere auf die

1110 ABl. EG L 77/20 vom 27.3.1996.

Freiheit von natürlichen und juristischen Personen, Online-Datenbankprodukte und -dienste überall in der Gemeinschaft auf einer innerhalb der gesamten Gemeinschaft harmonisierten Rechtsgrundlage zur Verfügung zu stellen. Mit der Einführung neuer Rechtsvorschriften der Mitgliedstaaten auf diesem Gebiet, das weltweit immer mehr Bedeutung erhält, könnten sich diese Unterschiede noch vergrößern."

Erwägungsgrund 3 der Datenbank-Richtlinie lautet:
„Bestehende Unterschiede, die sich verzerrend auf das Funktionieren des Binnenmarktes auswirken, müssen beseitigt, und die Entstehung neuer Unterschiede muß verhindert werden; Unterschiede, die das Funktionieren des Binnenmarktes oder die Entwicklung eines Informationsmarktes in der Gemeinschaft zur Zeit nicht beeinträchtigen, brauchen hingegen in dieser Richtlinie nicht berücksichtigt zu werden."

Erwägungsgrund 4 der Datenbank-Richtlinie lautet:
„Datenbanken werden in den Mitgliedstaaten in unterschiedlicher Form durch Gesetzes- oder Richterrecht urheberrechtlich geschützt. Solange die Rechtsvorschriften der Mitgliedstaaten weiterhin Unterschiede hinsichtlich des Umfangs und der Bedingungen des Schutzes aufweisen, können solche nichtharmonisierten Rechte des geistigen Eigentums den freien Verkehr von Waren und Dienstleistungen innerhalb der Gemeinschaft behindern."

Erwägungsgrund 15 der Datenbank-Richtlinie lautet:
„Die Kriterien, ob eine Datenbank für den urheberrechtlichen Schutz in Betracht kommt, sollten darauf beschränkt sein, dass der Urheber mit der Auswahl oder Anordnung des Inhalts der Datenbank eine eigene geistige Schöpfung vollbracht hat. Dieser bezieht sich auf die Struktur der Datenbank."

Erwägungsgrund 16 der Datenbank-Richtlinie lautet:
„Bei der Beurteilung, ob eine Datenbank für den urheberrechtlichen Schutz in Betracht kommt, sollten keine anderen Kriterien angewendet werden als die Originalität im Sinne einer geistigen Schöpfung; insbesondere sollte keine Beurteilung der Qualität oder des ästhetischen Wertes der Datenbank vorgenommen werden."

Erwägungsgrund 60 der Datenbank-Richtlinie lautet:
„In einigen Mitgliedstaaten werden Datenbanken, die den Kriterien für den urheberrechtlichen Schutz gemäß dieser Richtlinie nicht genügen, gegenwärtig durch

eine urheberrechtliche Regelung geschützt. Auch wenn die betreffenden Datenbanken für den Schutz durch das in dieser Richtlinie vorgesehene Recht, die unrechtmäßige Entnahme und/oder Weiterverwendung ihres Inhalts zu untersagen, in Frage kommen, liegt die Dauer des Schutzes durch das zuletztgenannte Recht weiter unter der Dauer des Schutzes durch die gegenwärtig geltenden einzelstaatlichen Regelungen. Eine Harmonisierung der Kriterien, die angewendet werden um festzustellen, ob eine Datenbank urheberrechtlich geschützt wird, darf nicht zu einer Verkürzung der Schutzdauer führen, die derzeit den Inhabern der betreffenden Rechte zusteht. Diesbezüglich ist eine Ausnahmeregelung vorzusehen. Die Auswirkungen dieser Ausnahmeregelung müssen auf das Hoheitsgebiet der betreffenden Mitgliedstaaten beschränkt werden –"

D. **Zur Informations-Richtlinie** (Richtlinie 2001/29/ EG des Europäischen Parlaments und des Rates vom 22. Mai 2001 zur Harmonisierung bestimmter Aspekte des Urheberrechts und der verwandten Schutzrechte in der Informationsgesellschaft[1111])

Erwägungsgrund 4 der Informations-Richtlinie lautet:
„Ein harmonisierter Rechtsrahmen zum Schutz des Urheberrechts und der verwandten Schutzrechte wird durch erhöhte Rechtssicherheit und durch die Wahrung eines hohen Schutzniveaus im Bereich des geistigen Eigentums substantielle Investitionen in Kreativität und Innovation einschließlich der Netzinfrarstruktur fördern und somit zu Wachstum und erhöhter Wettbewerbsfähigkeit der europäischen Industrie beitragen, und zwar sowohl bei den Inhalten und der Informationstechnologie als auch allgemeiner in weiten Teilen der Industrie und des Kultursektors. Auf diese Weise können Arbeitsplätze erhalten und neue Arbeitsplätze geschaffen werden."

Erwägungsgrund 6 der Informations-Richtlinie lautet:
„Ohne Harmonisierung auf Gemeinschaftsebene könnten Gesetzgebungsinitiativen auf einzelstaatlicher Ebene, die in einigen Mitgliedstaaten bereits in die Wege geleitet worden sind, um den technischen Herausforderungen zu begegnen, erhebliche Unterschiede im Rechtsschutz und dadurch Beschränkungen des freien

1111 ABl. EG L 167/10 vom 22.6.2001.

Verkehrs von Dienstleistungen und Produkten mit urheberrechtlichem Gehalt zur Folge haben, was zu einer Zersplitterung des Binnenmarkts und zu rechtlicher Inkohärenz führen würde. Derartige rechtliche Unterschiede und Unsicherheiten werden sich im Zuge der weiteren Entwicklung der Informationsgesellschaft, in deren Gefolge die grenzüberschreitende Verwertung des geistigen Eigentums bereits stark zugenommen hat, noch stärker auswirken. Diese Entwicklung wird und sollte fortschreiten. Erhebliche rechtliche Unterschiede und Unsicherheiten in Bezug auf den Rechtsschutz können die Erzielung von Größenvorteilen für neue Produkte und Dienstleistungen mit urheber- und leistungsschutzrechtlichem Gehalt beschränken."

Erwägungsgrund 7 der Informations-Richtlinie lautet:
„Der bestehende Gemeinschaftsrechtsrahmen zum Schutz des Urheberrechts und der verwandten Schutzrechte ist daher anzupassen und zu ergänzen, soweit dies für das reibungslose Funktionieren des Binnenmarkts erforderlich ist. Zu diesem Zweck sollten diejenigen einzelstaatlichen Rechtsvorschriften über das Urheberrecht und die verwandten Schutzrechte, die sich von Mitgliedstaat zu Mitgliedstaat beträchtlich unterscheiden oder eine derartige Rechtsunsicherheit bewirken, dass der Binnenmarkt in seiner Funktionsfähigkeit beeinträchtigt und die Informationsgesellschaft in Europa in ihrer Entwicklung behindert wird, angepasst und uneinheitliches Vorgehen der Mitgliedstaaten gegenüber technischen Entwicklungen vermieden werden, während Unterschiede, die das Funktionieren des Binnenmarkts nicht beeinträchtigen, nicht beseitigt oder verhindert zu werden brauchen."

Erwägungsgrund 9 der Informations-Richtlinie lautet:
„Jede Harmonisierung des Urheberrechts und der verwandten Schutzrechte muss von einem hohen Schutzniveau ausgehen, da diese Rechte für das geistige Schaffen wesentlich sind. Ihr Schutz trägt dazu bei, die Erhaltung und Entwicklung kreativer Tätigkeit im Interesse der Urheber, ausübenden Künstler, Hersteller, Verbraucher, von Kultur und Wirtschaft sowie der breiten Öffentlichkeit sicherzustellen. Das geistige Eigentum ist daher als Bestandteil des Eigentums anerkannt worden."

Erwägungsgrund 10 der Informations-Richtlinie lautet:
„Wenn Urheber und ausübende Künstler weiter schöpferisch und künstlerisch tätig sein sollen, müssen sie für die Nutzung ihrer Werke eine angemessene Vergütung erhalten, was ebenso für die Produzenten gilt, damit diese die Werke finanzieren können. Um Produkte wie Tonträger, Filme oder Multimediaprodukte herstellen

und Dienstleistungen, z.B. Dienste auf Abruf, anbieten zu können, sind beträchtliche Investitionen erforderlich. Nur wenn die Rechte des geistigen Eigentums angemessen geschützt werden, kann eine angemessene Vergütung der Rechtsinhaber gewährleistet und ein zufrieden stellender Ertrag dieser Investitionen sichergestellt werden."

Erwägungsgrund 11 der Informations-Richtlinie lautet:
„Eine rigorose und wirksame Regelung zum Schutz der Urheberrechte und verwandten Schutzrechte ist eines der wichtigsten Instrumente, um die notwendigen Mittel für das kulturelle Schaffen in Europa zu garantieren und die Unabhängigkeit und Würde der Urheber und ausübenden Künstler zu wahren."

Erwägungsgrund 12 der Informations-Richtlinie lautet:
„Ein angemessener Schutz von urheberrechtlich geschützten Werken und sonstigen Schutzgegenständen ist auch kulturell gesehen von großer Bedeutung.[1112] Nach Artikel 151 des Vertrags [gemeint ist der Vertrag zur Gründung der Europäischen Gemeinschaft, Anm. d. Verf.] hat die Gemeinschaft bei ihrer Tätigkeit den kulturellen Aspekten Rechnung zu tragen."

Erwägungsgrund 15 der Informations-Richtlinie lautet:
„Die Diplomatische Konferenz, die unter der Schirmherrschaft der Weltorganisation für geistiges Eigentum (WIPO) im Dezember 1996 stattfand, führte zur Annahme von zwei neuen Verträgen, dem WIPO-Urheberrechtsvertrag und dem WIPO-Vertrag über Darbietungen und Tonträger, die den Schutz der Urheber bzw. der ausübenden Künstler und Tonträgerhersteller zum Gegenstand haben. In diesen Verträgen wird der internationale Schutz des Urheberrechts und der verwandten Schutzrechte, nicht zuletzt in Bezug auf die sog. „digitale Agenda", auf den neuesten Stand gebracht; gleichzeitig werden die Möglichkeiten zur Bekämpfung der Piraterie weltweit verbessert. Die Gemeinschaft und die meisten Mitgliedstaaten haben die Verträge bereits unterzeichnet, und inzwischen wurde mit den Vorbereitungen zu ihrer Genehmigung bzw. Ratifizierung durch die Gemeinschaft und die Mitgliedstaaten begonnen. Die vorliegende Richtlinie dient auch dazu, einigen dieser neuen internationalen Verpflichtungen nachzukommen."

1112 Siehe dazu auch die Ausführungen „Kultur- oder wirtschaftspolitisches Verständnis des Urheberrechts" bei *Schack*, Rn. 142 ff.

Erwägungsgrund 20 der Informations-Richtlinie lautet:
„Die vorliegende Richtlinie beruht auf den Grundsätzen und Bestimmungen, die in den einschlägigen geltenden Richtlinien bereits festgeschrieben sind, und zwar insbesondere in den Richtlinien 91/250/EWG, 92/100/EWG, 93/83/EWG, 93/98/EWG und 96/9/EG. Die betreffenden Grundsätze und Bestimmungen werden fortentwickelt und in den Rahmen der Informationsgesellschaft eingeordnet. Die Bestimmungen dieser Richtlinie sollen unbeschadet der genannten Richtlinien gelten, sofern diese Richtlinie nichts anderes bestimmt."

Erwägungsgrund 21 der Informations-Richtlinie lautet:
„Diese Richtlinie sollte den Umfang der unter das Vervielfältigungsrecht fallenden Handlungen in Bezug auf die verschiedenen Begünstigten bestimmen. Dabei sollte der gemeinschaftliche Besitzstand zugrunde gelegt werden. Um die Rechtssicherheit im Binnenmarkt zu gewährleisten, muss die Definition dieser Handlungen weit gefasst sein."

Schriftenreihe zum Urheber- und Kunstrecht

Herausgegeben von Thomas Hoeren

Band 1 Stefan Baufeld: Kulturgutbeschlagnahmen in bewaffneten Konflikten, ihre Rückabwicklung und der deutsch-russische Streit um die so genannte Beutekunst. 2005.

Band 2 Alexandra Kruczek: Die Bewertung der Kabelweitersenderechte der Sendeunternehmen in Deutschland und den USA. 2005.

Band 3 Larissa Marrder: Verwertung von Filmrechten in der Insolvenz. 2006.

Band 4 Felix Heinz Siegfried: Internationaler Kulturgüterschutz in der Schweiz. Das Bundesgesetz über den internationalen Kulturgütertransfer (Kulturgütertransfergesetz, KGTG). 2006.

Band 5 Karsten Lisch: Das Abstraktionsprinzip im deutschen Urheberrecht. 2007.

Band 6 Thomas Meschede: Der Schutz digitaler Musik- und Filmwerke vor privater Vervielfältigung nach den zwei Gesetzen zur Regelung des Urheberrechts in der Informationsgesellschaft. 2007.

Band 7 Thomas Hoeren/Bernd Holznagel/Thomas Ernstschneider (Hrsg.): Handbuch Kunst und Recht. 2008.

Band 8 Michael Nielen: Interessenausgleich in der Informationsgesellschaft. Die Anpassung der urheberrechtlichen Schrankenregelungen im digitalen Bereich. 2009.

Band 9 Urban von Detten: Kunstausstellung und das Urheberpersönlichkeitsrecht des bildenden Künstlers. 2010.

Band 10 Timo Prengel: Bildzitate von Kunstwerken als Schranke des Urheberrechts und des Eigentums mit Bezügen zum Internationalen Privatrecht. 2011.

Band 11 Christine Altemark: Wahrnehmung von Online-Musikrechten im Europäischen Wirtschaftsraum. Unter besonderer Berücksichtigung des Systems der Rechtewahrnehmung seit der Empfehlung der Kommission vom 18. Oktober 2005. 2011.

Band 12 Donata von Gruben: Das urheberrechtliche Entstellungsverbot im Umgang mit Originalwerken der bildenden Kunst. Unter besonderer Berücksichtigung der Eigenarten zeitgenössischer Kunst. 2013.

Band 13 Kathrin-Lena Kriesel: Einheitlicher europäischer Werkbegriff und Herabsenkung der Anforderungen an die Gestaltungshöhe bei Werken der angewandten Kunst. 2014.

www.peterlang.com

www.ingramcontent.com/pod-product-compliance
Ingram Content Group UK Ltd.
Pitfield, Milton Keynes, MK11 3LW, UK
UKHW021845290926
8980IPUK00005B/662

9 783631 653487